珠海经济社会发展研究报告

研究报告

(2015)

ANNUAL REPORT ON DEVELOPMENT OF
ECONOMY AND SOCIETY OF ZHUHAI (2015)

珠海市社会科学界联合会
主编／蔡新华　曹诗友

社会科学文献出版社
SOCIAL SCIENCES ACADEMIC PRESS (CHINA)

编　委　会

主　　编　蔡新华

副　主　编　江志国　曹诗友

执 行 主 编　李　曼

编委会成员　（按姓氏笔画排序）

文建清　危　燕　何沁兰　陈小英　陈利峰

邹秀程　狐志昂　林　湘

目 录

综述篇

社会管理篇

产业发展篇

区域合作篇

人才教育篇

人文历史篇

综 述 篇

2014年珠海经济运行分析及 2015年展望

珠海市统计局

2014 年，我市认真贯彻落实国家和省各项政策部署，坚持稳中求进的总基调，着力稳增长、调结构、促改革和惠民生，进一步激发市场主体活力和经济内生动力，经济增速稳中向好、稳中有进。初步统计，全市完成地区生产总值 1857.32 亿元，同比增长 10.3%，增速居珠三角首位，快于全省平均增速 2.5 个百分点，比年初预期目标高出 0.3 个百分点。

一 2014年经济运行总体情况

（一）主要经济指标完成情况

从主要指标看，2014 年我市的规模以上工业增加值、固定资产投资、社会消费品零售总额、实际吸收外商直接投资和一般公共预算收入增势良好，同比增速分别为 11.2% 、23.5% 、13.2% 、14.4% 和 23.6% ，均达到两位数。

与年度预期增速相比，固定资产投资额、社会消费品零售总额、外贸出口额、实际吸收外商直接投资和一般公共预算收入分别比年初预期目标高出 3.5 个、0.2 个、3.3 个、6.4 个和 11.6 个百分点，规模以上工业增加值、外贸进出口额则与年初预期增速相比分别低了 0.8 个和 6.7 个百分点（见表 1）。

表 1 2014 年主要经济指标完成情况

指　标	总量	增速（%）	与年度预期增减（个百分点）
地区生产总值(亿元)	1857.32	10.3	0.3
规模以上工业增加值(亿元)	897.88	11.2	-0.8
固定资产投资额(亿元)	1135.05	23.5	3.5
社会消费品零售总额(亿元)	815.71	13.2	0.2
外贸进出口额(亿美元)	549.98	1.3	-6.7
外贸出口额(亿美元)	290.54	9.3	3.3
实际吸收外商直接投资(亿美元)	19.31	14.4	6.4
一般公共预算收入(亿元)	224.31	23.6	11.6

与全省及珠三角各市相比，我市主要经济指标增速均高于全省增速，一般公共预算收入、固定资产投资分别高出全省 9.7 和 7.6 个百分点。各项指标增速在珠三角排位靠前，地区生产总值、固定资产投资和一般公共财政预算收入的增速均居珠三角首位，社会消费品零售总额、规模以上工业增加值增速分列第 2 和第 3 位。与 2013 年相比，各指标位次也有不同程度提升，其中，固定资产投资仍保持首位，地区生产总值、规模以上工业增加值提升了 3 个位次，社会消费品零售总额、一般公共财政预算收入提升 1 个位次。

（二）经济运行的主要特点

——经济增速稳中向好。2014 年，我市实现地区生产总值 1857.32 亿元，同比增长 10.3%。从全年走势看，增速逐季提升，呈现稳步升温的良好态势。从经济结构看，2014 年，全市三次产业结构比为 2.6∶50.6∶46.8。

与上年同期相比，第三产业比重上升了 0.5 个百分点。从三次产业对经济增长的拉动率看，第一产业、第二产业和第三产业分别拉动 GDP 增长 0.1、6.4 和 3.8 个百分点。

——工业结构进一步优化。2014 年，虽有外需疲软，日资企业增速下滑等因素，但在新投产项目及生物医药行业快速增长拉动下，我市工业生产增速加快。全市完成规模以上工业增加值 897.88 亿元，同比增长 11.2%，比前三季度加快了 1.5 个百分点。中海油系列项目、北车珠海基地、瓦锡兰中速机等一批大项目建成投产；生物医药业增势良好，增长 16.2%。从企业类型看，港澳台及外商投资企业完成增加值 471.96 亿元，同比增长 3.3%；国有及国有控股企业累计完成增加值 307.67 亿元，增长 22.3%；民营企业累计完成增加值 220.80 亿元，增速 10.6%。工业转型升级不断推进，先进制造业和高技术制造业占全市规模以上工业增加值的 47.3% 和 25.9%，占比分别比上年提升 2.0 和 1.4 个百分点。

——服务业增势平稳。服务业整体增长平稳，现代服务业增加值占比提高到 57.6%，分行业看：一是交通运输业主要指标表现抢眼。随着我市的交通路网渐趋完善，形成了公路、水路、航空、港口、铁路为载体的立体交通网络，各项指标增势喜人。全年我市机场旅客吞吐量首次突破 400 万人次，同比增长 40.8%；港口集装箱吞吐量突破 100 万标箱，增长 34.1%；铁路货运量和客运量分别为 300 万吨和 1211 万人次，分别增长 173.4% 和 25.8%。二是金融业增长较快。2014 年全市实现金融业增加值 119.54 亿元，同比增长 11.5%，占地区生产总值比重超 5%，达 6.4%，成为支柱产业之一。截至 2014 年末，横琴新区注册的金融类企业 672 家，比年初增加 353 家。三是房地产业逐步复苏。虽然销售面积仍为负增长，但降幅收窄。2014 年上半年受全国楼市降价潮影响和银行资金收紧，成交量萎缩，楼市低迷。下半年受"双限"政策松绑、"9·30"房贷新政、央行降息、横琴 24 小时通关热等利好消息影响，楼市年末有所回暖。2014 年，全市商品房销售面积为 336.09 万平方米，同比下降 1.8%，降幅比前三季度收窄 13.9 个百分点。

——投资总量突破千亿元。2014 年，在基础设施和重大项目建设以及房地产投资快速增长拉动下，全市固定资产完成投资 1135.05 亿元，同比增长 23.5%，总量首次突破千亿元，规模已超越江门、中山，在珠三角由末位跃升至第 7 位；增速连续四年居珠三角首位。从结构上看，工业完成投资 276.04 亿元，增长 15.6%；服务业完成投资 857.33 亿元，增长 26.2%，其中房地产投资 388.30 亿元，增长 42.5%。民间投资和工业技改投资增势迅猛，同比增幅分别高达 55.7% 和 156.7%。

——消费市场增势稳健。在长隆开业和航展因素拉动下，我市消费增速提升明显。全市社会消费品零售总额 815.71 亿元，同比增长 13.2%，增速居珠三角第 2 位，比前三季度加快 1.2 个百分点。从消费结构看，汽车消费仍是热点，同比增长 28.1%。食品类、服装类、日用品类商品零售额增长较快，同比分别增长 16.6%、17.2% 和 20.3%。受横琴长隆国际海洋公园正式运营及航展盛事等因素带动，全市住宿餐饮业增势良好，其中，住宿业营业额同比增速高达 87.1%。

——财政惠及民生的比重继续提升。2014 年，全市一般公共预算收入 224.31 亿元，增长 23.6%，增幅居珠三角首位。财政收入的快速增长主要得益于税收收入带动，我市全年完成税收收入 181.93 亿元，同比增幅达 25.4%。财政支出更多地投入民生建设，全市财政九项民生支出 172 亿元，增长 13.8%，占支出总额比重由上年的 61.7% 升至 63.6%，提高了 1.9 个百分点。

——外贸进出口增速"前高后低"。随着外贸进出口政策效应减弱，加之世界经济复苏慢于预期，我市 2014 年外贸进出口增速呈"前高后低"走势，完成外贸进出口额 549.98 亿美元，同比增长 1.3%，比前三季度回落 7.3 个百分点。其中，全市完成出口额 290.54 亿美元，增长 9.3%；进口额 259.44 亿美元，下降 6.3%。从贸易结构看，一般贸易保持较快增长，我市完成进出口 294.07 亿美元，同比增长 15.4%，占进出口总额的 53.5%。从贸易企业看，内资企业成为拉动外贸增长的主力军，完成进出口额 303.46 亿美元，同比增长 18.1%；私营企业进出口 147.84 亿美元，同比增长 39.5%。

——物价涨幅仍处高位。2014 年，我市居民消费价格水平上涨 3.1%，涨幅比前三季度收窄0.3个百分点，高于全国（2.0%）和全省（2.3%）。从消费类别上看，八大类商品及服务消费价格呈"六升一降一持平"的格局。其中，食品类、衣着类和居住类分别上涨4.7%、4.3%和4.2%，是拉动物价上涨的主因。

二　当前经济增长面临的困难

过去的一年，我市大力推动转型升级，高端制造业发展势头较好，产业结构不断优化；新的一年里，我市面临港珠澳大桥建设、横琴开发及自贸区的设立、21世纪海上丝绸之路等重要机遇，这些为我市经济注入了新的活力，高新技术产业和高端服务业也面临广阔的发展空间。但在全国经济发展处于"三期叠加"和经济的中低增速成为"新常态"的大背景下，我市经济增长面临不少挑战。

（一）受中央控制并管理地方债务的影响，我市重大项目融资面临不小考验

中央严格控制地方政府债务风险，2014年9月21日国务院出台了《关于加强地方政府性债务管理的意见》，严格控制并分类管理地方政府债务及融资平台，未来政府项目投资主要靠发债，珠海的重大项目建设融资面临的困难不小，或将影响一些重大项目建设进度。

（二）受"三期叠加"因素影响，我市工业增长面临较大压力

新常态"三期叠加"的影响主要表现为经济层面的去杠杆化、去产能化。一方面，受产能转移、外需不振等因素影响，原有产业发展受限。我市的六大工业支柱行业，除生物医药外，其余行业增速均不理想，电力能源、电子信息和家电电气增加值同比仅增长7.2%、6.5%和5.6%，而精密机械制造和石油化工增加值则同比下降4.2%和2.3%。同时，部分日资企业如佳能等产能转移至中山等地。另一方面，我市工业新增产能仍显不足。近年

我市固定资产投资增速虽连续四年稳居珠三角首位，但投资中较大部分为土地购置费，2014 年剔除该因素影响，投资增速实际仅为 13.3%。从结构看，工业投资同比增长 15.6%，远低于房地产投资 42.5% 的增幅，且其占全市投资额的比例仅为 24.3%，比房地产投资占比低了 9.9 个百分点。投资结构决定产业结构，目前我市的工业投资结构需进一步优化提升。

（三）消费市场缺乏新亮点

2014 年，我市消费增速虽然较为理想，但主要是由于有航展、长隆开业等一次性因素拉动。纵观全市消费，集团消费和高端消费明显萎缩，个人消费意愿不强。此外，全市消费结构单一，主要靠汽车消费拉动，但汽车市场渐趋饱和。在 4G 的带动下，信息消费继续保持较快增长，绿色消费、旅游消费、健康消费、养老消费等日趋旺盛，但均尚未形成消费热点。2015 年，虽有华发商都、摩尔百货等新投入运营的企业带来新的增长点，但预计难独撑大局，消费拉动经济增长的动力仍显不足。

（四）受外部环境影响

外贸形势不容乐观。2014 年，全球经济复苏步伐弱于预期，预计 2015 年世界经济表现将好于 2014 年，但仍属缓慢复苏，IMF 预计增速将在 3.8% 左右。从外部需求看，我市外贸形势不明朗。从我市目前的数据看，外贸形势也不容乐观，主要是加工贸易进口降幅扩大，2014 年，我市加工贸易进口下降了 24.1%，第二季度开始进口降幅呈扩大之势，加工贸易进口是出口的先行指标，进口不足意味着加工贸易出口也将后续乏力，外需市场仍旧疲软，这将对经济外向度较高的珠海经济带来一定冲击。

三　2015年形势预判及对策建议

受到国家规范地方性债务、政策红利逐步消退、工业支柱产业增长放缓和外需增长乏力等因素影响，我市经济面临较大困难。但同时，港珠澳大桥建设、横琴开发等利好刺激，为城市建设、基础设施投资、招商引资等注入持续动力；广东自贸区获批和粤港澳服务贸易自由化协议签署，为提升开放型经济水平、发展现代服务业提供新契机；21世纪海上丝绸之路战略的落地，特别是省委、省政府打造珠江西岸先进装备制造产业带，为我市"三高一特"产业提供了新的强大动力。综合分析，新常态下我市的机遇大于挑战，要提早布局，夯实经济增长的基础，在调结构、促转型上下功夫，促进全市经济保持较快增长势头。

（一）以横琴获批中国广东自贸区为契机，积极培育新的经济增长点

2015年是建设横琴自贸区的开局之年，横琴获批自贸区后，与原有优惠政策形成了"双重优势叠加"。我市应充分抓住此次机遇，培育优势产业，大力发展"三高一特"产业，形成新的经济增长点。

（二）积极应对"三期叠加"带来的影响，统筹好工业增量和存量的关系，同步推进稳增长和促升级

"三期叠加"对工业的主要影响体现在去产能化和淘汰落后产能，在此情况下，我市原有支柱行业如电子信息业增速出现下滑，但与此同时，也涌现了装备制造业、清洁能源等新兴行业的快速发展。

从调整结构角度看，一是促进工业投资增长，增加工业增量。二是推动传统制造业的转型升级，增强我市产业在全球价值链中的竞争力。推动传统制造业和互联网的融合，特别是支持工业企业的电子商务服务平台发展壮大。

（三）创新融资方式，有效推进投资持续增长

政策影响投资，而投资结构又决定未来珠海的产业结构。在内、外需疲软的背景下，稳定投资显得尤为重要，要通过加大基础设施投资弥补珠海城区建设的薄弱环节，为引进的大型企业和项目创造良好的配套环境。创新PPP等投融资模式，引导民间资本，拓宽融资渠道，提高城市基础设施承载能力。

（四）密切关注房地产市场的后续走势，避免房地产业过度波动

房地产业是我市的支柱产业，该行业增加值已占全市地区生产总值的7.3%。今年，我市房地产市场面临横琴自贸区的设立及横琴口岸24小时通关等重大利好，但也有消费者对房产税、不动产登记等一些即将出台的政策持观望心态等不利因素，要加强监测和分析，密切关注各地房地产投资、销售、价格变化情况，坚持以市场为导向来推动房地产市场平稳健康运行，防止因过度波动对经济造成的负面影响。

（五）建立健全有利于刺激消费的机制，积极培育新的消费热点

一是完善收入分配和社会保障机制。进一步深化居民收入分配和社会保障机制改革，提高居民收入，提高社会消费预期，促进百姓消费。二是支持电子商务企业发展，加大对综合性电商龙头企业和行业性电商平台的扶持力度，对4G移动通信、家庭信息化、网购、快递等新兴业态加以引导、鼓励，尽快促进其发展壮大。三是加快消费网点建设。加强商贸网点规划和大宗商品交易中心建设，不断完善和优化消费环境，激发消费潜力，为经济增长提供新动力。

"幸福珠海"评价指标体系的构建、测度及对策研究[*]

金 江

一 导言

(一)研究背景

伴随着生活质量和社会指标运动研究的兴起,对幸福评价指标体系的研究受到了世界各国政府的重视。在构建和谐社会的背景下,改善和提升人们的幸福水平也成为我国各级政府的一个重要战略目标。幸福评价指标之所以备受关注,是因为它能够反映普通大众对社会和经济发展的满意程度,是一个可以反映出人们生活质量的软指标。它的主要魅力就在于它把主观的感受用数字量化,可以为政府制定相关政策提供决策依据对构建社会主义和谐社会具有非常重要的意义。2006年,时任国家统计局有关领导便明确指出,今后中国将推出幸福指数、人的全面发展指数、地区创新指数以及社会和谐指数等一些新的统计内容,以适应各方面对中国经济社会协调发展、人的全面发展以及民生、人文方面的需求。这些充分说明了新时期政府在执政理念上所发生的巨大转变。从地方政府层面看,基于提升居民幸福感的发展指导思想,也日益重视对幸福评价指标体系的构建。例如,从广东省的发展实践看,在"幸福广东"发展思想的指导下,便明确指出要

---

* 课题负责人:金江;课题组成员:张学志、翟爱梅、张永红、钟赇俊;所在单位:中山大学国际金融学院。

通过对经济建设的幸福绩效进行有效的评价，从而实现提升和改善人们幸福水平的目的。

然而，针对主观幸福感评价指标体系的构建、测度以及评估这些问题展开的研究，仍存在较大的分歧。不同领域学者由于其研究视角、研究方法的差异，所构建的指标体系也存在较大的区别。由于经济发展程度的不一致、文化和制度建设的差异等，不同地区政府所构建的评价指标体系也千差万别。这种评价指标体系所存在的差异有其客观必然性，而由此引申出来的问题以及对我们的启发是，在构建居民幸福水平评价指标体系的过程中，一方面既需要充分考虑居民幸福感的主观特性，另一方面又必须结合地方特色，从而真正做到评价指标体系的构建是建立在"以人为本"的基础上。

作为中国最早建立的经济特区和珠三角地区的一个重要城市，珠海在经济建设上取得的成绩有目共睹，居民生活水平得到普遍提升和改善。在经济建设取得巨大成就的同时，珠海在城市建设、人居环境等方面也取得了骄人的成绩，先后获评"中国最具幸福感城市"和"中国和谐名城"等称号。在由中国排行榜网、中外老板网和《南方企业家》杂志推出的"2009 中国十大最有幸福感"城市中，珠海以"轻松休闲的'慢半拍'节奏"排名第二。

珠海的发展模式为我们提供了有价值的发展经验，但很多方面仍存在疑问：人们居住的城市能从哪些方面带给人们幸福呢？人们对于城市幸福感的体验，主要有些什么样的因素呢？哪些因素可以提高居民对于城市的幸福感觉呢，哪些因素则不能？对这些问题的分析和解读，一方面不仅能够为珠海过去的社会经济发展历史勾勒出一个科学、完整的全图，另一方面也能够为珠海将来的社会经济发展提供一个更为明确的方向，并为政府在制定未来发展战略和规划时提供有意义的指导。正因为此，本课题的研究将基于珠海经济社会发展的现实，在充分考察珠海市居民幸福水平决定因素的基础上，通过构建一个评价指标体系，对居民的幸福水平进行定量的测度和评价。

（二）国内外研究综述

1. 国外学者研究现状

主观幸福感（Subject Well-Being，SWB），也称幸福感，是指个体依据自己设定的标准对其某个阶段的生活质量所做出的整体评价。它是对幸福感心理体验的一种主观量化的综合指标。个体对生活质量所做出的评价越高，则表明个体的幸福感越强，反之越弱。20 世纪 70 年代不丹王国率先提出国民幸福总值（Gross National Happiness，GNH），以此代替国内生产总值用于衡量本国居民的幸福状况。此后，美国、英国、中国等国家也纷纷开始进行幸福指数的调查研究。

从理论研究看，现有幸福测度方法大致可分为三类。第一类是沿着心理学的思路，采取主观评价的形式测度个体幸福水平。19 世纪末，英国伦理学家西季威克认为，幸福感度量的心理学基础主要来源于利己的快乐主义的假设，它包括经验的快乐主义和客观的快乐主义两种取向，但这两种取向所得到的结果并不可靠。随后，1985 年 Diener 等的生活满意度测量（Satisfaction with Life Scale，SWLS）研究成为幸福感度量的新研究方向。生活满意度测度的是多维总体的生活质量评价，这种多维度量生活满意度的方法可以看作一个认知评价的过程。不同于其他的测量方法，SWLS 度量方法并没有将积极情感和消极情感区分开来，而是综合考虑人格特质，让个体充分自由地给自己各个不同领域的情感状态以不同的判断比重，综合给出自己的度量。DuPuy、Andrews 和 Withey 则较早地编制了不同的量表考察个体幸福度，Kahneman 通过访谈采用日重现法测度人们的幸福水平，世界价值调查（WVS）也设定了相应的调查问卷，对各国居民的幸福水平进行追踪研究。这类方法能够刻画人们的主观情感体验，但容易受到个体认知、情绪等因素的干扰，影响调查结果的信度。

第二类则是采用客观的统计指标测度幸福水平。1972 年不丹王国率先提出由经济增长、环境保护、文化发展和政府善治等要素组成的"国民幸福总值体系"，便属于此类。此后，联合国从 2000 年开始发布人类发展指数，将发展内涵从单纯的 GDP 扩展到包括人均寿命、健康状况和教育水平等多维内容。其他代表性的研究还包括 Veenhoven 的"幸福生活年"指标，这一指标将人们在特定时期的幸福水平与其寿命相乘，衡量其人生幸福总量，英国新经济基金以此为基础，发布了"幸福星球指数"，主要包括健康、教育、居所和可持续发展四个因素。这一方法能够客观测评人们的幸福水平，但由于忽视了主观因素对幸福的决定作用，导致测度结果也不尽合理。

第三类是主、客观结合评价法，这一方法经常出现在经济学的研究文献中。在早期的经济学研究中，经济学家一般是通过对福利的度量来衡量个体的幸福体验，并将对福利的度量映射到对个体主观满足程度的客观对应物的度量上，由此提出了诸如社会福利函数、国民收入等衡量标准。随后，萨缪尔森提出了一个所谓的"幸福方程式"：幸福 = 效用/欲望，效用以收入衡量，从而这一公式将收入水平与个人欲望结合在一起考察幸福。此外，基于经济学的效用理论，Blanchflower 和 Oswald（2004）认为幸福是收入、效用、亲情及个人特征的函数。White 则构建了一个考虑个体特征、财富和教育的指标体系。该方法弥补了前两类方法的不足，但如何确定主、客观因素所占的比重，目前还没有一个令人信服的方法。

2. 国内学者研究现状

随着我国构建和谐社会发展目标的提出，各级政府也建立了各类幸福评价指标体系，展开了国民幸福指数的测量实践。2007 年，北京市统计局率先发布市民幸福指数，湖北省在 2010 年则推出一个包含健康、经济、家庭、职业、环境、社会保障和文化教育七类因素的评价指标体系。从理论研究来看，钟永豪和林洪等首先提出"国民幸福指数"的概念，并构建了一个包含 14 个指标的评价体系，陈惠雄认为幸福评价指标体系的构建必须包括健康、亲情、收入、职业环境、社会环境、自然环境六大因素，邢占军（2006）则设计了由 10 个因素组成的评价指标体系，涵盖个人、家庭和社会等多个层面的因素。此外，蔺丰奇（2007）将国民幸福总值评价体系划分为生产总值指数和社会健康指数、社会福利指数、社会文明指数与生态环境指数四类；李杏从物质和精神两个层面出发，结合五个方面的要素对幸福进行评价；程国栋等（2011）还提出一个国民幸福核算的简易框架，认为幸福指标体系的构建应当考虑贫困人口、循环经济、文化发展和社会公平等问题。在实证研究方面，邢占军、黄立清等用主观幸福感的理论在国内进行了一系列的实证分析；傅红春和罗文英研究了上海居民的收入满足度；辛自强和迟丽萍研究了快乐感与社会支持的关系；陈惠雄和吴丽民（2006）也基于苦乐源调查比较分析了浙江省居民生活状况。

结合国内研究来看，对主观幸福感的研究在理论方面以介绍国外的理论为主，但相关问题已经引起了人们的重视，一些调查也开始涉及人们主观幸福感或者是生活满意度。然而，尽管所有文献一致认同通过 GDP 衡量发展绩效的局限性，意识到采用一系列的评价指标对居民幸福水平进行衡量的重要性，但受制于不同理念及复杂主客观因素的影响，对幸福的测量和评价呈现出多样化的局面，并没有一个得到广泛认同的、科学完善的统计指标。其原因在于幸福评价指标体系的构建必须同时考虑外部客观环境和个人主观特征，但是现有评价指标体系因过于强调某一方面的因素，未能将两者有效地结合在一起，造成了体系构建与测评的脱节，亟须从理论和实践的角度加以论述和检视。

（三）本课题的主要研究内容和研究结论

1. 本课题的主要研究内容

本课题首先结合国内外研究成果以及珠海的经济和区域特性，对与珠海市居民主观幸福感相关的问题展开研究。具体而言，本课题的研究将主要围绕如下两个问题而展开。

（1）构建珠海市主观幸福感评价指标体系，并以此为基础从宏观和微观两个层面对整个珠海市及各区居民的主观幸福感状况进行比较分析。

通常，确定主观幸福感的评级指标体系是一个复杂的问题，特别是确定指标体系中所包含的各因素对主观幸福感的影响权重较为困难。当前这一问题主要是通过主成分分析法进行解决。然而，尽管主成分分析法在应用过程中能够通过将众多评价指标转化成少数几个综合指标，以简化对问题的分析，但是，这一方法一方面没有充分利用来自样本的信息，另一方面在测算主观幸福感水平的过程中对各因素定权时仍存在较大的主观任意性，因此，主成分分析法在主观幸福感测算中的应用仍存在较大的分歧。

为了恰当地解决这一问题，结合针对珠海市居民所做的主观幸福感调查，在构建对主观幸福感进行评价的指标体系时，我们将运用运筹学中的层次分析法（Analytic Hierarchy Process，AHP），对珠海市居民的主观幸福感水平进行测算，在此基础上，计算珠海市及各区居民的主观幸福感指数。

（2）对珠海市居民主观幸福感的决定因素以及不同群体间的幸福差异进行比较研究。

经济学对主观幸福感的研究，最早源于 Easterlin 的开创性研究。Easterlin（1974）对美国的跨期研究表明收入更高并不意味着更高的主观幸福感水平，后来一般将这一结论称为"收入—幸福悖论"（easterlin paradox）。从已有研究来看，在对"收入—幸福悖论"进行研究时，一些学者基于其样本发现收入的提高能够显著改善人们的主观幸福感水平，另外一些学者基于不同的样本得到的结果却与之相反。这些截然相反的结果可能意味着不同的经济环境决定了收入与主观幸福感关系的不同表现形式。

既然收入对主观幸福感的影响在不同的环境下具有不同的表现形式，那么，具有现实意义的问题便是：哪些因素对居民的主观幸福感水平有影响？这些因素对主观幸福感作用的微观机制是什么？我们应当如何评价中国社会转型对国民生活产生的影响？本课题将结合针对珠海市居民所做的主观幸福感调查，对珠海市居民的主观幸福感水平决定因素进行考察。

2. 本课题的主要研究结论

（1）珠海市居民幸福评价指标体系的构建。

本课题认为，影响珠海市主观幸福感的因素主要来自四个方面，即居民生活、生态环境、社会环境和公共服务，这四个方面囊括了包含社会、经济及个人心理等层面的各项细分因素。因此，我们最终所构建的评价指标体系从这四方面出发,包含了总共 15 项具体因素,既包括微观层面的个体因素,如家庭收入水平、健康状况、居住条件及人际关系等,又包含宏观层面的客观因素,如公共设施便利度、社会保障体系及社会法治水平等。

从各因素的影响权重看,排序靠前的三个评价因素依次为公共设施便利度、居住条件和社会保障体系,而排名靠后的三个因素则为政府廉洁度、居住环境的满意度和对环境的保护力度。由此可以发现,珠海市居民在对其自身的幸福水平进行判断时,既关心那些与自身状况相关的因素(如居住条件),也关心以政府为供给主体的外在社会环境(如影响权重排名第一和第三的公共设施的便利度以及社会保障体系)。这说明,未来为了提升居民的幸福水平,政府一方面需要通过大力发展经济,为居民收入水平的提高助力,另一方面还需注意这一过程中社会环境的建设,特别是涉及与人的发展和福利相关的生活环境、医疗保障等制度方面的建设。

(2)珠海市居民幸福水平的群体差异。

采用以评价指标体系为基础测算得到的结果,我们主要从行政区划、性别、年龄及收入四个角度对不同群体居民的幸福差异进行了分析。

从行政区划看,金湾区居民的主观幸福感水平最高,为 7.382,而香洲区和斗门区居民的主观幸福感水平次之,但是,香洲区和斗门区居民的平均主观幸福感水平并无太大差异。如果与珠海市居民的平均主观幸福感水平(7.326)相比,还可以发现,除了香洲区以外,其他两个地区的平均主观幸福感水平均要高于珠海市居民的主观幸福感水平。

从性别看,总体而言女性要比男性的幸福水平更高,男性中有超过 33.2% 的人主观幸福感水平在 7 以上,52.6% 的人在 5 以下,而女性的主观幸福感水平在 7 以上的比例要高于男性 17.4 个百分点。由于仅有约占 32.9% 的女性主观幸福感水平在 5 以下,而 52.6% 的男性幸福水平在 5 以下,两者所占比例相差 19.7 个百分点,因此两者间的差异也极为明显。

与此同时,本课题通过对不同年龄段居民幸福差异的比较分析还发现,珠海市居民的年龄与幸福之间呈现出一种先减后增的变化趋势,也就是说,年龄—幸福度曲线呈 U 形分布,即随着年龄的逐渐增加,大部分个体的主观幸福感水平首先呈下降的趋势，当到达某一拐点之后，主观幸福感水平又表现出上升的趋势，并且可以发现年龄的这一拐点出现在 30~40 岁。

最后，本课题通过比较不同收入组居民的平均幸福水平差异，发现尽管收入水平在局部上与平均幸福度有相关关系，但总体上无明显的线性关系。这在一定程度上验证了"收入—幸福悖论"。从这一意义上看，当我们在考察收入与居民幸福水平之间的关系时，不能仅仅从绝对收入水平出发进行分析，还需要将个体的收入水平与其他个体的收入水平进行对比，也就是说必须同时考虑到相对收入水平对居民幸福所产生的影响。

（3）珠海市居民幸福水平的实证检验。

以测算所得到的幸福数据为基础，本课题还对珠海市居民幸福水平的决定因素进行了考察。

结论表明，收入对主观幸福感有显著的正影响，即随着收入的增加主观幸福感水平也相应提升，说明收入仍是决定个体主观幸福感水平高低的一个重要因素。然而，如果在模型中加入收入差距项，尽管绝对收入对主观幸福感仍产生正的效应，但是该效应将从 0.667 降到 0.314，而收入差距对主观幸福感所产生的效应也显著为负。因此，该结论表明人们并不仅仅关注其绝对收入，同时也关注其相对收入。

与此同时，这一部分的研究还证实了年龄与主观幸福感之间的一种 U 形关系，这意味着随着年龄的增大，人们的主观幸福感水平逐渐降低，直至到达年龄的某一拐点后，主观幸福感水平随着年龄的增加才逐渐提升。从性别差异看，相对于女性而言，男性的主观幸福感水平要低 42.9%，本课题认为这可能是由于男性在社会中承担更大的责任，面临更大的压力，因此，他们不幸福的程度相对更高。从婚姻状况来看，与未婚个体相比，已婚个体的主观幸福感水平要更高，健康状况对主观幸福感有显著的正向影响。

值得注意的是，本课题的研究发现，受教育水平对主观幸福感的影响表现出一种不利效应,即受教育程度越高,其主观幸福感水平反而更低(尽管这一结果并不显著)。本课题认为,对这一结论的解释需要从不同教育水平个体的人生期望出发。如果从不同教育程度群体的人生预期和预期的实现来看,由于教育程度越高的群体对自身的预期和人生目标要求越高,当其人生目标与目标的实现存在着较大的差距时,反而对他们的主观幸福感水平产生不利的影响。

最后,本课题还发现收入对个体幸福水平的影响同时会随着工作单位的不同而发生变化。具体来看,与在政府机关以及国有企业、事业单位工作的群体相比,收入对在其他单位工作的群体主观幸福感水平产生的效应要高0.174。如果将收入水平进行 1 ~ 5 的赋值处理,这种差异将在 − 0.557 ~ 0.139。这说明在保持其他因素不变的情形下,随着在其他单位工作的人的收入增加,由于工作单位的性质差异导致的主观幸福感差异在两者之间逐渐缩小。根据本课题的研究样本,可以大致推测那些月收入水平在 3500 元以上的个体,工作单位的性质对其主观幸福感带来的负影响将趋近于 0。这一发现说明收入不仅能够给我们提供物质生活的保障,同时会为我们带来一种精神满足感。除此之外,这一结论还说明,尽管中国社会仍然普遍存在着"官本位"的思想,但是,"官本位"思想可能正遭受来自收入等其他因素的冲击。特别是通过估计结果可以发现,当我们结合收入展开分析时,在其他单位工作给个体主观幸福感水平所带来的负效应会随着收入的增加而减弱。

二 幸福评价指标体系的设计

(一)评价指标体系构建方法说明

在对复杂问题建立决策模型时,一般可以采用因子分析法(Factor Analysis)和层次分析法。本课题在构建珠海市幸福评价指标体系的过程中将采用层次分析法。层次分析法是一种定性与定量分析相结合的多目标决策分析方法论，最早由美国运筹学家 Satty 提出。该方法基于对不同因素的一致性比较，从事先给定的因素集中确定相关的评价因素，并对最后的总目标进行评估。

在运用层次分析法解决具体问题时，首先确定要解决问题的因果关系并将这些因果关系分解成若干个层次，从而构造出一个层次分析的结构模型。在该结构模型下，复杂问题被分解为不同的层次，这些层次通常大体可分解为目标层（最高层）、准则层（中间层）和方案措施层（最低层）。这种自上而下的因素之间，形成一种支配关系，并构成最后对总目标进行评价的层次结构，即所谓的递阶层次结构。

对于某一具体问题，在构造出其递阶层次结构后，上下层元素之间的隶属关系就确定了，此时需要依据某一判别准则确定隶属于某一上层元素的下层各个元素之间的相对影响权重。假设在同一层次上有 n 个因素，此时需要对给定的第 i 个因素和第 j 个因素的重要性作相互比较。Satty（1980）提出了一种对不同因素进行比较和排序的方法，他设计了一个如表 1 所示的"1~9 标度"表，根据该表可以对属于同一层次的任意两个元素的相对重要性进行定量对比，从而得到一个表示任意两个元素之间相对重要性的定量衡量指标 u_{ij}，以 u_{ij} 为基础构成一个所谓的 n 阶两两比较矩阵（Pair-wise Comparison Matrix）P，并据此计算各元素的相对权重。

表1　1~9 标度

标　度	含　义
1	表示两个元素相比，具有同样的重要性
3	表示两个元素相比，前者比后者稍重要
5	表示两个元素相比，前者比后者明显重要
7	表示两个元素相比，前者比后者强烈重要
9	表示两个元素相比，前者比后者极端重要
2,4,6,8	表示上述相临判断的中间值
倒数	若两个判断因素的位置颠倒，则标度值互为倒数

一旦递阶层次模型和属于同一层次上的元素之间的权重关系均已确定，则在此基础上可以根据收集的数据对目标进行评价。当我们运用层次分析法对居民的主观幸福感水平进行评价时，一方面可以很方便地确定对主观幸福感水平进行评价需要考虑的因素，并以此为基础构建一个评价体系，另一方面，一旦这一评价体系建立起来，还可以很方便的运用到对不同个体之间主观幸福感水平的定量比较分析。

（二）评价指标体系的构建

如前所述，在构建主观幸福感水平的评价体系时，必须首先建立一个递阶层次模型。然而，在建立递阶层次模型的过程中，确定各层次所应包含的维度是一个重要的问题。本课题在实际调查过程中，将影响主观幸福感的因素归因为四个方面，即居民生活、生态环境、社会环境和政府公共服务，这四个方面囊括了包含社会、经济以及个人心理等层面的各项细分因素。进一步，在四个不同方面所包含的具体因素中，既涉及个体微观层面的主观因素，又涉及与外在环境相关的客观因素。因此，可以认为，本课题所构建的幸福评价指标体系是一种主客观相结合的评价方法。以此为基础，递阶层次模型所包含的因素及子因素如表2所示。

表2　主观幸福感水平的评价因素及子因素

评价因素	居民生活(A)	社会环境(B)	生态环境(C)	政府公共服务(D)
子因素	居住条件(A_1) 家庭收入水平(A_2) 家庭关系(A_3) 健康状况(A_4)	人际关系(B_1) 工作环境(B_2) 社会公平度(B_3) 社会信任水平(B_4)	城市绿化水平(C_1) 居住环境的满意度(C_2) 对环境的保护力度(C_3)	社会法治水平(D_1) 公共设施便利度(D_2) 社会保障体系(D_3) 政府廉洁度(D_4)

以表2为基础，我们建立了一个对珠海市居民的主观幸福感水平进行评价的递阶层次结构示意图，如图1所示。在确定了准则层和子准则层的评价指标后，如果要根据上述模型对主观幸福感水平进行评价，还需确定准则层和子准则层各指标所占的权重，也即确定在表2中列示的因素和子因素所占

的权重。为了确定各不同层次指标所占的权重，必须建立对各指标进行衡量的两两比较矩阵。

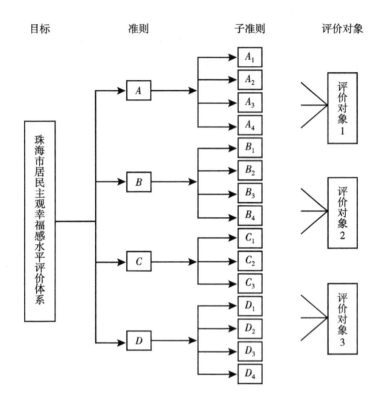

图1　主观幸福感水平评价的递阶层次结构示意

（三）评价指标权重的确定

根据层次分析法，针对准则层需要构建1个两两比较矩阵，而针对子准则层则需要构建4个两两比较矩阵，据此对不同的指标进行定量对比。针对准则层和子准则层建立的两两比较矩阵分别如表3~表7所示。在表3~表7的最后一行，还给出了每一两两比较矩阵的最大特征根和一致性比例，各表的最后一列则给出了相应指标的相对权重。由所有两两比较矩阵的一致性比例可以看出，最后的结果是可以接受的。同时，必须指出的是，各指标的相对权重,是根据所建立的两两比较矩阵在专门针对层次分析法所开发的专家选择(Expert Choice)软件中计算得出的。

表3 准则层的两两比较矩阵

准则层	居民生活	社会环境	生态环境	政府公共服务	相对权重
居民生活	1	3	7	1	0.314
社会环境	1/3	1	5	1/3	0.253
生态环境	1/7	1/5	1	3	0.119
政府公共服务	1	3	1/3	1	0.314
$\lambda_{max} = 4.327, CI = 0.149, RI = 0.79, CR = 0.056$					

表4 居民生活类指标的两两比较矩阵

居民生活	居住条件	家庭收入水平	家庭关系	健康状况	相对权重
居住条件	1	3	7	3	0.323
家庭收入水平	1/3	1	3	1	0.252
家庭关系	1/7	1/3	1	1/3	0.173
健康状况	1/3	1	3	1	0.252
$\lambda_{max} = 4.327, CI = 0.149, RI = 0.79, CR = 0.056$					

表5 社会环境类指标的两两比较矩阵

社会环境	人际关系	工作环境	社会公平度	社会信任水平	相对权重
人际关系	1	3	1	3	0.289
工作环境	1/3	1	1/3	1	0.211
社会公平度	1	3	1	1/3	0.289
社会信任水平	1/3	1	3	1	0.211
$\lambda_{max} = 3.246, CI = 0.014, RI = 0.83, CR = 0.048$					

表6 生态环境类指标的两两比较矩阵

生态环境	城市绿化水平	居住环境的满意度	对环境的保护力度	相对权重
城市绿化水平	1	1/5	1/3	0.387
居住环境的满意度	5	1	5	0.324
对环境的保护力度	3	1/5	1	0.289
$\lambda_{max} = 3.447, CI = 0.047, RI = 0.51, CR = 0.051$				

表7　政府公共服务类指标的两两比较矩阵

政府公共服务	社会法治水平	公共设施便利度	社会保障体系	政府廉洁度	相对权重
社会法治水平	1	1	1/3	3	0.264
公共设施便利度	1	1	1/3	5	0.341
社会保障体系	3	3	1	5	0.264
政府廉洁度	1/3	1/5	1/5	1	0.131
$\lambda_{max}=3.241, CI=0.021, RI=0.58, CR=0.057$					

　　根据准则层和子准则层各指标的相对权重，便可以确定某一指标相对于我们的评价目标的最终权重了。以居住条件指标为例，最终权重的计算过程如下。居民生活类指标的相对权重为 0.314，而居住条件指标相对于该准则层的相对权重为 0.323，因而其最终权重为 0.101（= 0.314 × 0.323）。表8 给出了各评价指标在对居民的主观幸福感水平进行考察时的最终权重。

表8　各评价指标的最终权重

评价指标	最终权重	评价指标	最终权重
公共设施便利度	0.107	家庭关系	0.054
居住条件	0.101	工作环境	0.053
社会保障体系	0.083	社会信任水平	0.053
社会法治水平	0.083	城市绿化水平	0.046
家庭收入水平	0.079	政府廉洁度	0.041
健康状况	0.079	居住环境的满意度	0.039
社会公平度	0.073	对环境的保护力度	0.034
人际关系	0.073		

　　注：所有因素总和加总为 0.998，这是由于在计算权重过程中存在近似计算的原因。

　　从表3 的结果来看，根据层次分析法所构建的主观幸福感评价体系，我们可以发现在准则层包含的指标中，居民生活和政府公共服务两类指标所占权重最大，均为 0.314。而从各子准则层对应的指标来看，表8 的结果表明，在对主观幸福感水平进行评价时，公共设施便利度的权重最大，达到

0.107，最低则为对环境的保护力度这一指标。

在确定了对个体主观幸福感水平进行评价的指标体系及各指标的权重之后，就能对不同个体的主观幸福感水平进行定量测算。

三 珠海市居民主观幸福感水平的测算及评价

以第二部分所构建的珠海市居民幸福水平评价指标体系为基础，本课题接下来将以实地调查获取的数据对珠海市居民的幸福状况进行测算和评价。

（一）数据来源

本课题分析所采用的数据来源于 2013 年 12 月到 2014 年 5 月针对珠海市居民所做的主观幸福感状况调查。本次调查采取的是网络调查方式，我们所涉及的网络调查问卷主要包括三部分内容，第一部分为工作满意度调查，第二部分为主观幸福感调查，第三部分为受访者的个人信息，这一部分反映了受访者在人口统计学方面所具有的特征。在舍弃掉具有缺失值的问卷以及无效问卷后，最后所获取的有效问卷为 1028 份。根据 2010 年全国人口普查的数据，珠海市常住人口为 156 万人，本次调查的覆盖率为 0.07%，具有较强的代表性。具体来看，其中香洲区的调查问卷为 437 份，斗门区和金湾区各为 318 份和 273 份。

问卷的第一部分要求受访者根据其工作状况，对自身工作满意度进行打分。所有指标评价均采用 0~10 的量表形式，从 0 分到 10 分代表满意程度依次递增，其中 0 分代表一点也不满意，10 分代表很满意。

问卷的第二部分是关于受访者的主观幸福感状况调查。我们将与主观幸福感相关的问题划分为居民生活、生态环境、社会环境和公共服务，这四个方面囊括了包含社会、经济以及个人心理等层面的各项细分因素。对所有指标的评价同样采用 0~10 的量表形式，从 0 分到 10 分代表满意程度的依次递增，其中 0 分代表一点也不满意，10 分代表很满意。

最后一部分是背景资料，即被调查者的个人信息，具体包括性别、年龄、学历、职业、居住地所在区、收入等人口统计学方面的信息。

（二）珠海市居民幸福水平的测算结果

根据表 8 所确定的权重，我们计算了不同个体的主观幸福感水平，表 9 是个体主观幸福感水平的描述性统计。

表9　珠海市居民主观幸福感水平的描述性统计

统计指标	最大值	最小值	均值	标准差
主观幸福感水平	9.812	2.187	6.539	7.219

与此同时，在图 2 中给出了不同幸福水平所对应的频数分布。根据直方图对应的结果看，珠海市居民的幸福水平分布表现出一种大致对称的分布趋势，密度曲线近似服从正态分布，说明大部分人的幸福水平仍处在中间水平。

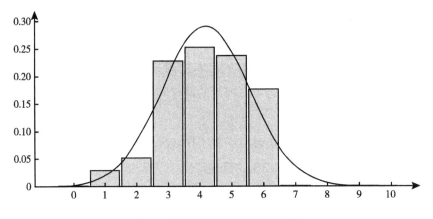

图2　主观幸福感分布的直方图

此外，为了进一步发现个体之间的主观幸福感差异，我们基于珠海市的行政区划（香洲区、斗门区和金湾区）以及个体特征对不同个体的主观幸福感水平进行了一个简单统计分析，如表 10 所示。

表10 基于个体特征的主观幸福感水平的描述性统计

个体特征		0~1	1~2	2~3	3~4	4~5	5~6	6~7	7~8	8~9	9~10	合计
人口	绝对数量	16	18	72	163	207	227	193	76	32	24	1028
	人口比例	0.016	0.018	0.070	0.159	0.201	0.221	0.188	0.074	0.031	0.023	1.001
地区	香洲区	10	8	27	29	102	70	92	81	11	7	437
	斗门区	3	7	8	21	35	36	41	80	50	27	318
	金湾区	6	4	17	33	40	55	45	55	11	7	273
性别	男	9	9	71	123	121	80	103	73	20	14	633
	女	8	8	22	36	56	65	50	128	12	10	395
年龄	20岁以下	11	3	5	4	42	54	20	24	3	7	183
	20~30岁	3	7	11	28	45	41	53	41	7	7	243
	30~40岁	15	3	17	54	57	55	43	53	7	4	308
	40~50岁	4	2	6	6	31	34	14	25	4	4	130
	50~60岁	1	2	2	1	29	15	3	54	10	0	117
	60岁及以上	4	6	1	11	3	6	5	14	5	2	47
收入	2000元以下	3	4	21	23	37	31	31	41	6	5	202
	2000~3000元	4	4	8	31	41	49	44	71	7	4	263
	3000~4000元	2	1	7	32	39	45	47	43	8	6	230
	4000~5000元	4	12	19	24	34	34	32	39	2	4	204
	5000元以上	4	3	7	13	16	16	9	47	9	5	129

（三）珠海市居民幸福水平的差异分析

1. 不同地区平均幸福度的差异

此部分选取调查问卷中涉及的三个主要地区，包括香洲区、斗门区和金湾区。各个行政区划的平均幸福度计算结果如表 11 所示。

表 11　地区平均幸福度

地区	香洲区	斗门区	金湾区
平均幸福度	7.291	7.331	7.382

由表 11 可以看出：三个地区主观幸福感水平的平均值具有一定的差异。其中，金湾区居民的主观幸福感水平最高，为 7.382，而香洲区和斗门区居民的主观幸福感水平次之，但是，香洲区和斗门区居民的平均主观幸福感水平并无太大差异。如果与珠海市居民的平均主观幸福感水平（7.326）相比，还可以发现，除了香洲区以外，其他两个地区的平均主观幸福感水平均要高于珠海市居民的平均主观幸福感水平。

2. 主观幸福感的性别差异

本次调查样本中包括 633 名男性和 395 名女性，从表 12 可以看出，男性中有超过 33.2% 的人主观幸福感水平在 7 以上，有 52.6% 的人在 5 以下；而在女性中主观幸福感水平在 7 以上的比例要高出男性 17.4 个百分点，而从主观幸福感水平在 5 以下的群体所占比例来看，由于约占 32.9% 的女性的主观幸福感水平在 5 以下，而 52.6% 的男性幸福水平在 5 以下，两者所占比例相差 19.7 个百分点，因此，两者间的差异也极为明显。

进一步，根据交叉表分析（Mantel-Haenszel 法）的结果来看，相应的 χ^2 统计量 P 值为 0.021，小于 0.05。由此可见不同性别间对于幸福感的评价有显著差异，男性相较于女性而言对于幸福感评价略显悲观。

表12　性别与平均幸福度

单位：%

平均幸福度	5以下	7以上	其他
男	52.6	33.2	14.2
女	32.9	50.6	16.5

3. U形的年龄—幸福度曲线

根据统计计算结果显示，不同年龄的平均幸福度具有差异。表13显示20岁以上珠海市居民平均幸福度最低的人群分布在30~40岁。

表13　年龄与平均幸福度

年龄	20岁以下	20~30岁	30~40岁	40~50岁	50~60岁	60岁及以上
平均幸福度	7.379	7.276	7.258	7.398	7.406	7.442

通过年龄与主观幸福感简单的相关关系可以看出，珠海市居民的年龄—幸福度曲线呈U形分布，即随着年龄的逐渐增加，大部分个体的主观幸福感水平首先呈下降的趋势，当到达某一拐点之后，主观幸福感水平又表现出上升的趋势，并且可以发现，年龄的拐点在30~40岁。

4. 收入差异与幸福感差异

由各收入分组计算的平均幸福度可以看出，收入水平在局部上与平均幸福度有相关关系，但总体上无明显的线性关系。

表14　收入水平与平均幸福度

月收入水平	2000元以下	2000~3000元	3000~4000元	4000~5000元	5000元以上
主观幸福感均值	6.545	7.382	7.522	6.429	7.604

正如"收入—幸福悖论"所指出的，个体的主观幸福感水平并不会随着收入的增加而增加。这意味着，当我们考虑收入与主观幸福感水平之间的关系时，不能单纯从绝对收入水平出发进行分析，还要将个体的

收入水平与其他个体的收入水平进行对比，即以相对收入为基础探讨两者之间的关系。

四 珠海市居民主观幸福感水平的决定因素考察

（一）基本模型

根据描述性统计分析仅仅只能得到不同变量与主观幸福感之间的一种粗略的关系，因此，本部分将基于一个计量模型对相关因素与主观幸福感水平之间的关系进行探讨。具体而言，本部分的研究主要基于如下计量模型：

$$SWB = \alpha_0 + \alpha_1 inc + \alpha_2 health + \beta \sum_i X_i + \mu$$

其中，SWB 表示个体的主观幸福感水平，inc 表示其月收入水平。在调查问卷中只包含每一个体分组情形下的收入数据，因此，我们对收入变量进行了重新定义。具体而言，如果某一个体的月收入水平处于 2000 元以下收入组，则我们将其的收入赋值为 1，2000 ~ 3000 元收入组则赋值为 2，……，5000 元以上收入组赋值为 5。$health$ 表示个体的健康状况，在模型中我们将其定义为一个 0 - 1 的变量，即在计算出整个样本的健康水平均值后，将高于这一均值的个体对应的健康水平定义为 1，而将小于均值的个体对应的健康水平定义为 0。X 是表征个体人口统计学特征的控制变量，其中主要包括性别、婚姻、年龄（以及年龄的平方）、工作单位以及受教育水平（受教育水平的衡量指标是受教育年限）等，其中性别和婚姻是 0 ~ 1 变量，参照组选择分别为女性和未婚。

此外，在对工作单位这一变量进行处理时，本课题在原始调查数据的基础上进行了如下处理：将工作单位为政府机关、各事业单位以及国有企业的个体归为一组（政府机关、国有企业、事业单位），将工作单位为其他性质的个体归为另一组（其他单位），以此为基础定义工作单位为一个 0 ~ 1 的变量，并将政府机关国企事业单位设为参照组（即政府机关、国有企业、事业单位 = 0，其他单位 = 1）。

（二）估计结果

以上述模型为基础，我们共进行了三组回归。此外，为了考察收入和工作单位的交互作用以及收入差距对主观幸福感所产生的影响，我们还将"月收入水平×工作单位"以及"收入差距"两个变量加入模型中进行了两组回归，分别对应着模型（2）和模型（3），具体结果如表15所示。

表15　主观幸福感的决定因素

解释变量	估计结果					
	模型（1）		模型（2）		模型（3）	
	估计值	标准差	估计值	标准差	估计值	标准差
月收入水平	0.667 ***	0.094	0.592 ***	0.225	0.314 *	0.191
健康状况	0.661 ***	0.158	0.660 ***	0.158	0.666 ***	0.159
个人特征：						
性别	− 0.429 ***	0.166	− 0.430 ***	0.166	− 0.429 ***	0.166
年龄	− 0.077 **	0.038	− 0.074 **	0.034	− 0.078 **	0.037
年龄平方	0.0015 **	0.0007	0.0014 **	0.0007	0.0015 **	0.0007
婚姻状况	0.924 ***	0.248	0.925 ***	0.248	0.928 ***	0.248
教育程度	− 0.012	0.031	− 0.012	0.031	− 0.009	0.032
工作单位	− 0.464 *	0.281	− 0.731 *	0.442	− 0.464 *	0.279
月收入水平×工作单位			0.174 ***	0.038	0.178 ***	0.032
收入差距					− 0.650 ***	0.252
观测值	731		731		731	
对数似然值	− 1272.235		− 1272.220		− 1272.020	
R 平方	0.243		0.233		0.234	

注：*、** 和 *** 分别表示在 10%、5% 和 1% 的水平下显著，标准差对应异方差稳健标准差。

同时，需要指出的是，收入差距是通过如下方法确定的。首先，我们计算了不同教育程度群体对应的平均收入，其次，将个体的收入与平均收入的差值作为衡量收入差距的指标。当然，通过收入差距衡量相对收入可能存在一个问题，即对于高收入群体而言，因其收入差距为正，故对其主观幸福感产生的效应可能为正。因此，我们假定无论对低收入还是高收入群体而言，收入差距对主观幸福感均产生负效应。

根据模型（1）的估计结果可以发现，与之前描述性统计结果不一致的是，收入对主观幸福感有显著的正影响，即随着收入的增加主观幸福感水平也相应提升。这说明，就某一特定地区的居民而言，在某一时期收入对主观幸福感有正的影响，说明收入是决定个体主观幸福感水平高低的一个重要因素。从其他变量来看，模型（1）确定了年龄与主观幸福感之间的一种 U 形关系，这意味着随着年龄的增大，人们的主观幸福感水平逐渐降低，直至到达年龄的某一拐点后，主观幸福感水平随着年龄的增加才逐渐提升。相对于女性而言，男性的主观幸福感水平要低 42.9%，这可能是由于男性在社会中承担更大的责任，面临更大的压力，他们不幸福的程度相对更高。从婚姻状况来看，与未婚个体相比，已婚个体的主观幸福感水平要高 92.4%。而健康状况对主观幸福感有显著的正向影响。与健康状况较差的个体相比，健康状况较好的个体的主观幸福感水平要高出 66.1%。从受教育水平对主观幸福感的影响来看，受教育程度越高，其主观幸福感水平反而更低，但这一结果并不显著。这一结论有点令人费解。但是，如果从不同教育程度群体的人生预期和预期的实现来看，由于教育程度越高的群体对自身的预期和人生目标要求越高，当其人生目标与目标的实现存在着较大的差距时，反而对他们的主观幸福感水平产生不利的影响。

（三）不同结果的分析

从模型（2）的估计结果来看，加入收入与工作单位的交叉项后，其他变量对主观幸福感水平产生的影响并没有发生变化，根据模型（3）我们也可以发现同样的事实。然而，从模型（2）来看，在加入了交叉项后，收入与工作单位的乘积对主观幸福感有正的影响，收入对主观幸福感所产生的正效应由 0.667 降为 0.592。此外，模型（3）的结果有两点值得我们注意：首先，在加入收入差距项后，收入对主观幸福感的影响程度不如之前显著（变量的显著性水平降低）；其次，可以发现收入差距对主观幸福感有显著的负影响。

由于我们将政府机关、国有企业及事业单位群体设置为参照组，这意味着在其他单位工作的人其主观幸福感水平要明显低于在政府机关、国有企业及事业单位工作的人。从模型（1）来看，在保持其他因素不变的情形下，估计结果表明两者之间的差异达到 46.4%。从中国社会的现实来看，由于传统文化的影响，作为一个关系型社会，社会成员在择业时，普遍倾向于选择政府机关以及各类国有企业和事业单位。人们往往认为在政府机关、国有企业和事业单位工作，意味着完善的福利体系和较高的社会地位，因此，这一结论正好反映了当前中国社会各类就业群体的择业观。

此外，模型（1）的结果还表明收入对主观幸福感水平有显著的正影响，"收入—幸福悖论"并不存在。然而，在对待这一结论时我们必须小心翼翼，因为如果考虑到个体工作单位的差异，也即考虑到工作单位与收入的交互作用，收入对不同个体主观幸福感水平所产生的影响还与此处的结论一致吗？这正是我们在模型（2）的回归分析中加入收入与工作单位这一交叉项的原因。

如果考虑到交叉项所产生的效应，我们可以发现工作单位可以显著提升收入对主观幸福感所产生的效应。在这种情形下，收入对主观幸福感产生的效应 = 0.592 + 0.174 × 工作。这说明，与在政府机关、国有企业及事业单位工作的群体相比，收入对在其他单位工作的群体的主观幸福感水平产生的效应要高 0.174。这正好印证了本部分开头的假设：如果考虑到工作单位的性质对不同个体所产生的影响，收入对主观幸福感所产生的效应将发生变化。事实上，从模型（2）还可以发现，此时在其他单位工作的群体与在政府机关、国有企业及事业单位工作的群体的主观幸福感差异 = −0.731 + 0.174 × 收入水平。由于将收入水平进行了 1 ~ 5 的赋值处理，因此，这种差异在 −0.557 ~ 0.139。这说明，在保持其他因素不变的情形下，随着在其他单位工作的群体的收入增加，由于工作单位的性质差异导致的主观幸福感差异在两者之间逐渐缩小。从我们的样本来看，可以认为对那些月收入水平在 3500 元以上的个体，工作单位的性质对其主观幸福感带来的负影响将趋近于 0。

这一发现为我们揭示了两个方面的含义。首先，由于收入对工作单位性质不同的群体的主观幸福感水平产生的效应并不一致，特别是对在其他单位工作的人们产生的正效应更大，在这种情形下，收入的增加会消减工作单位的性质对主观幸福感所产生的负效应，因此，这说明收入除了能为我们带来物质满足外，还为我们带来了一种精神满足，这种精神满足成为提升我们幸福程度的源泉。其次，尽管在中国社会仍然普遍存在着"官本位"的思想，但是，"官本位"思想可能正遭受来自收入等其他因素的冲击。特别是通过估计结果可以发现，当我们结合收入展开分析时，在其他单位工作给个体主观幸福感水平所带来的负效应会随着收入的增加而减弱。

从模型（3）的估计结果来看，在加入了收入差距项后，尽管绝对收入对主观幸福感仍产生正的效应，但是，该效应从0.667降到0.314。另外，收入差距对主观幸福感所产生的效应显著为负。这说明在根据教育程度划分的同一群体内部，不同个体之间的收入差距越大时，人们所感知的主观幸福感水平将下降。因此，人们并不仅仅关注其绝对收入，同时关注其相对收入。因此，这说明相对收入对主观幸福感所产生的效应，是通过消减绝对收入对主观幸福感所产生的正效应而发生作用的。

事实上，在经济发展处于一个较低的水平时，由于收入对个体生活条件的决定性作用，绝对收入对个体的主观幸福感往往具有重要的影响，但是，当经济发展到一定程度后，个体关注的不仅仅是其绝对收入，同时关心与周围不同群体居民之间的相对收入水平，收入对主观幸福感的影响可能更多通过相对收入而发生作用。

五 提升珠海市居民主观幸福感水平的对策建议

珠海市是珠江三角洲南端的一个重要城市，于1980年成为经济特区，2008年国务院颁布实施的《珠江三角洲地区改革发展规划纲要（2008～2020年)》将珠海定义为珠江口西岸的核心城市。在《中共珠海市委关于制定国民经济和社会发展第十二个五年规划的建议》中，珠海市委、市政府明确提出，今后五年珠海将重点实施绿色发展、创新驱动、东西互动、区域协同、和谐共享五大战略，切实增强珠海人民的富足感、安全感、公平感、归属感和自豪感。可以看出，大力推行五大发展战略的根本目的，便是为了让广大人民群众能够共享改革成果，提高其主观幸福感水平。本课题基于珠海市居民的调查数据，在统计分析的基础上得到了一些有益的结论。基于以上分析，我们从不同的角度提出了如下对策，以期能为珠海市政府以及其他相关部门在提升居民主观幸福感水平的过程中提供参考和借鉴。

1. 加大力度提升居民的收入水平

经济水平仍是居民幸福感高低的基础。从珠海市总体来看，居民月收入水平的降低会抑制其幸福感的提高。从主观幸福感测算体系各指标所占权重来看，家庭收入水平权重为0.079，在所有指标中排名第五，而根据计量模型提供的实证结果也发现，收入对提升主观幸福感水平仍具有显著的正效应。因此，从根本上来讲，为了能够提高居民的主观幸福感水平，主要还是需要加大力度发展经济，让人民群众均能享受到经济发展带来的成果，提高居民的收入水平。

2. 政府需进一步提升和发挥其作为公共管理者角色的职能

从主观幸福感评价指标体系来看，公共设施的便利度、社会保障体系以及法治水平三个指标对主观幸福感水平具有较大的影响力。当经济发展到一定程度后，人们不仅仅关心其绝对收入水平的提升，在其他一些非物质层面也会相应有更高的诉求。这表明只有在发展经济的同时，政府必须注重其作为公共管理者在非经济领域的作用，在基础设施建设、社会保障体系的构建等领域，需加大资金投入和建设力度。

同时，我们还发现，健康对主观幸福感有显著的正效应，这说明居民的健康状况越好，其幸福感水平也越高。尽管近年来珠海市医疗卫生事业发展迅速，但仍然存在医疗资源尤其是优质医疗资源分布不均衡、社区卫生服务体系不健全、居民就医费用较高、突发公共卫生事件的应急处理能力较低、民营医疗机构发展缓慢等问题，"看病难、看病贵"的问题并没有从根本上得到改善。未来还需要进一步加大对这些领域的投入。

3. 加大对各类私有企业的支持力度

本课题的调查结果表明，在政府机关、国有企业以及事业单位工作的个体，其主观幸福感水平要高于其他个体，这说明，不同的工作单位对居民的幸福感水平会产生显著的影响，大部分人仍憧憬一种较为稳定的生活状态。尽管我们认为，产生这一结果的部分原因与我国的传统文化密不可分，但是，现实中不同工作单位之间存在的较大差异，特别是收入、福利、社会地位以及工作强度等方面的差异，也是不可忽略的重要因素。

现阶段，收入仍是决定个体幸福感的一个重要因素，而且我们还发现，收入的提升会抵消工作单位对幸福感造成的负面影响，因此，对于履行公共管理职能的政府而言，一方面需要加大对各类私营企业的支持力度，以借此提升个体的收入水平，另一方面还需加大对各类私营企业的监管力度，使在这些企业就业的员工其利益和权益能够得到维护和保证。

4. 切实解决居民住房问题

从本课题的调查可以发现，居民的居住条件对主观幸福感的影响权重为0.101，高居榜首。这也与当前的社会现实相关。在房价居高不下，而居民对房子的需求也较为紧迫的情形下，如何协调房价与需求之间的关系，是政府需要关注的一个重要问题。

事实上，从近年的情形来看，珠海市居民面对的是商品房价格高昂和保障性住房供给不足的局面，居住条件并没有得到显著的改善。《2010年7月中国城市房价排行榜》显示，排名前20的城市房价均超过8500元/平方米，珠海位居其中。这要求政府一方面加强对房地产市场的调控和管制，另一方面加大对保障性住房的供给力度。

5. 全面提高公民道德素质建设

事实上，从中华民族传统文化来看，婚姻家庭是其中最为核心的部分，家庭和睦也是建设现代和谐社会的重要基础。在主观幸福感的评级体系中我们可以发现，家庭关系和人际关系也是决定主观幸福感水平的重要因素，两者的总权重为0.127，这说明和睦的家庭环境和良好的社会环境，是决定居民主观幸福感水平的一个重要因素。

长期以来，我国以经济建设为主要目标，忽略了对公民的道德素质教育，使社会的价值观发生了极大的变化，其中一些不健康的价值观对家庭关系产生了不利影响，人与人之间的关系变得陌生，并严重影响整个社会的信任水平。当前，珠海市政府提出，要构建一个完善的社会信用体系，这一信用体系的构建，必然会对居民幸福感水平的提升产生有益的影响。此外，在婚姻家庭结构及道德观念发生了深刻变化的今天，除了加强对信用体系的建设，还需要在政府的引导下，推广和实施仁、义、礼、孝等道德教育，呼吁公民树立一种健康的价值观和人生观。

参考文献

布鲁诺·S. 弗雷、阿洛伊斯·斯塔特勒，2006，《幸福与经济学——经济和制度对人类福祉的影响（中译本）》，北京大学出版社。

程国栋等，2011，《建立中国国民幸福生活核算体系的构想》，《地理学报》第 6 期。

蔺丰奇，2007，《GNH：衡量社会经济发展的新标尺》，《统计与决策》第 2 期。

罗楚亮，2006，《城乡分割、就业状况与主观幸福感差异》，《经济学（季刊）》第 3 期。

陆铭、蒋仕卿、佐藤宏，2009，《城市"二元社会"里的悲喜——户籍、身份收入差距和参照对象差异》，第四届中国青年经济学家联谊会学术会议论文。

萨蒂，T. L.，1988，《层次分析法——在资源分配、管理和冲突分析中的应用》，许树柏等译，煤炭工业出版社。

田国强、杨立岩，2006，《对"幸福—收入之谜"的解答》，《经济研究》第 11 期。

邢占军，2006，《幸福指数：指标体系构建与追踪研究》，《数据》第 8 期。

Blanchflower G. David, Oswald J. Andrew, 2000, "Well - being over Time in Britain and the USA," *Journal of Economic Behavior & Organization*, Vol. 88, No. 1, pp. 1359, 1386.

Blanchflower G. David, Oswald J. Andrew, 2004, "Well - being over Time in Britain and the USA," *Journal of Economic Behavior & Organization*, Vol. 88, No. 3, pp. 1359, 1386.

Clark, A. E., Oswald, A. J., 1996, "Satisfaction and Comparison Income," *Journal of Public Economics*, Vol. 61, No. 3, pp. 359, 381.

Diener, E., Diener, M., 1995, "Cross - cultural Correlates of Life Satidaction and Self - Esteem," *Journal of Personality and Social Psychology*, Vol. 68, No. 6, pp. 653, 663.

Easterlin A. Rachard, 1974, "Does Economic Growth Improve the Human Lot?" *Nations and Households in Economic Growth*, New York: Academic Press, pp. 89, 125.

Easterlin, R. A., 2001, "Income and Happiness: Towards a Unified Theory", *Economic Journal*, Vol. 111, No. 473, pp. 465, 484.

Esteban, J., Ray, D., 1994, "On the Measurement of Polarization," *Econometrica*, Vol. 62, No. 4, pp. 819, 851.

Ferreri Carbonell, A., Frijters, P., 2004, "How Important Is Methodology for the Estimates of the Determinants of Happiness," *Economic Journal*, Vol. 114, No. 497, pp. 641, 659.

Ferreri Carbonell, A., 2005, "Income and Well – being: An Empirical Analysis of the Comparison Income Effect," *Journal of Public Economics*, Vol. 89, No. 7, pp. 997, 1019.

Gradín, C., 2000, "Polarization by Sub – populations in Spain: 1973 – 1991", *Review of Income and Wealth*, Vol. 46, No. 4, pp. 457, 474.

Graham, C., Pettinato, S., 2002, "Frustrated achievers: Winners, Losers and Subjective Well – being in New Market Economies," *Journal of Development Studies*, Vol. 38, No. 4, pp. 100, 140.

Knight, J., Song, L., Gunatilaka, R., 2008, "Subjective Well – being and Its Determinants in Rural China," *China Economic Review*, Vol. 20, No. 4, pp. 635, 649.

Lelkes, O., 2006, "Tasting Freedom: Happiness, Religion and Economic Transition," *Journal of Economic Behavior and Organization*, Vol. 59, No. 4, pp. 173, 194.

Lykken David, Tellegen Auke, 1996, "Happiness Is a Stochastic Phenomenon", *Psychological Science*, Vol. 7, No. 3, pp. 186, 189.

Ravallion, M., Lokshin, M., 2001, "Identifying Welfare Effects from Subjective Questions," *Economica*, Vol. 68, No. 271, pp. 335, 357.

Smyth, R., Mishra, V., Qian, X., 2009, "The Environment and Well – Being in Urban China," *Ecological Economics*, Vol. 68, No. 9, pp. 547, 555.

Song, L., Appleton, R., 2008, "Great Expectations? The Subjective Well – Being of Rural Urban Migrants in China", Department of Economics, University of Oxford, Discussion Paper No. 332.

Tella Rafael Di, MacCulloch J. Robert, Oswald J. Andrew, 2001, "Preferences over Inflation and Unemployment: Evidence from Surveys of Happiness", *American Economic Review*, Vol. 99, No. 1, pp. 335, 341.

珠海品牌企业文化研究

——从珠海品牌企业文化的探索到城市形象的塑造

麦莉娟　张　可*

一　绪论

经济的发展与崛起离不开承载着资本、技术和劳动力要素的现代企业，而代表着高要素高品质高文化含量的"品牌企业"显然已成为经济发展的主力军，也是各城市塑造自己形象的另一种标志。在经济市场化和全球化不断深化的条件下，国家与国家之间、地区与地区之间的竞争"不仅是单个品牌企业、名牌产业之间的竞争，而且也是名牌产业群之间的竞争"（尹元元，2010）。

近年来，随着中国城市化进程的加快，人们对所在城市的形象越为关注，良好的城市形象与城市品牌不仅让人印象深刻，同时也可以突出城市个性，增强城市竞争力（王志欣，2004）。而城市形象又包括了城市的经济形象、文化形象和居民道德素养形象，通过对这三方面形象的提升（刘文俭、赵连营，2003），来塑造充满魅力的城市形象，提升城市综合竞争力。倡导一个健康和特色的企业文化，是塑造城市形象的根本途径和基本条件（钟建伟，2007）。

本文试图引进品牌企业文化对城市形象影响的作用机理，以探索品牌企业文化对珠海城市形象的影响。

从目前国内外学者的研究现状来看，对于品牌企业与城市形象塑造的系

---

* 麦莉娟，北京师范大学—香港浸会大学联合国际学院教授；张可，香港浸会大学博士。

统性研究还不足。因此，本研究立足于珠海品牌企业文化建设与城市综合竞争力发展现状，以珠海品牌企业为切入点，研究其内在的企业文化，并以珠海城市形象塑造为对象，以品牌企业文化与城市形象塑造的内在逻辑关联性为主线，借由品牌的企业文化、企业形象，从理论上探讨品牌企业文化促进城市形象塑造的机理，并采用实证的研究方法，分析品牌企业文化与城市形象塑造的相关性及对其的贡献。

本研究将主要达到以下研究目的：

（1）探究珠海品牌企业的企业文化特质。

（2）分析品牌企业文化，以及员工对企业文化、企业品牌形象的感知。

（3）利用品牌企业文化、企业形象结合城市文化发展，塑造城市文化形象。

本研究的重点在于立足于珠海城市地理、资源、经济发展特色的基础上，分析珠海品牌企业文化的特质，探讨利用珠海品牌企业文化，塑造城市形象的可行性。本研究的研究价值包括：

（1）检验国外著名的企业文化模式的适用性，并建构出珠海品牌企业的企业文化模型。

（2）分析企业文化特质的影响，帮助珠海企业开展企业文化建设，塑造企业品牌及形象。

（3）提供政府推动珠海城市文化发展的战略参考，探索品牌企业的示范作用带动城市文化形象的可行性。

值得指出的是，本研究属于探索性探究，并无太多的相关研究成果进行借鉴，因此，在整个研究过程中，本文为确保研究的科学性和严谨性，将对珠海品牌企业高层以及员工进行大量的访谈及调研工作，并在此基础上进行问卷调查，以获得最真实的资料进行定性及定量的分析。

二　文献综述

（一）企业文化的概念

企业文化，或称组织文化，是指在一定的社会经济条件下，通过社会实践所形成并为全体成员共同拥有或遵循的意识、价值观念、职业道德、行为规范和准则的总和（Pettigrew，1979；Tyson & Jackson，1992；Clark，et al.，1994；Pool，2000；Mai，2001；Flamholtz，2011）。麦莉娟教授在总结前人研究的基础上，提出解决企业文化的四大要素：（1）价值观和信念：一个公司的意识形态通过员工在处理任务时的情感表现来传达给公司成员；（2）领导、力量和英雄：领袖和企业英雄是有形的榜样，让员工遵循和借鉴。英雄是一个公司的显著标志；（3）仪式和礼仪：提供日常生活的一个系统的计划，员工可以遵循这些非正式的礼仪和仪式来解决问题；（4）规则：成员所遵守的一个正式的指令或语句。这四个要素是公司文化的核心，适用于所有的工作部门、职能或单位、组织和社会。

Deal & Kennedy（1982）和 Peters & Waterman（1982）分别建立了两个意义重大的企业文化模型（Hofstede，1991；Miller，1995；Starkey，1998）。研究者通常使用这两个模型来解释企业文化的复杂性。90 年代，Hofstede 建立了文化企业模型的六个维度，包括过程导向与结果导向、员工导向与工作导向、狭隘性与专业性，开放系统与封闭系统，松散系统与控制系统，规范型与务实型。Hofstede 的文化模型综合考虑了不同行业不同层级的雇员，建立在多样性视角上，被研究人员广泛采用。本研究也在采用 Hofstede 文化企业模型的基础上，进行修改，围绕中国企业的情况及珠海品牌企业文化，设置问卷问题，收集并解析数据。

值得强调的是，企业文化受外部因素，如国家文化的影响。Laurent 发现，企业文化主要是体现民族文化（Schneider & Constance，1987；麦莉娟，2003）。在企业管理方面，儒家思想和传统价值的一些特性依然可以中国大陆企业的业务运营上反映出来（Noronha，2002）。Hofstede 认为，儒家哲学思想广泛体现于亚洲某些公司的工作精神中（Lo，1997；麦莉娟，2005），尤其在重视家庭观念和亲情感的中国社会（Fukuyama，1995；Maguire，1999），Whitlow（2012）指出，家庭式的企业组织有最强大和最积极的文化。传统企业普遍被认同的特点是它的人文精神，即强调人与人之间的"关系"。"关系"被定义为人类的互动，"人脉"受儒家文化影响而产生，很多企业根深蒂固的文化信仰从儒家思想传承而来，例如忠诚、诚实、诚信、和谐等，是企业管理者及员工的相处原则（Buttery & Leung, 1998；Huang, 1999）。本研究在深度访谈部分，针对此论述进一步了解是否存在于珠海品牌企业之中。

（二）企业文化与企业形象的相互关系

1. 企业文化与企业形象

企业形象指企业运用有效的系统，将企业的精神、理念、价值观展现给企业员工和社会大众，从而在社会上建立起企业的地位和价值，并在企业的长期经营中影响消费者的观念而使之形成对企业的评价或口碑，从而达到提升经济效益和扩大社会影响力的目的（张德，1995；唐书麟，2003；龚益鸣，2003；王世明，2004；齐振宏，2004；关鹏，2005；郭咸纲，2005；孙玉娟，2005；余伟萍，2005；李伦新，2006；尹元元，2010；邹文兵，2012；江正峰，2014）。

Perlin（2007）指出，如果企业员工重视企业文化，客户也将受到影响而倾向于认可该企业的专业性及职业道德。受企业文化影响而形成的良好的企业形象，不仅有助于培养忠实的顾客，形成稳定的消费群，还可以帮助企业提高知名度、信任度和美誉度，从而使企业的营销成本减少、销售额稳定，从而达到利润的提升。

综上所述，企业如何通过有效的手段、选择有效的信息来传播自身的形象，以建立被社会公众感知和认可的企业形象，是企业文化延伸的核心部分，也是企业提高市场效益和扩大社会影响力的重要条件。因此，员工对企业文化的感知（即理念形象），以及企业本身在外部赢得的赞誉、与社会的互动、回馈等，都可以作为企业形象建设的一部分。

2. 企业的品牌作用与名牌效应

企业的品牌是产品、服务、知名度、影响力、效益、消费群体及社会公众形象等的总和。品牌对企业经营、产品销售、企业宣传、企业扩张都有带动效应，从而产生对城市经济、地区经济，甚至国家经济的带动作用，这也是国际上所谓的"品牌带动论"（龚高健，2008；刘前红，2009；肖志明，2009；刘先义，2010；吕振奎，2010；罗云华、李昊泽，2011）。品牌在产品同质化的今天，为企业和产品赋予个性、文化等许多特殊的意义，可以帮助企业存储商誉、形象，是企业塑造形象、知名度和美誉度的基础（万后芬、周建设，2006；李光斗，2007；李立民，2010）。

名牌指知名品牌或强势品牌，名牌效应是指在商品经济与市场经济的条件下，企业通过其产品市场营销和宣传，利用和发挥名牌产品、驰名商标的效应，产生客观上的资产增值（陈佩芳，1996），其巨大作用体现在几方面：（1）聚合效应；（2）磁场效应；（3）衍生效应；（4）内敛效应。品牌是一种文化，必须融入企业文化建设（孙晋芳，2014）；名牌使员工会产生企业自豪感和荣誉感，从而激发员工的精神力量和工作劲头（魏杰、崔言超，1996；钟建伟，2007）。因此，企业名牌效应不容忽视（周大海、施放，2014）。

综上所述，品牌是企业赢得顾客忠诚度和长时间较高市场占有率的重要条件，只有树立高知名度的品牌，企业才可能利用品牌带来的名牌效应，不断增加市场效益，扩大社会影响力。因此，研究品牌企业的企业文化及其形象，有其相当的研究价值与意义。

（三）城市形象与企业文化相互作用

城市形象包括了城市的经济形象、文化形象和居民道德素养形象，通过对这三方面形象的提升（刘文俭、赵连营，2003），来塑造充满魅力的城市形象，提升城市综合竞争力。按照现代产业竞争理论的观点，在影响城市竞争力变化的诸因素中，产业的竞争力处于核心的地位，产业集群能够加速生产能力的成长，同时加速新的企业形成（王志欣，2004）。而企业根本的作用是创造价值，在创造价值的过程中，同时满足所在城市各个方面的需求（姜正轩等，2005），从而提升整个城市的竞争力。城市文化和企业文化一样不仅是一种意识形态，也是一种生产力（刘敦虎、李文勇，2003）。倡导城市文化的建设和品牌企业文化建设的并重，有助于提升整个城市的导向力、凝聚力、约束力和协调力，通过与城市竞争力的其他因素结合起来，促进或协调其他实体性要素的发展来达到提升城市竞争力的目的（姜正轩等，2005）。人及其生活是一种文化性存在，城市建设离不开文化要素的支撑。城市居民扮演"企业人"和"社区人"的双重角色，人们在角色切换时折射出各种身份条件下形成的文化素养和行为规范（姜正轩等，2005）。企业文化影响城市居民素养的核心内涵，如精神、道德、价值观等，因为企业文化对员工行为的深刻影响，反映到现实社会中也体现了一个城市的综合行为素质。

综上所述，企业文化是塑造城市形象的途径之一，城市应该充分利用品牌企业的品牌效应，延伸品牌企业的企业文化、企业形象，以建设城市形象，让品牌企业成为"城市名片"，从而带动城市居民文化素养的整体提升。

（四）珠海政府对于本地企业发展的支持

珠海品牌企业数量及规模扩大，以及珠海品牌企业在全国乃至国外知名度的提升与珠海市人民政府及相关部门制定的企业扶植政策和企业文化发展鼓励政策息息相关。

"十一五"以来，珠海市经济平稳发展，民营企业在发展过程中不断拓展新业态。珠海市人民政府及有关部门制定了一系列的企业扶植政策，鼓励企业进驻，支持企业上市。大型民企纷纷扎根珠海，对珠海市产业链"补链"和"强链"有重大影响和特殊推动作用，有助于珠海市打造高端制造业、高新技术产业、高端服务业、特色海洋经济和生态农业的"三高一特"现代产业体系。丽珠医药、汉胜科技、赛纳科技、远光软件等一大批民营企业快速成长，成为各行业和领域的龙头。初步形成以香洲区的办公自动化及打印耗材、斗门区的电子信息和陶瓷、金湾区的生物医药和专用设备、高新区的通信设备和软件、高栏港的游艇和化工制品等为特色产业的发展格局。民企上市成果丰硕。近年来，珠海市先后出台了《关于加快推动珠海市企业上市的实施意见》《珠海市"十强""百优"民营企业上市培育工程实施方案》等政策文件，并成立了"珠海市企业上市工作领导小组"积极推动企业上市。目前，全市共有30家上市企业，其中民营企业25家，占总数81%。

随着珠海整体经济实力的增强，品牌建设效果日益明显。截至2013年底，全市民营企业获得3件中国名牌产品、6件中国驰名商标、54件广东省名牌产品和70件广东省著名商标，名牌名标总数达到133件，占全市名牌总数的63%，培养了丽珠、汤臣倍健、罗西尼等一批优秀的民营企业。

三　研究方法

本研究将采用质化和量化相结合的研究方法，探索珠海市品牌企业的企业文化特质、企业形象，再根据问卷调查法及深度访谈的结果，建构珠海的城市形象。首先，本研究以深度访谈为先导，将访谈内容归纳，并结合著名的企业文化测量模式，构建成问卷变量，再进一步进行品牌企业文化的问卷调查。

（一）定量调查法

本研究的定量分析法，主要采用的是问卷调查法，针对珠海品牌企业的员工进行调查。问卷设计主要分为三个部分，一是员工的人口学变量，二是企业文化模式变量，三是员工对企业文化与企业形象的感知。

在设计企业文化的变量时，首先参考被过去研究采用最多的两个模型：哈弗斯德（Hofstede，1991）和迪尔、甘乃迪（Deal & Kennedy，1982）的企业文化模型；最后根据其适用性，本研究采用了哈弗斯德的企业文化模式，其建构的模型共分为六个维度：1，过程与结果；2，员工导向与工作导向；3，狭隘性与专业性；4，开放与封闭系统；5，松散与控制；6，规范与务实。依据当代城市品牌企业文化的特点和价值所在，修正其量表，最后共有36个变量测量品牌企业的企业文化。同时，针对员工对于企业文化及企业形象的感知，设计测量量表，共计5个变量，以检验企业文化及形象，以及企业本身与政府间的互动关系。

在样本选定方面，本研究采取利益抽样法，依据 2012 年珠海上市企业营收排名，其公司坐落在珠海，同时考虑其对珠海区域经济贡献较大，或其在省市全国乃至世界知名的品牌企业，根据其营业额、中国名牌产品、驰名商标等因素，选取 15 家企业，进行问卷调查。这 15 家企业分别是：华发集团、格力集团、丽珠集团、汤臣倍健、金山软件、东信和平、蓉胜超微、远光软件、中珠控股、乐通股份、世纪鼎利、宝莱特、欧比特、罗西尼、威丝曼。每家公司共发放 30 份问卷，采取便利抽样法，让员工填写问卷后，回收问卷。

（二）定性调查法

根据以上的抽样方法，针对抽出的 15 家品牌企业的创办人、董事长或高层、中层主管以及员工，进行深度访谈。访谈采用结构式的问卷进行，问卷内容主要包括品牌企业的背景、发展现状、公司经营理念、价值观、管理方式、决策方式、会议、人员聘用方式、福利及奖惩等，以了解品牌企业的企业文化，比较分析当前珠海市起示范及主导作用的品牌企业文化类型，探索珠海本地品牌企业文化的典型特征、个性与共性、优点与不足。

此外，在企业文化与城市形象塑造方面，访问企业高层了解他们所认知的珠海城市形象，并由品牌企业的主管从自身的企业为基础，为珠海城市形象塑造建言。每个访问平均访谈时间为一小时，访谈内容作为定性研究的分析基础。

本研究分三个阶段：

研究前期对城市品牌企业文化与城市形象塑造互动发展的相关概念进行梳理，回顾过去的文献资料，包括企业文化相关理论及模型、企业形象、城市形象等相关研究、珠海市在扶持品牌企业、引进企业的相关政策等，结合珠海特色的区域经济及地缘特征设定研究方案、预计研究成果。

通过整理访谈记录和统计分析调查问卷，了解珠海市品牌企业文化的发展历程和现状，分析珠海品牌企业文化的特质及模型，归纳珠海市品牌企业文化发展的共性，同时探究其员工及主管对于品牌企业文化及城市形象的认知和素养。

研究后期将依据对各品牌企业文化特性共性的分析以及对市民人文素养的探究，提出基于珠海市品牌企业文化的特质，所塑造城市文化及城市形象，以及其具体措施，为珠海市政府制定打造珠海城市形象的战略献计献策。

四　珠海企业文化与城市形象分析

本章针对珠海企业文化调查所采用的定量与定性的方法收集到的资料，做一分析。在定量方面，主要问卷调查数据为主；定性方面，则以深度访谈的内容为分析主体。

（一）问卷调查分析

1. 受访者分析

表 1　受访者基本资料（N = 380）

变量		%	（人）	未答	众数	标准差
性别	男	51.8	(197)		1	0.500
	女	48.2	(183)			
年龄	18～25 岁	26.1	(99)		2	1.075
	26～33 岁	50.5	(192)			
	34～41 岁	15	(57)			
出生地	珠海本地	16.1	(61)		2	0.809
	长江以南(不包括珠海)	58.4	(222)	0.5(2)		
	长江以北	25	(95)			
学历	本科以下	25.3	(96)		2	0.625
	本科	61.3	(223)			
	硕士	12.9	(49)			
	博士	0.5	(2)			

续表

变量		%	（人）	未答	众数	标准差
是否已婚	已婚	47.1	（179）	1.6(6)	2	1.059
	未婚	51.1	（194）			
年收入	5万以下	36.3	（138）	3.9(15)	2	1.657
	5~9万	42.6	（162）			
	10~14万	11.6	（44）			
	15~19万	2.9	（11）			
	20万及以上	2.6	（10）			
职务	基层员工	80.8	（307）	0.3(1)	1	0.590
	中层管理者	17.6	（67）			
	高层管理者	1.3	（5）			
工作年资	3年以下	55.8	（212）		1	1.300
	3~5年	20.5	（78）			
	6~8年	11.1	（42）			
	9~11年	6.6	（25）			
	12~14年	2.9	（11）			
	15年及以上	3.2	（12）			

　　参与填写本次调研问卷的受访者共来自珠海15家品牌企业的380位正式员工，51.8%为男性，48.2%为女性。其中，33岁以下占受访者的76.6%，以年轻的员工居多，且多数员工为基层，占80.9%（见表1）。由此可见，珠海的企业文化呈现年轻化的态势。

　　受访者中，61.30%为本科学历，58.4%的受访者出生于长江以南的地区（不包括珠海）。超过半数员工（55.8%）在现职的公司工作年资在三年以下，且大多数员工（76.3%）在公司的工作年资不超过5年，多数员工（78.9%）年收入在10万以下。由此看来，珠海为我国的经济特区，相对开放，对外来大学生较具有吸引力，也吸引了南方各省具有大学学历的毕业生在此发展，具有相对的发展性及包容性。

2. 珠海品牌企业的企业文化基本特征

表2 企业文化量表 (N=380)

变量	非常不同意	不同意	不知道	同意	非常同意	未作答	众数	标准差
同事都想规避风险	4.5(17)	26.6(101)	27.6(105)	34.5(131)	6.1(23)	0.8(3)	2	1.138
工作只做有限努力	5.5(21)	41.6(158)	29.(111)	20.3(77)	2.1(8)	1.3(5)	2	1.166
每天工作大致相同	4.7(18)	37.1(141)	8.4(32)	45(171)	4.5(17)	0.3(1)	4	1.131
适应不同工作状况	0.3(1)	10.5(40)	37.9(144)	45.8(174)	4.7(18)	0.8(3)	4	0.900
工作付出很大努力	0.3(1)	10.3(39)	32.4(123)	51.1(194)	5.5(21)	0.5(2)	4	0.860
每天有新挑战	1.6(6)	25.5(97)	13.2(50)	51.6(196)	7.4(28)	0.8(3)	4	1.112
体谅员工个人问题	5.5(21)	26.8(102)	25.8(98)	36.6(139)	4.7(18)	0.5(2)	4	1.107
视员工福利为职责	4.7(18)	24.2(92)	22.4(85)	40.5(154)	7.6(29)		4	1.127
小组或委员会决议	1.3(5)	16.9(64)	41.8(159)	32.1(122)	7.1(27)	0.8(3)	3	1.781
工作感到很大压力	2.1(8)	32.6(124)	33.4(127)	26.3(100)	4.2(16)	1.3(5)	3	1.147
只专注工作表现	4.7(18)	43.5(131)	27.9(106)	27.9(106)	5(19)		2	1.006
某些人决议事情	2.1(8)	18.9(72)	36.6(139)	35.8(136)	6.3(24)	0.3(1)	3	0.934
工作伦理影响在家行为	1.6(6)	24.7(94)	52.9(201)	17.4(66)	2.1(8)	1.3(5)	3	1.022
工作能力与背景考量同等	2.1(8)	24.7(94)	40.3(153)	28.4(108)	4.2(15)	0.3(1)	3	0.934
看不工作前景	5.3(20)	31.8(121)	33.2(126)	25(95)	4.2(16)	0.5(2)	3	1.066
考虑私人生活与自身发展	0.8(3)	12.1(46)	33.7(128)	47.7(181)	5.0(19)	0.8(3)	4	1.824
雇员标准在于工作竞争力	1.3(5)	16.3(62)	28.2(107)	48.7(185)	4.5(17)	1.1(4)	4	1.030
同事能思考到前景	0.5(2)	8.2(31)	31.8(121)	55(209)	4.5(17)		4	0.730
欢迎新人及外人	0.8(3)	5.0(19)	19.2(73)	62.9(239)	11.8(45)	0.3(1)	4	0.784
任何人都适合进入	21.1(46)	60.8(231)	16.3(62)	7.9(30)	1.8(7)	1.1(3)	2	1.085
新员工几天能适应	4.7(18)	39.7(151)	27.4(104)	25.5(97)	2.1(8)	0.5(2)	2	1.045
令人觉得难以加入	13.2(50)	56.6(215)	18.9(72)	9.5(36)	1.6(6)		2	0.936
特殊人才适合进入	9.5(36)	63.7(242)	16.8(64)	8.2(31)	1.1(4)	0.8(3)	2	0.984
超过一年才能适应	6.6(25)	55.5(211)	25.5(97)	11.1(42)	1.1(4)	0.3(1)	2	0.881
公司唯一考虑成本	4.7(18)	35.0(133)	29.7(113)	25.0(95)	5.3(20)		2	1.045
开会时长大约时间	4.7(18)	35.0(133)	29.7(113)	25.0(95)	5.3(20)	0.3(1)	4	0.939
常听到工作笑话	5.8(22)	41.6(158)	34.2(130)	15.5(59)	2.1(8)	0.8(3)	2	1.045
重视成本效益	0.52	13.953	43.2130	44.7170	5.822	0.83	4	0.956
会议准时开始	1.8(7)	25.5(97)	15.3(58)	51.1(194)	6.1(23)	0.3(1)	4	1.026

变量	非常不同意	不同意	不知道	同意	非常同意	未作答	众数	标准差
关于工作笑话不多	2.4(9)	16.1(61)	30.3(115)	47.6(181)	3.2(12)	0.5(2)	4	0.958
强调遵循公司程序	1.1(4)	13.4(51)	19.5(74)	59.2(225)	6.6(25)	0.3(1)	4	0.887
过程比结果重要	5.0(19)	47.4(180)	16.6(63)	26.3(100)	4.2(16)	0.5(2)	2	1.123
企业伦理诚信标准高	1.6(6)	27.1(103)	30.3(115)	34.2(130)	6.3(24)	0.5(2)	4	1.040
强调顾客需求	1.6(6)	12.6(48)	27.1(103)	48.4(184)	9.7(37)	0.5(2)	4	0.975
结果比过程重要	1.6(6)	27.4(104)	19.5(74)	40(152)	10.8(41)	0.8(3)	4	1.152
务实作风浓，强硬作风弱	2.1(8)	17.9(68)	31.6(120)	41.1(156)	6.1(23)	1.3(5)	4	1.114

较多的受访者认为自身所在企业的同事倾向于规避风险（40.6%同意与非常同意，31.1%不同意与非常不同意），表明企业员工在工作中怕犯错误，工作风格轨道化、框架化；同时，虽然更偏向于规避风险，但是相当一部分受访者同意及非常同意自己（56.6%）在工作中尽心尽力，勤勤恳恳，做出努力。

珠海品牌企业包含行业多样，员工大致可分为行政管理、生产、营销、技术研发四类人群，由于工作性质不同，部分受访者认为每天的工作大致是相同的（同意及非常同意占49.5%），但多数受访者认为工作中每天都有新的挑战（同意及非常同意占59.0%）。不论出于那种工作环境，更多的受访者认为自己能适应各种不同的工作状况（同意及非常同意占50.5%），只有10.8%的受访者不同意及非常不同意。

较多的受访者认为公司能够体谅他们的个人问题（41.3%同意及非常同意，32.3%不同意），并且视员工福利为一种职责（48.1%同意及非常同意，28.9%不同意及非常不同意）。但是这两个问题同意的并没有过半，而不同意的受访者占了约1/3的比例，表明公司在体谅员工个人问题上尚有改进的空间。尤其在参与填写调查问卷的员工多为年轻员工，相当一批人为90后，他们的工作心态以及对公司福利的要求或许不同；然而提供较好的福利、重视人性化的管理，对企业乃至社会的稳定长远发展至关重要。

在公司决策方面，较多的受访者认为公司的重大决议倾向由小组或委员会决议（39.2%同意及非常同意，17.9%不同意及非常不同意），但是也有很大一部分员工不知道公司的决议由谁决定（41.8%），表明年轻基层员工可能较少参与公司重大决策，对公司重大决议的决策过程及人员组成不尽了解。

对于工作压力，受访者的看法成了三分天下的现象。有34.7%的受访者不同意及非常不同意完成工作会带来很大压力；有30.5%的受访者认为工作会带来很大的压力，但也有33.4%的受访者不知道是否存在压力，而回答"不知道"。由此可见，工作岗位及性质不同，可能在工作上的压力也有所不同，尤其从事重复性生产方面的工作，压力相对较小，营销等人员因为有明确的业绩指标，压力可能相对较大。

超过半数的受访者（52.9%）不知道公司工作上的伦理是否影响他们在家的行为，这个可能与基层员工工作年限尚短（多数不超过5年）有关，公司企业文化及伦理还没有明显的渗透到员工的家庭生活中。这也与珠海品牌企业经营年限相对较短（多数为成立十年以上的企业），并未发展出较为完备深厚的企业文化有关。

大多数的受访者认为公司在雇佣员工时，对员工的社会及家庭背景的考量，与工作能力同等重要（同意及非常同意的占32.6%，但有26.8.%不同意及非常不同意），但是有40.3%的受访者不清楚公司在雇用员工时对这两个标准的考量，占了受访者的大多数。此结果显示，基层员工不是很明确自己被录用的关键因素，企业在雇用员工时也不会表现出明显的对员工某种因素的偏向。尽管如此，超过半数（同意及非常同意的占53.2%）的受访者已然认为公司雇用员工的标准在于工作竞争力，证明各企业组织对于员工自身对工作能力的重视。

受访者中，共有59.5%的受访者非常重视及重视自身未来的前景，但也有29.2%的受访者同意及非常同意自己的工作看不见前景，另外有33.2%的受访者不知道自己的工作是否有前景。这个数据表明，超过1/3的受访者对于未来发展及事业规划存在着许多的未知，甚至将近1/3的受访者对现在的工作前景不看好。有52.7%的受访者在工作中考虑了他们的私人生活与他们自己事业的发展。此结果表明员工能有意识地将工作经验积累与未来事业长久发展相结合，在选择企业及工作的时候能综合平衡自身发展及私人生活（例如婚姻）。

超过半数的受访者认为公司的员工欢迎新人和外人（同意与非常同意的占74.7%），但并不同意任何人都适合进入该公司（非常不同意及不同意占81.9%），也不同意仅有特殊的人，才适合进入自己所在的公司（不同意与非常不同意占73.2%），而且，超过半数的员工不同意自己的公司令人觉得难以加入（不同意与非常不同意占69.8%）由此可见，珠海企业在吸取人员方面呈现了其开放性和包容性，且多数的品牌企业的员工认为，能够进入该公司的同事有一定的专业水平、工作能力及要求，而这些要求多数还是专业导向，并不是一些特殊背景的人群。因此，对于新进员工在企业中的适应时长，较多的受访者不同意新进员工只要几天便能适应（不同意及非常不同意的占44.4%），但是也不认为新员工需要超过一年的时间才能适应（不同意及非常不同意的占62.1%），表明新员工到珠海企业中需要短时期的适应时间，才能融入企业环境和氛围中。

较多数的受访者不认为公司唯一考虑的是成本（不同意与非常不同意的占39.7%），但是认为公司将成本作为唯一考虑的占30.3%，表示仍有1/3的企业完全是成本导向。因此，也有超过半数（同意及非常同意的占50.5%）的受访者认为他们的公司很重视成本效益，表明珠海品牌企业在注重成本和市场导向的同时，综合考虑成本回收的各种效益及发展。

将近半数的受访者不同意及非常不同意该公司开会的时间长度只是一个大约的时间（占39.7.3%；同意及非常同意占30.3%），表明超过1/3的企业在时间控制上非常严谨；因此超过半数的受访者认为（同意及非常同意占57.2%）的员工认为会议时间总是准时开始，半数以上的公司在时间成本上还是较为重视的。

半数左右的受访者认为（同意及非常同意占50.8%）在公司不会常听到关于公司或工作的笑话，同时，超过半数的受访者认为（同意及非常同意占65.8%）主管们强调切实遵循公司程序；并且，将近半数（占47.2%）的员工认为公司的实务作风较浓，强硬作风较淡。表明企业的工作氛围相对严肃，工作强调踏实和程序，与访谈中多数企业强调的务实肯干的理念相符。

将近半数的受访者认为结果比过程重要（同意及非常同意的占50.8%）；并且，将近半数的受访者认为在公司的会议中大多强调顾客的要求（同意与非常同意占58.1%）。此结果表明企业重视市场效益，与多数企业在访谈中体现的"以经济效益为中心，以市场为导向"经营理念想契合。

较多的受访者认为自己所处公司的企业伦理与诚信令人觉得标准很高（同意及非常同意占40.5%，不同意及非常不同意占28.7%），表明员工比较认可自身所处企业的理念与信誉，但是有一部分人（30.3%）不清楚这个问题，可能跟基层员工入职时间较短，并未受到自身企业理念和价值观的深入影响，尚未对自身所处企业的企业文化有深入比较与分析。

3. 员工对于公司形象的感知

大多数的受访者认为公司在社会上树立了良好的企业形象，同意及非常同意的占76.0%，同时，超过半数的受访者经常听到公司以外的人称赞公司的品牌（同意及非常同意的占59.2%），表明企业员工比较认可自身企业在社会中的知名度、形象以及品牌影响力。

超过半数的受访者认为公司经常组织与地方相结合的活动（同意及非常同意的占53.1%），同时，53.2%（同意及非常同意）的员工认为公司每年都会组织回馈社会的活动，表明企业积极参与社会公众活动，且员工参与度高。但是也有部分员工（35.5%）不清楚公司是否每年都会组织回馈社会的活动，表明企业在参与回馈社会活动的频度上也许不高，或者低调，又或者内部的沟通不足。

超过半数的受访者认为公司注重与地方政府的良性互动（同意及非常同意的占69.2%），同时他们认为他们任职的公司注重帮助地方政府共同塑造城市形象。此结果表明，员工认可公司积极处理与政府的关系，并且认可自身所处企业对珠海城市形象塑造上的影响和作用。

表3　员工对公司形象的感知（N=380）

变量	非常不同意	不同意	不知道	同意	非常同意	未作答	众数	标准差
在社会上树立良好企业形象	0.3(1)	5.0(19)	17.9(68)	60.5(230)	15.5(59)	0.8(3)	4	0.865
经常听到外人称赞公司	1.1(4)	10.8(41)	28.2(107)	46.6(177)	12.6(48)	0.8(3)	4	1.001
公司常参与地方或合办活动	2.4(9)	18.4(70)	25.0(95)	44.2(168)	8.9(34)	1.1(4)	4	1.120
公司每年组织回馈社会活动	1.1(4)	9.7(37)	35.5(135)	41.6(158)	11.6(44)	0.5(2)	4	0.947
注重与地方政府互动	0.5(2)	2.6(10)	27.4(104)	54.5(207)	14.7(56)	0.3(3)	4	0.780
公司帮助政府塑造城市形象	0.8(3)	2.6(10)	27.4(104)	54.5(207)	14.7(56)	0.3(1)	4	0.822

通过以上问卷调查的频次分析和比较，在企业文化特质方面，其频次的结果如下：

（1）年轻化、高素质的企业文化：受访者年的年龄偏年轻化，同时其工作年资也偏年轻，整体而言，企业文化本身也会充满年轻、活力的气息，但也可能呈现不够成熟的现象。由于教育程度整体偏高，呈现的企业文化会较具有质量以及文化气息。

（2）开放型、专业化的企业文化：超过70%的公司欢迎新人及外人，但却不认为任何人都适合该公司，也不认为他们的公司难以加入，而且公司在进人的时候，考虑了能力、竞争力及背景，显示了开放型却又专业化的公司文化，因此员工不是几天就能适应公司，但也不需要超过一年以上。

（3）规避风险、程序化的企业文化：在数据中显示将近半数的企业较为担心员工犯错，因此走向常规化、遵循公司程序，以规避风险。这类的公司，在公司或与工作相关的笑话也相对较少。

（4）成本导向的企业文化：超过1/3的品牌企业，呈现了成本导向的企业文化，虽没有超过半数，但是超过半数以上的受访者认为他们的公司非常重视成本效益，换言之，成本意识还是企业经营的根本。

（5）创新型具有挑战性的企业文化：半数受访者多数人还是认为每天面临新的挑战，表示公司是创新型的组织；而这种挑战他们能够适应，并为了工作做出了最大努力，但其中也存在某种程度的压力感。

（6）集体决策的企业文化：多数的公司决策倾向由小组或委员会决议，显示了集体决策的企业文化较为明显。这也与多数受访公司为上市公司，重大决策都是由董事会决议有关。但也有大多数的受访者不清楚公司如何决策。然而，也有近1/5的受访者不同意，因为他们的公司倾向威权领导或者家长式作风的领导风格，董事长或创办人决定公司的重大决议。

（7）以人为本的企业文化：多数受访者认为公司能够体谅他们的个人问题，也认为公司福利是公司的一种职责。企业福利是企业文化的组成部分，珠海品牌企业多数意识到员工福利对员工稳定的重要性，注重员工生活的配套服务或设施，整体而言较为人性化管理，以人为本。但在关注员工个人问题及对员工长期发展前景的指导上，尚有改善空间。

（8）绩效导向的企业文化：多数受访者认为在该公司结果比过程重要，且公司的会议中多强调顾客的要求，务实作风浓厚，开会准时开始、准时结束等，显示了公司重视员工绩效及市场效益。

（9）个人发展导向的企业文化：超过半数的受访者重视自己未来发展前景，考虑了自身事业的未来发展及私人生活，表示个人与企业共同成长的意识较为淡薄，对于个人发展意识较为浓厚。这可能也与公司员工倾向年轻化、基层员工对公司未来发展并不清楚等原因有关。

其他如公司伦理导向、强硬作风的企业文化特质，并未被超过半数的受访者认同。由于珠海的品牌企业历史较为短，并非百年企业，因此员工对于公司伦理是否带入到自己的生活之中，并没有明显察觉。同时，多数企业虽然有一定的程序，公司也强调必须遵循程序，但并没有采用强硬的领导作风。

在企业形象方面，其频次的结果如下：

（1）认同企业形象：多数受访者认为该公司在社会上树立了良好的企

业形象，也常常听到公司以外的人称赞公司，潜移默化地促进了员工对企业以及企业形象的认同感，是企业文化及企业形象相形益彰的良好影响。

（2）与地方政府有良好的互动：超过半数的受访者认为公司与地方政府存在着良性的互动，而且公司经常举办与地方相结合的活动，也会回馈社会，这些良好的公司形象，让多数受访者感到自豪感，可以加深其对公司文化、公司形象的认同。

（3）需要强化宣导企业文化：在此次的问卷调查中，不少受访者在许多问题上填写"不知道"，表示员工对于企业本身相关问题不甚了解，企业内部的沟通需要再加强。

关于企业文化与城市形象塑造，其频次的结果如下：

（1）工作伦理尚未深入到生活中：企业文化影响了城市文化，城市文化又是城市形象的精髓；但多数受访者"不知道"是否企业文化的工作伦理是否影响了在家的行为，说明了多数的受访者对于企业文化的感受不够深远，某些理念、价值也还未融入日常生活中。导致这个原因主要是企业文化需要一定的时间建设，对于员工还需要进行培训与教育，必须要较长的时间才能看出结果。

（2）企业文化与城市形象相互作用影响力的认知：企业员工对企业文化与珠海城市形象的深远作用的认识，尚需要进一步推广。企业在宣传自身企业文化时，需要对基层员工进一步引导，帮助员工建立企业自豪感，进一步延伸为城市自豪感，通过日常的潜移默化，影响员工的言行，帮助塑造城市形象。

4. 珠海企业文化的关键成分及维度

根据受访者填写的问卷资料，进一步采用因素分析，提炼珠海企业文化的关键因子。根据 Hofstede 建构的企业文化的模式测量，利用 36 个测量变量提炼出珠海的企业文化关键因子。经过因素分析检验，淘汰因素共性低于 0.5 的变量，包括："同事们自认为自己做了很大的努力"（0.469）、"公司重大决议倾向小组或委员会决议"（0.402），"同事对于完成工作感到很大压力"（0.387）、"同事看不到未来的工作前景"（0.487）、"同事觉得他们很重视成本效益"（0.413）、"会议总是准时开始"（0.434）、"贵公司企业伦理与诚信,令人觉得标准很高"(0.495)、"结果比正确的过程来得重要"(0.449)以及"公司在伦理上务实作风较浓,强硬作风较淡"(0.499)等九个因子,留下剩余27个变量,再次进行因素分析。

提取因子变量,将27个原始变量进行因素分析,采用最大方差正交旋转法(VaRimax),使每个变量仅在一个公共因子上有较大的负荷,而在其余公共因子上负荷较小,以利找出公共因子的实际意义;并采取爱根值(Eigenvalue)大于等于1(相关性较高)的维度,结果27个原始变量被归为10个维度,每一个维度代表一个公共因子。这10个维度共解释了整体企业文化变量的62.565%,说明它可以反映原变量的基本信息,具有一定的信度。因此,把这27个关键因子依据因素分析的结果排列,并重新命名如下:

表4　因素分析可解释的因素量(N=380)

因素	爱根值	可解释因素量	累计可解释的因素量	因素	爱根值	可解释因素量	累计可解释的因素量
1	4.198	15.549	15.549	6	1.229	4.552	46.705
2	2.385	8.832	24.381	7	1.151	4.263	50.968
3	2.089	7.793	32.119	8	1.078	3.992	54.961
4	1.433	5.307	37.426	9	1.049	3.886	58.847
5	1.276	4.727	42.154	10	1.004	3.718	62.565

因素1(成本考量型):爱根值为4.198,可解释的因素量占15.549%。在此因素中,较高的载荷的有六个变量,主要解释了公司注重员工工作表现、体谅个人问题、考虑成本、开会决议由某些人决定以及对待员工福利的态度等这几个变量,因此可将其命名为利益成本考量型因子。

因素2(封闭性系统):爱根值为2.385,可解释的因素量为8.832%。在此因素中,有较高的载荷的有4个变量,主要包括员工在进入公司的条件包括背景及能力、特殊人才能进入该公司、员工超过一年以上才能适应、外人及新人融入公司上的难度,可将其命名为封闭性系统因子。

因素3(开放性系统):爱根值为2.089,可解释的因素量为7.739%。

在因素三有较高的载荷的有 2 个变量，主要解释了公司对外人的接纳和提供前景空间，可将其命名为开放性系统因子。

因素 4（工作氛围）：爱根值为 1.433，可解释的因素量为 5.307%。在因素四中，有较高的载荷的有 2 个变量，主要解释了公司工作中是否常听到笑话，可将其命名为工作氛围因子。

因素 5（保守型组织）：爱根值为 1.276，可解释的因素量为 4.727%。在此因素中，有较高的载荷的有 3 个变量，主要解释了员工在工作中的重复性和规避风险的倾向，可将其命名为保守型组织因子。

因素 6（包容性组织）：爱根值为 1.229，可解释的因素量为 4.552%。在此因素中，有较高的载荷的有 2 个变量，主要解释了员工对工作的适应性和注重工作过程，可以命名为包容性组织因子。

因素 7（专业化企业）：爱根值为 1.151，可解释的因素量为 4.263%。在此因素中，有较高的载荷的有 3 个变量，主要解释了公司强调顾客需求，注重员工工作竞争力和遵循程序，可以命名为专业化企业因子。

因素 8（创新型企业）：爱根值为 1.078，可解释的因素量为 3.992%。在此因素中，有较高的载荷的有 1 个变量，主要解释了工作中每天都有新挑战，可以命名为创新型企业因子。

表 5　因素分析矩阵（正交转轴）（N = 380）

因素	变量	1	2	3	4	5	6	7	8	9	10
1	只专注工作表现	-.764	-.228	-.062	.047	.094	-.049	-.027	-.042	0.13	-.053
	视员工福利为职责	.710	.046	.215	.082	.083	.014	.130	.213	.178	.010
	某些人决议重大事情	.645	.149	-.184	-.130	-.184	.116	.011	.080	-.194	.053
	唯一考虑成本	-.619	-.129	-.153	.278	.181	.073	.168	.125	-.170	.012
	体谅员工个人问题	.554	-.001	.203	.047	.087	.204	.154	.460	.147	-.189
	开会时长为大约时间	-.499	.176	-.097	.211	.075	.107	.168	.309	.014	.360

因素	变量	1	2	3	4	5	6	7	8	9	10
2	特殊人才适合进入	.042	.784	.112	.073	.017	.002	.009	-.013	-.042	.030
	令人觉得难以加入	.243	.717	.210	-.006	-.168	.080	.094	.075	.009	-.006
	超过一年才能适应	.203	.668	.023	-.053	-.040	.295	-.037	-.166	.081	-.017
3	工作能力与背景考量同等	.050	-.537	.477	.012	.065	.263	-.005	-.083	.041	.026
	同事能思考到前景	.107	.028	.722	-.096	-.103	.023	.079	.115	.044	.117
	欢迎新人及外人	.121	.383	.640	.072	-.085	-.030	.032	.174	-.057	-.027
4	关于工作笑话不多	-.019	.156	.049	.785	-.091	.017	-.071	-.125	-.112	-.065
	常听到工作笑话	-.261	-.086	-.075	.708	.138	.050	.134	.041	.067	-.034
5	同事都想规避风险	-.159	-.074	-.092	-.001	.716	-.217	-.059	.160	-.103	.034
	每天工作大致相同	-.110	-.048	-.047	-.022	.703	.218	.025	-.286	.159	-.098
	工作只做有限努力	-.074	.309	.030	-.177	-.468	.439	0.31	.103	.041	-.192
6	新员工几天能适应	.107	.137	.070	.091	-.034	.713	.040	.134	-.087	-.188
	过程比结果重要	.082	-.093	-.050	.415	-.061	.460	.015	-.019	.173	.211
7	强调顾客需求	.040	.060	-.049	.133	-.020	.114	.730	.252	.004	0.24
	雇员标准在于工作竞争力	.107	-0.43	.264	-.050	-.175	-.249	.637	-.184	.149	-.140
	强调遵循公司程序	-.199	.071	.063	-.117	.297	.364	.520	-.081	-.232	.115
8	每天有新挑战	.129	-.044	.201	-.125	-.112	.084	.047	.757	.083	-.053
9	工作伦理影响在家行为	-.027	-.040	.061	.129	.044	.102	.042	.085	.768	-.030
	任何人都适合进入	-.183	-.083	.043	.339	.065	.244	.042	-.013	-.636	-.050
10	考虑私人生活与自身发展	.026	-.016	.300	-.120	.103	-.002	-.008	.019	.060	.701
	适应不同工作状况	.044	.009	.356	-.070	.211	.115	.051	.253	.133	.550

因素9（公司伦理导向）：爱根值为1.049，可解释的因素量为3.886%。在此因素中，有较高的载荷的有2个变量，主要解释了公司伦理影响员工家庭生活以及任何人都适合进入公司，可以命名为公司伦理导向因子。

因素10（自身发展导向）：爱根值为1.004，可解释的因素量为3.718%。在此因素中，有较高的载荷的有2个变量，主要解释了员工考虑了私人生活与事业发展，并能适应不同工作状况，可以命名为自身发展导向因子。

由以上的因素的维度看来，成本考量的成分占了企业文化的大部分。导致这个结果的原因，可能在于受访的公司中，除了格力集团及华发集团，大多为民营企业，对于成本考量极为慎重。而封闭性、保守型、创新型、开放性系统的特征，在珠海的各品牌企业所展现的企业文化也较为明显，不过这与企业高层主管如何管理、如何选用人才、如何做决策等有一定的关系，凝塑成今天的企业文化。

然而，珠海品牌企业的工作氛围、公司伦理导向以及自身发展导向都与员工的生活与发展相关，最后企业文化会深植于员工的生活中，形成了外显的企业文化及城市市民特征，成了城市形象的一部分。

5. 珠海企业文化关键因素间的关系分析

为了探究因素分析所得的珠海企业文化构成的关键因素间的关系，本研究采用相关分析（Correlation）分析因素之间是否存在着某种关系，结果如下：

（1）成本考量型：越是倾向成本考量的企业文化，越倾向于封闭性（R=.347，P<.01）、保守型（R=.319，P<.01）及专业化组织（R=.225，P<.01）。公司较具有工作氛围（R=.272，P<.01），也较具有包容性（R=.122，P<.05）及创新性（R=.168，P<.01），员工越倾向将工作伦理带入生活之中（R=.216，P<.01；参见表六）。

（2）封闭性：越是倾向于封闭性企业文化，越是会控制成本（R=.347，P<.01），越不开放（R=.−183，P<.01），但较具有工作氛围（R=.375，P<.01）及包容性（R=.146，P<.01），也倾向保守作风（R=.217，P<.01），公司的工作伦理容易融入员工的生活之中（R=.236，P<.01）。

表6 企业文化关键因素的相关性分析

	成本考量	封闭性	开放性	工作氛围	保守型	包容型	专业化	创新型	伦理导向	自身发展
成本考量	1	R=.347 P<.01**	R=.024 P>.05	R=.272 P<.01**	R=.319 P<.01**	R=.122 P<.01**	R=.225 P<.01**	R=.168 P<.01**	R=.216 P<.01**	R=.059 P>.05
封闭性	R=.347 P<.01**	1	R=-.183 P<.01**	R=.374 P<.01**	R=.217 P<.01**	R=.146 P<.01**	R=.161 P<.01**	R=-.021 P>.05	R=.236 P<.01**	R=.002 P>.05
开放型	R=.024 P<01**	R=-.183 P<.01**	1	R=-.078 P>.05	R=-.186 P<.01**	R=.090 P>.05	R=.180 P<.01**	R=.268 P<.01**	R=.010 P>.05	R=.211 P<.01**
工作氛围	R=.272 P<.01**	R=.375 P<.01**	R=.078 P>.05	1	R=.238 P<.01**	R=.208 P<.01**	R=.229 P<.01**	R=-.019 P>.05	R=.110 P<.05*	R=.016 P>.05
保守型	R=.319 P<.01**	R=.217 P<.01**	R=-.186 P<.01**	R=.238 P<.01**	1	R=-.010 P>.05	R=.090 P>.05	R=-.098 P>.05	R=.083 P>.05	R=.064 P>.05
包容性	R=.122 P<.05*	R=.146 P<.01**	R=.090 P>.05	R=.208 P<.01**	R=-010 P>.05	1	R=.119 P<.05*	R=.101 P>.05	R=.210 P<.01**	R=.045 P>.05
专业化	R=.225 P<.01**	R=.161 P<.01**	R=.180 P<.01**	R=.229 P<.01**	R=.090 P>.05	R=-.119 P<.05*	1	R=.116 P<.05*	R=.101 P<.05*	R=.089 P>.05
创新型	R=.168 P<.01**	R=-.021 P>.05	R=.268 P<.01**	R=-.019 P>.05	R=-.098 P>.05	R=.101 P<.05*	R=.116 P<.05*	1	R=.004 P>.05	R=.121 P<.05*
伦理导向	R=.216 P<.01**	R=.236 P<.01**	R=.010 P>.05	R=.110 P<.05*	R=.083 P>.05	R=.210 P<.01**	R=.101 P<.05*	R=.004 P>.05	1	R=-.016 P>.05
自身发展	R=.059 P>.05	R=.002 P>.05	R=.211 P<.01**	R=.016 P>.05	R=.064 P>.05	R=.045 P>.05	R=.089 P>.05	R=.121 P<.05*	R=-.016 P>.05	1

注：N=380；P<.05 具有关联性；P<.01 具有显著的关联性。

（3）开放型：越是倾向于开放型企业文化，越是专业化（R＝.180，P＜.01），并具有创新性（R＝.268，P＜.01）越不是封闭型（R＝－.183，P＜.01）及保守型组织（R＝－.186，P＜.01），而员工更重视自身的未来发展（R＝.211，P＜.01）。

（4）工作氛围：越是具有工作氛围的企业文化，越倾向于成本考量（R＝.272，P＜.01），也越具封闭型（R＝.375，P＜.01）、保守型组织的特点（R＝.238，P＜.01），在工作上较具有包容性（R＝.208，P＜.01）及专业化导向（R＝.229，P＜.01），员工也越易于将公司的工作伦理融入生活之中（R＝.110，P＜.01）。

（5）保守型：越是具有保守型企业文化特质的企业，越倾向成本考量（R＝.319，P＜.01），且越是封闭型组织（R＝.217，P＜.01），但较具有工作氛围（R＝.238，P＜.01）。

（6）包容型：越是具有包容型企业文化特质的企业，一样也会重视成本考量（R＝.122，P＜.05），且倾向于封闭型组织（R＝.146，P＜.01），较具有工作氛围（R＝.208，P＜.01），并较为专业化（R＝.119，P＜.05），员工也易于将公司工作伦理带到生活之中（R＝.210，P＜.01）。

（7）专业化：公司企业文化越具有专业化特质，企业文化越倾向成本考量（R＝.225，P＜.01）、越具有开放型（R＝.180，P＜.01）、创新型组织的特点（R＝.116，P＜.05），但也可能具有某种程度的封闭性（R＝.161，P＜.01）也较具有工作氛围（R＝.229，P＜.01）及包容性（R＝.119，P＜.05），在某种程度上，员工会将公司的工作伦理带入自己的生活之中（R＝.101，P＜.05）。

（8）创新型：公司企业文化越具有创新型企业特质，其组织越具有开放性（R＝.268，P＜.01），专业化程度越高（R＝.116，P＜.05），这类公司也重视成本考量（R＝.168，P＜.01），而员工较会考虑自身的未来发展及前途（R＝.121，P＜.05）。

（9）伦理导向：公司企业文化越倾向于伦理导向，越倾向成本考量（R＝.216，P＜.01）及专业化（R＝.101，P＜.05）、倾向封闭型组织

（R =.236，P <.01），较具有工作氛围（R =.110，P <.05）及包容性（R =.210，P <.01）。

（10）自身发展导向：员工越具有自我发展意识及导向的企业文化，该公司越倾向于开放性组织（R =.211，P <.01）及创新型企业（R =.121，P <.05）。

综合以上的"珠海企业文化关键因素"以及"珠海企业文化关键因素间的关系"两个因素分析，可以得到一下推论：

本研究调查的 15 家珠海品牌企业，其企业文化一般涵括以上多种关键因素的组合。每家公司根据本身生产的产品、定位，企业创办人的背景、管理模式、领导风格等而有所差异。然而，珠海品牌企业整体的企业文化关键特征，在此调查基层员工的结果中可以勾画出基本的形象如下：

"成本考量"的企业文化特质在十个关键因素中，呈现最为显著的特征。具有成本考量的企业文化特质，其相伴随的就可能是较为封闭、保守的企业文化；管理可能倾向严格，工作上的伦理，会逐渐根植于员工的生活。在成本控制下，专业化的运作及操作成为必须要件，为了得到利润，公司也鼓励创新；此类企业较具有工作氛围，也较具有包容性，甚至可能倾向于中国传统的"家文化"的领导模式。而这类的企业文化在 15 家受访的企业中，是较为明显的关键因素。

第二明显的是"封闭性"的企业文化特质。受访的 15 家品牌企业中，其企业文化越是封闭型，企业文化越是倾向不开放，外人也较为难以融入，新人的适应期也较长，只有特定的人群才适合进入这类公司，其同事比较倾向规避风险，每天的工作内容大同小异，整体倾向保守。这类企业文化特征大多为生产型、实业型的公司。

第三明显的企业文化特征为"开放性系统"。受访的 15 家品牌企业中，其企业文化越倾向开放，对外人的接纳程度也越高，越倾向专业化，强调顾客的需求，重视员工的工作竞争力，同事们看得到公司的前景，并觉得工作富有挑战性，员工对自身未来发展非常看重，在工作上他们认为能够适应各种不同的状况。然而这类的公司仍然倾向规避风险，遵循一定的工作程序，所以工作内容不免会大致相同。这类的公司多为与高新科技相关，员工思维较为活跃、年轻，也多会考虑自己未来发展；公司虽然鼓励员工创新，但是在一定的预算内或投入一定成本进行创新研发。这类公司相较于生产实业型公司，有着明显不同的企业文化。

6. 珠海品牌企业文化与企业形象的关系分析

根据本研究分析的企业文化特质（十个关键因素），与员工对自身企业文化的感知，做一关联性分析，其中，仅有"成本考量"及"封闭型"两种企业文化没有显著的相关；有八种不同的企业文化特质与员工对自身企业文化的感知有显著的关联性，所得到的结果如下：

表7　企业文化与员工对自身企业感知的相关分析

	常听到外人称赞公司品牌	常组织与地方结合的活动	每年回馈社会活动	公司与地方政府良性互动	公司帮助政府塑造城市形象
成本考量	R = -.001 P < .05	R = -0.21 P < .05	R = -.023 P > .05	R = .084 P > .05	R = .031 P > .05
封闭性	R = -.080 P > .05	R = .019 P > .05	R = -.072 P > .05	R = .082 P > .05	R = .005 P > .05
开放性	R = .271 P < .01 **	P = .217 P < .01 **	R = .224 P < .01 **	R = .329 P < .01 **	R = .349 P < .01 **
工作氛围	R = .087 P < .05	R = .145 P < .01 **	R = .091 P > .05	R = .142 P < .01 **	R = .093 P > .05
保守型	R = -.121 P < .05 *	R = -.093 P > .05	R = -0.59 P > .05	R = -.012 P > .05	R = -.048 P > .05
包容性	R = .303 P > .01 **	R = .209 P < .01 **	R = .205 P < .01 **	R = .281 P < .01 **	R = .279 P < .01 **
专业化	R = .193 P < .01 **	R = .223 P < .01 **	R = .248 P < .01 **	R = .298 P < .01 **	R = .287 P < .01 **
创新型	R = .195 P < .01 **	R = .123 P < .05 *	R = .170 P < .01 **	R = .205 P < 01 **	R = .190 P < .01 **
伦理导向	R = .077 P > .05	R = .105 P < .05 *	R = -.003 R > .05	R = .082 P > .05	R = .115 P < .05 *
自身发展	R = .097 P > .05	R = .079 P > .05	R = .082 P > .05	R = .103 P < .05 *	R = .088 P > .05

注：N = 380；P < .05 具有关联性；P < .01 具有显著的关联性

（1）开放性：公司企业文化越具有开放性特质，与员工对自身企业文化的感知六个变量呈现正相关。换言之，企业文化越倾向开放型的公司，其员工越经常听到公司以外的人称赞公司的品牌（R =.271，P <.01），其公司也越经常组织与地方相结合的活动（P =.217，P <.01），且每年都会组织回馈社会的活动（R =.224，P <.01），注重与地方政府的良性互动（R =.329，P <.01），越会帮助政府共同塑造城市形象（R =.349，P <.01）。

（2）工作氛围：企业文化越具有"工作氛围"的特征，公司越经常举办与地方相结合的活动（R =.145，P <.01），公司也越注重与地方政府的良性互动（R =.142，P <.01）。

（3）保守型：企业文化越具有保守型的企业文化特征，其员工越少听到公司以外的人称赞公司的品牌（R = －121，P <.05）。

（4）包容型：公司企业文化中的包容型特质，与员工对自身企业文化的感知六个变量呈现正相关。也就是说，企业文化越倾向包容型的组织，其员工越经常听到公司以外的人称赞公司的品牌（R =.303，P <.01），其公司也越经常组织与地方相结合的活动（P =.209，P <.01）、每年都会组织回馈社会的活动（R =.205，P <.01），并注重与地方政府的良性互动（R =.281，P <.01），也越会帮助政府共同塑造城市形象（R =.279，P <.01）。

（5）专业化：公司企业文化中的"专业化"特质，与员工对自身企业文化的感知六个变量呈现正相关。换句话说，企业越倾向专业化的企业文化，其员工越经常听到公司以外的人称赞公司的品牌（R =.193，P <.01），其公司也越经常组织与地方相结合的活动（P =.223，P <.01），且每年都会组织回馈社会的活动（R =.248，P <.01），并注重与地方政府的良性互动（R =.298，P <.01），也越会帮助政府共同塑造城市形象（R =.287，P <.01）。

（6）创新型："创新型"的企业文化，与员工对自身企业文化的感知六个变量呈现正相关。数据显示，企业越倾向专业化的企业文化，其员工越经常听到公司以外的人称赞公司的品牌（R =.195，P <.01），其公司也越经常组织与地方相结合的活动（P =.123，P <.01），且每年都会组织回馈社会的活动（R =.170，P <.01），并注重与地方政府的良性互动（R =.205，

P<.01），也越会帮助政府共同塑造城市形象（R=.190，P<.01）。

（7）伦理导向：企业越是具有"伦理导向"的企业文化，其越经常组织与地方相结合的活动（R=105，P<.5），并越倾向帮助地方政府共同塑造城市形象（R=.115，P<.05）。

（8）自身发展导向：员工"自身发展导向"的企业文化特质越是明显的企业，其越重视与地方政府的良性互动（R=103，P<.05）。

根据以上数据，小结如下：

珠海品牌企业中，其企业文化越是开放型、越是专业化，越是倾向创新型企业，其对外的品牌形象也就越明显，容易赢得外人的赞誉。这样的企业越是经常组织与地方相结合的活动，回馈社会，越是与地方政府保持良性互动，并重视协助政府共同塑造城市形象。

这些企业对于企业文化以及对其作用的理解较为深厚，企业文化在公司内在成为一种文化，对外人来看就成了该公司的形象。然而，若是这类企业文化再向社会扩大，逐步形成一种该城市人的素质，转而逐渐成为该城市的文化精神内涵，成为城市形象的中心部分。因此，这类品牌企业文化对城市形象的影响，不容忽视。

此外，企业越具有"工作氛围"的企业文化特征，该公司也就越趋向组织与地方相结合的活动，这类公司同时注重于地方政府的良性互动。换言之，这类的企业他们对地方的发展，也具有一定的帮助，并与地方政府保持一定的良性关系。对于城市形象的建立具有一定的推动力量。而企业文化越是倾向"伦理导向"，员工认为企业文化深植在他们生活之中，这类的公司较具有企业责任感，经常会组织与地方相结合的活动，他们也乐于帮助政府共同塑造城市形象。这类型的公司不限于高新技术企业，包括生产型及服务型的企业。这个结果也说明，珠海市大部分的品牌企业，对于城市形象的建立，大都愿意贡献自己的一份心力。

有趣的是，对于公司企业文化特征倾向于重视"自身发展导向"的公司，其员工重视自己的未来发展，也大多能够适应各种工作状况，他们也越重视与地方政府具有良性的互动关系。可见，对于这些品牌企业而言，与地方政府的良性关系至关重要。而公司越是倾向保守型的企业文化,其员工就越难听到公司以外的人称赞自己的公司品牌,因此,员工对自身公司的认同不免受到一定的影响。这类的公司在品牌及城市形象的建立,贡献十分有限。

(二)深度访谈分析

本研究访问对象为 15 家珠海品牌企业高层领导。受访企业主要阐述其企业背景、经营管理理念、决策方式、领导风格、公司员工模范的形象、公司福利、奖惩及案例、公司形象、珠海印象及珠海城市形象等相关问题,分析其包含的共性和特性等多个方面的特征:

1. 珠海品牌企业的企业文化基本特征

1)经营理念:(1)市场导向;(2)成本考量;(3)塑造产品形象。

受访的企业其经营理念大多是重视市场导向,关心客户需求。如欧比特"以客户为中心,满足客户需求,超越客户希望";罗西尼则"以经济效益为中心,以市场为导向,实现可持续发展"。中珠控股为"发展第一,讲究共赢,包括公司与员工共赢,合作伙伴共赢,最终与社会共赢"。威丝曼则"想方设法让客户感动",具体理解为:(1)快速满足客户需求;(2)做行业专家;(3)靠服务取胜。威丝曼遵循业绩导向,以成败论英雄。

市场导向观念的落实,是通过全国布局,来降低生产和销售的成本,提高市场占有率和市场组织能力。受访者 8 谈及全国布局的原因,主要是该行业的运输成本高,长距离运输赔钱,"我们把收购的公司技术消化,自己掌握后再向全国布局"。

品牌企业形象,主要是通过产品形象来体现,一些产业还请著名人士代言,如格力邀请成龙,汤成倍健邀请姚明,罗西尼邀请胡军等代言。受访者 1 谈到的"后来我们由老板自己上广告代言,把产品的质量承诺给消费者"。这三个案例也都说明除了市场导向外,产品本身质量、形象的重要性。

2)企业价值观:(1)建立高度认同性;(2)中国文化氛围;(3)简单人际关系导向。

高度认同的文化为企业发展提供了良好的基础，减少了文化执行中的冲突和摩擦。受访者 17 谈及传承及同化，受访者 19 指出，企业文化贯彻了公司价值观和行为标准，受访者 22 谈及公司利用许多平台宣传企业文化，包括出版内刊及对外杂志，除了内部沟通外，对外则宣传品牌形象。

部分公司在企业文化中体现中国传统思想及儒家思想的元素，创造和谐向上的文化氛围，如乐通股份'以厂为家'，营造'家'文化。受访者 27 在谈及企业标识时表示，公司 LOGO 设计考虑风水因素，曾经找香港设计大师分析改进。受访者 1 谈及"我觉得老板应该是信佛"。受访者 10 谈及"老板是宁可信其有。现在公司靠山面水，算是块宝地。"受访者 11 指出"诚信是中国传统品德，企业在社会价值方面也要做出努力"。受访者 22 谈及，公司经营理念是'德怀天下，共赢未来'，其中就包含了中国思想。

珠海品牌企业多为发展十几到二十几年的新型产业，企业内部人际交往相对灵活、简单，上下级之间关系倾向扁平化，注重在企业内部营造家庭般友爱的文化氛围。受访者 4 在谈及公司人际关系氛围时，主张"在公司内部，关系越简单越好，不要搞亲切称呼，就算私交再好，在公司里也保持距离"。受访者 9 指出"公司讲究平等文化，员工可以直接找老板谈话"。受访者 11 指出，公司中人与人之间相对简单，但强调信任。

3）企业创新：（1）鼓励创新；（2）专业化。

珠海高新技术产业在产品和技术研发上不吝啬资金及人力上的投入，并有一定的方法及渠道鼓励创新，如受访者 12 指出的'金点子'流程。威丝曼要求员工每月提出一个创新建议。受访者 10 指出，在创新过程中允许走弯路。

部分品牌企业的总经理是研发人才出身，具有敏锐的行业洞察力，抢夺先机，如受访者 7 谈及："总经理是科研人才出身，看准透析行业进入医保的商业契机，领先开发国内透析行业"。格力公司则自主研发'国际领先'产品。受访者 2 指出"在科研投入方面从来不设底线，只要向着目标前进，就可以不断研发"。

4）员工模范：（1）职业化；（2）务实开放；（3）踏实肯干。

所有受访公司都有职前培训，重视专业化素质，较多公司以'实干型'为代表形象。除了职前培训，受访者21谈及："最重要的是强调团队协作，满足客户要求"。访者14还谈及，新员工必读公司的口袋书，并有入职考试。

在谈及能够代表企业形象的员工所具备的素质时，受访者提出'思想开放、敢于创新'的特点。受访者3，21及19皆指出，创新、务实、有自我见解，有感染力。受访者19及11指出，从产业的角度，希望在研发、市场各个领域取得突破。

部分珠海品牌企业提出踏实肯干、吃苦耐劳的特质，如受访者1、4、10、11及23。受访者4同时指出，国企更重视态度，而能力则要看机会。

5）福利：（1）人才培养导向；（2）重视福利。

受访企业对于人才的问题给予高度的重视，遵循核心价值观。如'尊重每个人'、'以人为本，尊重知识，尊重人才'。罗西尼的人才培养体系包括高层提升培训、商学院、'112'项目、接班人机制、实习生（储备干部）培养、基础技能培训、在职攻读硕士学位等方面，涵盖了多层次人才培养内容，以确保公司人才梯队合理。

珠海企业普遍认识到，吸引人才的前提是保证人的基本生活需要，包括提供员工免费午餐，协助解决住房问题，丰富业余生活等，例如罗西尼、蓉胜超微等。此外，金山软件实行'全员股份'，把股份分给员工，增加归属感。汤臣倍健在办公大厅一楼布置环境优雅的员工休息室，在三楼设置员工活动室，为员工创造良好的空间。受访者17、11谈及常规的'五险一金'之外，会有爱心或关爱基金用来帮助有困难的同事，给予发生突发事件的员工一定的救助。

6）奖惩：（1）纪律严格；（2）鼓励及奖励方式。

珠海品牌企业中有很大一部分为高科技企业，对生产制度和员工管理的要求近乎苛刻，包括要求严守纪律，如受访者1、2、23、25；严惩偷窃及贿赂，如受访者10及23；实行绩效奖惩制如受访者4、9、27等。大部分企业采用鼓励方式激发员工，有口头的方式也有实际的奖励。

例如，威丝曼对于绩效最好的员工给予小轿车作为年终奖励。受访者2

谈及"员工的建议被采纳会有奖励，大概是 100 块"。受访者 23 指出"体育文化活动中也会体现公司给予的奖励。"

7）领导风格：（1）去权威化；（2）务实性。

受访企业的组织多数扁平化，领导风格去权威化，如受访者 23、17。受访者 17 指出"家人一样的感觉"。受访者 4 及 10 反映"权威是在做事的过程中自然形成的，员工从心里愿意接受，这才是真正的权威"。其中，受访者 2 谈及"董事长对中层虽然比较严格，就像领导，对基层员工很关爱，平易近人，像朋友"。受访者 11 谈及"前段时间我们提倡一个'去总化'，不要叫老总，直呼其名，对每个人尊重"。

"务实"是多数受访公司领导风格特点。受访者 4 反映"务实的管理，公司非常讲究效率"。受访者 8 指出"我们企业是实干型的，讲求踏实做事的精神"。受访者 1 指出"公司有一种文化，就是先把成绩做出来，我们才能认可你"。受访者 10 反映"公司想传递的形象是务实，具体通过产品说话"。受访者 17 指出"企业的核心价值观是很简单的八个字：志存高远，脚踏实地。一定要脚踏实地地去做"。受访者 23 指出公司的工作作风是"实干，不投机"。

8）决策模式：（1）集体决策型；（2）例会制。

多数珠海品牌企业倾向于集体决策。受访者 23 反映，老板听取并征求意见，大的决议还要公示，让大家提意见。受访者 15 指出，战略决策由大家集体讨论，也会请行业专家参与。受访者 8、10、21 指出，日常管理都是高层讨论决定，但是涉及战略、投资和大项目，要开董事会和股东大会。受访者 9、10 反映，总经理负责经营管理，决策时会咨询身边人和专业人士；受访者 19 指出，他们实行的民主决策制，以会议形式进行。受访者 11 指出，董事长一般不涉及具体的经营管理决策，这是由总经办负责。

另外，集体决策在某些公司已形成制度。受访者 22 指出，公司有决策委员会及管理制度，重大项目一定要经过严格的程序。罗西尼 2004 年底，首创"联邦制"经营管理模式，将公司各大部门和工厂进行分析，实行层层承包、独立核算、利润分成的管理办法，让有才能的厂长、经理尽展所长，尽情发挥。

珠海品牌企业多数有固定的会议制度，各层级各部门开会时间也会按照工作性质、实际情况灵活调整。

根据以上访谈分析，关于珠海品牌企业文化可以小结如下：

珠海品牌企业文化倾向于'成本利益考量'及'市场导向'，强调生产目标，表现了对'市场观念'的重视，从提高生产率和盈利率的目标出发，考核绩效。同时，公司上层关心如何满足客户的需求，特别是准时交货，保证质量。公司主管的领导行为是指导性的、目标取向与务实导向的。因此，在这样的企业文化上，通常会出现两种不同的企业文化：

一是较为开放、创新，鼓励员工尝试，尝试过程准许发生错误；员工有渠道提出建议，内部的关系较为平等。这类的公司，显示开放、创新型的企业文化。

二是较为保守型、强调一定的程序，在既有的模式中做增量；主管通常作为引导式领导，甚至出现家长式的领导。这类型的公司文化倾向于保守、专业型。

珠海品牌企业注重宣传公司价值观，员工多数认可企业价值，在日常工作中受企业价值观影响，达到企业的要求及素质。多数的品牌企'以人为本'，因此普遍注重员工福利。

珠海品牌企业强调团队、集体文化，企业管理过程中提倡员工参与、开放式沟通，主管关心和支持下级工作，用团队方式工作。这种文化核心价值观是归属感和信任感。通过增强凝聚力、提高士气达到人力资源开发的目的，推动员工参与，讲求承诺和忠诚。这类文化中，主管跟员工的关系呈现去"总"化，主管多扮演员工的调动者、家人的关系。

部分珠海品牌企业强调变通性，关心是否有能力迅速适应环境，重视创新与资源：寻求合适的供应商、了解顾客的需求、招聘有特长的员工、开拓融资的渠道、观察对手的活动。企业领导具有企业家精神，敢冒风险，能提出发展远景，同时不断开发新产品和服务，并为未来做好准备。

领导者在企业中扮演企业家和革新者的角色，以创造力和产品创新为成效标准。

根据以上的分析可以简单描述：珠海的品牌企业文化重视成本效益及市场导向，有些是封闭、保守及专业化型，有些是开放、创新型；有些采平等的领导模式，有些如家长领导的方式，无论哪种形式的企业文化，他们大都倾向集体决策，重视公司的核心价观，重视员工福利、包容及以人为本。

2. 企业对自身形象的塑造

在企业形象方面，珠海品牌企业的企业文化呈现以下几方面的特征：

（1）政府友好型。

珠海品牌企业普遍重视与政府公众的关系，不断地配合政府做实事，得到各部门的肯定和关注，为企业的发展创造了良好的政策环境。例如，罗西尼在本地政府的支持下申报4A级景区，成立手表博物馆，打造工业旅游模式。宝莱特享受政府优惠给地的政策，在珠海扎根，同时积极响应透析进入医保的政策，开发透析仪器，拓展全国市场。

（2）社会服务性。

珠海品牌企业不断参与社会公益活动，带来良好的社会形象，同时也为企业创造了良好的社会环境。华发集团遵循"服务社会、贡献社会、造福人民"的宗旨，通过积极参加政府组织的活动，树立公司社会形象。欧比特秉持"正能量，中国芯"的企业形象，开展农村的扶贫项目。金山软件资助贫困地区学校，扶持建立"金山小学"，做好龙头企业反馈地方政府的典范。远光软件带头倡导"低碳经济"概念，建议珠海发展绿道，自发印制低碳经济手册和环保袋，并成立"一一"儿童基金会，扶持贫困儿童。汤臣倍健开展营养扫盲计划，跟中国营养协会合作，建立国家的营养补充标准，同时推动国家对贫困地区的营养补贴。蓉胜超微积极参与汶川地震、广东扶贫、三灶贫困生、低碳减排等社会活动。

根据以上访谈分析，珠海品牌企业在形象方面，小结如下：

大部分的品牌企业有着与地方政府互动、回馈地方及回馈社会的核心价值观。多数企业参与政府的活动，遇到天灾则自动捐款，有些企业家投入公益，回馈社会；有些企业家秉持自身的理念，结合地方特点，提倡绿色、环保的概念。这些价值观，无形中，塑造了企业的形象。

3. 企业对于珠海城市形象的感知

各个企业在受访中，提出几方面对珠海城市形象定位的理解：

（1）安逸、休闲、宜居。

受访的企业普遍认同珠海城市环境优美，气候宜人，适宜居住。当然随着珠海社会经济的发展，自然环境质量也会受到影响。

（2）高端、高新。

受访者4指出"科技就要引入产业，发展经济。现在所谓的'三高一特'，这个高科技，高端制造，高新技术，特色海洋经济"。

（3）城市定位转变，形象不定。

然而部分受访企业反映不太确切知道珠海城市形象定位。受访者4谈及，最早是浪漫珠海，现在就不是原来休闲的概念了，导致珠海的城市定位有点不是特别清晰。受访者10指出，旅游的名气大过实际内容，没有把特色开发出来。受访者17表示，珠海的包容性很强，但是没有特别明显的特点。

（4）留住人才难。

大多数提到珠海很难与广州、深圳竞争人才。受访者7指出，珠海没有科技方面知名的学校，比较难留住高科技人才。受访者9指出，只能透过高薪吸引人才，城市没有吸引力，高端人才不愿意来。受访者7反映"尤其要招3~5年的经验型人才，在深圳或广州的不愿意过来，这是珠海需要改进的一个地方"。

针对城市形象定位的问题，不少受访企业提出了自己的建议：

（1）从环境出发。

多数受访者认同珠海的绿色及环保形象，包括受访者19、23、24等。尤其受访者19指出，珠海的自然环境全国也不多见，应该把这些优势提炼出来，塑造全国典型性城市。

（2）从科技创新出发。

科技、创新形象也受到受访者推崇。受访者 15 指出，高科技产业已成为珠海 GDP 的重要组成部分，应该立足于此更形象的表现出来。受访者 27 指出"珠海形象应以科技创业型为主题。"

（3）从宜居休闲出发，持续发展。

珠海是个宜居的城市。受访者 5 指出"珠海最大的特色就是可持续发展，同时又是个宜居休闲的代表城市，把两方面结合达到平衡点，是个挑战"。受访者 27 指出，珠海形象建设应该循序渐进，坚持按照整体城市利益经营城市，从小的影响力做起。

（4）从片区地位出发。

受访者 6 指出，根据珠海城市定位的区域划分，以及经济发展来突出城市形象。如在经济上根据横琴新区的发展，在人居方面从老城区的改造，或者新城区的城市运营项目的特点定位；利用片区作为城市整体运营的联动，以此作为城市形象塑造的方向。

（5）从会展经济出发。

除了绿色外，人文一样重要。受访者 21 建议，除了环境，要突出人文方面有别于周边城市，高新科技比不过深圳，要突出珠海的优势；'珠海正在发展会展经济，这是个方向'他说。

（6）从工业旅游出发。

受访者 14 提出了发展工业旅游的想法。他表示，公司的位置处于高速的出口，是珠港澳三地的链接点。珠海之前只有渔女和圆明新园，没有成熟的旅游点，所以才有钟表博物馆的想法。手表是文化产品，有文化，有历史，有收藏价值，因此钟表博物馆的价值非常大。工业旅游确实吸引游客驻足，也无形中塑造了珠海的形象。

（7）从品牌企业文化及形象出发。

有的企业从自身形象出发，打造城市名片，以企业形象带动城市形象发展，受访者 22、1 都明确提到这个观点。在 20 世纪 90 年代珠海有四张名片：一瓶水，加林山矿泉水，现在被怡宝收购了；一包方便面，华丰方便面

– 全国最大的方便面生产基地；一片药，丽珠制药；一台空调，格力公司。这四个是当时珠海的四张名片，打出去都是很响亮的。受访者 22 提出"所以企业做好了，就是给珠海的城市品牌知名度加分"。

五　研究结论

本调研通过对深度访谈内容和调查问卷数据的分析，可得出如下关于珠海品牌企业文化的研究结论：

首先，珠海品牌企业文化呈现如下几个普遍特点：

（一）新型产业体系，创新性强、专业化

品牌企业中，除房地产行业外，集中于高新技术产业，以高科技含量、高附加值、低能耗、低污染的产业群为核心。研究发现，受访的高科技型企业普遍注重技术创新，在研发方面持较为开放的鼓励态度，在客户的服务方面持比较严谨的专业化态度。

（二）讲求成本效益，市场导向，重视绩效，品牌放眼全国

珠海品牌企业，民企占了绝大多数，成本利益考量、市场导向，追求利润，重视业绩及绩效。企业作风普遍务实，注重实干，强调工作竞争力与工作效率，以资金奖励或职位升迁来鼓励员工为企业创造效益。在市场扩展上，眼光不局限于珠海市或广东省内，多数品牌企业在其他省市乃至全球多个国家，都设有产品线及服务网络，下设多个子公司，以节省生产和营销的成本，同时扩大影响力。

（三）开放包容，重视福利，以人为本

珠海品牌企业在对外吸纳新人和引进人才方面持相对开放和包容的态度。为吸引更多的人才，在录用门槛上会相应降低条件，同时提供相对优厚的福利措施，以增加了员工的稳定性，在一定程度上体现了珠海企业的人性化。

（四）集体决策，团队合作，打造"家文化"的中国企业文化特色

珠海品牌企业普遍强调团队工作的重要性，在人际关系方面追求简单化、和谐化，不刻意树立领导的权威感和阶层意识；决策倾向于集体决策；有些企业甚至打造"家"文化氛围，以增强整体凝聚力。

（五）注重企业责任，回馈社会

珠海品牌企业普遍积极参与社会公益活动，有些对内帮助有困难的员工，对外扶助贫困地区发展经济和教育，倡导保护环境和资源，组织在节假日慰问社会弱势人群，成立公益基金等。企业在参与社会公益活动的同时，无形中提升了企业的知名度和社会美誉度。

珠海品牌企业的企业文化建设也体现了几个问题，需要进一步改善：

（1）基层员工对企业文化的认识深度不够。

调查数据显示，珠海品牌企业的价值观及伦理观念对员工的家庭生活影响不够深刻。虽然多数员工认可该公司的企业伦理及文化，但是尚未将企业的伦理道德融入个人生活中。企业文化如果不能广泛并深刻地影响员工，就不能很好地起到用文化教育并引导员工的作用，也就不能以企业文化带动社会整体素养的提升。

（2）基层员工对其企业的社会责任了解不足。

在对珠海品牌企业的中高层的访谈中，可以发现受访者都有很强的参与社会公益事业的意识，并身体力行带领企业参与到回馈社会的服务中。但问卷数据显示，基层员工对于企业组织回馈社会的活动及频度不甚了解，说明企业高层倡导的服务于社会的意识和责任感，尚且需要在基层员工中培养和引导。因为社会的大部分人群是由基层人员组成，如不能在基层树立起社会责任感，那么城市文明建设就缺少了一大部分的践行人员，城市形象建设就不能自上而下良好的执行。

（3）企业对外宣传意识强度不够。

尽管企业专注务实的作风，集中精力提升产品质量和服务水平，但对自

身形象和品牌的宣传也应该重视。通过媒体适度的对外宣传和形象包装，有助于企业扩大知名度，树立品牌形象，更有助于建立大众对本地企业品牌的信心和自豪感，从某种意义上讲，是企业和社会的"双赢"。

在基层员工对企业文化及企业认知不足，以及在企业欠缺宣传企业形象的情况下，要借由企业文化及企业形象深入社会，扩大品牌企业的影响力，进而建设城市形象的可行性较为艰难。因此，期盼能像诺基亚代表了芬兰，三星代表了韩国的品牌效应，还需要珠海的品牌企业深化企业形象建设，扩大品牌形象及品牌影响力，放眼全国，甚至海外市场。等到品牌企业的企业文化深入基层、深入社会，品牌形象深入全国，才有足够的力量建设城市形象。

通过对珠海品牌企业的优势和问题的总结，现提出几点有助于改善珠海品牌企业文化发展及珠海城市形象塑造的建议：

1. 企业需加强对基层员工的沟通

企业应该加强对基层员工的沟通，适时的公布公司发展的计划与蓝图，强化企业文化的功能，让员工了解作为一名具有"企业人"和"社会人"双重身份的市民，让员工明确无论自身处于何种阶层和发展阶段，都不能缺乏服务社会的奉献精神和社会责任感。同时，企业在宣传自身企业文化时，需要对基层员工进一步引导，帮助员工建立企业自豪感，进一步延伸为城市自豪感，通过日常的潜移默化，影响员工的言行，帮助塑造城市形象。

2. 企业需扩大对自身品牌形象的公关

品牌企业形象，主要是通过产品形象来体现。塑造富有个性的企业文化首先应当充分显露本行业和本企业产品的特色，而采用媒体公关是使企业和产品特色快速广泛深入人心的有效手段。只有将企业的创新精神和专业能力通过一定方式展现给社会大众，才能在公众中逐渐形成由"中国制造"转换成"中国创造"的认可。

3. 企业文化、企业形象与城市形象融合，政府需明确珠海城市定位

在城市形象的建设中，城市形象的定位是至关重要的环节，只有掌握好

城市的定位，才可以抓住城市的特色文化，发展有个性、有前途的特色城市形象建设。城市形象定位不明确，会影响到本地企业在吸引人才时的对本地优势的阐述，也较难形成城市的自豪感，影响市民对外宣传城市的口碑传播。

珠海应利用自身的自然环境优势，挖掘科技创新和教育产业方面的潜力，从国际视野出发，充分区分周边的城市，在坚持环保理念的同时，强调城市运营和科学发展，把人居和崛起两点相结合，探求适合珠海特色和符合未来长远发展趋势的城市形象定位，力求做到高辨识度和高认可度。

因此，珠海的城市形象塑造，可以从以下七个方面出发：（1）从环境出发；（2）从科技创新出发；（3）从宜居休闲出发；（4）从片区定位出发；（5）从会展经济出发；（6）从工业旅游出发；（7）从品牌企业文化及形象出发。

4. 政府需加强城市形象公关

确定城市定位后，要积极进行城市形象公关。当今社会，城市之间的竞争，在一定意义上体现为城市形象的竞争。而公关具有提高信誉、塑造形象、争取理解、开发资源、增进效益的职能。20 世纪 90 年代初，珠海的"百万科技重奖"轰动全国，成为特区尊重人才和知识的代名词，吸引大批优秀人才落户，为特区持续发展注入源源不断的动力。如今，政府也应该联合企业，把珠海的各种优势和特色向社会广泛传播，从而提高城市的知名度，增强城市的吸引力、凝聚力和辐射力。

总而言之，企业文化影响员工深远，借由企业文化及企业形象的建设，可以深化城市文化，进而达到塑造城市形象的目的。然而，珠海的品牌企业成立历史较短，企业文化建设尚属于初步建设阶段，有些企业意识到企业文化的重要性，正逐步规划、建设，因此，需要时间的养成。此外，珠海城市的定位发展，依照不同阶段有所调整，城市定位的走向，让许多企业甚至基层不是太了解，此因素同样会影响城市形象的建设进程。因此，建议政府能够明确定位，有利于城市文化及城市形象的塑造及发展。

参考文献

陈佩芳，1996，《名牌效应是企业无形资产的综合体现》，《国际商务研究》第 1 期

龚高健，2008，《以品牌带动促进区域经济发展》，《发展研究》第 2 期。

龚益鸣，2003，《现代质量管理学》，清华大学出版社。

关鹏，2005，《名企管理模式》（第 2 版），企业管理出版社。

郭咸纲，2005，《企业文化扩张模式》，清华大学出版社。

江正峰，2014，《浅谈如何把企业文化转化为企业和员工发展的动力》，《商业文化》第 20 期，第 205 页。

姜正轩等，2005，《关于城市文化与企业文化的研究》，《中外企业文化》第 12 期，第 7 ~ 11 页。

李光斗，2007，《品牌功能的巧妙升位》，《成功营销》第 11 期。

李立民，2010，《浅谈企业文化与品牌打造》，《企业经济》第 6 期，第 101 ~ 103 页。

李伦新，2006，《海派文化与国际影响力》，上海大学出版社。

刘敦虎、李文勇，2003，《传播优秀企业文化 建构先进城市文化》，《商场现代化》第 5 期，第 308 ~ 309 页。

刘前红，2009，《品牌带动战略对我国文化产业发展的效应分析》，《商业时代》第 5 期。

刘文俭、赵连营，2003，《竞争力的文化支撑》，《中共杭州市委党校学报》第 5 期，第 63 ~ 67 页。

刘先义，2010，《地方政府如何实施品牌带动战略推动区域经济社会发展的研究》，《质量技术监督研究》第 1 期。

罗云华、李昊泽，2011，《品牌带动区域经济增长机制探讨》，《当代经济研究》第 2 期。

吕振奎，2010，《品牌带动战略实施中的政府行为》，《学术交流》第 2 期。

麦莉娟，2003，《台湾媒体企业文化模式之建构与测量》（课题项目），"行政院国家科会委员会"专题研究报告（台湾）。

麦莉娟，2005，《全球化的媒体环境与多元的企业文化——台湾地区卫星电视频道公司之研究》，《亚洲传媒研究》，中国传媒大学。

齐振宏，2004，《管理变革之道——核心竞争力导向的企业变革》，清华大学出版社。

孙晋芳，2014，《品牌战略助推企业文化建设》，《商界纵览》第 20 期，第 160 页。

孙玉娟，2005，《企业文化建设与企业核心竞争力分析》，《中国劳动关系学院学报》第 2 期。

唐书麟，2003，《以企业文化建设提升企业核心竞争力》，《企业经济》第 10 期。

万后芬、周建设，2006，《品牌管理》，清华大学出版社。

王世明，2004，《深化企业文化建设 提升企业核心竞争力》，《科技情报开发与经济》第 8 期。

王志欣，2004，《领跑—中国城市卖点圣经》，清华大学出版社。

魏杰、崔言超，1996，《名牌现象的经济学思考》，《南方经济》第 9 期。

肖志明，2009，《品牌带动区域经济增长模式研究——以晋江区域经济为例》，《中国集体经济》第 18 期。

尹元元，2010，《品牌企业与区域经济发展研究》，中国物资出版社。

余伟萍，2005，《企业持续发展之源——能力法则与策略应用》，清华大学出版社。

张德，1995，《企业文化的更新与企业形象的塑造》，《清华大学学报》（哲学社会科学版）第 10 卷第 3 期。

周大海、施放，2014，《企业名牌效应的预测分析》，《经营与管理》第 10 期。

钟建伟，2007，《品牌企业文化创建的结合点》，《山东纺织经济》第 6 期，第 54 - 56 页。

邹文兵，2012，《论企业形象与企业文化的关系》，《长江师范学院学报》第 7 期。

Buttery, E. A. , & Leung, T. K. P. , 1998, "The Difference Between Chinese and Western Negotiations," *European Journal of Marketing*, 32 (3/4), 374 - 389.

Clark, H. , Chandler, J. , & Barry, J. , 1994, *Organisation and Identities*. London: Chapman & Hall.

Deal, T. E. , & Kennedy, A. A. , 1982, *Corporate Cultures*, Reading, Mass: Addison-Wesley.

Flamholtz, E. G. , 2011, *Corporate Culture: The Ultimate Strategic Asset*, Stanford Business Books.

Fukuyama, F. , 1995, *Trust: The social virtues and the creation of prosperity*, London: Penguin Group.

Hofstede, G. , 1991, *Cultures and Organisations*, London: Harper Collins.

Huang, T. C. , 1999, "Who Shall Follow? Factors Affecting the Adoption of Succession Plans in Taiwan," *Long Rang Planning*, 32 (6), 609 - 616.

Lo, V. H. Y. , 1997, The Adoption of Confucian Principles in Quality Management. Proceedings of the CIRP International Symposium: Advanced Design and Manufacture in the Global Manufacturing Era. Hong Kong: City University of Hong Kong.

Maguire, K. , 1999, "Taiwan: from Subcontractor to Regional Operations Centre," *European Business Review*, 99 (3), 162 - 169.

Mai, L. C. , 2001, *An Analysis of Corporate Culture and Business Strategy in Taiwanese CATV Channel Companies*, London: University of Westminster, Ph. D. thesis.

Miller, K. , 1995, *Organisational Communication: Approaches and Process*, California: Wadsworth Publishing Company.

Nornoha, C. , 2002, "Chinese cultural values and total quality climate," *Managing Service Quality*, 12 (4), 210 – 223.

Perlin, M. , 2007, "Corporate Culture," *Journal of Property Management*, 74 (2), 18.

Peters, T. J. & Waterman, R. H. , 1982, *In Search of Excellence: Lessons from American's Best-Run Companies*, New York: Harper & Row.

Pettigrew, A. , 1979, "On Studying Organisational Culture," *Administrative Science Quarterly*, 23 (2), 570 – 581.

Pool, S. W. , 2000, "Organisational culture and its relationship between job tension in measuring outcomes among business executives," *Journal of Management Development*, 19 (1), 32 – 49.

Schneider, S. C. , & Constance, B. D. , 1987, National vs. Corporate Culture: Implications for Human Resource Management. Singapore: International Personnel and Human Resource Management conference's paper, December 14 – 17.

Starkey, K. , 1998, Durkheim and the Limits of Corporate Culture: Whose Culture? Which Durkheim? *Journal of Management Studies*, 35 (2), 125 – 136.

Tyson, S. & Jackson, T. , 1992, *Organizational Behaviour*, Hertfordshire: Prentice Hall International Ltd.

Whitlow, B. , 2012, "Corporate Culture," *Multi-Housing News*, 47 (5), 23.

社会管理篇

政府购买的社会工作服务的绩效评估指标体系研究*

——以珠海为例

龚翔荣

　　政府购买社会工作服务是一项新生事物，2012年民政部与财政部《关于政府购买社会工作服务的指导意见》指出："政府购买社会工作服务，是政府利用财政资金，采取市场化、契约化方式，面向具有专业资质的社会组织和企事业单位购买社会工作服务的一项重要制度安排。"政府购买社会工作服务成为政府购买服务项目中一个重要组成部分，关系到社会建设有效运行，为社会工作良性开展提供了最为坚实的基础。本次调研报告依托归纳分析当前政府购买社会工作服务项目的基本做法，运用平衡计分卡的原理来探讨项目评估指标体系。

---

　　* 课题负责人：龚翔荣；课题组成员：李妮、陈晖；所在单位：暨南大学珠海校区。

一 研究背景

社会工作是一门应用社会科学，也是一种制度化的助人方法与职业，兴起于 19 世纪末 20 世纪初的欧美国家（Grinnell R. M.、Unrau Y. A.，1988），经过近 50 年的发展，经历了非专业化、初步专业化、高度专业化等蜕变过程而具备了专业价值、伦理操守、系统理论、实践技巧，从而成为世界各国应对和处理工业化与城市化所引发社会问题的模板。特别是第二次世界大战之后，发展中国家普遍抱有一种专业理想主义倾向，寄希望于通过社会工作来应对发展中出现的社会问题，因此，纷纷效仿欧美国家兴办社会工作教育、设置社会工作机构、开设社会工作服务。我国从 20 世纪 80 年代慢慢开始进入学术视野，如卢谋华等区分两类社会工作：即国民党统治区的社会工作和共产党的革命根据地与解放区的社会工作。进入 20 世纪 90 年代以后社会工作获得显性关注：一方面高校纷纷开设了社工专业，另一方面政府在实践层面也不断开始重视社会工作服务事业，特别是 2006 年 10 月中共中央十六届六中全会做出《中共中央关于构建社会主义和谐社会若干重大问题的决定》，指出要"造就一支结构合理、素质优良的社会工作人才队伍，是构建社会主义和谐社会的迫切需要，建立健全以培养、评价、使用、激励为主要内容的政策措施和制度保障，确定职业规范和从业标准，加强专业培训，提高社会工作人员职业素质和专业水平"，于是从国家层面逐步开展社会工作者资格考试的规范化工作，加大出台社工人才队伍建设方案，并在民政部门内部设立社会工作促进局，通过以上等措施来强化社会工作服务管理，这都标志着社会工作服务正式进入了政府管理工作内容。

随着社会工作服务的兴起，伴随而来的关键问题就是如何有效果和有效率地达成社会工作服务内容和目标。在强调政府职能转移理念的影响下，不仅国外普遍采用政府外包形式来实现政府职能的转移和社会力量的激活，近年来我国各级政府也纷纷开展政府购买服务的方式来提高政府运作效率，实现政府职能有效转移。2012 年民政部 96 号文件《关于政府购买社会工作服务意见》指出："政府购买社会工作服务，是政府利用财政资金，采取市场化、契约化方式，面向具有专业资质的社会组织和企事业单位购买社会工作服务的一项重要制度安排，……对于加快政府职能转变、建设服务型政府、有效满足人民群众不断增长的个性化、多样化社会服务需求，具有十分重要的意义。"这也意味着未来的政府购买社会工作服务将成为政府运作的常态工作，据报道仅广东2013年就有1亿元的政府购买社会工作服务项目，这意味着政府如何有效监管和评估这些购买的社会工作服务项目的效果将是摆在政府面前的重要任务，也是未来实践中的重要研究课题。

理论界对政府购买社会工作服务的研究已初步展开，主要涉及四个方面的研究：①政府购买社会工作服务的意义探讨。有的学者从萨瓦斯的民营化理论出发来论证政府购买社会工作服务的正当性；有的学者从政府职能理论来论证政府购买服务的必要性等。②政府购买社会工作服务的模式探讨。大多学者根据国外经验模式将之归纳为竞争性购买模式、非竞争性购买模式、依赖性购买模式，并提出与上述三种购买模式相对应的购买方式，政府购买社会工作服务所采取的方式也有三种：购买契约、资金支持、项目招标。还有的学者根据我国实践归纳三种模式：以上海新航、阳光、自强社会服务站为代表的形式性购买模式，以上海"罗山市民会馆"为代表的公有私营（非竞争性购买）模式，竞争性购买模式。但大体和上述模式结论一致（陈小强，2008；陈少强、宋斌文，2008；赵一红，2012）；还有一些学者，从我国政府购买社会工作服务的实践出发，认为目前形成了两大类购买模式：购买岗位与购买项目。③政府与社会工作服务机构的关系研究。学界主要有两种观点：第一种是对政府和社会组织之间的关系持乐观态度，认为两者合作可以实现优势互补（郁建兴、瞿志远，2011）；第二种就是对两者之间的关系表示担忧，两者之间并非基于平等基础上的合作伙伴关系（田凯，2004；唐斌，2010）。④政府购买社会工作服务效果评价与改进研究。不少学者认为，政府购买社会工作服务成效明显，推动了政府职能转变，降低了财政成本，促进了社会组织发展，积累了志愿资源（康晓光、韩桓，2008），认为改进社会工作服务效果评估在于建立科学、合理的绩效评估体系，但由于社工服务难以量化，如何运用科学的方法进行评估，还未给出详细的、操作性强的方案（汪建明、莫盈盈，2008；罗观翠、王军芳，2008）。

相比上述四个研究方面，最为薄弱和需要深入研究的应该是政府购买社会工作服务效果评价与改进研究，目前只有少数学者关注社会工作服务项目评估中引入顾客维度（鲍伟明，2010）。如前所述，目前并没有在理论上提出较为合理的评估体系，而现实又急需此类评估的方法，这也是本课题研究的契合点和创新点所在。

二 珠海市购买社会工作服务项目现状分析

珠海市 2011 年 5 月 26 日首次对"康乃馨"狮山街道单亲母亲社会工作服务项目进行了评估验收，意味着珠海开始关注社会工作服务项目的绩效运作状况。更可喜的是 2013 年 1 月，珠海市政府率先出台了《珠海市社会工作促进办法》政府规章，明确政府将会以政府购买服务项目和岗位的形式来提供财政支持，并着力建立"政府购买社会工作服务的第三方评估考核制度"，可见对于这类购买服务项目的评估考核问题被提上了现实日程。

就目前资料整理发现，2010 年 7 月广州市出台的《广州市政府购买社会服务考核评估实施办法（试行）》，尝试在考核制度上建立相应的考核主体确认、考核程序的安排以及大致的考核标准。

2010 年度深圳市构建社工机构综合评估指标，分为组织建设、服务管理、财务审计和公共关系四个大类，2012 年出台《深圳市社会工作岗位服务绩效评估项目实施方案》。

2011 年 3 月东莞市出台了《东莞市政府购买社会工作服务实施办法（试行）》和《〈东莞市政府购买社会工作服务考核评估实施办法（试行）〉的请示》，也试图着力开发对该类购买服务项目的考核办法和体系。

珠海市在社会工作服务项目发展和建设上取得了如下成果。

（一）积极培育相关社会组织，为社会工作者提供发展平台

首先，根据 2011 年以来出台的《关于加快社会工作发展的意见》《关于进一步发展和规范我市社会组织的意见》《珠海市社会组织孵化基地暂行管理办法》相关政策法规文件，珠海市将行业协会（商会）、公益服务类社会组织、民办非企业单位、社区社会组织作为重点培育和扶持四类社会组织，而这些类型社会组织都与社区发展有着密切联系，同时能为社会工作者提供发展平台。其次，还重点提出培育扶持民办社工机构，根据《珠海市民办社会工作服务机构扶持办法（试行）》，在降低准入门槛、简化登记手续、协调解决办公场所、提供服务项目支持等方面予以扶持。截至 2013 年 4 月，全市注册专业社工机构共有 13 家，服务涵盖老年人、青少年、社区和企业等社会工作领域。最后，根据《珠海市社会组织孵化基地暂行管理办法》珠海市目前已经在市一级建立"珠海市社会组织培育发展中心"，并于 2013 年 10 月正式启用，目前已有 29 家社会组织入驻社会组织培育发展中心，其中孵化型 10 家，示范型 12 家，社工机构 7 家。6 名知名社会组织领域的专家学者入驻专家工作室，3 家研究机构、能力建设及评估机构入驻资源合作区，同时引进广东莱特律师事务所等机构入驻中心，为社会组织的培育发展提供支持；另外，据了解在香洲区和翠香街道办也均成立了"社会组织发展中心"来培育和发展相应的社会组织。

（二）推动政府购买服务制度化，构建服务项目评估机制

自 2011 年以来，我市不断着力推动政府购买服务工作制度化，先后出台了《关于政府购买社会组织服务的实施意见》《珠海市财政支持社会工作发展实施办法》《珠海市社会工作促进办法》等政策法规文件，从制度上明确社会组织（特别是公益类社会组织）发展方向，在市区镇各级构建社会组织培育发展中心为社会组织成长提供平台；确立政府以购买社会工作服务和安排社会工作日常经费两种财政方式支持社会工作发展，规范政府购买服务的准入条件、购买方式和内容范围。经不完全统计，2008～2012 年，我

市财政和福彩公益金对社会工作投入经费总额为 548 万元，其中财政投入为 278 万元，福彩公益金 270 万元，每年的经费投入增长率平均在 140% 以上；2011 年市一级政府购买社会工作项目 8 项，2012 年政府购买社会工作项目 13 项，2013 年政府购买社会工作项目 19 项，每年增长率平均在 54% 左右，服务内容涵盖老年人、青少年、家庭综合服务、社区和企业等社会工作领域。

同时为了提高政府购买社会工作服务的质量，检验政府购买社会工作服务效果，客观评价财政资金使用效益，加强财政资金监管力度，提升社会工作服务水平，推动社会工作发展，2011 年珠海市民政局和财政局联合出台《珠海市关于政府购买社会工作服务考核评估实施办法（试行）》。根据该办法从 2012 年开始对 2012 年度政府购买的 12 项社会工作服务项目开展考核评估，并从专业服务指标、服务总量及服务成果指标、服务质量指标、服务项目管理四个方面构建考核评估指标。为了保证评估的公平性和有效性，市民政局委托第三方机构负责考核评估的具体实施工作，由第三方机构邀请相关政府部门和社会工作领域的专家、政府采购方或用人单位有关人员以及项目服务对象组成考核评估小组，在项目服务期结束后对其进行考核评估。

（三）强化教育培训，夯实社会工作者的业务基础

首先，提升领导干部对社会工作的知识基础。把领导干部社会工作知识培训列入领导干部培训内容，把社会工作知识列入民政系统干部培训的重要内容。为拓展民政干部社会工作视野，珠海市与中国社会工作协会社工师委员会密切合作，已成功举办了多期全国性的社会工作培训班，2012 年 8 月和 10 月，全国首期社会工作初级督导班和社会工作高级研修班在珠海市举办。同年，珠海市被确定为全国远程社会工作培训首个试点城市，并已举行首期社会工作远程教育培训。其次，加强对社会工作从业人员层面的专业培训。积极组织社会工作从业人员参加社会工作实务培训，努力提高社会工作人才队伍专业化、职业化水平。鼓励动员民政系统、民政领域的广大干部职工和社区服务组织相关人员参加社会工作者职业水平考试，提高其职业素质和专业水平。从 2008 年起，珠海市连续 5 年为 2100 多名参加考试人员免费

举办社会工作者职业水平考试考前培训；连续 4 年组织开展社会工作专业人才继续教育培训；2012 年，委托北京师范大学珠海市分校举办社会工作人才素质提升培训班，培训为期一年，共有 500 余人参加培训。

（四）积极开发社工岗位，探索社会工作者进社区渠道

一是加快民政事业单位岗位设置。根据人力资源和社会保障部、民政部《关于民政事业单位岗位设置管理的指导意见》，珠海市首先在民政系统事业单位推行社会工作岗位设置，市编办在市民政局事业单位三定方案里专门增加了市社会工作服务的职能，市民政局印发了《珠海市民政局事业单位社会工作岗位设置指导意见（试行）》，民政各事业单位根据该意见开发了社会工作岗位。二是推进政府购买社工岗位试点。指导市社会福利中心设置社会工作岗位试点方案，通过购买岗位的方式，从民办社工机构购买 5 名社工从事儿童、青少年及康复社工服务，目前岗位服务效果明显，得到各方的肯定。三是探索社会工作者进社区渠道。社会工作者最终主要落点是在社区，也只有越来越多的社会工作者参与到社区服务中，才会让社会矛盾和问题有效地在社区层面解决，珠海市积极探索将政府购买社会工作服务项目落点到社区，并由社区提供相应服务场所，开展社会工作。目前如珠海远博社会工作促进中心、珠海市青少年综合服务中心、珠海晴朗天空社会工作服务社、京师社会工作中心等社工机构均在相应社区设有服务点，积极将承担的政府购买社会工作项目落点到社区，并获得相应社区的服务场所提供的支持。

三 珠海市购买社会工作服务项目存在问题分析

（一）社会组织自身运作能力弱，获取资源渠道的狭窄

且不论当前社会组织发展数量偏少难以全面承担众多社会服务项目，目前社会组织处于发展初期，自身内部运作能力也是贫弱的。不仅缺乏专业的管理人才，同时缺乏有效的内部治理结构，目前大部分社会组织发展均处在

"小作坊"阶段,既缺乏明确发展目标,又缺乏有效整合各类资源的能力。

而且集中凸显出来的问题则是社会组织的资金渠道来源相对单一,主要靠集中获取政府购买社会服务项目。从调研中发现绝大部分的社工机构其主要的运作资金都来自竞标成功的政府购买社会服务项目,而并没有其他相应资金渠道来源,甚至其日常的水电费和场地费等往往依赖相应入驻社区予以减免;只有少数的社工机构如珠海协作者与伟创力企业合作获得一定资助,同时还争取少数私募基金会的资助。

(二)社会工作者的专业化与职业化发展程度较低

首先,社会工作者总体偏少,且分布比较失衡,主要集中于事业单位和群众性自治组织,真正在民办社工机构的人数远远偏少。从目前报考社工资格考试的人员所属单位分布来看,机关、事业单位的干部职工占47%,群众自治组织的职工占41%,民办社工机构的社会工作师占12%,也就是说真正从事一线社会工作的专职人员少之又少,目前仅有60多人。其次,将社会工作者与社区工作者相混淆。在工作实践中往往容易将社区工作者也归为社会工作者,从而忽略了社会工作者缺乏的问题,但是事实上如前所述,社区工作者尽管在工作内容与社会工作者有一定交叉重叠之处,然而其工作性质是有着明显的不同。以就业服务为例,社区工作者更侧重于为社区居民办理失业和再就业培训登记等行政性工作,而社会工作者则需要围绕困难人士本身就业难因素进行个案式的辅导咨询服务,直至增强其就业竞争力和就业能力。显然现实中将二者进行混同,事实上就忽视发展社会工作人才的专业性和职业性。最后,社会工作者队伍的培养制度不完善,导致社会工作者专业知识欠缺。目前,由于社会工作者队伍建设是近年来国家和地方都高度重视的一个新领域,在开展社会工作者培养方面主要集中在培养从事具体社工人员的知识和能力的建构,如从业人员的专业基础培训和社会工作的事务培训,然而在更高层级上的专业实务研讨和专业社工督导的本地化培训还欠缺,使得在社会工作者的培养方面缺乏层次性;同时社会工作者队伍的培训内容建设上既包括通用的社工人员的实务知识和能力，还要包括具体领域的实务知识和能力，如在社区、学校、企业、医疗、司法等不同领域，面对老年人、青少年、儿童妇女、残疾人等不同服务对象，都将面临复杂的情况，而当前这些专门性的知识内容的培训并不是十分充分。

（三）社会工作者的激励机制不健全

社会工作者队伍建设的激励问题包括两个方面：一个是社会工作者的外部激励问题，这来自政府和社会对社会工作者的激励问题；另一个是社会工作者所在的相应组织的内部激励问题。从目前的调查来看，上述两个方面都存在着一些问题。在外部激励方面：①社会工作者的晋升制度设置尚缺乏，没有明晰的职业生涯规划。国家层面上虽然设定了社会工作员、助理社工师、社会工作师和高级社会工作师等级别，然而这仅需要通过资格考试而获取，难以完全作为实际的职业晋升标准和要求。而一个具有竞争力的职业其在职业规划上必然是清晰而明确的，这样有助于参与其中的人能够了解其职业发展，然而目前珠海市并未有社会工作者明确的职业晋升标准和要求，并且也缺乏对不同社工岗位和工作进行明确职业规划，因此造成社会工作者对于本职业的职业发展并不清晰。②社会工作者的薪酬激励制度还未建立。薪酬待遇是直接影响能否吸引到更多更好的优秀社会工作者的关键，从目前的调查来看，珠海市的社会工作者的薪酬待遇方面相对于珠三角的其他城市如东莞、深圳、广州、佛山等地都是偏低的，平均要低 500～2000 元，而且随着级别和资历越高差距会越大。因此，社会工作者目前待遇保障机制尚未到位，激励机制尚未建立，社会组织社会工作人员在晋升、职评、培养、使用等方面还存在着较大的体制性障碍，难以吸引和留住社会工作的专业人才。在内部激励方面：目前的社工机构的发展规模偏小，人员偏少，社工机构对于自身内部社会工作者的激励措施缺乏，加之目前开展社会工作服务需要靠社工主动去寻找案主，而不像国外那样是案主主动到社工机构找社工，因此，社工机构对社工的激励目前可能多数是项目获取能力的激励，例如对于开拓社工项目的"生长点"、获取政府或其他组织的购买社工项目等，而缺乏对于实际工作绩效的激励，从而容易发生激励偏向，应关心的是项目运作，而非项目实施。

（四）社会组织的专项服务项目的评估机制有待全面

首先，珠海市从 2012 年对社会组织的专项服务进行了相应评估，但这种评估仅限于事后评估，即对项目完成情况给予一定评价，然而尽管能够为下一轮工作正确开展创造条件，由于该项目业已完成，丧失了纠偏和预防能力，目前在评估机制上还缺乏事前评估和事中评估机制。

其次，虽然实施了"第三方机构"评估，然而在评估参与人员方面并未考虑到评估主体的全面性，缺乏社区的参与，由此在很大程度上影响评估结果的客观性和公正性。

最后，2011 年珠海市也相应出台了《珠海市关于政府购买社会工作服务考核评估实施办法（试行）》，然而评估指标只是大致从服务投入与产出两方面设计出四个维度，显然依赖该指标无法实现财务与非财务衡量方法之间的平衡，长期目标与短期目标之间的平衡，外部和内部的平衡，结果和过程平衡，管理业绩和项目运营业绩的平衡等多个方面。

珠海作为广东，乃至全国的社会管理体制改革的排头兵，非常有必要结合珠海自身的情况构建有效的政府购买社会工作服务项目的考核评估体系，这将具有极大的现实意义。

四　珠海市购买社会工作服务项目指标设计思路

（一）平衡计分卡应用于社会工作服务项目评估的可行性分析

随着平衡计分卡理论和实践的发展及完善，到目前为止，平衡计分卡被定位为战略管理控制的重要工具，其功能远不仅是业绩评价。平衡计分卡认为，传统的财务会计模式只能衡量结果因素，无法评估企业前瞻性的驱动因素。因此，必须改用一个将组织的远景转变为一组由四项观点组成的绩效指标架构来评价组织的绩效。此四项指标分别是：财务、顾客、企业流程、学习与成长。平衡记分卡有利于组织把笼统的概念转化为切实的目标，从而寻求财务与非财务之间，眼前与长远的目标之间，以及外部与内部绩效之间的平衡。

虽然其产生的时候主要应用于私人组织，但是目前也开始广泛运用于政府等公共部门的绩效考评之中（彭国甫、盛明科等，2004；等等）。"BSC的原创者卡普兰和诺顿指出，虽然财务维度给私人部门提供了清晰的长期目标，但它在非营利组织中更应该被认为是一个约束因素，因为非营利组织绩效管理体系的主要目标更应该放在组织如何履行它的使命上"（颜海娜、郾益奋，2014）。

在借鉴的同时，要根据政府购买社会工作服务项目的使命进行调整。因为社会工作服务项目是公益性项目，盈利能力并不是其考察的重点，为了更好契合社工机构的组织使命，在思考平衡计分卡运用社会工作服务项目评估中做了如下调整（颜海娜、郾益奋，2014）（见图1）。

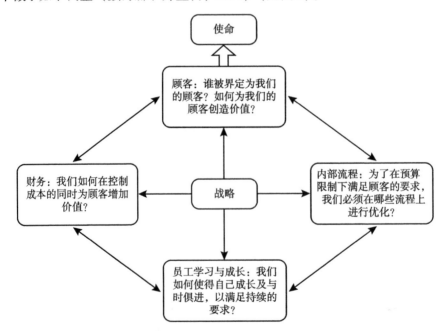

图1 尼文构建的适用于公共和非营利组织的 BSC 框架

（二）基于平衡计分卡设计的初始指标体系

为适应社会工作服务项目的特性，必须对平衡计分卡进行一定的调整。主要从平衡计分卡的四个维度进行展开，即财务、内部业务流程、学习与成长和服务对象（见表1）。

表1 购买社会工作项目评估初始指标体系

一级指标	二级指标	三级指标
财务	经费使用效率	参与项目社工人次与项目经费比值
		接受服务人次与项目经费比值
		项目服务活动次数与政府购买项目经费比值
	经费使用效益	项目经费开支结构合理性评价
		完成协议规定服务量程度
		项目的媒体正面影响力程度
内部业务流程	日常管理	档案管理的系统化程度
		劳动合同制度健全程度
		员工绩效考核制度完善程度
		员工晋升薪酬制度完善程度
	项目实施	项目服务计划安排与总结制度化程度
		实施项目成员的分工协同的合理化程度
		社工督导制度健全程度
学习与成长	员工现状	员工的满意度
		员工的保持率（项目后与项目前员工数量比）
		项目承担机构中具备社工资格的比例
		项目承担机构中员工相关工作的平均年限
	员工发展	项目期内员工年平均接受培训的时间
		机构服务创新能力评价
		机构利用社会资源能力评价
服务对象（顾客）	用人单位评价	服务项目工作完成情况评价
		服务项目对提升用人单位服务形象的程度
		用人单位对承担项目的机构的满意度
	直接服务对象评价	直接服务对象对项目服务满意度
		直接服务对象对机构和与员工的满意度
		直接服务对象对项目服务的有用性评价

（三）构建社会工作项目评估的战略地图

构建战略地图就是通过因果关系将平衡计分卡的各个元素目标有机联系起来，尽最大可能符合社会工作服务项目的使命（陈天祥等，2010）。构建战略地图（见图2）的目的在于更清晰地了解社会工作项目评估的各项指标之间的联系，有助于厘清评估线索和逻辑。

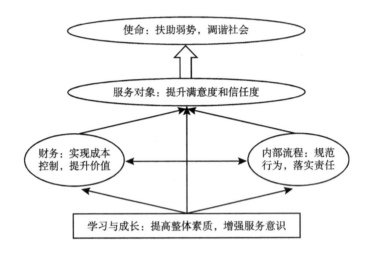

图2　政府购买社会工作服务项目评估战略地图

五　购买社会工作服务项目的指标效度筛选与权重确定

（一）数据来源及说明

本研究向15位专家发放问卷，对于指标的相对重要程度按照1～9标度原则进行打分。回收调查问卷12份，调查问卷分为两个步骤：①要求专家根据自身专业判断在初始指标体系内选出不合适的指标；②通过 Yaahp 层次分析法软件进行分析（其中有效问卷 9 份），利用 9 份权重得分均值来确定最终各指标权重。

（二）指标效度筛选

指标体系的效度是指指标在多大程度上反映了评价对象的特征，并反映评价目的的达成。在政府购买社会工作服务项目评价中，如果确立的指标不能反映或不能完全反映政府购买社会工作服务项目这一评价对象的特性要求，则称该指标体系不具有高的效度。效度分为内容效度和结构效度。内容效度又称表面效度或逻辑效度，它是指所设计的题项能否代表所要测量的内容或主题（赵晏、邢占军等，2011；朱正威、吕书鹏，2011）。内容效度评定一般通过经验判断进行，通过熟悉该领域的工作者或专家来评判，以确定所构建的指标与测量内容范畴之间的关系密切程度。内容效度缩写为 CVR。它的计算公式为：

$$CVR = \frac{ne - N/2}{N/2} \tag{1}$$

其中，ne 为评价主体中认为某指标能够很好地表示测量对象的数量；N 为评价主体总人数。当认为某指标适当的评价人数超过一半时，CVR 为正值。若所有评价主体都认为某指标不当，则 CVR = -1，反之，则 CVR = 1。当评价主体中认为某指标适合与不适合的人数各占一半时，CVR = 0。

本研究效度检验向 15 位专家发放效度调查问卷，回收有效问卷 12 份。将调查结果带入（1）式，剔除 CVR 值小于 0.6 的指标（见表 2）。

（三）基于层次分析法的指标体系权重确定

层次分析法（analytical hierarchy process，AHP）是美国运筹学专家、匹兹堡大学教授萨特（A. L. Saaty）于 20 世纪 70 年代提出来的一种系统化、层次化的分析方法，其方法思想朴素，但却能很有效地整合那些影响一个复杂决策系统的因素和数据信息。它是以综合的定性与定量分析，模拟人的决

表 2　初始指标的 CVR 效度筛选

一级指标	二级指标	三级指标	效度
财务	经费使用效率	参与项目社工人次与项目经费比值	0.556（×）
		接受服务人次与项目经费比值	1
		项目服务活动次数与政府购买项目经费比值	0.556（×）
	经费使用效益	项目经费开支结构合理性评价	0.556（×）
		完成协议规定服务量程度	1
		项目的媒体正面影响力程度	0.556（×）
内部业务流程	日常管理	档案管理的系统化程度	1
		劳动合同制度健全程度	0.78
		员工绩效考核制度完善程度	0.556（×）
		员工晋升薪酬制度完善程度	0.78
	项目实施	项目服务计划安排与总结制度化程度	1
		实施项目成员的分工协同的合理化程度	1
		社工督导制度健全程度	0.556（×）
学习与成长	员工现状	员工的满意度	0.78
		员工的保持率（项目后与项目前员工数量比）	0.78
		项目承担机构中具备社工资格的比例	0.78
		项目承担机构中员工相关工作的平均年限	0.11（×）
	员工发展	项目期内员工年平均接受培训的时间	0.78
		机构服务创新能力评价	0.78
		机构利用社会资源能力评价	0.78
服务对象（顾客）	用人单位评价	服务项目工作完成情况评价	1
		服务项目对提升用人单位服务形象的程度	0.78
		用人单位对承担项目的机构的满意度	1
	直接服务对象评价	直接服务对象对项目服务满意度	1
		直接服务对象对机构和与员工的满意度	0.78
		直接服务对象对项目服务的有用性评价	0.78

策思维过程来对多因素复杂系统，特别是难以定量描述的社会系统进行分析。层次分析法解决问题时，首先根据问题的性质和要达到的目的，将系统

分解为不同的组成要素，其次按要素间的相互关联影响和隶属关系，由高到低排成若干层次；在每一层次按某一规定规则，对该层次各要素逐对进行比较，写成矩阵形式，利用一定数学方法，计算该层各要素对于该准则的相对重要性次序的权重以及对于总体目标的组合权重并进行排序，利用排序结果对问题进行分析和决策。

基于 AHP 分析方法建构购买社会工作服务项目绩效评价的思路可以分成以下几个步骤。

（1）定义问题并提出可能解决的办法。将研究对象转化为具体问题，并分解问题为若干影响因素，探寻可能的解决方案，这是运用 AHP 最关键的步骤。

（2）逐级构造目标问题指标体系。最上面一层包含一个单一的元素即目标，依次构建不同层次间的指标因素。由上而下通常分为准则层和次准则层，所有的准则都是按照对目标贡献的大小来判断其重要性的。按照每个元素对上层中相应准则所做的贡献或相对影响，形成两两比较矩阵。

（3）设置权重。通过两两比较的方式，建立递阶层次中每一层的元素之间的相互比较数值，这些数值也体现了某指定层次上所有元素对上层中每个元素的相对重要性，即权重向量或权重数值。在进行两两比较时，用数字标度表示重要程度，具体值如表3所示。

表3　判断矩阵标度及其含义

标度	含义
1	两因素相比,具有同等重要性
3	两因素相比,一个因素比另一个因素稍微重要
5	两因素相比,一个因素比另一个因素明显重要
7	两因素相比,一个因素比另一个因素强烈重要
9	两因素相比,一个因素比另一个因素极端重要
2,4,6,8	2、4、6、8分别相邻判断 $1\sim3$、$3\sim5$、$5\sim7$、$7\sim9$ 的中值
倒数	因素 i 与因素 j 相互标度互为倒数,即 $U_i = 1/U_j$

这些矩阵比较值的对应数据我们可以通过德尔菲法、问卷调查、访谈法或专家会议意见法等方式确定具体的比较重要性程度。

（4）一致性检验。在通过对各层次元素两两比较设置权重后，必须对各元素之间的相互关系进行一致性检验。由矩阵理论可知，判断矩阵满足一致性条件时有唯一非零特征根 $\lambda_{max} = n$。但 $1 \sim 9$ 标度中某些标度的倒数是循环小数，在数值计算时经过舍入，破坏了 $a_{ij} = \dfrac{1}{a_{ji}}$ 的条件，会导致 $\lambda_{max} \neq n$，因此，必须作些检验。AHP 中应用随机一致性比率 CR 来检验是否具有满意的一致性，其公式为：

$$CR = \frac{CI}{RI}(CR < 0.1) \tag{2}$$

$CI = \dfrac{\lambda_{max} - n}{n - 1}$ 为判断矩阵偏离一致性指标，且 $CI = \dfrac{\lambda_{max} - n}{n - 1}$，其中 RI 是标值，$1 \sim 9$ 判断矩阵的一致性指标，见表 4。

表 4　判断矩阵一致性指标

n	1	2	3	4	5	6	7	8	9
RI 值	0.00	0.00	0.58	0.90	1.12	1.24	1.32	1.41	1.45

当 $CR < 0.1$，认为判断矩阵是可以接受的，否则认为矩阵非一致。如果矩阵非一致就要检查原因，调整判断矩阵标度，重新计算，直到检验通过为止。

（5）计算出各指标元素权重。通过两两比较确定各指标元素的权重。

本研究使用 yaahp 层次分析软件处理这组两两比较判断矩阵，便获得社会工作服务项目评估指标体系的权重（见表 5）。

根据上述专家最终测算出来的权重，在实际中的操作可以根据该项指标以百分制的情况进行打分，然后再乘以相应的权重比得到权重分数，加总后

表5　社会工作服务项目评估指标体系的权重

一级指标	二级指标	三级指标	数据获取
财务(0.2233)	经费使用效率 (0.1117)	接受服务人次与项目经费比值(0.1117)	项目记录
	经费使用效益 (0.1117)	完成协议规定服务量程度(0.1117)	项目记录
内部业务流程 (0.1878)	日常管理 (0.0939)	档案管理的系统化程度(0.01342)	专家判断
		劳动合同制度健全程度(0.04024)	专家判断
		员工晋升薪酬制度完善程度(0.04024)	专家判断
	项目实施 (0.0939)	项目服务计划安排与总结制度化程度(0.07425)	专家判断
		实施项目成员的分工协同的合理化程度(0.01965)	专家判断
学习与成长 (0.1289)	员工现状 (0.0322)	员工的满意度(0.01249)	访谈或问卷
		员工的保持率(项目后与项目前员工数量比)(0.01657)	项目数据
		项目承担机构中具备社工资格的比例(0.00402)	项目数据
	员工发展 (0.0967)	项目期内员工年平均接受培训的时间(0.0188)	项目数据
		机构服务创新能力评价(0.0694)	专家判断
		机构利用社会资源能力评价(0.0085)	专家判断
服务对象(顾客) (0.4600)	用人单位评价 (0.1150)	服务项目工作完成情况评价(0.0918)	访谈或问卷
		服务项目对提升用人单位服务形象的程度(0.0111)	访谈或问卷
		用人单位对承担项目的机构的满意度(0.0121)	访谈或问卷
	直接服务对象 评价(0.3450)	直接服务对象对项目服务满意度(0.0230)	访谈或问卷
		直接服务对象对机构和与员工的满意度(0.1610)	访谈或问卷
		直接服务对象对项目服务的有用性评价(0.1610)	访谈或问卷

就为最终该社会工作项目的评估得分。进一步可以根据专家判断确定评估的合格分数线，然后确定该项目是否合格，也可以通过多个项目得分来进行排序。

六　结语

根据一项政府购买服务现状调查，100%的公益组织都赞成政府购买服务，并认为能提高政府提供公共服务的质量，是一种"双赢"。可见推行政府购买服务，不仅改善了政府职能的实现方式，同时给社会和公益组织带来活力和生机。但一项好的政策，要有强力的维护制度，才能够创设出良性循环的结果。因此，政府购买社会工作服务的绩效改善和壮大，一方面离不开政府部门不断加大资金投入力度，扩大资助面，另一方面也来自对项目效果的评估能建立一个有效的激励机制，更关键的是通过效果的评估发现项目服务的改善之地。

参考文献

鲍伟明，2010，《政府购买服务中的顾客评估》，《社团管理研究》第 11 期。

陈少强、宋斌文，2008，《政府购买社会工作服务初步研究》，《财政研究》第 6 期。

陈天祥等，2010，《社会建设与政府绩效评估研究》，东方出版社。

陈小强，2008，《我国政府购买社会工作服务初探》，《中国政府采购》第 6 期。

崔正、王勇、魏中龙，2012，《政府购买服务与社会组织发展的互动关系研究》，《中国行政管理》第 8 期。

方振邦、罗海元，2012，《政府绩效管理创新：平衡计分卡中国化模式的构建》，《中国行政管理》第 12 期。

方振邦、徐东华、孙一平，2008，《从新公共管理角度看平衡计分卡在政府的应用》，《社科纵横》第 4 期。

关信平，2012，《论转变社会发展方式下的政府购买社会工作服务》，《社会与公益》第 8 期。

康晓光、韩恒，2008，《分类控制：当前中国大陆国家与社会关系研究》，《开放时代》第 2 期。

李明，2006，《基于平衡计分卡的党政部门绩效示标体系初探》，《中国行政管理》第 3 期。

李涛，2012，《社会组织在政府购买社会工作服务进程中的功能和角色——北京协作者参与政府购买社会工作服务经验总结与思考》，《社会与公益》第 8 期。

厉杰，2013，《平衡计分卡理论研究综述》，《人力资源管理》第 10 期。

刘君，2012，《政府购买社会工作服务文献综述》，《山东行政学院学报》第 6 期。

吕燕、朱慧，2007，《管理定量分析》，上海人民出版社。

罗观翠、王军芳，2008，《政府购买服务的香港经验和内地发展探讨》，《学习与实践》第 9 期。

马庆钰、谢菊，2012，《政府购买社会组织服务的规范化》，《理论探讨》第 6 期。

彭国甫、盛明科、刘期达，2004，《基于平衡计分卡的地方政府绩效评估》，《湖南社会科学》第 5 期。

齐海丽，2012，《我国政府购买公共服务的研究综述》，《四川行政学院学报》第 1 期。

唐斌，2010，《社会工作机构与政府组织的相互嵌入及其影响》，《社会工作》（下半月）第 7 期。

田凯，2004，《组织外形化：非协调约束下的组织运作——一个研究中国慈善组织与政府关系的理论框架》，《社会学研究》第 4 期。

汪建明、莫盈盈，2008，《政府购买民间社工服务模式研究——以深圳某社工服务社为例》，《中国民营科技与经济》第 12 期。

魏中龙、王小艺、孙剑文等，2010，《政府购买服务效率评价研究》，《广东商学院学报》第 5 期。

许小玲，2012，《政府购买服务：现状、问题与前景——基于内地社会组织的实证研究》，《思想战线》第 2 期。

颜海娜、鄞益奋，2014，《平衡计分卡在美国公共部门的应用及启示》，《中国行政管理》第 8 期。

叶响裙，2013，《基于政府购买公共服务实践的思考》，《新视野》第 2 期。

郁建兴、瞿志远，2011，《公私合作伙伴中的主体间关系——基于两个居家养老服务案例的研究》，《经济社会体制比较》第 4 期。

张定安，2004，《平衡计分卡与公共部门绩效管理》，《中国行政管理》第 6 期。

张秀智，2008，《以平衡计分卡设计土地行政组织绩效评价指标》，《中国土地科学》第 4 期。

赵晏、邢占军等，2011，《政府公共服务质量的评价指标测度》，《重庆社会科学》第 10 期。

赵一红，2012，《政府购买社会工作服务模式分析》，《社会工作》第 4 期。

朱晨海、曾群，2009，《结果导向的社会工作评估指标体系建构研究——以都江堰市城北馨居灾后重建服务为例》，《西北师大学报》（社会科学版）第 3 期。

朱正威、吕书鹏，2011，《城市社区公共安全管理绩效评价研究》，《西安交通大学学报》（社会科学版）第 6 期。

Grinnell R M, Unrau Y. A., 1988, *Social Work Research and Evaluation*, FE Peacock Publishers.

Lubove R., 1965, *The Professional Altruist: The Emergence of Social Work as a Career, 1880 – 1930*, Cambridge: Harvard University Press.

珠海慈善事业的现状和
对策研究

崔云　杨娀*

一　研究背景和意义

（一）研究背景

慈善事业以社会成员的慈爱之心为道德基础，以人道主义为思想基础，以社会捐助为经济基础，以民间公益团体为组织基础，以社会成员的广泛参与为发展基础，它属于社会第三次分配的一种形式。捐赠者凭借个人意愿，以捐赠、志愿或互助为形式来推进资源流动，从而在一定程度上缩小贫富差距、减少社会矛盾，弥补某些"市场失灵"和"政府失灵"是实现社会保障的必要补充。

我国慈善事业在 1998～2008 年的四次大灾难后崛起。1998 年抗洪救灾捐款捐物达 134 亿元①，2003 年抗"非典"募集社会捐赠款突破 40 亿元人民币。2008 年抗雪灾民间（包括公务员、军人、企业单位职工和其他民众）的捐赠占 18.5%。2008 年汶川地震，截至 2008 年 9 月 4 日 12 时，社会各界捐款物共计 593.18 亿元②。2008 年汶川大地震救援和灾后重建过程中，中国的志愿者和民间慈善公益组织迅速成为一种引人注目的力量，登上中国

---

* 崔云：珠海市关爱协会负责人，市社联常委，市政协委员；杨娀：暨南大学人文学院教授。
① 中华人民共和国民政部规划财务司：《1998 年中国民政事业发展统计报告》，http：//cws. mca. gov. cn。
② 中华人民共和国民政部规划财务司：《1998 年中国民政事业发展统计报告》，http：//cws. mca. gov. cn。

慈善历史的舞台。五年后的芦山地震中，大型公益组织和志愿者团队快速参与救灾和服务，成为政府部门的得力助手和政府职能的有效延伸，民间慈善公益组织正发挥着越来越重要的作用。

近年来慈善事业无论是具有官方背景的公益慈善机构还是民间自发的慈善组织都遭遇到可持续发展瓶颈，特别是在"郭美美事件"后，社会公众慈善捐款数量急剧减少，具有官方背景的"红十字会"等公益组织出现了公信力危机，引发了媒体和公众的问责风暴。2013 年 12 月 ~ 2014 年 2 月，李亚鹏又被曝侵吞"嫣然天使基金"近半亿元善款，再次引发公众对慈善组织财务监管的关注。公共事件和公众人物不断使慈善组织的负面影响发酵，中国慈善事业公信力受到严峻考验，对民间慈善组织的发展和影响不可小觑。另外，一种由民间自发兴起的，以互联网上的微博、微信为平台的新的公益形式——"微公益"，以其极高的公众参与程度，成为中国慈善公益界的一股热潮。微公益项目越来越多地依托公益性社会组织来运作，甚至有的微公益项目一旦发展成熟，自身就可能演变成新的公益性社会组织。公益性社会组织与微公益的相互交融、合作共赢，成为公益性社会组织发展的一种新趋势。民间慈善事业不仅能有效地弥补政府社会保障体系的不足，对处于困境而无力自行摆脱危难的社会弱势群体提供更多的来自社会的援助和关爱，促进社会安定团结，减少社会贫困现象，缓和社会各阶层矛盾，还能直接弘扬优良的社会道德，倡导良好的社会风尚，推动珠海文明城市建设。因此，研究珠海的慈善事业发展，是构建和谐珠海的一项重要内容，对创新社会管理体制具有重大的现实意义。

（二）研究价值

珠海部分慈善组织参与了汶川、芦山、玉树等大地震的救灾活动，慈善活动延伸到珠海之外，打破地域限制，展现出慈善大爱无疆的胸怀，研究这些慈善组织的活动轨迹有助于创立珠海慈善组织的品牌形象，传播公益理念，扩大影响。对慈善组织的从业人员进行分析，有利于慈善组织的专业化发展，通过专业人才来履行社会责任，把专业技能发展到社会公益活动中，创造更大的社会价值。对慈善组织财务状况的调查和研究不仅有利于完善慈善组织的财务公开化，消解社会公众对慈善捐款去向的疑虑，也是慈善组织对捐助人负责的表现，财务监管和评估是慈善组织对社会负责所必经的规范化路径。慈善组织与政府之间的合作关系如何，采取什么模式，一定程度上决定了慈善组织是否具有长久的发展动力，个体慈善自发性体验上升至团队专业化服务离不开政策的引导。

（三）研究内容

近年来，珠海慈善事业发展迅速，已经由过去零星的、个别的、随机的和偶然的个人救助活动发展成为大型的、经常性的、规范有序的社会性事业，在这一过程中，专业的慈善组织功不可没。慈善组织的活动，不仅解决了许多困难群体的燃眉之急，成为政府社会救助体系的一个有益补充，并且形成了公益捐赠的社会氛围，推动了我国慈善公益事业捐赠工作的制度化管理。

本课题将从珠海慈善事业发展的现状、珠海慈善事业存在的问题分析、珠海慈善事业的创新与建议四个方面，采用调查研究和理论研究相结合的方法，对珠海慈善事业的发展现状做全面的梳理，并对珠海慈善事业发展过程中存在的具体问题进行剖析，提出珠海慈善事业发展的创新路径与对策，为珠海慈善事业发展的政策制定提供参考依据。

二　慈善的界定

（一）慈善

慈善是在慈悲心理驱动下的善举。它起源于中国传统文化，根据源流来说，"慈"的含义有三种：一是指母亲，即"家慈"；二是指子女对父母的孝敬奉养；三是指父母的爱[①]。在这些含义的基础上，"慈"引申出怜爱、仁

---

① 周秋光、曾桂林：《中国慈善简史》，人民出版社，2006，第1~2页。

慈等方面的寓意，由狭义的父母之爱扩展到全社会人与人之间的关爱。尤指长者对孩童的关爱。"善"寓意为"吉祥""美好"，后被引申为友好亲善、品行高尚，节操高尚、乐于助人的人成为善士或善人。在历史演进中两者含义日趋接近，都有仁慈、善良、富有同情心之意。到南北朝时，慈与善并列一起使用，"慈善"便为世人所用。

从"慈善"一词的起源和慈善活动的流变来看，慈善更多的是出于一种本能的善意和爱心，从物质上帮助弱势群体，助人者在此过程中感受到助人的快乐。慈善既可以由个人去完成快乐情感的释放，也可以由团体和组织成员去共同实现赈灾、救济、救助困难群体。

慈善在现代社会不仅仅是个人道德层面的体验，群体慈善行为使慈善步入了公益阶段。公益不仅是物质的给予，更多的是改变人的思想精神，使受益者收获于无形，通过自身努力创造财富，受益者不仅是弱势群体，更是社会公众。从慈善活动的发展趋势看，慈善义举脱离个人行为模式，从简单的行为到思想升华，从简单的活动参与到研究公益行为、项目、组织建设和发展等。公益是慈善的升华，更多注重公益理念的传播，分享行善的机会，做事的经验和快乐，是慈善的一种形式。

（二）慈善组织

我国立法中并没有对慈善和慈善组织进行界定，《中华人民共和国公益事业捐赠法》第3条和《中华人民共和国信托法》第60条都只对"公益"进行了界定。从其内容来看，公益所包含的内容和与慈善是一致的。依照法律规定，慈善组织是依法成立的，从事扶贫济困、文教卫科体或环境保护等促进社会公共和福利事业的公益性社会团体；依据传统观点，慈善组织的存在是为了实现济贫、发展教育、传播宗教和其他社会公益目的；依据人力资源的观点，慈善组织是专业人士和志愿服务者的集结地，人群关系结构比正式的结构更为重要；依据经济学的观点，慈善组织是一种免税组织，并不以营利为目的。这些界定表明，慈善组织具有"救助性"、"受赠性"、"无偿性"、"组织性"和"非营利性"等本质要素。本研究采取一个被国内大多学者普遍认可的定义：以接收社会捐赠为基础，面向有需要的社会弱势群体提供帮助或从事其他社会公益活动的非营利性团体和组织。慈善组织是慈善事业的专门组织机构，它是捐赠者与被捐赠者之间的联结体，通过动员、汇集社会中零散的、闲置的各种资源，作用于帮助贫困者、抗灾救灾、发展教育等方面。其角色定位不仅是具体慈善活动的组织者，更是慈善行为的推动者和管理者。

慈善事业是私人或社会团体基于慈悲、同情、救助等观念，为灾民、贫民及其他生活困难者举办的施舍、救助活动的总称。慈善事业常常采用一定的组织机构来进行，统称为慈善团体，如1949年中国民间举办的各种慈善堂（育婴、养老、恤孤、施医、施药、赈灾等），国外的慈善学校、救济院、慈善姊妹会，以及现代的各种社会福利院、国际SOS儿童村、各种志愿者服务队等。在现代西方国家，出现了各种将私人财富用于公共慈善事业的基金会，这种基金会旨在资助诸如教育、科学、医学、公共卫生和社会福利等领域的研究和服务项目，通常采用慈善信托公司或非营利的社团等合法形式。

（三）研究对象

从个体慈善到团体慈善，从物质捐助到公益理念传播，从传统实体慈善事业到互联网慈善，慈善事业经历了历史的洗礼。珠海市慈善事业发展的早期，由于法律法规限制及民间慈善事业缺少社会土壤，慈善组织多以官方慈善机构为主，民间慈善很少涉足。2008年汶川地震后，官方慈善机构信息不透明引发渠道垄断和利益输送的质疑，赈灾救济暴露出来的慈善问题使公众意识到政府救济能力的有限性，民间慈善组织自此登上慈善舞台，参与到政府不能涵盖的一些活动中。在芦山抗震救灾启动时，2011年才注册的民间公募基金会——深圳壹基金一日募捐总额远超中国红十字总会。2013年民间慈善组织领跑中国公募市场，这是中国慈善史上一个重要的分界线。与中国慈善发展变化趋势相同的是，这一年珠海的慈善事业也出现新的拐点。一方面，官方的慈善组织红十字会发挥了巨大作用；另一方面，民间慈善活动由以往的个体向群体慈善和社会公益演变，珠海市慈善事业正在向有组织、有系统性的更高层次迈进，各类慈善组织逾越个体力量单薄、社会影响力有限的障碍,形成新的民间慈善活动力。与此同时,互联网民间慈善成为参与民间慈善的生力军。基于这种变化,本课题研究的对象既有登记成立的官方慈善组织,也有民间慈善组织(包括注册登记的公益类社会组织和互联网慈善的个人或者组织)。

三　珠海慈善事业的现状

(一)慈善组织的数量和形式

1. 慈善组织的登记状况

珠海市慈善组织的登记状况如表1所示。

表1　1988年1月~2014年5月珠海慈善组织登记情况

类型 \ 年份	1988	1999	2003	2006	2010	2012	2013	2014
官　方	1	0	0	0	0	0	0	0
半官方	0	2	1	1	4	7	0	0
民　间	0	0	0	0	0	0	18	6

注:本表把直接属于政府管理的红十字会界定为官方慈善组织;把由民政部门或其他政府部门直接管理、自我运作的慈善会界定为半官方的慈善机构;把自我登记、自我运作的慈善组织界定为民间慈善组织。

珠海市最早的慈善组织是珠海市红十字会。1988年1月经珠海市政府批准红十字会正式成立,1991年珠海市配备专项事业编制2人,2000年市红十字会定为正科级事业单位,编制4人,由珠海市卫生局主管。2005年3月,珠海市红十字会改为珠海市政府直接管理。

1999年珠海市妇女儿童福利会(珠海市妇联)和珠海市青年志愿者协会(市团委主管)成立,这是珠海市最早登记的两家公益类社会组织。2003年珠海市慈善总会(市民政局主管)成立,2006年珠海市关爱协会(市社科联主管)成立。2010年有珠海市爱心促进会(市民政局主管),珠海市志愿者联合会(市团委主管),珠海市家庭服务业协会(市妇联主管),

珠海市红十字志愿者工作协会（市红十字会主管）4 家组织先后登记。2012 年有珠海市尊老爱幼志愿者协会（市妇联）、珠海市见义勇为协会等 7 家组织登记，2013 年，先后有珠海光合公益协会、珠海明珠慈善公益促进会等 18 家公益类社会组织登记成立，截至 2014 年 5 月已有 6 家公益类组织登记，2012～2014 年 5 月登记的 31 家公益类组织都是在珠海市改革创新社会组织登记管理体制后成立的。

2011 年对珠海慈善事业的发展意义深远，作为社会管理体制创新的试验区，珠海的社会组织登记制度改革为激活民间慈善带来了巨大变化。这一年，珠海市政府推进社会管理体制创新，出台了《关于进一步发展和规范我市社会组织的意见》，对社会组织的发展做出了具体而明确的规定。2013 年十八届三中全会的召开，更是迎来了我国慈善事业发展的春天，国家发展和改革委员会允许公益类社会组织直接注册登记，而且这个政策列入了中央关于全面深化改革的决定。作为推动政府职能转变的政府购买社会组织服务改革，为慈善组织开辟了新的资金来源。民政部对民间公益慈善组织的自我成长也持肯定态度。国家与珠海市地方政府的多重政策利好融合在一起，为珠海市慈善事业注入强大动力。在现行体制容纳社会组织，放宽登记注册条件和政府购买社会服务政策激励之下，珠海市公益慈善组织注册登记数量迅速增加。

2. 慈善组织的形式

近三年来珠海市民间慈善组织发展势头迅猛，志愿者组织逐渐增加，完善了志愿者服务体系，珠海市慈善事业进入一个新的发展高峰。

随着互联网进入公众生活领域，经由网络中介形成了人际交往的新模式。这种变革反映在民间慈善上，公众借助互联网媒介了解慈善信息继而参与慈善，监督慈善。与传统慈善相比，互联网慈善突破了传统社会的时空限制，缩短了人与人之间的时间和空间距离，为珠海慈善事业注入了新鲜血液。由民间自发兴起了"理想慈善大家庭"QQ 群"沂水老农""珠海小黎""益箩筐"等互联网公益活动，网友们除了自己做公益，还带动家人和朋友加入，让普通人可以随时奉献爱心。网络新媒体时代极具号召力，短期聚集众多人参与公益活动的特点，慈善公益活动借助网络平台上的 QQ 群、微博、微信等媒体，让多年不变的公益慈善形态发生变化。互联网慈善采用"点对点"方式，直接将捐赠款物送到受助者手中，监督善款的去处，这种"点对点"的新模式，捐赠渠道公开，捐赠款去向明确，让民间的慈善热情得到惊人的爆发。

珠海慈善事业呈现多元化发展趋势，互联网民间慈善与实体民间慈善组织的有机结合，见证了公民公益时代的来临，自由而多元的民间慈善事业在珠海市最大范围内普及，展现出珠海市慈善事业强大的生命力。作为慈善活动中的新生事物，互联网民间慈善活动也来势迅猛，极大地拓展了慈善公益活动的范围。

珠海的慈善组织有多种形式，按其与政府的关系密切程度可分为以下几种：一是官办慈善组织。如珠海市红十字会，这类慈善组织具有官方背景，由政府编委核定工作人员的编制，员工工资由政府财政负担，资金来源和工作方式具有行政依赖性。二是半官方慈善组织。如珠海市慈善总会，隶属于珠海市民政局，其组织核心管理者来自退休政府官员，并以一种类似政府管理的模式运作。这类组织在机构运作上保持独立，主要面向社会募捐，并严格按照国家相关政策和施助者意愿开展项目。三是民间慈善组织。其主要社会资源来自企业、个人捐款和政府购买服务，这类组织规模较小、人数较少、组织活动相对专业单一，独立运作，自我发展，近几年出现的"网络慈善组织"也在此列。

3. 慈善组织的发展状况

1988 年珠海红十字会成立至今，工作范围从成立之初开展医疗卫生救护和备灾救灾工作拓展到资助病患儿童，助学扶贫，造血干细胞捐献，社区服务，公益项目等活动领域。

从 1988 年红十字会成立到 1999 年珠海市妇女儿童福利会登记，十多年期间珠海的民间慈善公益类组织处于空白状态。2011 年，珠海市出台《关于加快推进我市公益服务类社会组织规范发展的实施意见》，提出将重点培育一批具有示范导向作用的公益服务类社会组织，推进基本公共服务均等化，加快形成科学有效的社会治理体制，确保社会既充满活力又和谐有序。2012 年珠海市改革创新社会组织登记管理体制，率先放开公益服务类等四类社会组织的直接登记，允许公益慈善类社会团体使用字号，鼓励和支持公益慈善类社会组织参与社会服务，扩大服务领域，增强服务功能，支持群众、企业组建公益类社会组织，促进其加快发展。2012年是珠海公益组织转型年，自上而下的社会组织改革政策与自下而上的民间慈善公益事业的转型实践终于交织在一起，汇聚成推动珠海市公益慈善新时代到来的强劲动力。珠海市公益类社会组织从原来的主要有市慈善总会、市关爱协会、市志愿者联合会、市服务妇女儿童志愿者协会等几家，增加到现在的41家。2013年珠海市社会组织培育发展中心正式建立，入驻组织共40家，其中公益类社会组织和社工机构30家，占入驻组织的75%，中心免费为社会组织提供办公场所及专业支持，为公益类社会组织更好地服务社会提供后勤保障。

4. 慈善活动的发展状况

珠海市慈善公益组织有综合性慈善组织和志愿者组织两大类，其中志愿者组织5个，其余均为综合性慈善公益类组织，迄今为止没有一家专业性的慈善公益组织。

珠海市各类公益慈善组织创建了慈善助医、慈善助学、关爱外来工系列公益活动、亲子共读公益大学堂等多个慈善品牌项目，涉及扶老、助孤、助学、助医、扶贫、济困、赈灾等诸多慈善服务领域，同时已探索承接政府转移职能和购买服务工作。全市各行政区均已建立区级经常性社会捐助工作站（点）和慈善超市，初步形成了多种类型、分工协作的社会捐赠网络。公益慈善组织聚集广大社会力量参与救灾救助、扶贫济困、扶助残疾人等活动。如珠海市慈善总会自2007年6月至2013年10月，共筹集善款达20043.58万元，慈善项目涉及扶贫济困、慈善赈灾、居家养老、爱心助医、临时救助和定向捐赠等各个方面。目前珠海市公益类社会组织主要从事为居民、群体、家庭、组织和社区提供就业服务、社会保障服务、救助服务、公共卫生服务、公共文化服务、公共安全服务、生态环境保护服务等公益性服务工作，以及为居民提供专业化社会工作服务。

在最近短短的六年里，珠海民间公益组织在艰难中孕育并逐渐壮大，随着国家政策的变化、民间公益组织的发展、公民慈善意识的提升，一个全新的珠海模式正在悄悄成形。

5. 慈善组织的建设状况

除慈善活动范围不断拓展外，慈善组织自身的发展也在不断完善。从爱心人士聚集捐助到慈善公益组织的建立，是珠海不少慈善公益组织的成长之路。知名的蓝天使爱心公社，2005 年由陈鹰等 5 名爱心人士组成，由于没有进行注册登记，其多次公益活动被捐助者质疑，没有合法身份使其慈善活动受到极大限制。慈善公益捐赠的公开化和透明化要求慈善活动组织的合法化。2010 年 12 月 12 日，蓝天使爱心公社正式在珠海市民政局注册并更名为"珠海市爱心促进会"。以 2011 年社会组织注册登记改革为契机和起点，珠海的慈善组织合法化、制度化、规范化程度越来越高。一是各项制度得以建立和完善，很多慈善组织都建立了自己的章程，有内部组织机构、监督机构、财务机构，慈善组织制度建设为其行为提供了理论依据和规范约束。二是公信力在不断提升。对慈善组织进行评估，引入第三方评估机构，实现重大事项公开、信息公开、财务公开等。不少慈善组织都有专业网站定期公布筹集的善款善物以及去向，自觉接受社会各界的监督。

6. 慈善组织的资源状况

2011 年来中国慈善公益事业发展出现了两个现象：一是官方慈善机构因为受"郭美美事件"影响，公众个人慈善捐款数额急剧下降；二是随着网络的兴起和公众慈善公益意识的觉醒，越来越多的社会公众参与和投入各类慈善公益活动。珠海市慈善公益组织在获取慈善公益资源方面，红十字会官方慈善组织资金来源广泛，不仅可以得到政府的资助，还可以凭借强大的官方背景，发挥政府组织能力和动员能力强、影响力大的作用。民间公益具有结构简单、流程清晰、行动高效、财务透明、做事细致的优势，除了面临内部管理、捐助渠道等问题外，没有足够的筹资能力和相对固定的善款来源也是民间公益明显的短板。

民间慈善组织善款的主要来源如下。

（1）个人捐助。

民间慈善多以有爱心的个人为主，注册登记的慈善公益组织也以爱心会员的捐助为主。在开展志愿者服务活动过程中，很多志愿者自己掏钱来做公益，如助学、扶贫、助医、助残等。大型救灾或者大病救助活动，通过"一事一募捐"的形式筹集慈善款项，其来源既有民间慈善公益组织的会员，也有普通市民和义工等其他非会员的捐赠。珠海市爱心促进会目前每年接受个人捐赠额都保持在 10 万元左右；珠海市关爱协会每年接受个人捐赠额在 50 万元左右。2013 年国庆期间，年轻幼教周献身患再生障碍性贫血，一群爱心人士为她组织义卖，短短 5 天时间，就筹集善款 35 万元。义卖活动的组织者和参加者大多数是普普通通的老百姓即个人捐赠者。平民慈善创造了珠海民间公益的新氛围。

（2）企业捐助。

珠海慈善事业发展过程中，一大批优秀的企业和企业家参与了慈善公益活动，越来越多的企业家在实现企业盈利的同时，开始思考企业的社会责任，并积极投入慈善公益事业，成为慈善公益活动的热心参与者和积极支持者。

格力空调、万科地产、格力房产、珠海移动、珠海建行、珠海交行、国美电器、珠海国际赛车场、珠海市建安集团、九洲港务集团、中国平安、中国人寿、中珠集团、亿帮空调、和田机电、珠海宝泽、达田汽车、中汽南方、香洲百货、天威公司、昌安集团、中汽南方、新华书城、文华书城、珠海市博物馆、珠海市图书馆、珠海百货、珠海免税、万佳百货、广东保利拍卖、珠海鸿东拍卖、广东精诚粤衡律师事务所、东方泽律师事务所、大公威德律师事务所、德赛律师事务所、晨光（珠海德恒）律师事务所、醉仙楼餐饮机构、珠海凯德拍卖、珠海联华拍卖、珠海机电拍卖、九龙医院、珠海六和集团、阳光医院、电信黄页、加林山矿泉水等企业，与慈善公益组织合作开展公益活动，与企业联合广泛动员社会力量使珠海慈善公益组织的社会资源获取能力大大增加。

（3）政府购买服务和专项资金资助。

为进一步推动政府职能的转变，实现服务型政府的目标，政府向社会组织购买服务，对资金缺乏的民间公益组织来说，无疑是一个极大的利好消息，缓解了很多民间慈善公益组织因资金缺乏难以为继的困境。2013 年 10

月，珠海市政府与知名公益组织恩派联合打造的珠海市社会组织培育发展中心正式挂牌。该中心挂牌后，致力于孵化公益性社会组织、培育社会创新项目和优秀公益人才，打造社会组织成长平台，并为无固定办公条件的民间公益组织免费提供办公场所。珠海市 10 家孵化型社会组织中，华美社区综合服务中心、蓝海社会服务中心、海川青少年综合服务中心、萤之光公益服务中心、方舟社区关爱中心自入驻孵化区后有显著成长，其中蓝海社会服务中心、海川青少年综合服务中心、萤之光公益服务中心、珠海市服务妇女儿童志愿者协会四家组织都获得了广东省级培育发展社会组织专项资金人民币30 万元的资助。政府对经费和办公场地的资助，目前资金量虽然不大，但珠海市给慈善公益组织倾注了新鲜血液，对培育慈善公益组织意义深远。

（4）慈善拍（义）卖收入。

很多慈善公益组织在发展中都不同程度地遭遇过瓶颈，资金匮乏是这些组织共同的困境。在困境中坚持慈善公益，必须突破资金来源渠道的有限性。在突围中有的慈善公益组织如珠海爱心促进会、珠海市关爱协会等尝试了爱心义卖、艺术品慈善拍卖活动，所得善款除用于资助贫困学生外，也可以用于其他的慈善公益活动。慈善拍（义）卖活动聚集了民间慈善力量，也极大地缓解了慈善公益组织资金不足的困难。

（5）基金会资助。

2014 年 2 月 28 日，由暨南大学 6 名学生首先发起，联合来自中山大学珠海校区、香港浸会大学联合国际学院、北京师范大学珠海校区、北京理工大学珠海校区 4 所学校筹备创建的"益箩筐"珠海高校公益平台正式成立。"益箩筐"的活动经费主要由广东某基金会提供赞助。"李嘉诚基金会"在广东省开展"集思公益·幸福广东"项目，每年投入 1000 万元的项目经费，珠海市关爱协会、市心理咨询师协会等都获得了相应的项目资助金。

（二）慈善组织财务状况

1. 官方慈善组织

2011 年 6 月 27 日，珠海红十字会宣布"将尽快公布近两年的支出，随后将逐步完善"。珠海红十字会对每笔资金规范使用，募捐款均及时存入红十字会救助基金专用账户，由财政国库支付中心监管，依照《珠海市红十字会救助基金管理办法》规范使用，必须通过财政国库支付中心审核后才能拨付，本单位设立报账员岗位，财政国库支付中心安排统管会计，进一步保障了财务监管。红十字会网络捐赠查询，公众可公开查询捐款来源、募捐箱捐赠来源和去向。

2. 半官方慈善组织

珠海慈善总会建立了网站，在网上定期公布善款来源、用途以及是否定向捐赠、善款去向等信息。部分由其他政府部门指导的慈善组织则在财务状况方面无法查阅到任何信息。

3. 民间公益慈善组织

登记设立的民间公益慈善组织都有自己的财务会计账目，是否向捐赠人和社会公众公开，各慈善公益组织则各不相同，有的采取邀请捐赠人到场亲自见证或网络传输照片反馈捐赠情况，有的可以在慈善公益组织的网站上查询捐赠款项的用途和去处，有的通过会刊或年度财务报告公开等方式向会员公开财务状况。不可否认，多数慈善公益组织尚未有完整的财务账目公开制度和监督体系，资金的使用和去向未做到公开和透明。

4. 互联网公益慈善组织

互联网慈善组织是近年来活跃在珠海慈善公益舞台上的一支不可忽视的队伍。其慈善活动既不同于官方慈善组织，也不同于传统慈善公益组织。一个完整的互联网慈善行为包括慈善信息的发布、慈善信息的获取、捐赠人捐赠（第三方接受管理善款）、善款转交受助人、后期关注和跟踪等。珠海互联网慈善的发起主体，既有通过网站、微博、QQ 群、微信群等形式，经过登记设立的慈善组织；也有以个人名义开设微博、网络注册的慈善公益组织。公众是慈善捐赠行为的终端，慈善组织或个人是发起捐赠和管理善款的中端。在采取点对点捐助模式下，互联网慈善的个人发起者通过网络媒介传递需要受助的信息，公众在线捐赠或直接将捐赠款打入公开接受捐赠的账户，发起者自己也是捐赠人，并不直接接受捐赠。在后期跟踪中发起者或媒体往往会发布信息公开捐赠数额，这类捐赠不存在对善款的管理问题。慈善公益组织经由互联网媒体募捐时，则通常会指定捐赠地点、接受捐赠的工作人员和账户，这类捐赠和互联网线下的财务要求一致。例如，阳光公益协会每一次公益活动所用善款由管理员统一汇总，由三个以上的网友负责监督，活动结束后，将账单在 QQ 群上公布，真正做到善款使用透明化。

（三）慈善组织的从业人员

从表 2 可以看出，珠海市从事慈善工作的专职人员总数不多。12 家参加年检的组织中有 8 家有专业的从业人员，有 4 家没有专职人员。从年龄分布看，35 岁及以下的有 23 人，36～45 岁的有 74 人，46～55 岁的有 16 人，56 岁及以上的有 3 人，以上数据可见珠海市从事慈善专业工作的人员以 45 岁以下的中青年人为主体，占专职从业人数的比例为 83.62%。专业从业人员 64.71% 具有大专以上学历，从业人员中志愿者所占比例最大，这表明珠海市慈善事业的专业管理人员和参与者以高学历人才为主，他们愿意以自己的专业知识热心为社会弱势群体提供服务。从 2012 年年检信息采集的数据来看，志愿者人数达 36.7577 万人，当年珠海常住人口为 158.26 万人，占珠海总人口比例的 23.23%，表明珠海慈善主体以志愿者为主。12 家慈善组织还有 4 家没有专职的从业人员，占比达 33.33%，随着慈善公益组织的日益增多，未来慈善公益组织的发展对专职从业人员具有很大需求。

（四）慈善组织与政府关系

民间慈善组织多年来在发展中遇到资金短缺问题，使其发展难以为继。有些民间慈善机构因缺少资金来源与社会资源的获取能力和社会活动聚集能力而半途而废。因此，慈善组织依靠个人力量很难保持永久持续的生命力。2013 年珠海市社会组织孵化平台的建立（见图 1），明确了政府对民间慈善项目扶持的态度。政府对公益项目的培育支持、公益人才的培养、资源的跨界合作、慈善公益组织评估、政府服务的购买研究提供了平台，慈善公益组织从办公场所、资金来源、人才培养、组织规范等方面获得了政府的大力支

表2　2012年珠海市级慈善公益组织工作人员基本信息

序号	社团名称	工作人员总数	专职人员	兼职人员	志愿者人数	女性工作人员	离退休返聘人数	工作人员情况									联合党支部（√）	都无（√）
								大学本科及以上	专科	35岁及以下	36~45岁	46~55岁	56岁及以上	社会工作师	助理社会工作师		
1	珠海市关爱协会	7	6	1	350	7	0	5	1	4	2	1	0	0	0		
2	珠海市慈善总会	11	9	2	2200	8	1	5	6	3	4	1	0	1	0		
3	珠海市爱心促进会	67	2	65	2719	20	0	60	7	2	60	5	0	0	0		√
4	珠海市爱国拥军促进会	8	3	5	0	2	1	0	2	0	2	1	2	0	0		√
5	珠海市青年志愿者协会	1	0	1	16万余	1	0	1	0	0	0	0	0	0	0		√
6	珠海市志愿者联合会	3	3	0	18.6万	3	0	3	0	3	0	0	0	0	0		√
7	珠海市妇女儿童福利会	3	0	3	0	3	0	3	0	2	0	1	0	0	0		√
8	珠海市家庭服务业协会	2	0	2	0	2	0	0	1	0	0	1	1	1	0		√
9	珠海市红十字志愿工作者协会	12	11	1	16000	8	0	6	2	6	5	1	0	0	0		√
10	珠海市敬老爱幼志愿者协会	9	0	9	308	3	0	7	0	0	0	1	0	0	0		√
11	珠海同仁和公益慈善协会	3	3	0	0	1	0	3	0	3	0	0	0	0	0		√
12	珠海华夏同明慈善会	5	3	2	0	1	0	1	0	0	1	4	0	0	0		√

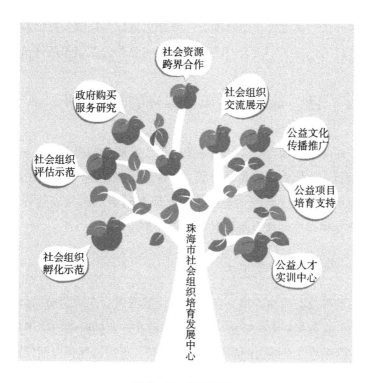

图1　组织孵化平台

持。慈善公益组织不再是单纯依靠自身或组织者个人能力来开展活动，迎来了空前发展的良好时机。社会组织孵化中心实现了资源共享，加强了慈善公益组织之间的交流，也畅通了政府与慈善公益组织之间的合作与交流。一种全新的政府与民间共赢的良性互动模式正在形成，政府给民间慈善公益留下更多施展拳脚的空间。

（五）慈善机构评估现状

引入第三方评估机构是对慈善公益组织进行评估的通行做法。评估机构是由专业机构和专业人员依据国家规定，根据特定目的，遵循适用原则，依照法定程序，选择适当的价值类型，运用科学方法，对资产价值进行评估和估算的行为。珠海市第三方评估机构对慈善公益组织的评估机制刚刚起步，虽有利于对慈善机构做出客观公正的评价，有利于提高慈善机构的透明度，但评估机构评估指标设计不尽合理，一些评估指标与慈善公益活动的相关度不高，带有政治色彩，不符合对非官方的民间慈善公益组织的评价需求。

四 珠海慈善事业存在的问题分析

目前，珠海市多数公益类社会组织仍处于发展的初级阶段，呈现总量偏少、能力偏弱、公信力不够高等特征，与珠海市提出的"争取用 3～5 年的时间，在全市建立和完善覆盖全市的公益服务网络"的发展目标有较大差距，与经济发展要求和社会需求之间有较大差距。

（一）慈善机构的垄断化

政府对慈善公益活动的统一安排固然能够增强公众对活动的信任，最大限度地调动公众参与活动积极性，使慈善活动在一定的时期内取得较大成就，这种政策在慈善或者发展初期的作用毋庸置疑，可以迅速提升活动的知名度，推动活动的深度和广度，在慈善活动初期，政府的主导和控制能够保证活动各项程序顺利进行，有效预见和避免可能带来的不良社会影响。但是对于不少有慈善活动经验的组织来说，政府的干预控制使活动失去了自由和灵活性，政府对于慈善活动的影响力可以带来一时的轰动，对于已经成熟的慈善活动的控制不利于慈善组织发挥自身的优势，在一定程度上阻碍了慈善组织的自我生长。

（二）慈善机构的准政府化

珠海市一些官方和半官方慈善部门的负责人主要来自政府（见表3），他们以一种与政府类似的程序运作，普遍存在人浮于事，工作效率不高等情况，甚至造成了有的部门把自愿救助转化为变相摊派。2012 年以前登记的慈善组织，很多采用挂靠政府主管部门的方式，作为慈善机构主管部门的政府机构，习惯于用行政手段管理慈善事业，政府直接参与慈善组织的具体募捐活动，既是慈善事业的组织者、管理者和监督者，又是慈善事业的参与者，容易造成政府职能错位，动辄把本应由慈善组织主持负责的募捐活动当作政府的活动。慈善机构的理事会由政府机关推荐、任免，无法实现慈善事业的专业化，无法成为真正的慈善活动主体。有些慈善组织利用业务主管部门的行政资源、领导人是政府或人大退休的关系，与企业进行资源交换。民间慈善组织不具备这样的业务主管部门行政资源和领导人脉资源，与官方或半官方的慈善组织之间社会资源获取途径相差甚远，这种慈善组织的行政化现象往往引发志愿者、慈善公益专业从业人员的反感，使得慈善公益活动的民间参与性大打折扣，必然会抑制民众和企业参与慈善事业的积极性，在实际操作中有可能遭遇慈善资源动员和资源使用效率等方面的困难。

表3　珠海市部分慈善公益组织领导人职位背景一览

机构名称	会长	副会长	秘书长
珠海市红十字会	珠海市人民政府副市长	珠海市卫生局	专职
珠海市慈善总会	珠海市人大退休副主任		
珠海市见义勇为协会	珠海市人大退休副主任		政府机关工作人员
珠海市扶贫基金会	珠海市人大退休副主任		政府机关工作人员
珠海市禁毒基金会	珠海市人大退休副主任		政府机关工作人员
珠海市青年志愿者协会	团市委书记兼任		
珠海市妇女儿童福利会	珠海市妇联副主席兼任（2012年已不兼任）		
珠海市家庭服务业协会		珠海市妇联副主席兼任	

（三）慈善组织制度化保障程度不高

慈善问题的关键在于制度设计，慈善组织的活动与制度和政策环境有很大的关联性。珠海市目前慈善组织虽有业务指导单位、准备资金门槛的松绑，也有市政府出台文件对社会组织的大力支持。但是，从制度化保障角度看，还存在一些问题。

（1）税收优惠政策。目前珠海市公益服务类社会组织开展公益服务的收入和政府职能转移、购买服务中的款项都需要纳税。不能够依照国家相关非营利性税务优惠政策的规定，获得减免税待遇。

（2）公益类社会组织使用城市公共设施未享受优惠政策。公益类社会组织的水、电、燃气、有线电视、有线网络等，不能给予公办福利机构的同等待遇。

（3）专业从业人员薪酬体系缺失。2012年珠海部分慈善组织没有专职工作人员，具备社会工作师的仅有1人。没有专职工作人员一个很大的原因是专职工作人员需要工资或报酬，慈善组织基于热心慈善的人士发起捐赠来开展工作，往往不能保障专职人员固定的报酬或管理费用的支出，这些慈善机构的运转随时可能中止或者解散。慈善组织的社会动员能力弱不仅体现在资金筹集方面，也体现在专职从业人员少的问题上。一个慈善机构的运营需要花费成本，如办公室、交通费、通信费、工资薪水等，公益慈善组织"行政管理费用"这个词往往会引发公众的敌对情绪[1]，捐赠者、志愿者都盯着慈善管理人员的双手，不少慈善机构尽力降低行政管理成本，包括对专职工作人员的工资做出最高限额限定。而没有合理的薪酬又是不能吸引专业从业人员的原因之一。

课题组在对一些慈善组织进行调研时发现，由于慈善公益组织是民间机构，在招聘专业人才特别是大学本科毕业的社会学等专业人才时，毕业生在慈善公益类机构就业的愿望不强烈，物质待遇、工作环境、事业发展空间成为主要的障碍。大学生在就业时对慈善事业职业认同感差，缺少事业成就感，缺少组织归属感和发展期待感，暂时在慈善机构就业只是为了获取一个工作岗位，一旦获得新的工作机会立刻跳槽的现象，在慈善机构时有发生。"招不来人才"和"留不住人才"是慈善组织的隐痛。因此，慈善组织的蓬勃发展与慈善专业人员的短缺成为珠海慈善组织发展的"一多一少"两个极端。

（四）资金来源的狭窄化

从慈善组织的资金来源总体情况分析，珠海市慈善事业还没有真正形成稳定的善款筹集和增值渠道，慈善资金劝募方式单一、数量少。一些规模小、成立时间早的公益类社会组织虽具备承接政府职能转移的能力，却无法获得承接职能和购买服务项目的资质，导致这类社会组织难以得到政府支

---

[1] 黄娇：《美国慈善从业人员薪酬制度启示》，《决策探索》（上半月）2011年第12期。

持，资金来源受限。同时，慈善组织自身拥有的资源未能很好地运用于政府公共服务项目中，造成资源浪费。

从珠海市慈善组织获取资源的具体情况分析，企业捐助使慈善公益组织获得了来自民营企业的有力支持。这些民营企业有的是慈善公益组织会员单位，每年缴纳一定的会费作为慈善公益活动资金，重大救灾或疾病救助的募捐活动中它们也是积极的参与者。因缺少对于直接捐赠的免税政策，捐赠善款去向不明，受助对象不符合捐助人意愿等因素的影响，有些企业的捐赠成为一种偶发性的活动，缺少系统性和长期性。由于珠海市慈善公益捐赠还处在交换资源的初级阶段，企业或企业家捐赠多希望通过捐赠换取社会资源，比如，一些企业为企业社会责任形象的树立进行公关捐赠，希望媒体进行报道，使其善行为公众知晓，但受赠人不愿意接受采访，企业宣传目的不能达到则慈善行动也会受阻。

综上，目前珠海市公益类社会组织获取社会资源呈现来源窄、数量少、渠道单一的特征，整体缺乏广泛的社会组织资源空间。究其原因，一方面是社会组织的宣传和推广力度不足，社会组织的社会声望仍未形成，社会对社会组织的认知度低，且现阶段没有承担社会资源联结者角色的部门能够为社会组织串接社会资源链条，致使社会资源动员困难，社会资源未能顺畅地流向社会组织。另一方面，社会组织自身公信力建设不完善，运作情况不透明，导致社会对社会组织的财务状况、服务能力和功能作用不了解，对社会组织信任度偏低，致使社会组织在主动争取资源支持中，往往会面临社会各界的不了解、不信任、不认可，资源大门难以敞开的窘境。

（五）财务制度非公开化

当前，一些公益慈善组织对资金的筹集、捐赠项目和资金的投向未能如实向社会公布，接受社会监督。有的慈善组织把社会自愿救助捐赠活动转为变相摊派，有的慈善组织以慈善为名从事营利活动，善款使用上随意性大，影响了慈善事业的社会公信力。对于慈善组织，如果没有公开透明的运作机制，民众无法通过正常渠道了解所捐款物的数量及使用情况，势必会大大影响慈善组织在民众中的认可程度，慈善组织的功能就不能充分发挥，进而影响慈善组织未来的发展。如何通过法律规制把慈善机构建设成一个具有诚信度和公信力的慈善组织，让社会公众及企业事业单位等更积极地捐款，更好地发挥有限的财力、物力和人力作用，充分利用慈善资源，是我国慈善事业发展面临的一个重要问题。

"慈善组织作为慈善公益事业的运作组织，是没有组织利益的，更没有自我利益，公开与透明是一项铁的原则。"[1] 慈善组织最重要的特征就是它的独立性、中介性和透明性。善款的管理和使用缺乏透明性，也造成了民众对公益慈善组织的不信任，影响了善款的募集。由于慈善机构的半官方化造成了慈善机构缺乏必要的行业自律、监督和审计，使其公信力受质疑。

（六）社会动员能力单一化

珠海市公益类社会组织中，相当一部分缺乏专业运营管理知识，自身能力建设不足，存在内部管理制度和自律机制不健全，审计流于形式等问题，影响组织功能的发挥。

在运营方面，公益类社会组织整体呈现出项目策划、市场营销能力不足，筹募"造血"能力弱的特点。多数公益类社会组织在设计服务项目、项目资助途径、申请资助方式等方面较陌生。对组织及其服务宣传不足，无市场营销概念，不懂市场营销技巧及方法，未形成服务品牌，致使这些社会组织社会知晓度与认同度低。社会组织的"造血"能力不足，造成了连接社会资源困难，导致公益社会组织发展受限，甚至部分组织即将因"缺血"而无法生存。

（七）组织监管的形式化

目前关于民间慈善监管的法律法规很少，且多属于行政管理方面的规定，因而慈善监管在很大程度上没有立法依据，一些慈善法规立法的时限过久，与当前慈善事业发展的要求极不匹配，远远落后于实践，其可操作性也

---

① 林建鸿：《透视慈善机构规范制度缺失》，《中国国情国力》2005 年第 2 期。

不强，致使慈善组织的运转不规范、监管不到位，存在隐患。

一些大的慈善组织其名义或实际领导人是政府官员或退休官员，在监管过程中容易出现包庇纵容现象；一些较小的慈善组织日常运作则缺少政府监督、社会监督和自我监督，监督机制的虚置使慈善公益组织的监督虚化，监督流于形式，不能落实实际监管职责。

五　珠海慈善事业的创新及其对策

虽然慈善事业的时代大背景在政策、经济基础和社会因素等方面具备慈善事业大发展的有力基础条件，但是慈善法制环境欠缺、慈善机制的不完善、慈善组织运行机制的幼稚等都是影响珠海市慈善事业进一步发展的重大障碍。伴随着珠海市慈善事业的飞速发展，慈善组织发育不健全、慈善捐赠不透明、慈善组织内部管理无序、慈善税收优惠不能落实等问题，客观上制约和影响珠海市慈善事业的可持续发展。

（一）慈善创新环境的法制化

珠海市慈善事业发展呈现两个特点，一方面是慈善事业的蓬勃发展，另一方面是慈善法律、法规的缺位和滞后。目前中国有关慈善的法规主要有：《中华人民共和国公益事业捐赠法》《中华人民共和国红十字会法》《中华人民共和国社会团体登记管理条例》《中华人民共和国基金会条例》《中华人民共和国民办非企业单位登记管理暂行条例》等行政法规，其余则多为部门规章和政策性文件。民政部自 2005 年向全国人大常委会正式提出，2006年开始国家慈善立法的项目就被列入了国务院立法计划，然而八年过去了，一部国家慈善法却千呼万唤不出来，导致地方慈善在很多方面存在空白。于是各地纷纷出台了地方性法令、法规。早在 1997 年，深圳市人大常委会就通过《深圳经济特区捐赠公益事业管理条例》，开全国慈善立法之先河。2010 年 5 月，《江苏省慈善事业促进条例》出台，广东省、湖南省、上海市等也相继出台了相关条例和地方法规。2012 年，深圳率先给予壹基金这样的民办基金会公募权，让壹基金落户在深圳，在国内率先打破了民办基金会不能公募的制约。深圳对民间慈善机构的放宽，极大地释放了蕴藏在民间的慈善事业的活力。作为有双立法权的珠海政府，要努力营造和建立与慈善事业发展相适应的政策环境和法制环境，尽早出台配套的、不同层次的法律法规体系，使慈善组织的发展、管理等有法可依，在现有《中华人民共和国公益事业捐赠法》的基础上，结合《中华人民共和国社会团体登记管理条例》和《中华人民共和国基金会管理条例》等两部法规，利用珠海经济特区的立法权，把慈善事业的性质、地位、原则，慈善机构的登记与组织、管理与运行，慈善事业的进入、评估、监管、退出以及公益产权界定和转让、融投资等从体制上完整地用法律的形式规定下来。为慈善事业的发展保驾护航，促进公民社会的建设，对树立政府及慈善组织的威信也大有裨益。

在社会组织登记制度改革后，珠海市民间慈善组织存在两种不同运作方式，一种是按照原有登记规定成立的有挂靠业务主管单位，另一种是新登记成立的自我管理的慈善组织。创新慈善事业法治化环境，首先需要对所有慈善组织在法律上给予平等的地位。理顺新法和旧法之间存在的矛盾和冲突。按照新法优于旧法的原则，原来这些业务主管部门对慈善组织的管理已经失去法律依据，有"婆婆管"和"没婆婆管"对慈善组织的意义大不相同。"没婆婆管"的慈善组织完全可以依照自我意志在合法的范围内从事活动，而2012年以前登记挂靠的慈善组织则依然头上戴着紧箍咒。所以当务之急是"婆婆"要完成自我革命，实现放权，让全市所有的慈善组织都成为自我登记、自我管理的慈善组织，营造慈善组织的公平、一视同仁的环境。否则，慈善组织存在有的有业务主管部门，业务主管部门进行业务指导难免带有官僚气息和行政色彩，慈善组织被束缚了手脚，不能独立开展慈善活动，不符合慈善组织的独立性和中介性特点。

（二）减免税优惠政策的正当化

现行税法规定，企业发生的公益性捐赠支出，在年度利润总额12%以内的部分，准予在计算应纳税所得额时扣除。个人向慈善公益组织的捐赠，没有超过应纳税额 30% 的部分，可以免除。这实际上是"捐款越多，纳税越多"，是对企业捐赠的变相"打击"。

2013 年，社会组织的税收制度也开启了改革之门。"完善慈善税收减免制度"是中央全面深化改革的内容之一，这是慈善税收改革的信号。特别是对大额捐赠的企业或企业家是一个利好消息。对慈善事业的社会捐赠实行免税减税政策，有利于社会资源流向更多的慈善组织，扩大受惠的弱势群体，是激励社会力量对公益事业的投入，鼓励先富者帮助弱势未富群体的有效手段。珠海应进一步完善这些政策措施，简化程序，为捐赠人办理免减手续提供规范、方便、快捷的服务。加大落实政策支持力度，研究制定符合慈善公益事业发展需要的规范性文件，按照国家有关规定，落实好企业、事业单位、社会团体和个人等社会力量捐赠免税政策。保障慈善事业依法管理，依法运行。

（三）慈善事业主体的多元化

随着现在社会的发展与进步，越来越多的国家和民众认识到，慈善事业是均衡财富流向、避免收入差距扩大、具有经济收入再调节功能的一种公益事业，是社会文明进步的重要标准。20 世纪 80 年代以后，伴随着世界范围内的民主化和全球化浪潮，慈善公益组织出现了蓬勃发展的局面，几乎所有国家里都存在由慈善公益组织构成的庞大的网络。美国以基金会、志愿者、国家监管形成三位一体的民间自主型慈善公益模式；英国则形成了官民紧密合作的独特模式，政府对民间公益组织予以资金支持的同时确保其独立性，政府与民间公益组织在制定公共政策、提供公共服务上进行协商。日本则采取企业公益型模式，如企业现金资助、员工工资捐赠、非现金资助、企业为非营利性组织提供办公场所、雇员志愿者行动、企业基金会和公益营销等，日本企业捐赠额占总额的 87.6%，日本企业捐赠的主要动机是为了履行社会责任，75.1% 的企业是为了服务社区，36.9% 的企业是为了体现企业管理理念[1]。企业的社会贡献成为慈善公益事业发展的主体动力。

---

[1] 钟宏武：《日本企业公益：中国的一面镜子》，《公益时报》2008 年 10 月 12 日。

改革开放三十多年来，珠海已经在特区政策上获得很多优惠条件，经济发展使越来越多的人民富裕起来，经济因素已经不是阻碍慈善事业发展的原因反而成为一种有利因素。在贫富差距扩大、社会保障不足以覆盖所有需要救助的人群的现状下，慈善公益的领域日益宽广，慈善组织的慈善公益活动弥补了政府功能不足的部分，将慈善延伸到政策保障不能涵盖的地方，促进了珠海的社会和谐。企业的社会责任感，民众的慈善意识提高，为慈善事业主体多元化提供了便利条件。

要构建一个多元化慈善主体的体系，慈善组织动员个人捐赠是必不可少的路径。首先，个人捐赠相比慈善组织的其他获取资源的方式而言更具有稳定性，捐赠者多是出于发自内心的慈悲理念予以捐赠，他们不求回报，不求交换。就珠海的实际情况来看，除了少数企业家个人捐赠应该给予重视外，社会和慈善组织应重视这些公民个人的捐赠；其次，慈善组织依赖个人捐赠，有助于保持慈善组织的独立性；最后，动员个人捐赠也是慈善组织与公众沟通、宣传组织理念、树立品牌形象的过程。香港乐施会、无国界卫生组织、世界宣明会等一大批成功募捐的慈善组织，背后都经历过长期、艰巨的公民道德与价值教化工作[1]。

政府应积极鼓励企业联合发起设立慈善基金会或者具有慈善公益性质的其他社会组织，比如，珠海现有的珠海市关爱协会、珠海市爱心促进会、珠海艾滋病友之家、珠海市志愿者协会等慈善组织或机构，是由企业和社会各界热心慈善的人士发起与成立的。他们将慈善工作作为长期项目来运营，有力地增强企业和社会各界爱心人士参与社会慈善事业发展的积极性、创造性和可持续发展的能力，积极推进企业以认捐基金的方式参与慈善事业。

（四）慈善从业人员的专业化

民政部门早在2005年1月20日公布的《中国慈善事业发展指导纲要（2006～2010）》就提到要"促进从业人员职业化"，但从珠海市慈善组织专

---

① 邓国胜：《个人捐赠是慈善事业发展的基石》，《中州学刊》2007年第1期。

职从业人员不足 200 人，特别是专业从业人员仅有 1 人的现状看，慈善事业还未被视为一种职业。

慈善工作是一个专业性和综合性相结合的职业岗位，既包括管理学、心理学、财政学、教育学等方面的知识以及社团组织、人际关系、营销策划等专业技能，还要具备相应的职业态度、职业意识、职业道德和职业理想的专业精神水平[①]。加强慈善机构的人员培养，使其向专业化发展是珠海市未来慈善组织发展的方向。

目前珠海市从事慈善事业的专门人才十分紧缺，应大力推动慈善从业人员的培养工作。设置有针对性的培训课程，轮训现有的慈善工作者，丰富从业人员的专业知识，提高其工作技能。一个专业的慈善从业人员，需要掌握相应的专业知识和慈善工作技能，如社会组织管理、项目管理、筹资策略、政府购买服务、公共关系学、非营利组织管理学、慈善法规、慈善政策、抗灾救灾、心理健康、医疗护理、社会工作等方面的培训。民政部门应加大对慈善专业人才的培养力度，首先，对慈善专业人员进行理论和技能两方面的培训，致力于提高慈善工作者的理论水平和业务水平；其次，鼓励北京师范大学珠海分校、UIC、珠海市城市职业技术学院等有社会工作、社会组织专业人才招生和培养计划的学校，培养专业慈善公益人才，充实慈善工作队伍；再次，提高慈善人才对慈善事业的认同感，把人才发展空间与慈善组织的发展结合起来，适应慈善组织的长远发展；最后，慈善组织专职工作人员应建立合理的薪酬体系使之职业化。由社会上真正有爱心的人士自愿加入，而不是政府指派或者机构指派，被动参与慈善工作。通过积极探索专职、聘用、义务相结合的用人机制，逐步实现慈善公益组织工作者的专业化和职业化。

（五）慈善组织财务公开化

慈善组织的公信力是慈善组织获取公众信任的影响力和号召力。"慈善

---

① 蒋金燕：《湖南省慈善管理人员职业化研究》，湖南师范大学硕士学位论文，2012，第29～30 页。

事业是一种建立在自愿和信任基础上的事业，慈善事业的成败，很大程度上取决于慈善组织的自身建设能否取得社会公众的信任。慈善事业的存在，以善款筹集为前提，善款的来源，又以大批有捐助行为的社会成员为基础。这些具有社会责任心的捐助行为对慈善组织的信任与信心，是慈善事业发展的生命。而捐助者的信任与信心，来源于慈善事业的公信力。"[1]

慈善公益组织应建立透明公开的账务体系，加大善款使用的透明度，强化财务管理和相关信息的对外公开，引入社会监督机制。积极探索实行实名制捐赠、定向捐赠和不定向捐赠相互结合的多种捐赠形式，如果捐赠者对款项有指定对象，慈善公益组织可请捐助者亲自到场捐助，或者通过捐赠照片、捐赠凭据告知捐赠者。如果捐款无指定对象，慈善公益组织可以通过会刊、网络公开等形式，让捐助者知晓自己的捐款用途与去向。引入适用于慈善组织的财务软件系统，完善慈善组织的信息披露平台，开辟监督和投诉渠道，对于公众投诉及时受理、积极调查、依法予以公布或公示。

依法严格做好善款的接收和使用管理，实行专户储存、专账管理、专款专用，坚持"公开、透明、直接、有效"原则，真正做到慈善公益组织接收的每一笔善款都要通过媒体和网络向社会公开，每一个救助项目都要严格程序，自觉接受政府、社会公众和新闻媒体的监督，取信于民。在慈善组织内部引入职业化管理运营模式，将筹钱和用钱明确分工，把慈善筹款机构和项目实施机构进行职能划分，做到各司其职。

（六）对慈善监管的规范化

《中国慈善事业发展指导纲要（2011~2015）》指出：要完善慈善事业监管体系，推进慈善信息公开制度建设，完善捐赠款物使用的查询、追踪、反馈和公示制度，逐步形成对慈善资金从募集、运作到使用效果的全过程监管机制。建立健全慈善信息统计制度，完善慈善信息统计和公开平台，及时发布慈善数据，定期发布慈善事业发展报告。加强对公益慈善组织的年检和评估工作，重

---

① 孟天运：《发展慈善事业　提高公信力是关键》，《学习与实践》2006年第7期。

点加强对信息披露、财务报表和重大活动的监管，推动形成法律监督、行政监管、财务和审计监督、舆论监督、公众监督、行业自律相结合的公益慈善组织监督管理机制。对慈善活动中的违法违规行为，要依法严肃查处。

珠海社会组织登记制度改革后，作为慈善组织监管部门的民政部门正在加强慈善组织监管力度，珠海市已经引入第三方评估机构恩派对社会组织进行评估，并在大型媒体上对评估结果进行公示。第三方评估机构独立于政府部门，不受政府部门左右，能够站在独立的立场对慈善机构进行客观的监督和评估；从专业性上看，第三方评估机构制定的评估和审计标准具有较好的科学性。但是仅有评估的监督体系是不完善的，监督体系的建立需要依靠社会、政府和慈善组织广泛、科学、有效的监管机制来实现。

首先，政府监督体系的完善。政府监督分为制度建设、监督渠道和评估标准完善几个方面。第一，社会组织管理局应设立专门的监督机构对慈善组织进行监管。慈善组织每年要向监督机构提交财务管理报告，包括年度收支明细、机构行政费用等，监督机构要把全市慈善组织的信息进行联网统计，通过设计一系列指标对慈善组织的发展水平进行衡量和评估，规范慈善事业的健康发展。第二，应建立和开放网上监督举报平台。要建立一个专门慈善组织的网络平台，这个网络平台可以分别与慈善组织各自的网站相链接，各慈善组织在自己的网站首页设置善款在线查询平台，及时公布募捐的善款账目，公开每笔捐赠钱物的使用情况，并为捐赠者和社会公民开放善款查询通道。网络平台的建设对于增加公益慈善组织的透明度，提升公众对公益慈善组织的信任、促进慈善事业健康发展具有重要作用。第三，在引入第三方评估机制后，目前应在此基础上尽快制定出与国际接轨的、科学的、具有权威性的公益组织的评估体系，设定慈善项目评估标准。

其次，发挥社会监督的功能。对慈善事业的监管，不能仅仅通过行政手段来进行，新闻媒体、社会公众、社会组织以及第三方评估机构的监督也是必不可少的。社会公众的监督范围广，影响力大，也便于唤醒和强化公民的慈善意识，达到监督慈善组织提高透明度、支持和鼓励慈善组织运行正规化、保障慈善事业健康发展的目的。

最后，慈善组织的自我监督。慈善组织必须建立良好的道德标准和内部监督管理运行机制。慈善组织的专职人员应具备现代慈善价值意识，慈善从业人员的专业性还要求吸收财务、税务和审计方面的人员；制定完整的规章制度，细化工作内容，建立绩效考核体系，提升慈善组织的公信力。

（七）政府与慈善机构关系正常化

20世纪七八十年代以来，公共管理领域出现的"治理"理论打破了传统的"统治"理论，"公共权力不再集中于政府一身，而是分散至多个主体，权力的中心变得多元；进行公共事务管理的主体也随即从单一的政府扩展到民间组织、私人机构甚至个人；政府的公共管理也不再能像以往一样自上而下运作，而要通过合作协商与各行为主体建立伙伴关系。慈善组织属于非政府组织，理论上也属于第三部门的范畴，因此，慈善组织与政府的关系应该是平等的伙伴关系"①。

弱化政府在慈善组织中的地位和作用以减少慈善组织的官僚化和行政化也是珠海慈善事业改革的方向，政府在慈善事业中有所为有所不为是慈善机构与政府关系正常化的关键。慈善事业的显著特点是自愿性、民间性和自治性。国外慈善事业发展的经验表明，政府和慈善组织的关系应该是一种伙伴关系，"政府与慈善组织之间应该基于平等的法律身份进行对话，共同参与，共同出力，共同安排，共同推动慈善事业的发展，这能够培育公民对政府的政治认同感，对社会的归属感和社会责任感"②。政府在慈善事业发展过程中的主要作用是构建良好的内部和外部环境，承担政策的制定者、倡导者、管理者和监督者的职责和功能。界定政府与慈善组织之间的权力边界，厘清两者之间的关系对慈善事业的发展至关重要。慈善组织是独立

---

① 李冉：《当前我国慈善事业发展的困境及对策研究》，苏州大学硕士学位论文，2012，第17页。
② 汪大海、何立军：《中国慈善事业的合作治理模式及其路径选择》，《江西社会》2010年第5期。

于政府之外，具有独立的法律地位和自治权，不同于企业也不同于政府的第三方独立机构。政府在推进慈善事业发展中因其不是慈善资源的控制者、主导者，政府及其职能部门不应该直接接受社会捐赠，不能与慈善组织抢夺慈善资源，如通过行政指令、行政强制等手段组织和实施慈善募捐活动、向企业和个人进行摊派、搞"任务捐赠"等，应还慈善市场于民，建立起公平的慈善竞争环境，让民间慈善机构在慈善市场获得资源，并得以生存和良性发展。

政府不再干预慈善组织的人事任免。在组织机构健全、民主程序完善的慈善组织内部，都有其会长、理事长等人选的产生方式和程序。作为慈善组织内部管理事务，其负责人的产生有自主、自由的权利。目前，珠海市慈善组织中有政府离退休领导干部担任法定代表人、负责人或实际控制人的，因其自身的身份和社会资源的原因，一方面容易用政府管理的思维来维持慈善组织的运转，另一方面容易产生和民间慈善组织争资源的现象。半官方半民间的慈善组织缺少监督机构，建议政府考虑建立慈善组织监督委员人才库，成立不少于25人组成的监督委员会，让其履行监督义务，帮助政府监督，政府以购买服务的方式让其参与社会管理，发挥余热。监督委员对慈善公益组织的登记管理、培育扶持、执法行为、规范办会等进行全方位监督，并将监督结果反馈给市民政局。

六　结论与建议

慈善是一种人文精神，需要在全社会大力弘扬。政府引导和支持，慈善组织和公民的积极参与，宣传乐善好施、扶贫济困、诚信友爱、互帮互助、热心公益、回报社会等良好风尚，宣传新形势下慈善事业的重大意义和政策法规，宣传新时期慈善事业的先进典型和好人好事，普及慈善教育，传播慈善文化，弘扬慈善精神，营造全社会都来关心、支持慈善事业的社会氛围。

珠海慈善公益组织不少且呈逐年上升态势，但是缺少有影响力和公众广泛参与的大型慈善活动。慈善组织主要依靠其发起人或法人代表自身的社会活动能力来筹集资金，慈善组织还只能独善其身，在资源共享和合作互动方面缺少尝试。

慈善事业的发展必须建立完善的慈善法律体系以规范慈善事业的管理和运行；政府应当给慈善事业留有足够的发展空间，并确定相应的管理部门依法行使监督权；加强各慈善组织在社会救助方面的协调和完善内部管理机制、自律制度，使其更加专业化；非政府化、法制化、系统化、专业化是慈善事业发展的必然走向；慈善组织要树立慈善事业营销理念，以从社会获取最大的捐赠，要将募集而来的资金合理优化配置，力图将慈善项目做成自己机构的名牌。

农村社会工作介入幸福村居建设研究[*]

熊俊超

一 珠海市农村基本情况

珠海市下辖香洲区（中心城区）、金湾区、斗门区3个行政区，并设立珠海横琴新区、珠海国家高新技术产业开发区、珠海保税区、高栏港经济区、万山海洋开发试验区5个经济功能区，共有15个镇，122个行政村。其中香洲区7个，斗门区101个，金湾区14个[①]。行政村及农村性质社区占全市陆域面积近8成，现有乡村户数156393户，乡镇劳动力319208人；乡镇从业人员294606人，其中75536人从事农林牧渔业（2012年年底数据）[②]。

从经济结构上看，不同农村的经济支柱产业不一，主要为农业和第三产业，其中从农业产业结构上来看，以种植业和渔业为主；第三产业中则多数为服务业、旅游业。

从社会保障情况看，2012年，根据珠海市统计年鉴数据可知，农村传统救济对象人数951人；城乡居民最低生活保障人数9688人，其中城镇4189人，农村5499人，农村中需要低保救助的人数更多，且按2012年87.82%的常住人口城镇比可知，农村地区接受救助的比例更高；在城乡居民最低生活保障金的财政支出方面，2012年城镇为1480万元，农村则支出

* 课题负责人：熊俊超；课题组成员：王勇、张晓熠、胡玉娟、林新荣；所在单位：珠海市社会工作协会。

① 中国·珠海：《珠海市行政区划（2012年）》，http://www.zhuhai.gov.cn/yjzh/mlzh/qhrk/xzqh/201405/t20140530_6259504.html，最后访问日期：2014年3月27日。

② 珠海统计局：《珠海统计年鉴——2013（农业）》，http://www.stats-zh.gov.cn/o_tjsj/osj_tjnj/index2013.htm，最后访问日期：2014年3月27日。

了 2384 万元，农村社会保障的财政负担相对更重，由此可见农村对于社会保障的需求也更大①。在最低生活保障标准上，经 2012 年调整后，横琴新区、香洲区、金湾区、斗门区城镇、珠海高新区、万山海洋开发试验区、高栏港经济区低保标准调整为每人每月 400 元，相对 2010 年 4 月 1 日起实行的现行低保标准提高 14.3%。斗门区农村低保标准则调整为每人每月 350 元，相对现行农村社会保障标准提高 25%。

珠海市创建幸福村居首批选取的 15 个村居，从一定程度上代表了珠海市各个类型的农村的发展情况。这 15 个农村（社区）分布在全市不同位置，其中包括斗门区斗门镇八甲村、南门村，白蕉镇南澳村、月坑村，莲洲镇莲江村、石龙村，乾务镇乾北村、夏村，井岸镇新堂村 9 个不同农村；金湾区红旗镇三板村和三灶镇海澄村；高栏港经济区的平沙镇平塘社区；高新区鸡山社区；万山海洋开发试验区担杆镇外伶仃村；香洲区南屏镇北山社区。由于地理位置、资源环境等的不同，珠海市农村的发展也呈现出不一样的发展趋势。与内地的农村相比，珠海市农村经济收入相对较高，多数农村的农民人均年收入在 8000 元以上，远远高于内地农村水平。但不同的农村之间的经济发展情况也是不同的，农村与农村之间也存在一定的贫富差距，而当地农民在基本需求得到满足以后，又对生态文明建设、精神文明建设、社区治理等都有了进一步的需求。珠海市农村社会工作的目标将不仅仅在于提高村民经济收入，而更需要促进社区建设，提升村民的社区参与度，共同促进社区发展。

二　珠海市农村发展变迁

国内有学者依据农村社区发展的时序和发展程度划分了农村社区的三种不同类型，即先发型农村社区、后发型农村社区和滞发型农村社区②。

---

① 珠海统计局：《珠海统计年鉴——2013（社会保障、社会福利及其他）》，http://www.stats‐zh.gov.cn/o_ tjsj/osj_ tjnj/index2013.htm，最后访问日期：2014 年 3 月 27 日。
② 鲁可荣、朱启臻：《新农村建设背景下的后发型农村社区发展动力研究》，《农业经济问题》（6 月刊），2008 年第 8 期。

先发型农村社区是指发展起步较早、发展水平较高、发展阶段领先或超前的农村社区。这些农村社区为了满足社区成员的内在需求，依靠社区集体力量，有效利用和整合社区内外部资源率先发展以乡村工业为主导的非农产业，从而推动社区经济增长和社会发展。珠海市有少数农村社区已经初步迈入了这一阶段，发展势头良好。

后发型农村社区是指发展起步较晚、发展水平较低、发展阶段相对落后的农村社区。这些社区仍然以传统农业生产为主，保持着传统农村社区的基本特点，集体经济薄弱，社区发展缺乏后劲，但是社区居民有着强烈的发展欲望，社区逐步打破了传统封闭性，与外界的交流和流动日益频繁，并且开始意识到挖掘社区内部资源，利用后发优势自主促进社区经济、社会文化等方面的发展。目前我国绝大多数农村都属于后发型农村社区，珠海市的大部分农村也呈现这一发展状态，具有一定发展潜力，社区经济初步发展，但社会事业仍需进一步加强。

滞发型农村社区是指由于面临恶劣的自然环境以及缺乏必要的发展资源导致社区居民仅能维持生存甚至还处于极度贫困、难以维持生存状态的农村社区。就珠海市情况而言，并不存在集体性的发展滞后状况，只有少数家庭属于发展滞后家庭，因此这一类型不属于本课题的研究范畴。

总体而言，经过多年发展，珠海市的农村已经逐渐呈现出不同的发展面貌和发展状态。工业化、城市化给城市周边的农村带来了最为深刻的变化，现在珠海市不少农村已经变成了工业园区，出租厂房成为集体经济的主要来源，如海澄村就是典型的工业化农村。海澄辖区内有一个面积为 20 万平方米的工业区，除了传统的水产捕捞业之外，厂房、商铺和居民房出租已经成为村民个人和村集体的重要收入来源，村民的主要就业渠道和就业形式有进厂务工、从事服务性行业、养蚝和捕捞等，从事传统农作的村民非常少。这种情况还大量存在于周边几个工业发展较快的城市，以及东部沿海地区城市。这种类型的村庄其村容村貌相对规范整洁，对于社会工作的开展可以参照城市中的社会工作。

在珠海，更多的农村并没有被工业化完全改变，很多农村由于交通等限制没有发展工业，但广大剩余劳动力一般都会选择去邻村进厂务工，这就形成了农业保留但农民劳动内容发生变化的情况。这种村庄维持了原本的面貌，传统农业也依然保留，但是农民收入主要以务工为主了。还有一种属于农村依靠地理优势出租了一部分厂房，但是工厂并不吸纳当地村民就业，因而村民依旧维持原有的农业劳动。这种半工业半农业的社区是极为复杂的，村民的需求也呈现出多样化的形态，社会工作在介入之时需要确定合适的目标：是将不同的特征统一起来，还是继续保持内部的分化？不同目标的选择将决定不同的社会工作发展道路，也会给农村带来不一样的影响。

最后一种农村形态则是南京市在农村社区建设中所提到的"纯农业社区"[①]，这种社区以农林牧渔业为集体经济的主要来源，村民的主要经济活动为农业劳动，如莲江村就是典型的纯农业村，该村积极实施"四基地一示范区"（花卉苗木基地、水产养殖基地、有机稻种植基地、有机蔬菜种植基地和国家农业综合开发省级示范区）的发展战略，积极参与珠海市北部生态农业园建设，大力发展生态农业，取得了明显成效。因此，纯农业村并不代表落后的经济发展水平，相反，农业资源的集中可以为农村的发展带来机遇。

综上所述，珠海市各个农村的类型主要是后发型农村社区，其发展的状态基本上可以概括为以下三种类型，即工业化农村社区、半工半农社区、纯农业社区。其中，工业化农村社区城镇化程度较高，半工半农社区最为复杂，纯农业社区的社会工作理念介入最困难。针对不同的农村社区归类，要探索出三种不同类型的农村社会工作介入道路。

三　珠海市农村发展的需求分析

本课题通过调研走访 15 个幸福村居，对珠海市农村的发展情况有了大致了解，在调研过程中总结出了目前农村的主要发展问题及农村、农民的发展需求。通过需求分析，可以为农村社会工作的介入提供更具针对性的路径参考。

---

① 民政部社会工作司：《农村社会工作研究》，中国社会出版社，2008，第262页。

（一）农村特殊人群的服务需求

城镇化的发展造成了大批农民失去土地，也改变了他们的谋生方式，农村中的失地农民普遍走上了进厂打工的道路；而在其他农村地区，更多的农村剩余劳动力主动选择了进城务工。这一变化使得农村只剩下"三留人群"，即留守老人、留守儿童和留守妇女，以及部分不具备务工技能的残疾人。这一部分特殊群体是农村社会工作服务中的主要服务对象，也是社区建设过程中的参与主体。

1. 农村留守老人的需求

老龄化问题严重，养老需求突出。随着人口的发展，珠海市的老龄化问题已经越来越严重，老年人人数和比例进一步上升，从各村情况来看，大部分都存在老龄化问题，对于养老的需求也十分关注。例如，八甲村有60岁以上老人501人，占全村人口的14%，是典型的老龄化社区，老年人人数较多而养老机构和养老资源缺乏，大部分老人依然由家庭负担养老，但是随着外出务工人员的增多，很多农村出现了空巢老人家庭，使得养老问题越来越严重。

就农村地区而言，居家养老是较为实际的做法之一，居家养老最早是在城市社区实行，相比之下，农村社区开展居家养老服务会面临较多的困难。居家养老服务，是指以家庭为核心、以社区为依托、以专业化服务为依靠，为居住在家的老年人提供以解决日常生活困难为主要内容的社会化服务，其形式主要有两种：由经过专业培训的服务人员上门为老年人开展照料服务；在社区创办老年人日间服务中心，为老年人提供日托服务。农村社区同样存在开展居家养老的必要性，同时还存在一定的高龄失能老人、失独老人，养老需求比较个性化和多样化。结合以往的民政做法，为农村老年人提供多样化的养老服务，切实改善目前部分农村老无所养、老无所依的状况，是农村社会工作介入的主要目标之一。

2. 农村留守儿童的需求

社会学和心理学对留守儿童开展了很多研究，结合珠海的实际情况，可以看到农村留守儿童的问题仍是较为突出的。亲子关系的疏离、隔代抚养的冲突、家庭教育的缺失、学业辅导的压力、青春期的迷茫等，使留守儿童和青少年的需求尤为强烈。

调研发现，农村留守儿童群体主要存在以下几方面的问题：一是大部分留守儿童的基本生活照料有所保证，但其内心情感极易被忽视，家庭关爱的缺失使其情感需求难以满足；二是外出父母在留守儿童成长中并未起到应有的作用，对子女重物质补偿轻亲情关爱；三是农村学校传统的教育方式和教学目标，难以通过丰富的学校生活来弥补家庭功能的弱化；四是农村社区中网吧、赌博等环境影响着留守儿童的成长。总体来说，留守儿童的生活照料、学习表现、内心情感等方面都存在普遍性的需求，这也是社会工作介入之后应该重视的一大群体。从社会工作的角度来看，可以通过开展留守儿童小组活动、定期家访、课后学业辅导、与当地学校建立联系等方式对留守儿童和青少年进行服务。

3. 农村留守妇女的需求

随着改革开放和城市化进程的加快，中国人口的流动性不断提高。在农村劳动力向城市转移的过程中，外出劳动力的主体是男性，老人、儿童和妇女留在农村，于是出现了留守妇女群体。留守妇女与丈夫长年两地分居，既要负担家中的农作物耕种，又要兼管家务，赡养老人，照顾孩子，一肩挑起全家的重担。

调研和研究发现，留守妇女劳动强度高，精神负担重，内心较为空虚，缺乏休闲娱乐文化活动，生活中也缺乏安全感，这些成了她们的困扰。社会工作的介入则应该充分认识到这些问题，尤其在丰富留守妇女文化生活上可以提供一定服务，如组织妇女文艺队，组织合唱、舞蹈等娱乐活动，在丰富文化生活的同时，可以融洽邻里关系，形成互学、互助的有活力的农村精神面貌。

4. 农村其他弱势群体的服务需求

除了三大留守群体，农村其他弱势群体的需求也不能忽略。这主要有两个群体：一是经济贫困的人群，即农村低保救助对象，"贫困"是他们面临的主要问题，而如何摆脱贫困，提高家庭收入，则是摆在这部分人面前的首要需求；二是残疾人群体，如何服务残疾人，如何促进有劳动能力的残疾人的就业，以及如何帮扶重度残疾人等，都是社会工作在介入农村社区中需要重点关注的。

（二）外来务工人员社区融入需求

珠海市属于外来人员较多的城市，在工业区集中的城郊地区存在大量外来务工人员，很多农村的常住人口构成中外来人员已经占了相当大的比例，如新堂村现有户籍村民 2511 人，外来人员约 1 万人，远多于本地居民；夏村现有户籍人口 930 人，流动人口 2800 人；平塘社区现有户籍人口 3128 人，流动人口 6300 人；鸡山社区户籍人口 2053 人，流动人口 5537 人；北山社区常住人口近 9000 人，其中户籍人口 1990 多人，其余均为外来流动人员。由此可见，外来务工人员已经成为珠海市不可忽视的群体，对于外来务工人员的需求也应该加以重视。

外来务工人员对珠海市的影响应该辩证地看待。一方面，外来务工人口为经济发展提供动力，另一方面，外来人员由于其流动性又为当地社区增加了隐形的不稳定因素。而由于文化习俗等差异，外来务工人员往往难以融入当地社区，尤其在农村地区，业已形成的血缘、地缘关系难以打破，外来人口与本地居民之间难以真正融入。外来人员缺乏明显的归属感和集体感。

外来务工人员的需求主要包含两个方面：一方面是基本权益的维护，包括社区福利的享受、务工劳动保障等；另一方面是社区集体融入的需求，即在社区内生活能产生一种归属感和安全感。

（三）提升农村社区干部队伍素质的需求

农村的发展离不开农村干部的领导，从农村社区的发展趋势上来看，精英治理已经越来越成为重要议题，提升农村干部队伍的整体素质也成为迫切需求。农村党员队伍是党的基层组织的重要组成部分，是党在农村开展各项工作的中坚力量，是带领广大农民群众建设社会主义新农村的主力军。

从目前珠海市农村的情况来看，存在农村党员覆盖率低且党员干部整体学历偏低的问题，如莲江村常住人口1197人，党员仅47名，其中大专以上学历6名，高中以上学历11名，初中以下学历30名。党员数量较少且文化水平偏低在一定程度上限制和降低了模范带头作用的发挥。月坑村也存在类似情况，基层组织建设比较薄弱，由于外出的人多，要求入党的人少，党员老化严重；创新意识不够强，部分村党员、干部仍沿袭传统工作思路，习惯于行政命令式的工作方法，思想僵化、工作被动、疲于应付。这是开展农村社会工作以及创建幸福村居亟待解决的问题。

（四）开发及利用资源的需求

农村地区蕴含着丰富的资源，不同的农村有着不同的优势，包括交通区位优势、农业资源优势、旅游业资源优势、文化底蕴优势等，但很多农村往往由于缺乏资金支持和统筹规划，其价值一直未被充分挖掘和利用，引资渠道有待拓宽，品牌优势未能有效凸显。

以南门村为例，该村具有丰厚的历史文化资源，不少古朴的古建筑坐落于此，如省级文物保护单位菉猗堂及古建筑群、省首批古村落接霞庄。村里现存青砖古旧宅约有28座，都是极具岭南特色的清末民初建筑。此外，还有水上婚嫁、水上民歌、正月十三正旦晚煮菜茶等非物质文化遗产。但是由于没有将资源进行合理有效的开发利用，现在南门村村民没有享受到资源优势带来的利益，人均收入8369元，在珠海市的农村只属于平均水平。此外南门村还有着丰富的华侨文化资源优势，该村现有海外侨胞约600人，分布在以美国、印度尼西亚为主的世界各地。改革开放以来，这些海外侨胞积极关心、支持家乡各项事业建设，踊跃捐资助学，为推动家乡发展做出不可磨灭的贡献。只有将现有资源予以合理开发和整合利用，南门村才能获得进一步的长远发展。

这种情况还普遍存在于珠海市其他农村社区，如石龙村有百年的历史，有优秀的农村文化资源，村内有曲艺社等民间艺术组织，而近年来开展园林花木种植，也积累了一定的园林植物文化，但未能进行深入挖掘和整理、开发。因此，调动各方面资源，对现有资源进行合理充分利用，是促进农村经济社会发展的重要需求。

（五）发展农村社会事业的需求

近几年来珠海市在发展农村社会事业方面做了很多努力，也取得了一定成绩，但农村社会事业发展仍存在一些问题：一是农村医疗条件差、医疗水平低。农村医务人员医疗水平普遍偏低，医疗设备落后，医疗卫生状况令人担忧，农民因病返贫现象仍然存在。二是农村教育教学条件有待进一步改善，师资力量有待进一步加强。三是农村群众文化生活比较匮乏，农村公益性文化设施欠缺。近几年，不少农村虽增设了图书室、健身活动场所，但数量不多，对于散居的农民来说实际利用率也不高。四是农村社会保障体系尚未完全建立，农民最低生活保障制度、医疗保险和养老保险还有待进一步完善。

（六）提升农民素质的需求

部分农民的思想观念比较落后，传统的小农意识仍根深蒂固，生产、生活和行为方面与现代社会生活的要求相差甚远。农民的文化素质普遍偏低，对社会工作缺乏认识，对改变自身存在的问题缺乏主观能动性，"等、要、靠"思想严重，存在过分依赖于政府投入的不良倾向；在道德素质方面，关心集体，热心公益事业的集体主义观念淡化，乡村精英难以从内部挖掘和培养。此外，很多农民缺乏种植、养殖的专业科学技术，这对于农业发展也是一个限制。因此，提升村民整体素质，培养优秀的乡村领导者成为重大需求。

（七）农业生产组织化需求

目前，珠海市的农业生产仍然是以农户小规模分散经营为主，组织化程度较低。这种状况不利于现代科技的推广应用、农业生产标准化的实施、农产品品质和附加值的提高以及与国内外两个大市场的有效对接，严重制约农业增效、农民增收。总体来看，珠海市农民合作经济组织还处在数量少、规模小、带动能力弱、服务水平低的初级发展阶段。在市场经济体制确立并逐步发育完善的今天，农民是参与市场竞争的主体，如果只是农民个体参与其中，势必难以应对市场上存在的风险。改变分散的小农生产方式，让农业生产规模化，引导农民走专业合作之路，促进农业生产组织化，是当今农村农业发展与应对市场风险的迫切需求。

四　农村社会工作介入幸福村居建设的可行性分析

开展农村社会工作，有利于完善农村社区建设，扩大基层民主，提高农民的生活质量和文明程度，也有利于优化农村社区管理，构建农村公共服务体系。开展农村社会工作不仅有着重要的意义，也具备一系列有利条件。

（一）物质基础

珠海市具备一定的综合实力，能为农村社会工作开展奠定物质基础。珠海市的经济发展情况有目共睹，具备城市支持农村的能力。只有在物质财富较为充裕的前提下，才能从容安排社会救助和社会保障，才能大规模发展完善农村社区福利事业，也才能支持农村社会工作实现村民安居乐业。

（二）思想基础

开展农村社会工作，加强农村社区建设和公共服务已经越来越成为社会各界的共识。社会工作自引入内地以来，其本土化探索就一直在进行，业内普遍认为，只有实施农村社会工作才能做到真正的社会工作本土化。农村在我国的重要性决定了农村社会工作开展的必要性，而城乡贫富差距扩大及城乡二元结构矛盾也决定了农村社会工作开展的紧迫性。开展农村社会工作是实践社会工作本土化道路的必经之路，这也成了社会各界的普遍认识。就农村地区来说，对于公共服务的需求越来越多，尤其在珠海地区，经济的增长也加快了农村对精神文明建设的需求，各类人群的各类问题需要农村社会工作的介入和解决，政府职能转移也要求民政福利服务引入第三方机构。从政府到学者再到群众都意识到农村社会工作具备了开展的条件。

（三）经验借鉴

国内外开展农村社会工作及农村社区建设的成功经验可供学习借鉴。我国最早的农村社区建设可以追溯到 20 世纪 30 年代梁漱溟、晏阳初等开展的社区建设工作，这也可以看作农村社会工作发展的前身。在国外，虽然没有单独的农村社会工作，但是欧美、日韩等国家和地区在农村建设上取得的成绩是显著的，尤其是欧美地区的农村已经成为宜居的代名词，这也是珠海市打造幸福村居的目标，因而其建设经验是值得学习和探讨的。国内的农村社会工作也有了一定的发展经验，本土化的内容更值得我们学习借鉴。

1. 江西万载模式

万载县社会工作的探索在经历了本土探索、选点实践、示范推动、总结反思、逐步推广、巩固提升、经验交流、继续前行八个阶段后，发挥了巨大作用，收到了良好的阶段性成果，对万载县的经济社会发展产生了深刻影响，县域经济快速发展，社会事业全面进步，特别是党群关系、干群关系得到了明显改善，人民群众对政府的满意度也有了较大提高，社会和谐度与日俱增，群众幸福感不断增强。

万载县在农村社会工作试点中，坚持把社会工作的理念渗透到新农村建设、构建和谐社会、党和政府的自身建设、服务改善民生等各个领域，取得了一些成功经验，达到了试点的目的。社会工作为万载县经济社会发展注入了新的活力和动力，改变了社会面貌，增强了经济实力，更重要的是使农民群众得到了实惠。万载县目前已经形成了"党委统一领导、政府主导推动、部门密切配合、整合现有资源、社工义工联动、公众广泛参与、广大群众受益"的农村社会工作"万载模式"。万载模式具有鲜明的特色：一是领导重视，二是机构健全，三是政策配套，四是成效明显。万载县农村社会工作的成功经验也给了其他地区发展农村社会工作以启示①。

---

① 戚学森：《农村社区建设理论与实务》，中国社会出版社，2008，第 60~64 页。

2. 山西永济蒲韩乡村社区模式

山西永济蒲韩乡村社区创建于 1998 年，是一个以专业经济合作、公共服务为主要形式的综合服务性组织，以农民协会为组织载体，兼顾经济、社会、文化等多目标的综合发展，开创了一种"综合性乡村社区"治理模式，在此模式中，农民被有效地组织起来，探索出了一条"共同致富、集体发声"的综合发展之路。

蒲韩社区的成长和发展过程显示，农村、农民和农业自身的内在要素和政府等外在力量共同作用才能形成良好的农村社区建设局面。具体来说，蒲韩社区的发展模式提供了以下几方面的经验：一是及时察觉并顺应农民的需求；二是乡村精英的引导；三是良性的组织发展模式及利益激励机制；四是市场的推动；五是政府部门的积极引导；六是非营利组织的扶持与推动。这几点经验同样值得珠海市农村社区尤其是农村社会组织在发展中予以借鉴。

3. 其他农村社区建设模式

农村社会工作离不开农村社区建设，这两者的内容是交互融合的，探讨农村社会工作的开展，需要了解农村社区建设目前的发展程度，分清不同的社区模式，从而在不同的背景下开展独特的农村社会工作。农村社区建设主要包括五个方面的内容，即基础设施建设、社区组织建设、公共服务建设、社会保障服务和民主法治建设。其中，公共服务建设和社会保障服务是农村社会工作的主要工作内容。

国内有学者总结出了五种不同的主要模式，是在各个地区开展工作时，对农村社区进行的初步定位。

一是胶南市模式。该市农村社区建设基本参照城市社区建设的模式，在村委会层面建立社区，成为建制村（村委会）社区，出台相关政策，加强农村社区基础设施建设、社区组织体系建设、社区公共服务功能建设和社会保障机制建设。

类似的还有南京市模式，同样是将农村社区建设定位在建制村（村委会），硬件建设、组织建设、能力建设都围绕村委会展开，以更好地整合和利用资源。"南京模式"将农村社区分为涉农社区和纯农村社区两类，对两类社区实施不同的社区建设方法和内容。

二是扬中市模式。扬中市的农村社区定位也是在建制村，该模式的主要特点是突出社区的服务功能，着重推进就业、绿色、健康、文化、平安、爱心六大工程，实现提供服务与提高农民生活品位、为群众排忧解难以及开展精神文明建设有机结合。

三是江西省模式，即村落（自然村、村民小组）社区。这种定位是由农村村落的自然属性决定的。江西模式的运行机制是，在乡镇和村级组织的领导下，在自然村成立社区志愿者协会，下面设立社会互助救助站、卫生环境监督站、民间纠纷调解站、文体活动联络站和公益事业服务站等，分别办理农村村落社区建设的有关事宜。其运行原则是自愿参与、量力而行、服务村民、互帮互助、不增加负担、不添麻烦。

四是杨林桥镇模式。杨林桥镇作为国家级贫困县内的农村，自然条件差，经济发展相对落后。为改变这一面貌，杨林桥镇创造性地实施了一种"村委会—社区理事会—互助组—基本农户"的新型农村社区自治组织机构，即撤销村民小组建制，按照"地域相近、产业趋同、利益共享、规模适度、群众自愿"的原则，组建了农村社区。社区一般以自然村为范围划分，每个社区由30户左右农户组成，社区又以屋场为基础，划分了3~5个互助组。每个社区设理事长1人，理事2~4人，理事会成员由村民海选产生。这种组织形式使社区内村民生产、生活关系紧密，感情浓厚，归属感强；加强了基础组织建设，整合了农村人力、经济、信息资源，促进了当地经济社会发展。

五是永川模式。重庆市永川区采用了"2+3+N"模式，其中"2"是指组建一个工作机构（农村社区工作委员会），搭建一个工作平台（社区居民服务中心）；"3"即政府公共服务体系、志愿者服务体系、专业经济协会服务体系三大服务体系；"N"即根据村情和村民生产生活的需要组建多类服务组织、协会组织，开展多种社区活动。这种模式以行政村为单位成立农村社区建设工作委员会，在农村社区中建立社区居民中心并在社区居民中心设立"五室两站一社一校一场"，为村民提供各类服务，强化公共服务体系，建立志愿者服务体系，发展农村专业经济服务体系①。

以上模式都是根据各自的特点而形成发展的，其不同的做法对于珠海市进行农村社区建设、开展农村社会工作有着重要的借鉴意义，尤其是南京市模式和扬中市模式，两地经济发展水平与珠海比较接近，其做法和经验是值得学习的。无论何种模式，其共同点都在于完善农村基层自治组织，建立良好的、协调的组织机构和体系，重视为农民提供各类公共服务，以及有效利用当地的人力资源培育社区内部的领导者，使社区形成凝聚力和向心力。在此基础上，珠海市也要根据自身的独特情况，探索出一条合适的农村社区建设道路。

五　农村社会工作介入幸福村居建设的路径分析

农村社会工作参与到幸福村居建设的介入路径需要具备一定的主客观条件，也需要调动所需的内外部资源，同时需要遵循一定的介入原则，开展合适的工作内容。可以从以下几个方面进行分析探讨珠海市农村社会工作如何开展。

（一）理念确立

发展农村社会工作，首先要引入农村社会工作理念。作为社会工作的空白地带，农村地区对于相关理念的认知是缺乏的，不单是农村社区居民不了解社工，农村的当地领导干部和党员也对社会工作并不了解，对于发展农村社会工作，往往容易等同理解成政府单方面的要求，对自身发展农村社会工作的迫切性缺乏意识，对于农村社会工作是什么、如何做比较迷茫。因此，在发展农村社会工作之初，必须先确立和引入相关理念，指导农村社会工作的顺利开展。

---

① 民政部社会工作司：《农村社会工作研究》，中国社会出版社，2008，第262页。

1. 社区公共服务的理念

服务是社会工作的基本功能。社会工作从本质上来说就是公共福利服务的传递过程。农村社区公共服务是一个具有消费的多重性质、内容的多重层次和供给主体的多元化特征的综合体系。农村社区公共服务的供给是各级政府以服务型行政管理方式供给、各级政府与社区组织协商共同供给、主要依托村民委员会的自给服务三种方式的有机整合与联系。要保障供给的有效，必须明确各种供给主体，包括政府与市场之间、政府与自治组织之间、政府与非政府公共组织之间的责任归属与划分。

农村社区服务体系包括两个方面，即农村社区服务组织和农村社区服务内容。从农村社区服务组织方面主要有地方各级政府和有关部门、农村社区服务中心、农村市场中介组织和民间组织四类；农村社区服务则包含社区公共服务、市场服务和志愿服务三种。其中，社会工作主要从事社区公共服务，可行的介入点为通过政府购买服务促进公共服务社会化。社区公共服务的内容包括基础设施、社会保障、老年福利、社区安全、社区医疗、社区文体、农技推广等方面，对于农村社会工作来说，则主要侧重于构建社会保障体系、构建老年福利服务体系方面。

近年来，随着新农村建设的推进，农村社区公共服务基础设施逐步完善，社会保障体系基本形成，农村社会事业加快发展。但是，与城市社区相比，农村社区公共服务发展滞后，总量供应不足，分配不平衡，表现为村庄规划欠缺，基础设施薄弱，社会保障体系不全、标准不高、覆盖不广，教育、卫生、文化等设施不但非常缺乏，而且因为空间布局不合理、与农民群众的真正需求脱节，导致利用率不高。面对农村社区基本公共服务的现实压力，迫切需要转变传统工作方式，引入社会工作，为农村社区生活的各类村民提供基本而有保障的公共服务。

2. 社区民间组织的理念

民间组织是政府与市场功能之外的补充。社会工作以"助人自助"为服务理念，使服务对象获得自我发展的能力。农村社会工作的目标之一，就是使农村获得自我管理与服务的资源和能力，能够脱离政府的福利供给和市场的福利提供获得长远发展。

具体来说，要积极培育形式多样的社区慈善组织、文体组织、学习型组织，扶持为老年人、残疾人、困难群众提供生活服务的非营利性机构，大力发展社区互助协会、老年协会、体育协会和法律援助协会等，鼓励和支持社区民间组织开展社会捐助、文体健身、科普宣传、就业服务、社会救助等服务活动。

此外，还要大力发展农村社区志愿者组织，培育社区志愿服务意识，发扬志愿服务精神，鼓励居民参加社区志愿服务活动。推进实现社会志愿服务活动制度化，逐步建立社区志愿服务的注册制度、培训制度和激励机制等，不断创新服务形式，提高服务水平。

3. 社区群众参与的理念

群众是农村社会工作的主体对象。与其他政府政策不同的是，社会工作注重服务对象的参与，注重双方的联系与交流，注重服务对象在参与过程中的改变和成长。因此，调动群众更广泛的参与是社会工作的重要目标。

从前面的分析可知，目前农村地区普遍存在"等、要、靠"的思想，公共事务参与的积极性不够，对于社会工作的介入，很可能因其政府主导的性质而降低群众参与热情和参与意愿。事实上，对于社会工作来说，群众的参与社区自治是社区发展成熟的重要标志，也是开展农村社区建设的要求。要引入群众参与的理念，运用多种途径调动群众参与的积极性，搭建平台，为农村居民参与农村社区建设创造条件；组织活动，为群众参与社会工作寻找载体；关注民生，让农民群众分享到社区建设和发展的果实。扩大社会工作服务受众面，增进村民的社区归属感和认同感。

总之，以上三种理念是相辅相成的。通过开展社区生产、生活服务，把服务群众作为农村社区建设的切入点和突破点，不断满足农村居民的需求，提高村民的生活水平和生活质量，促进人的全面发展；通过引导社区居民建立各种维权类、服务类、文化娱乐类的民间组织和中介组织，进一步提高农村组织化程度，促进农村产业结构调整，为农民生产生活服务，丰富村民闲暇生活，引导其树立科学、健康的生活方式；通过多种方式鼓励村民积极参与社区建设，培养村民自我管理、自我教育、自我服务的能力。

理念的确立要求在农村社会工作开展之初紧紧围绕以上三点确立服务范围和内容，要求所有农村社会工作参与方以以上理念为指导确定工作方向，要求重视相关理念的宣传和实践，将之贯穿整个农村社会工作发展的始终。

（二）政府推动

政府主导是中国社会工作发展的独特路径，政府推动是我国内地社会工作发展的特色之一。根据珠海市社会工作发展的特色和具体情况，发展农村社会工作必须依靠政府自上而下进行推动。政府在社会工作的发展中可以扮演三种角色：一是制度设计者，即政府主动走在前面进行农村社会工作制度设计，以制度引领农村社会工作的方向、拓展社会工作发展空间、规范农村社会工作从业者的行为；二是制度维护者，政府设立监督机制、建立协调机制、构建交流平台，以确保农村社会工作相关制度的正常运作；三是服务购买者，政府通过购买服务和资助服务等方式加大对农村的投入，成为公共产品的购买者、服务标准的制定者和服务质量的监督者。

政府对社会工作的主导和推动作用主要体现在政府购买社会工作服务这一举措上。政府购买社会工作服务是加强社会工作专业人才队伍建设、促进社会工作发展的基础制度，是创新公共财政体制、完善公共服务制度的重要手段，是转变政府职能、建设服务型政府的战略举措。开展政府购买社会工作服务、推动社会工作发展，是现代公共服务与社会管理体制改革的重要方向，是解决现代社会问题、满足人们不断增长的社会服务需求的重要制度安排。

纵观内地社会工作发展历程，以及各地农村社会工作起步及发展的过程，可以看到政府在其中起到了很大的作用。珠海市发展农村社会工作同样离不开政府的推动。具体来说，政府可在这个过程中发挥以下几个方面的作用。

一是发挥政府的引导作用。政府的引导作用主要体现在农村社会工作萌芽与起步阶段，这一阶段需要政府通过政策与物质支持来培育农村社会工作。江西万载模式的成功因素之一就是政府的积极引导，通过政府积极设立示范点和制定相关支持政策，以及从行政结构上进行调整以适应社会工作的发展需要，自上而下对社会工作予以支持。珠海市目前也形成了良好的社会工作发展结构，相关文件的出台也显示了市委、市政府对于发展社会工作的支持。因此，将现有社会工作服务范围进一步拓展，把社会工作服务主体从城市扩充到农村，同样需要依靠政府的引导示范。目前，在农村设立农村社会工作示范点，引入专业社会工作者进行农村社会工作初期探索，离不开政府的政策与经济支撑。

二是抓住政府职能转移之机。通过职能转移将"幸福村居"建设中的部分内容交由社会工作主导，包括改善民生保障和社区治理方面等都可以引入农村社会工作。社会工作在珠海就是以承接政府职能转移的形式发展的，由农村社会工作承接部分"幸福村居"建设内容，以承担政府职能的形式引入农村社会工作，进行农村社会服务和社区建设，是农村社会工作介入的必要道路。

三是加强农村社会工作制度建设。制定政策法规，保证农村社会工作规范运行；建设农村社会工作专业人才队伍，引入和培养专业人才，推动社会工作职业化进程；完善社会工作薪酬福利指导体系，解决农村社会工作从业人员后顾之忧；加大对农村社会工作的投入，建立健全政府购买社工服务机制；加强监督，促进各项制度良性运行，协调发展。

四是扩大社会管理的主体。农村社会工作不仅仅要依靠政府，更重要的是通过专业的社会工作机构和社会组织进行农村社会工作的介入和服务。社会工作也应该成为社会管理的主体之一。一般来说，社会管理包括两类：一是政府社会管理；二是社会自我管理和社会自治管理。而现代社会管理是以政府管理与协调、非政府组织为中介、基层自治为基础以及公众广泛参与的互动过程。目前，提高社会自治与自我服务能力已成为当代社会管理发展的一个大趋势，也是目前农村社区建设的一大趋势。政府管理重心在下移，为了适应这种下移，政府可以将社会组织的审批制改为登记制，加强培育社区民间组织，同时从税收上扶持社会组织，以此来鼓励民间组织进入农村进行服务，并通过"赋权"来调动社会组织和社工机构的积极性。

（三）精英培养

农村社会工作的最终目的在于实现农村社区自治。乡村精英是指在经济资源、政治地位、文化水平、社会关系、社区威信、办事能力等方面具有相对优势，具有较强的自我意识与参与意识，并对当地的发展具有较大影响或推动作用的村民。自古以来，乡村精英就是我国乡村经济社会发展的重要力量。改革开放以来，随着乡村社会的转型及村民自治的发展，乡村精英得以重生和壮大，他们对于农村发展的积极作用也日益凸显。

通过山西永济蒲韩社区的发展历程可知，乡村精英在社区建设中可以并且应该发挥重要的带头作用。目前，珠海市各个农村的整体情况在于党员领导干部普遍年龄较大、学历较低，难以发挥精英带头作用。农村社会工作的最终目标是实现农村政治、经济、社会、文化等各项事业协调发展。人是各项事业兴旺发展的根本，没有一批较高综合素质的农民和农村精英，所有的奋斗目标都是空谈。应大力开展科普教育、科技培训，着力提高农民的科学素质。要切实加强农民就业培训工作，提升农民生产技术和实用技能水平，促进农民增收。整合可利用的培训资源，抓好农民的思想道德和文化知识培训的载体建设，开展丰富多彩的文体活动，提高农民的综合素质。调动农民参与社区建设，积极引导和教育农民遵纪守法、尊老爱幼、诚实守信、文明健康、共同致富。所有这一切不能完全依靠外部的支持和协助，而需要从农村内部培养出领导者来进行自我提升。

乡村精英的培养一方面在于内部培养，另一方面在于外部的引入。就内部培养方面，社会工作者可以进行充分挖掘，通过日常走访与活动的开展，积极寻找和发展热心社区事务、有一定社区威望和基层管理能力的村民，鼓励和支持他们为社区建设献计献策，也可以帮助申请各种农业农村发展培训，增强其知识水平和管理能力。一般来说，前期的乡村精英主要来自村委会和基层党员干部，这也是农村社会工作者在介入之初可以依靠的重要力量。就外部引入方面主要有两个重要来源：一是珠海侨胞，他们当中很多人身在异乡但心系故土，很愿意为家乡的发展提供支持；二是大学生村干部也可以成为乡村的精英储备，大学生村干部往往有着较为开阔的视野，对于农村社会事业也有着一定的热情和抱负，将他们加以培养可以为农村的发展做出一定贡献。

（四）特色建立

从前面的分析可知，珠海市的农村总体来说是一种后发型的农村社区，但是在这其中也呈现出三种不一样的发展面貌，可以概括为工业化农村社区、半工半农社区、纯农业社区。不过在珠海也有部分工业化农村社区是属于先发型农村社区，经济发展水平较高，基本实现了城镇化。对待不同的农村经济社区发展程度，需要探索出各具特色的农村社会工作发展道路。

在不同地区和经济社会发展的不同阶段，应该要有不同内容的社会工作介入，也应该有不同种类的农村社区建设存在，因地制宜探索开发，通过社会工作给予扶持引导，促进各类农村社区的蓬勃发展。在农村社会工作推进和农村社区建设的发展道路上，随着农村经济社会发展和城市化进程的加快，要不断探索农村社会工作服务新机制、不断完善农村社区管理和服务体制建设的新模式，找出科学的工作方法，努力将农村社区建设成为管理有序、服务完善、文明祥和的社会生活共同体。

六　农村社会工作介入幸福村居建设的成果初探

从 2013 年 6 月开始，农村社会工作介入幸福村居已有一年的时间，这一年里服务已初见成效。在入驻初期，各项目点坚持以服务为本，在改善民众生活、解决实际问题方面发挥切实作用，增强社会工作可持续发展的动力。在农村社会工作开展服务近一年的时间里，各项目点完成了从初期筹备到成熟运营并提供常态化服务的转型，在农村社会工作的介入过程中，社工始终与村民同行，以自我组织培育和建设为根本手段，挖掘和应对村民的真实需求，逐步实现村民的自我组织和团结，服务成效受到当地居民、村委会、社会企业、基层政府等相关人员和组织的认可。

（一）幸福村居建设中的农村社会工作内容

1. 以需求为导向，确立服务范围

社工中心的运作，社工服务的开展，都要求立足村居实际，从服务对象的需求出发，制定和开展符合村居情况、服务对象实际需要的服务。对此，各农村社工服务中心在入驻初期便开展了村居基本情况摸底调研及服务对象需求调研，依托各村委会，通过查找文献资料、入户访谈、问卷调查等形式了解村居历史文化状况、经济结构、人口结构及服务对象需求。通过调研及分析，细分服务类别，运用可调动的社区资源，制定出切实可行的社会工作服务目标。

2. 以群体为基础，提供专业服务

针对不同的需求群体开展专业服务，以老年人和儿童青少年为起点，涵盖妇女、外来务工人员、残障人士、五保户等特殊群体，延伸至家庭，覆盖全社区。针对老年人开展常态化入户探访、建档服务，通过专业小组和兴趣小组，重在维持老年人身心健康；对儿童青少年提供支持性、发展性和补充性服务，提升青少年和儿童身心素质与能力；针对农村留守妇女，开展各类活动丰富村内妇女娱乐生活，疏导妇女生活及心理压力。

一年来，珠海市各农村社会工作服务中心为老年人、青少年及儿童、外来务工人员、妇女、残疾人等群体建立服务档案 2000 余个，开展咨询及辅导个案 300 余个，服务居民约 26000 余人次。

3. 以活动为载体，建立村民互助关系

农村地区资源相对稀少和封闭，因此，村民内部的互动与互助比城市社区更为重要。社工通过协助群体或社区的互助以回应农村公共服务的不足或缺位。具体来说，通过组织多样化的小组活动及社区活动，促进村民间的熟悉；通过发展村居内部志愿者队伍，增进村民之间的互帮互助和团结友爱；通过挖掘和宣传社区传统文化，增强村民对社区的认同。以各类活动为载体，发展和巩固良好的邻里关系和村民秩序，营造良好的社区互助氛围。

4. 以自助为导向，建设社区支持网络

农村社会工作的最终目标在于社区实现自主建设，农村社会工作以社区、社会组织、社工"三社"联动和社区工作为主要方法，从困境人员的需求出发，积极链接和整合资源，搭建支持平台，实现社区自助。

一方面，链接外部资源网络，包括资金、人力、组织机构资源，如联系市团委、市妇联、当地政府部门及社会组织、企业等社会力量积极投入资源，为社工机构提供支持或联合开展社区服务。另一方面，建设信息网络，如各机构开通微博、博客等媒体平台，加强内外部信息共享。例如，南门村制作《南门轶事》刊物，宣传南门村历史文化知识；市民政局社工科与市社工协会定期印制《农村社会工作简报》及更新相关网站平台，形成多面向信息沟通渠道。

（二）农村社会工作对于幸福村居建设的意义及思考

农村地区由于社会保障、社会福利和社会服务发展相对缓慢，社会工作在介入中所承担的角色与城区社会工作也有所不同。近年来，农村社会工作在国内部分地区有过探索，如江西万载、云南平寨、湖南古丈、广东从化等地区都先后进行过农村社会工作的尝试，并在当地发挥了一定影响力。而在探究各地发展经验时发现，虽然不同地区的发展路径各不相同，社工的介入模式也有所区别，但其针对的农村问题却有着较高的同质性，大部分的成功实践都在中西部或较为偏远落后的地区，主要都面临着农村空心化的问题。相比之下，珠海农村生态环境上相对较好，村庄建设相对有序，土地荒废的情况不太严重，农村的空心化程度不高，因此，珠海的农村社会工作是一次全新的探索和实践。

1. 社会工作推进了城乡公共服务均等化

在创建幸福村居和推进农村社会工作之前，珠海市城乡二元结构还没有得到根本改变，城市的生活水平、公共服务、基础环境、文化生活都相对较好，农村地区的文化生活则比较缺乏，社会保障的力度也有限。在此前提下，珠海发展农村社会工作，是通过个人、家庭、群体的服务为介入手段，

回应农村社区发展脉络，协同政府辨认当前社会保障和服务的不足，指向社区互助及农村社会保障制度的建立。其中蕴含的重要意义，即通过社会工作进农村和社工服务向村民，加快推进了珠海市城乡公共服务均等化进程。

具体来说，在社会工作介入之前，由于政府资源投入的不足，专业服务力量的缺失，服务场所及设施的缺乏等原因，导致农村群体公共服务需求长期得不到满足，公共服务提供的满意度普遍偏低，特别是在老年人、儿童及青少年、妇女及残障等弱势群体的服务上，远远跟不上城市的发展步伐。社工机构入驻后，成立社会工作服务中心，设立社区活动室、图书室，使得农村社区服务设施逐步建立，服务领域逐步拓展；通过社区活动和文字刊物编制，开展社区传统文化宣传，使得社区文化得以传承和巩固，村民间的凝聚力也得以增强。而专业社工人员对服务对象的关注和服务，一方面使得村居基层工作人员工作作风、服务意识得到转变和加强，另一方面使得农村老年人及妇女健康维护、儿童及青少年教育辅导、就业服务、政策咨询等服务得到有效开展，公共服务资源的提供也更加符合居民需求和更加合理高效。通过财政力量支持社会工作在农村地区的开展，既是解决社会公共资源不均衡，社会公共产品不均等的有力途径，也有效弥补了农村公共服务的产品提供方面的欠缺，对城乡公共服务的均等化产生了重要的推动意义。

2. 社会工作是农村公共服务体系建设的创新

社会工作在农村的开展，创新了农村公共服务体系建设。在我国，非营利组织已成为发展社会公共服务的新载体，专业社会工作秉承扶危济困、助人自助的理念，在扶助弱势社会成员、协调社会关系、开展社会服务等方面正发挥着越来越重要的作用，已成为制度化社会福利体系的有机组成部分。

在社区，社会工作者往往集微观、中观和宏观服务于一体、寓社区公共事务管理于公共服务之中。可以说，在农村社区这一社会生活共同体的层面上，社会工作有着广阔的发挥优势的空间。一年来，社会工作者运用一系列专业的方法面向农村弱势人群和边缘人群开展直接服务，并通过预防和解决社区矛盾和问题促进农村社区的发展，在农村地区的公共服务中，发挥了极为重要的作用。专业社会工作者参与社区困难救助、福利服务、矛盾调处、权益维护、心理疏导、行为矫治，这些也都属于社区公共服务的范畴。而社会工作的介入，也改进了传统上农村地区公共服务的提供方式，通过公共财政、社会组织、企业与家庭的合作，链接各方的财力物力人力资源投入农村，发挥和体现了财政资金的公益性价值，提高了公共服务质量和效益，打破了原有的财政上的单向资金投入，形成了多位一体的农村公共服务体系。

3. 社会工作是农村社区治理的重要力量

有学者认为，当前我国社区协同治理过程中存在以下几方面的普遍性问题：一是社区治理多元化主体不足，"管理行为"多于"服务行为"，基层的社会组织实体，没有在社区治理中发挥出应有的作用；二是社区协同治理的意识淡薄，社区建设参与不足，社区居民缺少参与公共活动的热情，对社区公共事务淡漠，对社区缺乏归属感、认同感；三是社区专业化工作者缺乏，协同治理能力不足，缺乏覆盖全体居民的社区服务体系与专业化服务人才队伍，不能很好地满足居民的多元化需求[1]。在这一背景下，农村社会工作的介入，成为完善农村社区治理，建设幸福村居的重要力量，其作用及重要性主要体现在以下三个方面。

（1）建立起以地域性为工作特征、居民认同感为纽带、居民自治性质的新型社区和社区组织体系。有的农村从充分挖掘本土历史和特色文化的角度入手，增强社区居民认同感，如海澄村社工通过访问老人编撰社区历史和变迁的书籍；南门村则定期刊出《南门轶事》，让社区居民了解社区文化；平塘社区则挖掘知青文化，侧重重新建立社区内部的文化纽带……有的村居则着重社区居民的自治，在服务过程中组织和培育本地的社区居民义工队伍，居民之间建立新的联结。

（2）建立起以社区服务体系为工作内容的社区中介组织，培育并整合

---

① 李莉、章君凤：《社区协同治理中的社会工作人才、机构与方法介入》，《学习与实践》2012 年第 10 期。

社区资源，发展社区福利，改进和提高人民的生活质量和社会福利水平。专业社会工作机构入驻幸福村居，为社区提供多方面的社区服务，这些机构本身也是社区中介组织的一种。除此之外，社会工作者还积极联系其他机构、企业和社会组织进入农村，同时将以往工青妇残联等基层工作进行整合，提高服务效率，提升服务水平。

（3）社会工作通过发挥教育和娱乐以及和谐人际关系、化解社会矛盾和冲突的功能，创建和谐文明的幸福社区。农村社会工作不仅带来常态化的服务，针对老年人、儿童青少年、妇女、残疾人等开展教育和娱乐活动，对留守的老人和儿童进行心理疏导，对生活中存在服务需求的村民提供专业帮助，解决了村居内民众的不少难题，也通过定期组织小组工作和社区工作营造出互帮互助、安定有序的良好氛围，使社区间矛盾和冲突进一步减少，各农村社会工作试点村居不断呈现出和谐稳定的面貌，居民更乐意参与社区事务，参与的增多使得因城镇化而引起的逐渐固化的交流形式又被逐步打破，人与人之间的关系得以重新建立，营建出村民自助—互助网络。

七　珠海农村社会工作未来发展的策略思考

农村社会工作是我国社会工作的重要组成部分，是试验和培育真正具有中国特色社会工作模式的极佳场所。在梳理和反思农村社会工作的理论和实务时，会发现我国农村社会工作虽然具有广阔的发展前景，但是并没有完全成熟的经验可供借鉴，因此，珠海农村社会工作的未来发展，尚需从理论研究和实务拓展等方面作进一步的策略思考。

（一）农村社会工作的理论研究

我国农村社会工作尚处于初级发展阶段，近年来，各地农村社会工作的发展经验产生了大量零散的、片段的具有应用价值的非正式理论，但鉴于中国农村的复杂性和社会工作理论范式的差异性，农村社会工作的价值理念、策略方法和角色定位等很不相同的，因此，学习和践行农村社会工作没有现成的理论模式可以遵循。

理论是实践的指引，中国农村社会工作的发展，亟须相应理论的指导。就目前的现实来看，我国整个社会工作理论建构的一个重要特征就是理论外借，农村社会工作也不例外，但外来的专业社会工作要嵌入乡村场域，有一个本土化的适应和创新过程。因此，将当代中国农村社会工作经验与模式进行总结和提炼，形成一套适合于中国发展实际的农村社会工作理论，必然会涉及专业社会工作与传统农村工作方式的比较，需要通过对本土经验的提炼与传统思想资源的发掘，及一定的理论整合和实践模式总结，才能将这些实践意义上的非正式理论上升到具有一般意义的理论架构，这是我国农村社会工作理论的大体趋势。

近年来，社会工作领域一个具有范式革命意义的变化就是优势视角的兴起，张和清等基于云南省绿寨村"城乡合作"项目的实践，总结出一种优势视角下的农村社会工作实践模式。此模式以能力建设和资产建立为核心，强调如何利用社会工作的介入手法和策略发掘农村当地社区和民众所拥有的资产和能力，从而使得当地社区和民众成为农村发展的真正主体。可以说，优势视角的农村社会工作是当下中国社会工作介入模式的范式转向，它既突破了传统"问题为本"的扶贫模式，也超越了"缺乏视角"和"工作者为本"的介入模式，立足于透彻的社会分析和农村自身的优势，整合地思考社会工作的介入策略，这值得我们思考和借鉴。

（二）农村社会工作的实务拓展

随着城市化的快速推进，许多城市问题与农村问题紧密相连，相互影响。从发展趋势看，当前的农村社会工作需要融入整个新农村与和谐社会的建设当中，才能使农村社会工作具备强大的生命力和创造性。仔细梳理并把握当下珠海农村的具体情境和面临的问题，将社会工作的开展纳入乡土社会和"幸福村居"建设，促进社会工作的本土化发展，为此，珠海的农村社会工作实务需要拓展新的领域，聚焦新的农村社会问题。

珠海农村社会工作实务的发展需要通过政策牵引、政府扶持，在直接服务领域之外，充分发挥社会工作者的倡导者角色，将服务领域向农村社会治理、社区发展等方向拓展，协调农村社会发展中出现的各种矛盾，以此激发农民自觉参与新农村建设，成为新农村建设的主体力量。

八　结语

农村社会工作是我国社会工作的重要组成部分，是试验和培育真正具有中国特色社会工作模式的极佳场所。目前珠海发展农村社会工作没有完全成熟的经验可以借鉴，以往的各种农村发展经验也需要在实践中予以检验和运用，因此，农村社会工作需要以实践为本，仔细梳理并把握当下珠海农村的具体情境和面临的问题，将社会工作的开展纳入乡土社会和"幸福村居"建设，促进社会工作的本土化发展。珠海的社会工作通过嵌入现有的农村社区公共服务和社会管理框架之中开展专业服务，在传递社会福利的过程中获得了自身的嵌入性发展。社会工作运用农村社区资源、推动村民参与、营建村民自助—互助网络等工作方法，有力地推动了幸福村居的建设，对于推进城乡公共服务均等化、统筹城乡发展发挥了重要意义。

农村社会治理研究[*]

——农村社会治理斗门模式调研报告

李育波

一 影响斗门农村和谐稳定的四大突出问题

近年来，斗门区积极推进农村社会治理机制建设，逐步建立了村务公开、村务监委会、村账镇代管等各项村务管理制度，但不可否认的是，还存在监督机制不完善、监督力度不足、制度落实不到位，群众的知情权、参与权、决策权和监督权无法得到保证等问题，主要体现在以下四方面。

（一）村印管理缺失，农村资金资产资源监管失控

莲洲镇某村村干部在未经村"两委"和村民代表大会同意，私自向亲友发包鱼塘，甚至承包价格远低于市场价或根本没有承包年限；白蕉镇某村村干部从 2003 年 1 月至 2010 年 4 月共私自签订资产承包合同 26 份，其中超过 20 年期限的 14 份，合同标的物不明的 16 份，甚至以租代买，且大部分经济合同欠缴合同款；斗门镇某村原党支部书记擅自与某公司签订合同，合作开发镇留给该村发展的 300 亩土地；乾务镇某村村委会主任擅自与其丈夫在本村的亲戚签订合同，把村集体的两块农用地以每亩每年 50 元的极低价格出租，然后其丈夫的亲戚以较高的价格租给本村其他村民，从而赚取差价。

* 课题负责人：李育波，原斗门区委常委、政法委书记、社管部部长，现任市总工会副主席；课题组成员：赵伟豪、吴社汉、陈瑞文；所在单位：斗门区委政法委。

上述案例的共同点是，村的主要干部绕过村"两委"和村民代表大会，利用自己保管村委会印章的便利，自己签名，在经济合同上盖上村委会印章，把村集体的资产或资源出租他人或公司，从而谋取私利，进而损害村集体的利益。这种违规甚至违法的行为不难被村民发现，也不难调查清楚。但等到被发现和查清之时，往往已造成很大的危害：一是造成村民对村"两委"的不信任，甚至引发村民上访乃至发生群体性事件；二是给村集体和村民造成经济等方面的损失；三是区、镇要派出干部进村调查处理，不但给上级党委、政府增加了工作量，也增加了行政成本，影响了各项政策法规在农村的贯彻实施；四是事情发生后，村主要干部往往会"下台"，村民要重新选一个村干部，而镇委、镇政府要培养一个村干部，既需要成本，也需要时间，对村的工作造成一定影响。

（二）村务公开形式化，村民对质无凭证

2004 年，乾务镇（2002 年原乾务镇与原五山镇合并为乾务镇）某村部分村民向镇政府提出，要求拿回已被镇政府使用超过 20 年的原该村位于某围的 400 亩土地。镇政府调查后发现：20 世纪 80 年代，当时的某大队干部和该块土地所属的生产队队长考虑到该地离村庄远又贫瘠且需上交公粮，无社员愿意耕种，所以与当时的五山公社达成口头协议，土地归五山公社，交公粮的任务也由五山公社承担。按照相关的法律、法规，由于行政区域的合并，该土地现为乾务镇集体所有。虽然乾务镇政府出具了当时五山公社投资整治土地、上交公粮、20 世纪 90 年代初的土地确权证据、相关证人口供，但由于缺乏当时土地移交的书面凭证，该村村民不服，一再上访。最后，斗门区政府行政裁决该块土地权属乾务镇集体所有，但镇政府给予某村一定的补偿，该村村民才息诉罢访；2010 年，白蕉镇某村10 多名村民到区上访反映，上级帮扶单位支持该村的帮扶款 20 多万元的发放没有公开，怀疑村干部以权谋私。经调查，该村"两委"在 3 个月前对该帮扶款的发放方案进行研究，并将发放方案提交村民代表会议讨论并举手通过后，在村里的电子信息屏幕上连续 3 天进行公开、公示。当信访

干部带上访村民到该村拿到村委会保存的电子凭证时，村民认为该电子凭证是事后伪造的，后上访人经熟悉的村民证实解释才息诉罢访；2011 年是斗门区村（居）换届之年，某镇某村的换届工作进展缓慢，成为换届难点村。经了解，该村换届工作进展不顺利，主要是部分村民提出，在没有经村民代表会议表决通过的情况下，现任村党支部书记兼村委会主任两年前卖了几块宅基地，要求他把这件事情交代清楚才能参加选举。后经调查发现，村委会的会议记录为"多数代表同意出卖两块宅基地"，但有的村民代表反映当时采取举手表决，也有村民代表表示记不清有否召开村民代表大会讨论此事。但工作组将调查结果反馈给村民时，村民表示会议记录是事后补上的，不可信。由于村两委拿不出确凿有力的证据，工作组只好继续深入调查和耐心细致地做群众工作。

以上案例给我们深刻的教训和启示：一是对于上访群众提出的诉求，必须作全面、深入的调查取证，证据中以原始书面凭证最具有权威性和说服力；二是村务涉及千百户村民的利益，村民素质参差不齐、利益诉求不一，所以要用村民容易接受、看得明白的方式公开村务；三是镇、村干部在决定、处理村务时不能只求快速、方便、以口头或举手表决的方式处理了事，必须以书面方式进行表决，留下书面凭证。

（三）村级管理工作机制、办事机制、监督机制不够完善，部分村干部落实制度不到位

白蕉镇某村拥有集体开发建设用地 300 多亩，村民个个紧盯着这块土地，而且各有想法。自 2010 年年初起，部分村民要求按人口分地，村"两委"不同意。于是，该部分村民不断到镇、区上访。区驻镇信访、维稳工作组与镇干部一起进驻该村，听取群众意见，宣传政策，引导村民走整块商住开发的路子。经过几个月耐心细致的群众工作，大多数村民同意区、镇的指导意见。2010 年年底，村"两委"考虑到本村没有开发资金，经征求村民代表同意，决定与房地产公司合作开发，挑选三家公司进行比较和投标后，选定某公司为合作开发公司。然而，2011 年元旦刚过，该村 30 多名村

民又到区政府上访，反映村"两委"在村民代表会议刚通过走合作开发模式的第二天，就与合作公司签订了合作开发合同，合作公司已将首期资金打进村委会账户，但合同条款不公平，要求区、镇政府调查和修改合同。区、镇联合调查组调查发现，村民反映情况基本属实，村委会与合作公司签订的合同未经任何审核，也未听取己方律师意见，合同条款确实有失公平。后来，在区司法局公职律师的参与下，经与合作公司协商，对合同条款进行了修订，村民才息诉罢访。

该案例反映出，近年来，农村虽然逐步建立了关于村务管理的各项制度，但工作机制、办事机制、监督机制却不够完善，容易出现制度落实不到位的问题。如上述案例一样，农村的有些事管住了，有些事没管住；有些地方制度落实得好，发挥了制度的作用，有些地方落实制度有偏差，制度的作用发挥不好；有些地方的制度有时落实得好，有时落实不好；有些地方部分落实得好，部分制度落实不够等问题。究其原因，除了因为农村干部落实制度意识淡薄、落实制度的自觉性不高外，主要是我们过去重制度建设、轻工作机制配套。比如，只重视检查各村村务是否公开，没有深入检查村务公开内容的真实性和全面性；只看是否召开过村民代表会讨论、通过村务，没有检查村民代表会议是如何召开的，村民在讨论时还有哪些意见。

（四）部分群众"信访不信法"，信访渠道不够畅通，造成信访工作压力沉重

中共中央政治局委员、中央政法委书记孟建柱强调指出："要毫不动摇地坚持党的群众路线这个'传家宝'，着力提升做好新形势下群众工作的能力。与时俱进、改革创新，进一步加强政法综治基层基础建设，为平安中国、法治中国建设贡献力量"。近几年来，斗门区虽在全省率先创建区人民接访中心，实施人民调解、行政调解、司法调解相互衔接的"大调解机制"，推行信访维稳工作"一岗双责"制度，加强信息研判，在排查、化解和稳控群众信访工作上取得明显成效。但是，由于各种原因，社会治理中存在一个突出问题，即不少群众"信访不信法"。无论是利益纠纷、利益诉

求，还是反映意见或提出工作建议，一律都通过信访去表达，通过信访解决；该走调解、仲裁、行政复议、诉讼等法律途径解决的不走法律途径解决，存在"大闹大解决、小闹小解决、不闹不解决"的错误思想。个别老上访户无视信访"三级终结"制度，不惜采取"封门堵路"等非法手段，寻求解决诉求的捷径，非正常越级到省进京上访，甚至缠访闹访，混淆了信访与依法维权、信访与法治的关系，严重扰乱了正常的信访秩序，引发不稳定因素。此外，因接访工作人员力量不足，而群众信访总量又居高不下，据统计，斗门区 2010 年来访 593 批 2692 人次，来信 219 封；2011 年来访 467 批 2862 人次，来信 260 封；2012 年来访 392 批 2559 人次，来信 188 封；2013 年来访 343 批 2092 人次，来信 199 封，信访工作压力沉重。

二　农村社会治理斗门模式主要内容

农村社会治理是一项复杂的系统工程，没有一个良性运转的管理机制系统作保证，农村社会治理将失去管理的平台基础。因此，斗门区经过 9 个月的调研最终出台了加强村政村务管理监督机制建设、加强农村集体"三资"管理、实施村务公开"明白纸"制度、开展信访事项代理工作等一系列创新农村社会管理机制的 8 个文件，建立了农村社会治理斗门模式。

（一）加强村政村务审核监督机制

1. 建立村政村务审核监督机制

为了加强对村务的监督，村成立了村民理财小组、村务监督小组，镇设立了会计核算中心和其他指导、监督村务的机构，但在实施、执行过程中仍然存在一些问题：第一，农村是人情关系表现最突出的地方，村干部不希望被严格审核、监督，本村的审核、监督人员也不愿得罪人，往往审核不认真、不负责，睁一只眼闭一只眼，网开一面。第二，村干部三年一换届，新选上的村干部没有接受审核、监督的意识，没有主动接受审核、监督的习惯，有的村干部刚学会怎样当好村干部就到了换届的时候。第三，农村干部和村的审核、监督人员文化水平相对较低，对有些事物看不明、想不清，工作时粗心大意的多，耐心细致的少，不习惯按程序办事。第四，有些镇的驻村领导、干部和镇的审核、监督机构考虑到要与村干部处好关系，也往往网开一面，履行职责不到位。针对这些问题，区、镇必须经常检查对村务的审核、签字过程及其有关文书档案资料，对于问题严重的要发现一起处理一起。具体规定如下。

各镇结合当前农村综合改革工作及农村集体资产管理交易平台建设，由镇委副书记统筹纪委、经管站、生产办、司法所、农村财务管理中心、财政所、区检察院驻派检察室、区法院驻村法官联络室等单位的资源力量，成立村政村务审查监督工作领导小组，负责对自治章程、村规民约合法性的审查监督；对村"两委"、村务监委会工作开展情况、村"两委"、村务监委会组成人员依照法律、法规的规定履行职责情况的指导、检查、监督；对涉及村民利益，应经村民会议、户代表会议、村民代表会议讨论决定的事项、议定内容、议定结果、议定程序等是否合法、客观、真实的情况，进行指导、审查、监督；对各行政村"三资"管理、使用等情况的指导、检查、监督、管理；对村民委员会依法应向村民公布、接受村民监督事项的公开内容是否真实、全面，公开程序是否合法、及时等方面进行指导、检查、监督、管理等。村政村务审查监督工作领导小组下设驻村工作组，由镇驻村干部、村支部党员代表、村民代表、村政村务审查监督工作联络员等组成，具体协助村政村务审查监督工作领导小组开展村政村务审查监督管理工作。村政村务审查监督工作领导小组对村政村务进行审查监督的方式：一是建立健全村民自治章程、村规民约、村民会议、村民代表会议、户代表会议报备制度；二是列席村"两委"会议、村民会议、村民代表会议、村党员会议、村务监委会议；三是对村政村务的执行过程及有关档案、文书资料开展日常检查、监督、指导；四是设立群众投诉电话，收集社情民意，利用群众力量开展监督；五是村政村务审查监督工作领导小组通过定期召开例会等方式听取驻村居工作组工作汇报，检查指导工作；六是建立健全年终考查考核和奖惩制度，落实工作措施和责任。区纪委牵头，区委社管部、区农业局、区民政局协助，具体负责指导、协调各镇的村政村务审查监督工作领导小组开展工作。

2. 建立健全村民会议讨论事项须先提交书面方案工作机制

以往讨论村务时，村干部往往口头告知村民代表。有的村干部说不清楚，村民代表听不明白，而且口头说时主观意愿和个人感情因素较多。没有书面方案，村民代表讨论时往往无的放矢，没有依据和凭据进行"票决"，影响村务决策和会议质量。因此，新政建立了凡需提交村民代表会议讨论的事项必须有书面方案的机制，这是对症下药。具体规定如下。

对村集体经济所得收益的使用、本村公益事业的兴办和筹资筹劳方案、建设承包、土地承包发包经营、村集体经济项目的立项承包、宅基地的分配使用、农村集体留用地的开发使用、征地补偿费的使用分配、村集体财产的处分及村民会议认为应当由村民会议、村民代表会议讨论决定的涉及村民利益的其他事项，村"两委"必须开会集体讨论，形成初步意见，并听取有关专家和律师的建议后，根据有关法律、法规和村的实际撰写成书面方案。在召开村民会议15天前，要将书面方案报镇村政村务审查监督领导小组备案，并发给村民代表，通过村民代表入户收集村民意见、设置征求意见箱、民意恳谈会、村民议事会、党员联名联户提议等方式，特别是要通过村民代表入户收集村民意见，广泛征求村民、党员、村务监委会和村民代表的意见，听取镇相关领导和干部的意见，然后综合各种意见，修改、完善书面方案后，才能召开村民会议或村民代表会议票决通过。表决时应实行重大事项"票决制"，保证书面方案给参会人员人手一份。票决后，须将书面方案和表决票等表决原始资料进行整理，并由监票员、计票员、派驻村工作组人员签名后封存归档。第二天必须将表决结果通过村务公开栏及村务公开纸（又称明白纸）等方式向村民公开。

3. 建立重大决策事前、事中请教专家、律师工作机制

由于农村资源资产开发利用涉及千百户村民的切身利益，经济合同专业程度高、适用范围广，普通村民难以准确掌握全部条款可能存在的风险。村政村务的决策和实施，应当既体现广大村民的意愿、维护村民的利益，又必须适应社会主义市场经济体制要求，符合法律法规和政策的规定。因此，建立重大决策事前、事中请教专家、律师工作机制。具体规定如下。

各村对村重大建设项目的立项、承包、管理等方案，集体资产的处置、土地承包使用、补偿分配、集体收益使用等重大事项决策的事前、事中应进行法律咨询，请教专家进行可行性论证后，提交村民代表大会讨论表决。重大事项决策事前、事中请教专家、律师，可由村集体讨论决定请教驻村律师或专家；或经村委申请后，由镇村政村务审查监督工作领导小组在专家、律师人力资源方面提供指导、帮助和协调，如推荐公职律师、各行业专家给村，采取自愿结对和推荐相结合的办法选派专家、律师提供专业服务。

4. 建立镇、村干部入户派发"明白纸"工作机制

为推进村务公开，保障每个村民都享有对村政村务的知情权、参与权、决策权和监督权，进一步创新"明白纸"制度的监督落实方式，建立镇、村干部入户派发"明白纸"的工作机制。具体规定如下。

对包括村民会议、村民代表会议讨论决定的事项及其实施情况；政府拨付和接受社会捐赠的救灾救助、补贴补助等资金、物资的管理使用情况；村民委员会协助人民政府开展工作的情况以及涉及本村村民利益，村民普遍关心的其他事项；需要向群众宣传的党和政府的有关政策、方针及法律法规规定应当向群众公开的内容，均以"明白纸"的方式进行公开，要求每个镇、村干部、村民代表包村、包片、包组负责，直接派发到每家每户。镇、村干部交叉检查派发落实情况，向村民了解派发"明白纸"的情况及其阅读之后的反馈意见，并如实记录，综合上报村政村务审查监督工作领导小组。通过这一工作机制，不但可以使镇、村更加重视村务公开"明白纸"制度的落实，使"明白纸"的制作、审批更加规范，内容更加丰富、真实、全面、通俗，还可成为镇、村干部密切联系群众的桥梁，是密切党群关系、干群关系，推进村务公开的重要抓手。村政村务审查监督工作领导小组负责组织协调、监督镇、村干部入户派发文件、资料机制的落实情况。

（二）创建落实村务公开"明白纸"制度

所谓"明白纸"，是指村务公开书。之所以要把"明白纸"送进每家每户，是因为这能让所有村民对村务公开看得见、摸得着。让村民保存现在村务公开的书面凭证，使将来村民对现在的村务有据可查，确保现在的村务不会成为将来难于解决的历史遗留问题。同时，当有的村民不明白现在和过去的村务时，让明白村务的村民去宣传、教育、引导不明白的村民很有效，其中明白村务的村民用其保存的"明白纸"去说服村民最为有效，不明白村务的村民也最为信服。与其在村民提出诉求时，派干部去做说服教育工作，不如由村民说服教育村民。

《斗门区关于实施村务公开"明白纸"制度的工作意见》提出：每月的10日为村务公开日，各村必须在公开日向群众发放村务公开"明白纸"，村务公开"明白纸"包括本村上个月需要公布的各种事项和群众要求公开的内容。一般性的村务事项每季度公开一次，每季度首月10日公开上季度情况。征用土地和宅基地审批、救灾救济款物发放、招商引资、公益事业建设、资产资源变动等涉及村民利益的重大事项及村级公益事业建设等重大问题的决策、实施或者群众要求公开的事项，必须及时予以公开，接受群众监督。村务公开"明白纸"由镇、村干部、村民代表包村、包片、包组负责直接派发到每家每户，保障每个村民都享有对村务的知情权、参与权、决策权和监督权。村务公开"明白纸"制度的落实情况将列入农村干部考核内容，对村务公开"明白纸"制度的落实情况公开监督，予以奖惩。

在过去，斗门区村务公开工作在促进农村改革、发展、稳定方面发挥了重要作用。但实践证明，设立村务公开栏，通过政府网站、电子屏幕、手机短信等向村民公布村务的形式仍存在不足。

《斗门区关于实施村务公开"明白纸"制度的工作意见》的颁布实施，有助于解决村务公开力度不足，村民的知情权、决策权、监督权等得不到落实的问题。实施村务公开"明白纸"制度，是创新社会治理、探索基层民主自治、加强民主监督的重要举措，对进一步促进村级民主政治建设，搞好村级民主选举，密切干群关系，促进农村基层干部廉洁自律，维护农村社会稳定具有现实意义。此外，"明白纸"作为书面凭证，不仅方便村民阅读、村民之间对村务的沟通交流，也便于村民装订成册，作为证据长期保存，进一步培养村民保留证据的意识。更能方便村民监督每期村务公开内容的连续性、一致性，监督村务公开事项的落实。"明白纸"上的内容经过村"两委"会确定，村支书、村主任签名后上报镇审核，经驻村镇领导签名后确认，有效地控制农村不稳定因素。

（三）完善农村集体资金资产资源管理制度建设

村民不信任，村委难辩解，这是斗门农村集体资产交易的一个缩影。在较长一段时期内，庞大的农村集体资产总量，其管理、出让、出租、发包权全部掌握在村集体的手中。村中某些人垄断集体资产，个别不良村干部非法牟利，村民上访时有发生。某种程度上说，这是斗门农村矛盾凸显的根源。

为加强村集体经济组织资金、资产、资源（简称"三资"）规范化管理，促进农村基层党风廉政建设，推动村级经济健康、协调、可持续发展，根据广东省相关文件精神，斗门区制定并下发了《斗门区农村集体资金资产资源管理暂行规定》《斗门区农村集体资产资源交易管理办法（试行）》等文件。根据规定，斗门区建立农村集体"三资"管理办公室，下设"农村财务管理服务中心""农村集体资产资源交易管理服务中心"，负责对辖区内农村集体"三资"管理工作进行统筹、协调、指导、监督和检查。按照规定，目前斗门所有农村集体资产资源交易受到各级"三资"监管部门监管，相关交易信息将在各村公布栏及"斗门区农村集体资产资源交易管理平台"的网站上公布，接受村民监督。通过对"三资"交易的透明监管，从源头上杜绝农村不稳定因素。

长期以来，农村集体资产经营过程中私相授受、暗箱操作，特别是内外勾结，签订动辄几十年的"超低价"出租、承包合同，损公肥私，使"村干部"成为腐败重灾区。近年来，区里的农民上访，大多集中在农村资产、资源交易的不公开化，导致农民利益受损害。资金、资产、资源公开交易，事关村民的切身利益，而村委会印章代表的是一个村的权力。管住印章，就是管住权力。参照"村账镇代管"的做法，斗门区在全省首创农村集体资产资源交易电子印章，部分实行"村印镇代管"制度，农村集体资产资源交易除了盖村经济联社公章之外，还要镇里加盖电子公章。多了一道程序，就可以规范村"两委"的权力运行，让镇委、镇政府有效地监督村"两委"干部的权力，有利于村级权力在有效监管下健康运行，有利于维护村集体和村民的利益，有利于保护农村干部，有利于促进农村的稳定和谐。

（四）加强依法化解信访问题工作和建立信访事项代理工作机制

1. 加强依法化解信访问题工作

当前，斗门正处于改革发展的攻坚期和矛盾问题的凸显期，依法化解信访问题、维护社会和谐稳定是各级党委、政府当前和今后一项长期性硬任务，是第一责任。面对当前各种错综复杂的矛盾纠纷，斗门区深刻认识到必须转变传统的信访维稳观念，创新信访维稳模式，善于运用法律手段化解信访问题，有效发挥法律在维护公民合法权益、调解社会矛盾和冲突方面的功能作用，解决群众"信访不信法"问题，据此，斗门根据上级有关加强信访工作的部署和要求，结合自身实际，出台了《斗门区关于依法化解信访问题的工作意见》，具体规定如下。

一是畅通依法解决信访问题渠道。加强三大调解和诉前联调机制建设。大力推进基层调解网络建设，加快发展专业化、行业性人民调解组织，坚持调解优先、依法调解原则，充分发挥人民调解、行政调解、司法调解和诉前联调机制的作用，构建大调解格局；进一步加强"区—镇（街）—村（居）—组"综治信访维稳四级平台建设，重点加强村（居）综治信访维稳工作站、"十户联建"小组的建设，建立健全考评考核工作机制，建立高效务实的"区—镇（街）—村（居）—组"综治信访维稳四级调处化解社会矛盾纠纷工作体系；进一步完善领导干部接访机制和"网上信访平台"建设。继续深入开展领导干部"四访"活动，促进领导干部接访机制常态化、规范化。加快推进"网上信访"平台建设，以普及应用为重点，进一步扩大网上信访覆盖面，统筹兼顾全国信访信息系统、省综治信访维稳信息管理系统和区综治信访维稳综合管理工作平台的建设，进一步规范业务办理流程，妥善解决群众网上信访诉求。

二是加强仲裁和审判工作，促进司法公正，树立司法权威，教育和引导群众"信法"。全面推进量刑和民商事案件自由裁量权规范化改革，推行主动执行，完善法院执行协作和信息共享机制，加大积案清理力度，提高司法效率；全面推行司法公开。加大立案、庭审、执行、听证、文书、审务、法律法规等方面信息公开力度，有效利用纸媒、网络、公告栏、电子屏等媒介，及时公开有关信息，落实阳光司法；确保司法廉洁公正。强化司法监督，加大廉政教育力度，尤其是加大对司法腐败和违法违纪干警的惩处力度，让广大群众从严格规范、公正廉洁执法中感受到法律的尊严权威和社会的公平正义；加强执法监督。建立健全重大执法活动和事项报告制度，建立健全对执法行为和各级领导干部监督管理的协调配合机制，使法律监督与纪检监督、组织监督、立法监督、民主监督、舆论监督形成有力的监督体系，提高执法办案质量和执法公信力。

三是强化法律服务，加强法制宣传教育，积极引导群众走调解、仲裁、行政复议、诉讼等渠道依法解决信访问题。大力加强人民调解、法律咨询、法律援助、公证等法律服务，开展"法律顾问进村居、送法促和谐"活动，注重发挥律师、调解员、信访代理员等力量的专业优势，加强工会、妇联等人民团体的法律援助中心平台建设；加大法制宣传力度，认真开展"六五"普法教育，大力开展法治文化建设，扎实推进"法律六进"和"阳光法治·法治惠民"主题实践活动，有针对性地开展普法宣传教育活动，切实做到法治教育到点到位，切实让依法信访的观念深入人心；加强对各级领导干部的法治培训，建立领导干部每年接受法治知识教育制度和考核规定，特别是加强对农村干部的法制教育培训，使各级领导干部坚持依法执政、依法行政、依法决策；全面建设法治服务型政府，推行行政执法流程网上管理，规范行政处罚自由裁量权，完善行政执法案卷评查制度，完善政务信息公开投诉制度。坚持法理情相统一，在严格依法办事的基础上，完善利益协调、协商机制；严格执行和落实《社会稳定风险评估制度》对事关民生的重大决策和重点项目，进行合法性、合理性、可行性、可控性评估，问政于民、问需于民、问计于民；进一步加强依法治区办事机构以及镇（街）检察官工作室、人民法庭等基层法治机构建设，确保基层法治工作落实到位。

四是认真贯彻落实信访有关法律法规，维护正常信访秩序。严格落实《广东省信访条例》，严格执行信访三级终结制。切实重视初信、初访，做到受理及时、按照规定时限答复，通过高质量办理信访事项，切实提高群众满意度，自觉遵守和执行信访事项三级终结制度。大力化解历史疑难信访积案，落实责任分工，采取先易后难的方法开展调处化解工作，重点解决"三跨三分离"（跨辖区、跨部门、跨行业、人事分离、人户分离、人事户分离）案件；建立健全信访事项依法终结制。尽快出台信访事项依法终结制相关实施意见，明确信访工作的程序和信访事项的处理终结标准，为信访事项依法终结工作提供制度保障。

2. 推行信访事项代理工作

斗门区委对近年来的信访工作进行了认真分析，认为信访工作归根到底是群众工作，信访工作出现一些问题，归根到底是在群众立场、群众观点、群众工作方式方法、群众工作制度上出了问题，归根到底是因为没有把群众路线贯彻落实到想问题、做决策、办事情的各个方面、各个环节。基于这种认识，斗门区区委努力探索新的方式方法，经过充分调研，出台了《斗门区关于开展信访事项代理工作的实施意见（试行）》，在全区推行信访事项代理工作，成立区、镇（街）、村（居）三级信访代理工作服务站，选聘信访代理员，使信访工作关口前移，把接访平台搭建到群众身边，从源头上化解矛盾纠纷，增强基层调处和化解信访矛盾的能力，筑牢基层信访工作的群众基础，进一步畅通信访渠道。通过各级信访代理员依法代言代办群众信访事项，有利于解决无序访、盲目访、多头访、重复访问题，有利于快速有效化解中小信访事项，有利于提高政府工作效率，塑造服务型政府的良好形象。具体规定如下。

成立社会组织信访代理工作服务总站，充分发挥退休干部熟悉相关法律法规和斗门发展历史，人脉关系广，说话有说服力的优势，让群众更便捷地反映诉求，及时获取法律意见，降低群众解决问题成本。同时，信访代理服务总站有效引导"老大难"信访案件信访人通过法律途径解决信访事项，切实减轻了信访干部压力。全区信访代理工作机构分区—镇（街）、宏源公司—村（居）三级。

（1）区设立信访代理工作服务总站，由区信访工作领导小组直接领导，并接受民政部门的监督和管理。负责全区信访代理工作的指导、监督、培训和管理工作。受理本级职责范围内的信访代理事项；协调解决下级代理机构遇到的疑难复杂案件，特别是"三跨"（跨辖区、跨部门、跨行业）及"三分离"（人事分离、人户分离、人事户分离）信访代理事项。

（2）镇（街）、宏源公司设立信访代理服务站，由本单位综治信访维稳中心直接领导，负责本辖区、本单位内的信访代理工作的组织、指导、监督、培训和管理工作；受理本职范围内的信访代理事项，代表群众向上级有权处理的机关反映超出本级职责范围的信访事项。

（3）各村（居）设立信访代理服务室，由村（居）党支部、村（居）委会直接领导，协助信访代理员向上级有权处理机关反映超出本级职责范围内的信访事项，组织发展信访信息员、社会义工、调查走访、排查处理本辖区范围内的信访代理事项；做好群众解释、答复和思想疏导教育工作。

三　农村社会治理斗门模式初见成效

（一）完善了农村社会治理机制

"治理"的基本含义是整治调理，管理、统治；"机制"是以一定的运作方式把事物的各个部分联系起来，使它们协调运行而发挥作用。斗门区的农村社会治理体制创新最大的亮点是为农村的社会治理找到了主体，形成了机制，建立了平台，把农村社会治理纳入了规范化、制度化轨道，创造性地实现了政府行政管理与基层群众自治的有效衔接和良性互动。不仅巩固了党在村级执政基础，维护了农村社会稳定，提高了农村社会治理科学化水平，更提高了村级贯彻落实上级政策执行力。自斗门区农村社会治理机制实施以来，得到了广大村民及各界的关注。2013 年 8 月，"珠海市斗门区农村综合改革"成为第二届"广东治理创新奖"（南方日报社主办的公益性媒体奖）唯一获得"农村改革奖"的项目，同时，"珠海市斗门信访代理制"入选2013 年全省基层社会治理创新优秀项目，成为珠海市唯一获省评定的优秀项目。

（二）减少了农村社会矛盾

近年来斗门区的各项社会治理工作能取得一定的成绩，皆因斗门区社会治理工作能从细处着手，从个案抓起，逐步厘清职能部门以及社会各方面与群众之间的矛盾关系所在，从源头上抓问题根本，从"破"到"化"，将社会治理工作逐步引向科学发展的阶段，从源头上杜绝农村不稳定因素。在 2014 年 3 月举行农村"两委"换届选举工作中，全区 101 个行政村和 23 个社区，只用了 50 天悉数完成换届选举工作，其间没有发生一起因为村务不公开而引发的上访或群体性事件，本届成为历年最顺利、最规范和最高效的农村"两委"换届之一。又如乾务镇网山村出嫁女信访问题。信访人曾找律师代理，亦借助媒体力量介入，均没有实际效果。经区信访代理工作服务总站受理后，深入研究分析，告知信访人该案的难点所在，每个阶段采取相应工作措施，让其清楚明白每个环节，从而依法主动配合开展信访代理工作。

（三）促进了农村经济发展

把社会治理与发展经济紧密结合，使得社会治理真正成为服务群众的"良方"，村民幸福感不断增强。自斗门区加强村政村务、集体资金资产资源（"三资"）、村务公开"明白纸"等农村社会治理机制的试行以来，为村集体的经济发展得到了较大改善，切实为村民发家致富。如斗门"三资"管理办法的出台，使得目前斗门所有农村集体资产资源交易受到各级"三资"监管部门监管，相关交易信息将在各村公布栏及"斗门区农村集体资产资源交易管理平台"的网站上公布，接受村民监督。截至 2014 年底，资产资源管理交易平台已录入登记资产资源数据 20876 条，各类发包、承包合同 13621 份，通过平台完成交易 1712 项，成交合同总标的额 1.34 亿元，实现集体资产资源保值增值。又如白蕉镇冲口村油漆厂前面空地的使用权招标底价 800 元/年亩，成交价 1200 元/年亩，成交价比招标底价高出 50%；斗门镇小赤坎市场内铺位底价 3333 元/年宗，成交价 10100 元/年宗，高出底价 203%。

四　农村社会治理斗门模式的启示

（一）农村社会治理体制改革要抓住重点

农村社会治理体制改革本身也是一项涉及广泛的系统工程，在顶层设计实施时一定要从实际出发，抓住重点。当前，对于广大的农村地区来说，农民最关心的还是解决发家致富的问题。农民手上有地就等于有了养家糊口的基础，但随着经济开发土地征收的大潮涌动，农民手里的土地越来越值钱，农村社会治理体制改革的重点应放在如何用机制从源头上把"蛋糕"分好，保障农民的经济利益和合法权益，从而巩固农村社会稳定局面。

（二）农村社会治理体制改革必须坚持以人为本

农村社会治理体制改革的最终目标是为了惠民，让农民共享发展成果，而脱离了群众需求的改革等于"空中楼阁"，难以发挥真正的作用。斗门区社会治理体制改革的一个基本原则是坚持以人为本，尊重群众意愿，把推进改革同维护好群众合法权益结合起来，着力解决群众最关心、最直接、最现实的利益问题，广泛听取群众意见，集民意、汇民智、凝民心、聚民力，充分调动最广大人民的积极性、主动性、创造性。通过改革攻坚，让群众得到看得见、摸得着的实惠。

（三）农村社会治理体制改革应加强法治化、制度化建设

社会转型的一个重要特征是规范的真空，即传统规范失去现实意义，而新的规范又未完全建立起来。为此，当前的农村社会治理机制的完善和创新必须进一步加强农村社会治理的法治化、制度化建设，坚定不移地推动农村普法教育和制度化建设，使法律和制度成为农村社会治理的基本准则。一是社会治理部门应严格按照法律、制度规定进行管理与行政。社会治理部门在实践职能时，应在法治和制度框架内完成，同时应该坚持廉洁透明、便民高效、诚信负责，认真履行社会治理的职责。二是农民及农村社会组织的行为实践应自觉以法律规则、制度规定为基本准绳，严格自律，使法律和制度真正成为农村社会秩序的有效维系机制和农村社会整合的基本纽带。

（四）农村社会治理体制改革应加强培育社会组织

社会组织作为沟通社会与政府的桥梁，对社会的平稳和谐运行起着至关重要的作用。片面强化政府的社会治理作用，在推进社会治理改革初期，可能会收到立竿见影的效果。但是，从长远看，发挥社会组织在社会治理中的第三方作用，反映不同社会阶层的正当诉求、化解社会矛盾、规范社会行为，能够从深层次上推进社会治理改革创新，形成政府、市场、社会三者有效分工协同的现代社会治理模式。农村社会是个熟人社会，群众性社会组织对农民具有很大的影响力和吸引力，在农村社会治理过程中发挥着不可替代的作用。当前，在推进农村社会治理体制改革的进程中，要积极培育并鼓励村民参与农村各类社会组织，满足农民的物质文化需求，解决广大村民的归属感，增强农村社区的凝聚力。

网络时代珠海社会管理创新研究*

戴志国

人类社会正经历以数字化、信息化为特征的互联网时代，互联网的迅速发展已经成为当今世界不可阻挡的潮流。据第 34 次中国互联网发展状况调查统计，截至 2014 年 6 月底，中国网民人数已达到 6.32 亿，其中，手机网民规模达 5.27 亿，互联网普及率达到 46.9%。网民上网设备中，手机使用率达 83.4%，首次超越传统 PC 整体 80.9% 的使用率①。随着互联网和移动互联网的日益普及和使用，互联网在中国民众的社会生活中扮演着越来越重要的角色，"日益成为人们生活、工作、学习不可或缺的工具，正对社会生活的方方面面产生着深刻影响"②，成为公民参与各种社会事务的重要途径。

社会管理创新是一个时代课题。随着以信息技术为支撑的网络社会的日益形成和深入发展，虚拟网络已经渗透到了现实社会生活的方方面面，成为人们社会交往的重要渠道和学习、生活、工作的重要载体。网络时代的到来，对城市的社会管理工作带来了全新的课题。一方面，互联网为城市社会管理提供了新的手段、方式和载体；另一方面，互联网也对城市现有的社会管理体制机制形成了较大的挑战。

日益形成还未定型的网络社会对珠海社会运行的影响力逐渐强化，现实

---

* 课题负责人：戴志国；主要成员：周子善、胡骄平、王庆华等；课题负责人所在单位：广东科学技术职业学院。

① 中国互联网络信息中心：《第 34 次中国互联网络发展状况统计报告》，http://www.cnnic.net.cn/hlwfzyj/hlwxzbg/hlwtjbg/201407/t20140721_47437.htm，最后访问日期：2014 年 7 月 21 日。

② 中国国务院新闻办公室：《中国互联网状况》，http://news.xinhuanet.com/politics/2010-06/08/c_12195221_3.htm，最后访问日期：2010 年 6 月 8 日。

社会对网络社会的依赖性与日俱增。珠海作为广东社会管理体制改革先行先试的"试验区"，面对新的社会管理环境，要创新珠海社会管理模式，提高社会管理水平，必须坚持与时俱进，注重研究互联网的发展对珠海社会管理带来的影响，这既是珠海社会管理工作的必然要求，也是珠海社会管理创新的内在需求。因此，深入揭示网络社会与现实社会的互动关系及其内在机理，阐明网络社会对现实社会管理产生的种种影响，把握利用互联网加强社会管理的有效方式，构建涵盖网络社会与现实社会的社会管理的新体制与新机制，是珠海社会管理创新的一项重要任务。

一　互联网的发展对社会管理的影响

科技作为一种革命力量，从来都是推动社会发展和文明进步的重要动力，基于信息技术之上的互联网也不例外。互联网时代，社会管理与网络"结缘"，已是大势所趋。然而，就社会管理而言，互联网的发展既是机遇，也是挑战[1]。

（一）互联网的发展对社会管理的机遇

互联网的发展为社会管理的民主化、科学化和高效化提供了前所未有的条件和便利，主要表现在以下三个方面。

1. 互联网为社会管理创造了方便、快捷的平台

人类管理的实现形式会随着管理地位的变化和科学技术的进步而不断更新和完善。社会管理涉及政府与公民两个方面，而互联网在两者之间搭起了一个方便、快捷的平台，在社会管理中发挥了越来越大的作用。"互联网迅猛发展为民主参与提供了先进的技术手段，开辟了民主参与的新渠道。"[2]

互联网的平等性冲破了传统社会治理中因社会地位、职业、金钱、权力

---

① 戴志国：《机遇与挑战：互联网时代的政府管理》，《理论导刊》2011 年第12 期。
② 郑曙村：《互联网给民主带来的机遇与挑战》，《政治学研究》2001 年第 2 期。

等因素导致的"等级结构",金字塔式的权力结构被"扁平化"。互联网的高效性和交互性,打破了传统的信息传播模式,带来了社会管理传统交流模式的变革。微博、微信、QQ 空间、网络社区、网络论坛等网络载体,使得每个网民面前都有一个话筒,都有"即时话语权"。每个有能力上网的人,都可以通过互联网获取信息、发表言论,对一些社会事件、公众关注的社会热点问题,及时予以评判、评论。互联网已不仅仅是人民群众自由表达言论的重要平台,也是民众参与社会事务、讨论社会事务的重要渠道,是政府与民众沟通不可缺少的通道。

此外,互联网具有不受时空限制、传播成本低廉、传输速度快捷等特点,无论身在何地,只要能够上网,就能发表言论,探讨问题,从而激发了公众参与社会事务的热情和兴趣,提高了公民参与社会管理的激情和能力。

2. 互联网促进了社会管理组织的扁平化、一体化

从发达国家社会管理的建设经验来看,社会管理的科学化、高效化始终与改变社会管理的组织结构紧密相关。精干的社会管理组织,是实现社会管理科学化、高效化的重要环节。互联网技术的发展,改变了传统的社会组织结构,打破了社会管理的层级制,减少了组织层级,促进了社会管理组织的扁平化、一体化发展,为提高社会管理的科学化和高效化创造了条件。互联网的"最大的功能即体现为'去科层化'","它与传统媒体最大的不同在于其受到科层体制的规制最小,其独立性较之传统媒体更高。因而更能够突破科层制的封锁和垄断,呈现真实而多样的信息。"[①]

互联网的高效性、交互性和集成性,决定了社会管理不需要通过层层管理机构的信息传递就可以实现公众与管理者的互动,从而使金字塔形的组织结构转变为扁平化的组织结构;由于信息能够在"条块"之间顺畅、交互流动,从而可以大大减少"政出多门""管理打架"的现象,"条条"和"块块"管理部门将日益走向一体化。不仅如此,"不同级别的政府部门

---

① 潘祥辉:《去科层化:互联网在政治传播中的最大功能》,《中国社会科学报》2010 年 12 月 16 日第 8 版。

（条与条之间，块与块之间）也更多使用互联网进行办公或进行内部沟通，这也大大改善了政府科层内部的信息沟通，同样也使不同级别的政府之间的可观察性大大提高"[1]。

社会管理的一体化使公民获得公共服务的方式、数量和质量都会发生较大的改观，从而可以提高管理者的管理能力，增强社会管理的效率。

3. 互联网扩展了社会监督的广度和深度

社会监督是社会管理的重要体现和保障，实现有效的社会监督是社会管理创新一直探索的难题。人民群众是社会管理的主体，而不是简单的被管理者，全体民众的积极参与是社会管理成功的表现。互联网技术的发展扩大了社会监督的对象和范围，创造了全新的社会监督模式。传统的社会监督基本上是一种间接监督，加之体制缺陷以及各种非正常因素的干扰，监督效力有限。而互联网则创造了一种更为直接、快捷的监督渠道，扩大了公民监督的广度，拓展了公民监督的深度，使公民能充分发挥其社会监督的主体地位。据统计，超过60%的网民对政府发挥互联网的监督作用予以积极评价，认为这是中国社会民主与进步的体现[2]。

近年来，从深圳海事局原党组书记林嘉祥在酒店借酒撒疯，被网友"搜索"出身份遭免官，到上海"钓鱼执法"事件中上海闵行区交通执法大队被判违法；从云南省晋宁县看守所的"躲猫猫"而死还原为狱霸行凶杀人，到湖北省巴东县的"邓玉娇案"由"故意杀人"改为"防卫过当"；从杭州"富家子飙车撞人案"到"我爸是李刚"事件；等等。所有这些案例，无不彰显出网络监督力量的强大。

近日，中央纪委监察部网站也发布消息，请网友晒一晒身边党员干部"组织涣散、纪律松弛"的现象，并就如何克服这种现象建言献策。中纪委的这一举动，也正是表明政府对网络反腐的重视，以及反腐正风的决心。在

---

① 潘祥辉：《去科层化：互联网在政治传播中的最大功能》，《中国社会科学报》2010年12月16日第8版。

② 中国国务院新闻办公室：《中国互联网状况》，新华网，http://news.xinhuan et.com/politics/2010-06/08/c_ 12195221_ 4.htm，最后访问日期：2010年6月8日。

互联网时代，一切违法行为和腐败现象都可能暴露在网民面前并诉诸公众，真可谓天网恢恢。这是以往任何时代都无法想象的，也是任何其他监督形式无法比拟的。

（二）互联网的发展对社会管理的挑战

任何科学技术的影响都具有两面性，互联网技术也是如此，它在为社会管理提供新的途径，创造新的空间的同时，给社会管理带来了新的问题。这主要表现在以下四个方面。

1. 信息安全的挑战

信息安全的挑战主要有两个方面。

（1）信息丢失和信息控制问题。由于信息越来越依赖网络进行存储、利用与传输，信息系统的故障将可能直接导致有用信息的丢失或泄密。数字化的网络社会是十分脆弱的，网络"黑客"运用电脑和网络技术，寻找计算机系统和信息交换系统的弱点，就可以非法截取或篡改数字信息，破坏系统的正常运作，甚至捣毁整个系统。中国是世界上遭受黑客攻击的主要受害国之一。信息的丢失和泄露已经给人类的数字生活带来了灾难性的打击。不久前名声大噪的美国"棱镜门"事件，引发了世界外交的一场大"地震"，便是最好的例证。

（2）信息失真问题。由于信息是通过电脑上传，从登录到发布，都是由服务器自动完成的，不会受到相关机构的审核，其可信度就无法保证。又因为网络的匿名性，网民成分的复杂性，再加上技术上难于防范等原因，网上存在大量的虚假信息也在所难免。更有甚者，利用网民的同情心，制造虚假民意。如湖南省城步原县委书记吴艺珍受贿案，案子审判过程中，吴艺珍之女吴芳宜利用网络，汇聚所谓的"网络民意"，为其父"鸣冤"。一时间，吴艺珍受贿案在网上形成强大的"网络民意"，试图给当地党委、政府造成压力，并影响公诉机关和法院办案人员正常办案。毫无疑问，信息失真或虚假信息必然会干扰政府决策，给社会管理带来障碍和混乱。

2. 网络强大聚合效应的冲击

互联网改变了人们的组织方式，网络的普及和即时通信的广泛应用，使得互联网能够以最简单、最便捷的方式，就能够轻而易举地聚集起大量民众。互联网时代，那些以往容易被忽视的"小人物"、非主流人群，通过网络被最大限度地组织起来。近年来，通过博客、QQ、微博、微信、易信等各种互联网工具，网络媒体吸引着庞大的非主流人群。

网络的即时性、匿名性，使得网民很容易突破地域限制聚集在一起，不需要传统媒体的审查和批准就可以毫无顾忌地"言所欲言"，有的甚至是散布谣言，成为群体性事件的"导火索""助燃剂"。当信息同步交流，密集互动，很容易产生网络"蝴蝶效应"，使事态恶化，甚至演化为一种"多数人的暴力"。互联网已成为网民在群体性事件中行动的工具和平台，它的行动力量已经超出互联网，延伸到现实生活中，甚至可能造成大规模的街头行动。2011 年发生在英国的骚乱事件①就是鲜活的例证。为此，英国媒体不得不呼吁民众"负责任地使用微博等社交网络工具"②。可见，网络强大的聚合效应是对社会管理的新挑战。

3. 互联网对公共安全的威胁

当前，我国社会结构、社会组织形式、社会价值理念正在发生深刻变化，利益矛盾日渐突出，人们思想活动的独立性、选择性、差异性明显增强，整个社会处于各种危机的高发、频发和并发时期。互联网的迅速普及和

---

① 2011 年 8 月 6 日，在英国首都伦敦发生了一系列社会骚乱事件。骚乱事件的导火索是 2011 年 8 月 4 日伦敦的一名黑人马克·达根（Mark Duggan）被伦敦警务人员枪杀，民众上街抗议警察暴行，事件随即演变成伦敦骚乱。有分析人士认为，一起突发事件之所以在极短时间内便串联起众多年轻人上街，引发伦敦骚乱，并在几天之内迅速蔓延到众多其他城市，包括手机、互联网在内的现代通信平台"功不可没"。据英国媒体称，"达根事件"发生后，社交网站上出现了大量讨论，其中不乏情绪性发泄、谣言和煽动言论。正是由于社交网站上大量煽动言论助长了一些人的愤怒情绪，引发伦敦骚乱并迅速扩大为"英国骚乱"。伦敦警察局副局长卡瓦纳做客 BBC 时指责一家微博网站在这次暴力事件中推波助澜。鉴于此，警方宣布监控"推特"等社交网站，并逮捕鼓动骚乱者。此外，由于黑莓手机成为肇事者的重要通信工具，黑莓英国运营商声明将"以所有可能的方式协助"配合当局调查。

② 新华：《英媒：请负责任地发微博》，《羊城晚报》2011 年 8 月 14 日第 A05 版。

发展，已经极大地改变了人们的生活、工作和思维，成为广大网民重要的生存方式。"网络是一种技术，更是技术上建立起来的一种新的社会形态。"①种状况下，互联网不仅能以舆论的方式对现实社会的矛盾及时反应，迅速聚合，而且，作为一个网络社会，它本身也可以形成矛盾、制造冲突。再加上互联网的开放性，使它很容易成为公共安全事件产生的源头，成为公共安全的潜在威胁，加大了社会管理的难度。

4. 网络犯罪的挑战

网络犯罪是针对和利用网络进行的犯罪，网络犯罪的本质特征是危害网络及其信息的安全与秩序。网络的开放性、虚拟性特点，使得网络犯罪成本低、风险小，具有极高的隐蔽性。近年来，中国的网络犯罪呈上升趋势，各种传统犯罪与网络犯罪结合的趋势日益明显。诸如网络诈骗、网络盗窃等侵害他人财产的犯罪增长迅速，制作和传播计算机病毒、入侵和攻击计算机与网络的犯罪日趋增多，利用互联网传播淫秽色情及从事赌博等犯罪活动突出。

网络的虚拟性、超时空性等特点，增加了网络犯罪案件的侦破难度。同时，网络犯罪的危害性远非一般传统犯罪所能比拟，它不仅会造成财产损失，而且可能危及公共安全和国家安全。网络的普及程度越高，网络犯罪的危害就越大。因此，网络犯罪已成为社会管理的重大挑战。

二　网络时代珠海社会管理的新变化

在网络时代背景下，珠海的社会管理面临着诸多变化，出现了许多新的特点，具体表现在以下四个方面。

（一）社会管理主体的变化

社会管理主体是社会管理的参与者。近年来，珠海已经初步形成了"党委领导、政府负责、社会协同、公众参与"的社会管理格局。但是，从

---

① 修武：《一边是焦虑，一边是狂欢》，《政工研究动态》2009 年第 4 期。

总体上看，"社会协同"与"公众参与"并没有达到理想的目标，城市社会管理中民众的参与度还不够高。然而，在网络时代背景下，互联网为市民参与社会管理提供了一个方便、快捷的平台。

本课题组针对珠海市民通过网络参与城市社会管理的情况，通过对珠海市香洲区 308 份抽样调查有效问卷和个案访谈材料的分析，得出了以下结论：网络已经成为珠海市民社会交往的主要平台之一；社会管理的公众参与度正在不断提高；市民通过网络参与城市社会管理的积极性不断增强，社会管理主体结构正在发生变化。

在网络时代背景下，社会管理的市民参与度提高的原因是什么？课题组认为，除了虚拟网络信息交流的便捷和政府对网络民意的重视，虚拟网络社会独有的匿名发言机制和相互举证机制是重要原因。

匿名发言机制和相互举证机制激发了网络社会主体的两个倾向性特征：第一，独立性。网民不依赖他人独立地发表自己的看法，即便讲错了也无须承担责任。尤其是在现实社会中，缺乏话语权的弱势群体，虚拟网络社会成为其倾诉的场所。第二，情绪化。在现实社会中，由于社会环境压力，人们的情绪往往受理性控制。然而，在网络社会环境中，主体可以不负责任地"畅所欲言"，网络为社会主体提供了情绪发泄的渠道。

由此可见，匿名发言机制和相互举证机制极大地激发了市民对社会事务"评头论足"的"欲望"，而这种积极性在传统的社会管理条件下是不具备的。虚拟网络社会主体的社会角色特征对社会管理提出了新的挑战，主要表现在两个方面。

第一，虚拟网络为社会主体参与社会管理提供良好的条件，有助于社会管理主体的多元参与，但是，如何利用虚拟网络推动社会管理的"多元参与"和"协同管理"，对社会管理创新提出了新要求。

第二，虚拟网络社会主体在网络上的非理性言行将严重影响社会管理，如何规范虚拟网络社会主体的言行，防止网民在虚拟网络社会中的非理性言行对社会管理产生负面效应，对珠海的社会管理创新提出了新的更高的要求。

（二）社会管理范围的变化

在网络时代背景下，人类的社会生活空间获得极大的拓展，人们同时生活在两个不同的社会环境之中，一个是真实的现实社会，另一个是虚拟的网络社会，这是两个既有很大差异又有密切联系的社会结构形态。

建立在网络平台上的，是一种全新的社会结构形态。首先，这是一个建立在网络空间基础上的一种新社会结构形态，可以称其为"虚拟的网络社会"（cyber society）；其次，这是一个建立在现代数字信息和通信技术基础上的一种新社会组织方式，例如，一种全新的交往方式和沟通方式。由此而来，产生了一种新的"现实的网络社会"（network society）。

从本质上讲，"现实的网络社会"，一方面通过现实社会的折射，构成了虚拟的网络社会；另一方面通过网络的渗透，融合了各种现实的社会实体网络，使"网络社会"成为整个现实社会的结构形态。课题组认为：珠海已经进入了一个虚拟"网络社会"和现实社会交互作用的新的"网络社会"时代，珠海的城市社会管理要适应这种"网络社会"发展的需求，建立适应网络社会管理需求的新的管理体制。

（三）社会管理条件的变化

网络时代背景下，珠海城市社会管理的条件发生了很大变化。首先，网络增强了社会管理资源的集聚功能，通过虚拟网络空间，各种社会管理资源被最大限度地集聚起来；其次，网络增强了社会管理的辅助功能，通过虚拟网络平台，社会管理主体之间的交流与沟通更为便捷，促进了社会管理信息交流和传播；再次，网络增强了社会管理的引导功能，各级政府可以通过虚拟网络平台对市民进行有效的引导，化解各种社会矛盾，协调各种社会关系；最后，虚拟网络突破了社会管理的时空条件限制，社会管理在一定程度上实现了时空跨越。

网络的上述这些功能，将极大地改善珠海城市社会管理条件。

（四）社会管理方式的变化

网络时代背景下，虚拟网络已经不仅仅是人们信息传播的工具，它已经成为人们人际交往、信息交流的重要空间，成为人际交往平台，以及人际关系载体。

社会管理是要通过引导民意和动员社会成员来实现社会管理目标。网络信息传播的双向互动，是网络传播的本质特征和社会意义的集中所在。双向互动式传播具有三个重要特征：第一，信息的传播者不再享有信息特权，与受众一起成为真正意义上的平等交流伙伴；第二，网络用户不仅可以平等地发布信息，还可以平等地开展讨论与争论；第三，舆论监督功能在网络振荡中不断放大，具有无比的威慑力量。互动式信息传播内在地蕴含着天然的民主亲和力与自由召唤力，从而构成了对传统社会管理理念的挑战。

双向互动式传播使传统的社会控制在"虚拟空间"中难以发挥作用。"网络社会"要求社会管理者更加注重社会引导，通过网络了解民情民意，可以通过网络传递社会管理信息等。因此，社会引导成为网络时代背景下社会管理的主要方式。

三　网络时代珠海社会管理现状及存在的问题

近年来，珠海城市社会管理体制建设取得了很大成效。珠海市政府在"科学发展"的指导思想下，紧紧围绕宜居和生态两大重点，初步建立了"党委领导、政府负责、社会协同、公众参与"的社会管理格局，在全国率先成立市委社会管理工作部，统筹领导全市社会管理工作，形成了比较完善的城市社会管理体制和机制，一个管理有序、服务完善、文明祥和的社会生活共同体正在加速成形，为进一步推进珠海社会建设奠定了良好的基础。

（一）网络时代珠海社会管理取得的成效

应对网络时代的挑战，珠海市各级政府在社会管理创新方面做出了积极的探索，取得了一定的成效，主要表现在以下几个方面。

1. 社会管理信息化建设的成效

珠海市、区和街镇三级政府，以及各级职能部门普遍建立了政府政务网站，各级政府的政务网站的社会管理信息不断丰富。例如珠海市公安局以珠海公安政务网站为载体，全面落实"服务措施一网办"，推行网上公开、网上办事、网上互动、网上监督等，通过一系列有效举措，充分整合了各类公安业务服务系统，为民众提供全方位、多渠道、低成本、高效率的网上警务服务。如"网上警务服务中心"，在原有办事系统的基础上，自主开发运行了 110 网上接报警系统，使网上办事率达 85%，在全省公安政务网站领域都处于领先地位。

据调查，有 78.6% 的珠海网民经常访问政府网站查询政务信息，办理相关业务，网络为人们享有知情权、参与权、表达权和监督权提供了前所未有的便利条件和直接渠道，网络已成为各级政府社会管理政务公开的平台。

2. 网络平台的舆论引导成效

珠海市各级政府高度重视网络舆情，网络媒体的主导话语权正在不断增强，不仅各级政府及时通过网络发布各种社会管理信息，课题组在调研中发现，珠海市政府领导以及政府各部门领导通过互联网与网民交流沟通、释疑解惑已经制度化、常态化。通过这样制度化、常态化的交流沟通机制，很多社会问题得到很好的解决，网络舆论得到良好的引导。

3. 高度重视网络上反映的社情民意

网络上的公众言论正受到前所未有的关注，珠海市各级政府通过网络了解公众意愿，许多领导人还直接在网上与网民交流，讨论社会管理事务，及时回答网民提出的问题。所有的政府网站都公布了电子邮箱、电话号码，以便于市民反映政府工作中存在的问题，网络正在成为珠海市各级政府与市民之间直接沟通的桥梁。如 2014 年 8 月，为进一步拓宽市民诉求渠道，更好地开展服务市民工作，珠海市市民服务热线大胆创新，在整合、开通全市统一的电话受理渠道基础上，积极引入移动互联网技术，充分利用网络新媒体，研发和开通互联网网站、短信、微信和手机 app 等诉求受理渠道，竭力为市民提供更全面、便捷的服务。

4. 网络信息传播监管的成效

珠海市各级政府在依法保障市民网上言论自由的同时，不断加强网络信息传播规范管理，使网络信息传播规范有序，推动网络社会的健康发展。

（二）网络时代珠海社会管理存在的问题

网络时代背景下，虽然珠海社会管理建设取得了显著的成绩，但是，也还存在一些问题，主要表现为"三个不适应"。

1. 管控思维和能力与网络时代的"不适应"

互联网不仅打破了传统的时空和地域概念，而且正在塑造着新的人际关系、生活方式、社会结构和社会形态。现实社会是虚拟社会的存在基础，虚拟社会的发展对现实社会具有反作用。互联网典型的特点就是平等性，所以网民很愿意通过网络这个介质与人交流、与政府互动，对相关诉求进行表达，发出相关的声音。与此相对应，政府的社会管理思维和能力也要能跟上互联网技术发展的步伐。如何从体制上把网络社会和现实社会管理统筹起来，按照统分结合、责权一致的原则，调整、理顺社会管理体制和方式，是地方政府需要不断探索和研究的课题。

课题组建议充分发挥互联网技术的特点，用开放、平等、创新的理念，革新僵化、封闭的管理思路，在开放的网络文化和发展趋势中，有效引入"第三方"，发挥每个网络参与者的"管理和监督"意识，集合网络的"计算能力"，使网络管理进入"云计算时代"。

2. 舆论导向方式与新的交流互动模式"不适应"

网络日益发展成为政府听取社情民意和公民参与社会治理的主要渠道之一。利用网络等新兴传媒手段开展意识形态工作，不仅是为了占领网络阵地，向广大网民宣传社会主义核心价值体系和社会主义核心价值观，以引领网民的思想和行动；同时，由于网络的交互性及其广场式的问题讨论方式，使其成为社会沟通的桥梁和民意表达场所，并起着越来越重要的作用，使网络社会管理工作不断凸显社会管理参与化的发展趋势。

课题组建议"用信息引导信息",顺应并引领网络发展的潮流,充分利用网络的热点转换快、信息海量等特点,提供更及时的信息,更有吸引力的新闻,来引导网络舆情。

3. 技术上延时效应与全方位管治方式的"不适应"

新媒体技术的发展日新月异,网络信息传播具有其他媒体不可比拟的覆盖率和快捷性,各级政府传统的社会事件的应变方式不适应网络社会,尤其是当网络舆论与现实社会事件实现交互影响时,"十万点击率"的网络事件,使各级政府有时显得"束手无策"。这在客观上要求政府必须更加注重网络主流意识形态的构筑,必须摒弃单纯依靠管控的形式来管理网络社会,必须更加注重疏导、引导,采取灵活、开放、务实的方式进行社会治理。

"三个不适应"直接导致了社会管理中出现的"三个下降",即社会控制能力下降、社会问题应对能力下降和社会整合能力下降。

课题组建议倡导开放、宽容、平和和自律的管理思路,着眼大势,掌控大局。从大势上引领社会舆情,第一时间通过网络平台公开个案处理的进展情况,做到客观、公开、透明。倡导网络热点事件的深入讨论,以引导网络大众明辨是非,形成网络中的公序良俗标准,以便塑造新型的网络社会的行为规范。

(三)网络时代珠海社会管理存在问题的成因分析

珠海各级政府在社会管理中出现的"三个不适应"和"三个下降",课题组认为产生问题的原因有以下四个方面。

1. 理论上没有搞清楚网络社会与现实社会互动的内在机理

网络时代背景下,真实的现实社会和虚拟的网络社会交替作用,产生了一种新的社会结构形态,即网络社会形态。虚拟的网络社会所发生的一切舆论和事件,实际上都是真实的现实社会的种种折射。网络社会从本质上讲是人际交往的一种新的空间,这种新的交往平台在一定程度上,满足了人类在现实社会交往中自我价值实现的需要,满足了人类情绪发泄的需要。社会成员在现实社会中受到的心理压抑越大,情绪发泄的需求越强烈。所以,我们应当从网络舆情中看到现实社会中存在的问题。

2. 体制上没有建立覆盖网络社会与现实社会的管理模式

珠海现存的社会管理体制，只是针对现实社会的，虚拟的网络社会处于管理体制之外。然而，随着虚拟的网络社会对现实社会影响越来越大，现实社会对虚拟社会的依赖越来越强，网络社会群体不断扩大，这就要求各级政府与网民开始"'制度化交流'、'制度化互动'"。

3. 实践上缺乏运用网络管理社会的能力

网络传播是一把双刃剑，政府对网络传播的各种信息，要有"一双慧眼"，以理性为标准来细致甄别，正确解读网络社会群体在网络上的种种表现，既要认识到网络舆论不是所有社会成员的意愿，更要看到网络舆论并不都是社会成员理性的表达。加强网络社会管理，引导网民加强自律，规范网络社会秩序，对各级政府提出了非常高的要求。

4. 基层政府网络管理机构和队伍不健全

对基层政府来说，网络管理机构和管理队伍还很不健全，缺乏一支了解网络传播规律和精通网络技术的人才队伍。

四 网络时代珠海社会管理创新的总体思路

社会管理创新是为了适应经济社会发展的需要，它要求运用新的社会管理理念、知识、技术、方法，对传统社会管理方式和方法进行改革，充分发掘和利用潜在的社会管理资源，建构新的社会管理体制和机制，实现社会管理目标。

创新网络社会管理模式是互联网时代社会管理工作创新的重要内容，就网络时代珠海社会管理创新而言，完善法律规范、加强政府监管、用好网络平台、健全网络问政、提高网民素质、培养网管队伍六个环节，一个都不能缺失，一个都不能忽视。在网络时代背景下，珠海的社会管理创新的目标必须通过这六个方面的创建活动来实现。

（一）完善法律规范

珠海是广东社会管理先行先试的"排头兵"，社会管理创新应当走在前列。一是应率先制定相关网络管理办法和相关制度。例如，建立网络责任追究制度，积极推进网络实名制，对网民开展网络责任意识教育，对网络媒体进行职业伦理教育等。二是可以积极借鉴国外立法的有益经验，加强对网络管理的研究，出台相关符合珠海网络文化发展的办法，积极酝酿通过法律手段加大对网络违法犯罪的打击力度。

（二）加强政府监管

一是加强行政监管。及时出台微博、微信、论坛等新兴传播渠道的管理办法，研究制定"网络监督""网络签名"等新的网络传播活动的管理办法，加强对网上即时通信工具、社交网站等网络互动业务的监管力度。二是积极发挥互联网行业协会的作用。通过制定并实施互联网行业规范和自律公约，组织开展有益于互联网发展的研讨、论坛等活动，倡导绿色办网，充分发挥行业自律作用，维护行业整体利益和用户利益。三是畅通社会监督渠道。加大社会举报监督力度，为加强社会监督提供更多的新平台和新渠道。

（三）用好网络平台

政府的网络平台是公众及时了解政府信息、政府活动、公共活动的重要平台和媒介。一是对于发生社会极端事件时，可以邀请政府官员、报社评论员、知名媒体人员、记者通过政府的网络平台对事件进行评论、报道，占据主流观点，避免不好的观点误导网民。二是成立专门的突发事件应急小组，专门负责对网络事件的处理，进行专门的培训和学习，提高对网络事件的管控能力和应急处理能力。三是对于网络事件要善于应对，把握好"黄金4小时"媒体法则，即在事发后4小时内利用微博、微信或微信公众平台等网络媒体，发布权威消息主导舆论，以应对危机和平息事件。

（四）健全网络问政

网络问政是政府和民众两个不同主体互动的活动。一方面政府要通过互联网进行政务信息公开，了解民情、汇聚民智，征求民意，接受群众监督。另一方面公民可以通过互联网实现知情权、表达权和监督权，有序参政议政，使政府通过包括互联网在内诸多沟通方式与公民进行理性的讨论和协商，从而做出科学正确的决策。政府应广开民智，完善网络问政问责制度，注重网络问政制度化、常态化，真正实现群众"问事于政府"和政府"问政于群众"的良性互动。

（五）提高网民素质

一是加强网民素质教育，通过常规教育、报纸、公益广告、论坛等对网民进行宣传教育，营造公平正义、诚信友爱的网络环境和社会环境；二是倡导健康上网、依法用网的理念；三是帮助网民认识网络的性质，网络具有弘扬社会正义、进行社会监督和信息上通下达的重要意义。

（六）培养网管队伍

一是要加强网站领导班子建设，选拔熟悉网络意识形态工作规律、富有改革创新精神的干部到领导岗位上来，确保网络意识形态工作的正确方向；二是要加强网络管理队伍建设，培养一批业务过硬、政治素养好的网络管理队伍，培养一批有影响的网络评论员。

五 网络时代珠海社会管理创新的政策措施建议

课题组认为，要实现珠海社会管理创新的目标，需要立足四个纬度，采取以下八个方面的政策措施。

（一）立足四个纬度

实现珠海社会管理创新目标，需要立足四个纬度。

1. 利用网络

网络的低成本和高效、快捷特点，使广大人民群众大都想通过网络表达自己的所思、所想，以达到解决切身利益问题、参与社会管理的目的。政府应充分发挥网络传播的积极功能，努力建设促进政府与市民互动回应的综合性网络管理平台，形成政府与市民平等交流、良性互动、和谐发展的社会管理运行方式。

2. 引导网络

引导网民有序参与社会管理。一方面要正面引导，努力做到方式上正面、公开；内容上客观、公正；另一方面要引导网民加强自律、引导舆情发展，帮助网民提高网络行为素养，增强网民在网络社会中的理性程度，规范网民的网络行为，形成自觉、自主、自治的网络社会管理方式和网络主体良性互动的"生态环境"。

3. 管理网络

以发挥网络社会管理功能为目标，加强网络社会立法，整合网络社会资源。强化网络社会管理，用法律法规规范网络社会主体行为，促使网民增强社会责任意识和有序参与意识。

4. 服务网民

"服务是政府的本质所在，也是政府最基本的职能。"① 在网络时代，政府要做好为网民服务的工作，完善网络服务。"对于政府来讲，推进社会管理创新，就要从传统的'整治命令'思维，转向'管理就是服务'的行政理念，做到寓管理于服务之中，以服务促进管理，以服务到位推进管理创新。"[9]这需要做好两方面的工作：一是正确对待网络信息，做到积极、理性。人民群众从"上访"到"上网"反映民生民情，不仅是一股新风，而且已经成为一项新的工作常态。二要有开放的态度和理性的思维，开放就是要通过互联网，听所有的网民意见；理性就是有选择地去处理，特别是对我们工作中的意见、建议和民生的热点、难点问题，要坚决做到说办就办。

---

① 戴志国：《关于政府社会管理创新的思考》，《理论观察》2011 年第 4 期。

（二）采取八个措施

实现珠海社会管理创新目标，应当采取八个方面的政策措施。

1. 统筹网络社会和现实社会管理

网络时代背景下，珠海市各级政府要树立网络社会的概念，我们面对的网络社会是一种新的社会结构形态，我们可以称其为"网络社会"。因此，珠海市政府出台的各类社会管理法规和政策，都应统摄虚拟网络社会和现实社会，珠海所有的社会管理体制建设应当统筹虚拟网络社会和现实社会，把虚拟网络社会的管理纳入城市社会管理范围，列为各级社会管理职能部门的工作范围和职责。

2. 建立良好的网络社会引导机制

珠海市各级政府要高度重视和深刻认识网络传播在社会管理中的功能和作用，自觉把握网络传播的规律，掌握网络舆论引导方法，健全引导网络舆情的良性发展机制。

各级政府部门都就要以开放包容的心态对待网络信息，要从网络舆情入手，积极收集民众关心的热点问题，了解网民的诉求，并在第一时间给予回应，要打破时间、空间等限制，"零距离"、点对点的与民交流，使网络成为最真实的民意"集散地"。

3. 鼓励市民通过网络参与社会管理

互联网的最大特点就是开放性、公平性、互动性，互联网是最好的联系群众的桥梁之一。要广泛地联系群众、联系社会，听取意见、沟通民意、了解民情、解决问题，形成良好的网络民意表达的制度环境和"生态环境"。

珠海市各级政府要鼓励市民通过网络理性表达民意。要通过网络服务，畅通网络民意表达，自觉维护广大市民的知情权、参与权、表达权和监督权。

4. 建立政府与市民之间良好的网络互动关系

社会管理涉及两种参与力量：政府和市民，各级政府要发挥网络在两者之间的互动平台作用。通过网络传播政策主张，进一步加强党务、政务、社务公开。通过"网络问政""微博问政""微信问政"直接听取市民对政府工作和社会管理的意见。通过"网络论坛""微信公众平台"了解市民的利益诉求。

实现网络社会条件下，官民互信、互助、平等、合作的关系，各级政府和公务人员要自觉转变社会管理方式，自觉适应网络时代社会管理要求，要熟悉使用网络技术、网络语言和网民进行交流与互动。各级政府要加快建立利用网络加强和创新社会管理的运行、反馈、监督的健全机制，实现政府与网民"制度化交流""制度化互动"。

5. 进一步加强对网络社会的服务和监管

要通过网络引导，规范网民的网络行为，要加大各种形式的宣传和教育力度，帮助网民提高网络社会责任和网络行为素养，倡导网德，引导网络社会主体自律，净化网络生态环境。要加强对网络运营机构的监管。建立网站信用等级制度。通过定期的网站信用等级评比，鼓励健康网站发展，遏制不良网站的违法违规行为。

政府对新型网络媒体的管理，要更多地体现在服务上，寓管理于服务之中，通过服务实现规范管理，建立政府与网络媒体良好的合作关系。高度重视新型传媒对社会舆论的影响。增强网络社会中的主流话语权，改善网络社会环境。

6. 加强城市社区网络平台建设

社区是社会管理的第一线，是政府实施社会管理的最基层，也是政府倾听市民意愿、有效引导社会舆论最直接的集散地。要加快解决珠海城市社区管理信息化水平低的局面，加强珠海市各个街镇的社区网站建设，逐步建立一批居民委员会和村民委员会管理下的"官网"，要使社区网络平台真正成为基层社会管理的核心平台，成为政府和市民良性互动的场所。

7. 加强网络社会公益性建设

各级政府要鼓励各类社会组织建立非政府的公益性网站，使之更好地在社会管理中发挥积极作用。政府要对非政府的公益性网站给予一定的财政补贴，同时要寓管理于服务之中，通过服务扶持公益性网站的发展。帮助非政府的公益性网站扩大社会影响力，增强公益性网站的社会管理和社会服务功能，使公益性网站成为网络社会中的主流话语平台，改善网络社会环境。

8. 完善网络社会的法制建设

珠海要加快推进网络社会的地方性法规建设，要制定网络社会地方性立法规划，逐步形成网络社会管理的法律规范体系。要进一步完善统摄网络社会管理的行政监管体系、行业自律体系、技术保障体系相结合的网络社会管理制度。要进一步加强网络社会法治，各级政府要依法对网络和网络主体行为进行管制，严格网络社会的执法，对于网络社会的违法行为给予坚决打击，真正建设一个依法管理、健康和谐的网络社会。

珠海社区公共服务供给模式优化研究

钱正荣*

一 我国社区公共服务研究的政策文本分析

1887 年，德国社会学家费迪南德·滕尼斯提出社区这一概念，在国外，社区发展或社区建设是 20 世纪中叶在联合国的推动下才得到重视和发展，当时发展中国家遭遇贫困、失业和经济发展缓慢等诸多社会问题，1951 年联合国倡导"社区发展运动"，开展社区培训、基础设施建设等自助活动，发展社区自助力量。后来，发达国家的城市化运动导致社会贫富差距逐渐拉大，社会冲突加剧，在联合国的推动下，社区发展运动开始向发达国家拓展，从而形成了世界性潮流，备受关注。

在我国，"社区"概念是由费孝通先生在 20 世纪 30 年代将"community"这个单词翻译成"社区"，"社"代表人群，"区"作为群体的空间坐落，社区概念形成并沿用至今。社区出现在官方话语系统是在 20 世纪 80 年代我国启动社会主义市场经济体制改革之后，随着"单位制"的解体，国企转制和人口流动等力量所产生的社会服务需求发生变化的形势下，社区成为接转和补给这些服务需求的主要载体和平台，于是社区服务作为主要概念术语不断出现在官方文件和公众视野中（一般仅指城市社区，本文主要对城市社区做讨论）。我国社区公共服务问题的探讨必须回归当时的历史背景下对话。

1. 我国社区服务政策演进阶段

随着我国经济、政治和社会体制改革的全面推进，社区服务的内涵、原

---

* 钱正荣（1976～），湖北松滋人，武汉大学管理学博士，北京师范大学珠海分校法律与行政学院副教授，主要研究方向为公共政策、公共行政和危机管理。

则、目的和价值取向发生了明显的转变，我们将它划分为三个大的阶段，表1清晰梳理出其发展脉络、背景动因及其阶段特点，这是研究我国社区公共服务存在的问题和优化路径探索的基础性前提和整体性认知，它呈现了社区服务发展过程中的概念使用的混乱和厘清过程、理论指导的欠缺和纠偏、价值取向的偏误与转变等诸多问题与纠偏，这也是珠海社区公共服务供给模式研究所面对的共同历史背景和问题。

表1 我国社区服务的政策演进阶段

阶段	社区服务提出与探索阶段	社区服务产业化发展阶段	社区公共服务凸显阶段
时间	1987~1993 年	1993~2006 年	2006 年至今
社会背景	党的十三大提出推进经济体制改革，转变企业经营机制，"单位办社会"的传统社会福利体系日渐难以回应企业转制等外放的社会服务需求	党的十四大提出建立社会主义市场经济体制；居民服务业纳入加快第三产业发展体系中；社区服务项目增多但资金瓶颈依旧严重	党的十六大提出加强社会管理和公共服务管理职能，促进基本公共服务均等化；公共服务需求趋向多样化、复杂化和优质化；服务型政府建设要求政府变身为有限政府，形成"多元共治"局面
政策举措	1987 年，民政部分别在大连、武汉召开民政工作和社区服务座谈会，同意部分城市社区服务试点	1993 年，民政部等 14 部委颁布《关于加快发展社区服务业的意见》	2006 年，国务院颁布《国务院关于加强和改进社区服务工作的意见》
基本原则	鼓励社区自主供给	产业化、社会化、法制化	以人为本、坚持社会化、坚持分类指导
服务任务	在社区内为人们的物质生活和精神生活提供的各种福利与社会服务	建成多种经济成分并存、服务门类齐全、服务质量和管理水平较高的社区服务网络	建立覆盖社区全体成员、服务主体多元、服务功能完善、服务质量和管理水平较高的社区服务体系
服务目的	调节人际关系、缓解社会矛盾，创造和谐和良好社会环境	有利于经济发展、社会安定、人民生活质量提高、促进社区精神文明建设	提高居民生活质量、扩大就业、化解社会矛盾、促进和谐社会建设
服务内容	城市社区服务应关注老年人、残疾人、优抚对象、困难户、儿童、家庭及其他便民服务	社区福利服务业、便民利民服务业、职工社会保险服务业	社区就业、社保、救助、卫生与计生、文教体、流动人口管理与服务、安全服务

阶段	社区服务提出与探索阶段	社区服务产业化发展阶段	社区公共服务凸显阶段
时间	1987~1993 年	1993~2006 年	2006 年至今
政策参与主体	改变国家单一投资,民政部门包揽包办的局面,依靠社区自身各方面力量	调动个体、民营和社会各方面力量兴办社会服务业	以政府为核心,社区居委会、社区服务民间组织以及各类组织、企业和个人共同参与
价值取向	从传统公平至上向效益转变	产业性、营利性、效益性	公共性、福利性、公益性
阶段成绩	开始走出传统福利由民政部门包办的局面;启动了社会自治力量的生长	解决了社区服务资金缺口;服务对象得以拓展;出现"社区经济""社区产业"等概念	社区公共服务立法从部委规章上升到国家法规层面,"社区服务体系"出现在正式的政策文件中;政府主要角色回归

2. 我国社区服务政策演进特点透析

回溯我国社区公共服务发展历程,分析可以发现:

第一,从社区服务的发展逻辑来看,它是我国改革开放以来各种客观力量共同作用的结果。一方面,由于经济体制改革中企业转制、新兴经济体的产生,传统企业所承担的社会福利、社会服务需要寻找承接的出口;另一方面,改革开放所带来的社会人口流动、家庭变迁和城市经济社会形态的变化,也需要社会服务供给的形式和品质转变;另外,政府自身行政改革、职能转变和公共服务供给模式的变化也在深深地影响作为承接出口的社区公共服务的价值取向和运作模式。

第二,从社区服务的概念使用来看,在很长时间内我国政府对城市社区公共服务的性质认识存在偏差。无论是学术界还是政府的政策文件文本中,社区服务和社区公共服务交叉混用,对于其公益性、福利性与营利性、产业性杂糅混搭,对于其供给主体的性质也没有明确定位,并有意保持某种程度的模糊以期望借助社会化力量补给政府资金投入的不足。

第三,从社区服务的对象和分类来看,社区服务供给对象和服务类别逐渐拓展但仍有"一刀切"的倾向。从最初以传统福利对象后来逐渐向普遍社区居民服务转变,服务内容也逐渐规范化,但是仍然没有难以满足不同社区的差异性需求。在政府的强力主导和推动下，民众表达利益诉求和参与社区公共事务的意愿低下，社区的可持续发展缺乏内源性动力。

第四，从社区服务的发展思路来看，具有"办实业，养事业"的思维。虽然我国社区服务的提出受制于当时的社会历史条件而不得已倡导社会力量参与社区服务供给，社区也加入办实业、搞创收的行列中，但是举办实业不是街道和社区居委会的职责，相关政策文件也未能明确将"营利"转为"事业"的有效措施，随着市场经济体制的推进与完善，这条路注定是失败的。而且，"社区服务业"的概念提法存在误导。社区服务不同于第三产业，优先发展第三产业是社区服务尤其是公共服务的发展和定位之基础，而非通过社区服务来推动第三产业，社区服务不能成为一个行业，曾存在过的"社区服务单位证书"毕竟成为历史。

第五，从社区服务的主管部门来看，过去一直是民政部门主导，貌似其他部门与之关系不大，事实上，社区治安、社区文化、社区环保等都涉及其他部门，仅仅依靠民政部门很难做好社区服务工作。另外，将社区服务视为社会保障也是存在误导。作为一项具有福利性、公益性、互助性的服务是难以取代一般作为居民基本生活保障的具有强制性的现代社会保障制度的。社区服务以社会福利与保障为基础，与经济社会发展水平直接相关，政府财政用于公共服务的资金、社区服务资金在政府公共服务中所占的份额，社区服务项目的确定和标准的制定等都与此方面有关[1]。

二 我国社区公共服务供给模式的概念解析和主要问题

（一）社区公共服务的概念解析

无论是上述的社区服务相关的政策文件用语还是学界的理论探讨中，

---

[1] 王先胜：《为社区服务再定位〈城市社区服务综论〉——广东省民政厅基层政权与社区建设处处长王先胜答本刊记者问》，《社区》2006年第3期。

"社区服务"都比"社区公共服务"的概念使用要频繁得多，经常混用并未做明确区分，随着时间的推移，改革不断深入，社会快速发展与变迁，学界以及官方开始出现一些概念的区辨，争论"社区服务"与"社区公共服务"的内涵与外延，不过，仍然未能在理论和实践层面达成明确的共识。界定"社区公共服务"及相关概念的内涵，是本文进行有效对话与研究的基础。

1. 学界的观点

对于何为"社区公共服务"，大致形成了宏观、中观和微观三派观点。从广义界定的观点来看，与政策文件和实践保持一致，将经营性服务、便民利民服务纳入了公共服务范畴[①]；中观层面而言，认为"社区服务"只包括由政府、社区居委会、社区公益组织等多元主体供给的非营利性、公益性服务，将社区商业性服务给剥离出来[②]。狭义层面，就是在中观层面上进一步剔除政府公共服务在社区公共服务的延伸，将社区服务局限于社区内相关社会组织（主要是非营利组织）的服务以及社区居民的自组织服务。从这三派观点可以看出，目前的界定主要是依社区服务的供给主体来划分，社区内自组织和公益组织（非营利组织）供给的公共服务纳入"社区公共服务"范畴已达成共识，而对于政府提供的公共服务以及市场机制供给的（公共）服务是否应纳入"社区公共服务"则存在较多争议。

对于政府提供的公共服务，虽然公共服务的定性上没有异议，但是有的学者认为如果将政府公共服务纳入社区公共服务（如政府对社区弱势群体的社会救助），那么导致的推论是政府供给的公共服务都是社区公共服务，因为政府公共服务最终都会落实到各个社区及其公民身上，这样，所有政府公共服务全部属于社区公共服务的结论显然很难被普遍接受。

对于市场参与提供的（公共）服务，最大的争议就是社区（服务）服务的公益性和营利性问题。有的学者认为，只有政府或社会机制提供的服务才能是公共服务，市场机制运营的营利服务或微利服务都不是社区（公共）服

---

① 侯岩：《中国城市社区服务体系建设研究报告》，中国经济出版社，2009，第4页。
② 王先胜：《城市社区服务综论》，中国社会出版社，2005，第123页。

务，但这与政府文件的倡导和现实社区服务运营实际不太相符。有的学者认为市场提供的也是满足居民需求便利的，也是符合公共利益的，从而模糊公共部门与私营部门之间的边界，这与常规对公共组织的边界定义相冲突。

从公共管理的角度，正确厘清社区公共服务的概念内涵与外延极为重要，它既关涉到政府在社区公共服务中的责任担当，又是构建和谐的社区治理体制的理论基础。

2. 本文的界定

台湾张世贤教授认为，一个概念界定是否严谨，需要具备两个方面，一是经验层面的意义（empiricalimport），二是系统层面的意义（systematical import）①。也就是说，一个概念的界定既需要符合现实经验世界的证明，又要具有逻辑推理的系统与周延。社区公共服务的界定可借此标准，社区公共服务可界定为以社区所有居民（包括特殊群体在内）和社区单位为对象，通过集体选择制度规划和供给的具有公共性的服务。具体而言：

首先，社区公共服务的内涵与外延的确定，不取决于供给主体的性质，而取决于三个条件，一是它是否具备"公共性"，二是它是否通过集体制度进行选择和规划②，三是它是否以社区地域范围内的居民和单位作为受益者这三个条件。其中，"公共性"是社区公共服务的首要属性。其"公共性"体现在：从价值理念上，强调政府在社区公共服务中要追求公平正义；从公共权力上，强调政府行使公共权力的合法性；从运作过程上，强调其公开性、广泛的参与和监督；从最终目的上，强调解决社区公共问题，追求社区公共利益的实现与增进；从公共责任上，强调政府在资金投入上面的主要责任，但并非直接生产提供。

其次，社区公共服务与社区服务、政府公共服务、公共服务之间的关系

---

① 自张世贤：《公共政策析论》，五南图书出版公司，1982，第146页。

② 提出"社区公共服务"的新概念的杨团教授，曾将社区公共服务划分为自治型、保护型、专业型、运营型四种类型，对于最后一种以便民利民为主的运营类型是否归属为社区公共服务的理据是，"依照社区公共服务产业理论，区分的标志不在于服务的具体特征、服务的功能、服务的组织机构，而在于服务的制度选择"，当便民利民服务由社区进行集体选择和生产时，就具有了公共服务的性质。

需要划定。社区公共服务属于公共服务和社区服务的交集范畴，而政府公共服务延伸至社区为社区居民和单位服务的部分应被纳入社区公共服务。同时需要强调，一方面，社区公共服务归属于公共服务范畴，具有公共性属性，随着政府财力的增强，政府作为社区公共服务供给的主体（而非生产的主体）日渐重要，是社区各类提供服务的组织的主要资金来源；另一方面，社区公共服务有利于社区在维护人类情感中的空间价值在社区的空间地域上得以体现，整合社区管理体制、社区公共精神和社区认同意识，通过共同行为增强社区凝聚力和社区自治力。社区公共服务与社区服务、政府公共服务、公共服务之间的关系如图 1 所示。

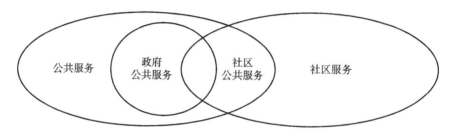

图1 社区公共服务与相关概念的关系

3. 社区公共服务供给模式系统构建

一种管理模式的推行，需要借助一定的管理理念和价值预设，一系列制度框架和具体的技术方法为构成要件。首先，任何一种公共服务模式都是在一定的假设前提和理念思维指导下产生的，它往往是人们在一定社会、经济和文化背景下对所处历史条件、各方主体的角色定位以及公共服务的期望状态等的理性思考的结果。其次，制度选择包括具体运作中需要建构的管理体制和运作机制，如多元供给体制、集中供给体制等，以及从需求评估、规划设计、融资生产到供给分配、监督控制的系列机制。另外，在此之下，还需要一之相配的行之有效的管理技术和方法。

社区公共服务供给模式，就是指在一定的理论假设和价值理念指导下，社区公共服务供给的制度设计和技术化选择。社区公共服务供给必然受一套或明示或隐没的假设和价值影响，而价值理念必须依托于制度安排来体现，制度设计内在地决定了可以使用的一些具体化的技术和方法。因此，社区公共服务供给模式优化需要系统建构具有内在逻辑、层次清晰的对策路径。

（二）治理理论指导下的社区公共服务供给主体角色定位

1. 治理理论的现实意义

20 世纪末至今，治理概念广为流行。治理概念之所以提出，其背后意味着无论是国家还是市场都有可能失效，治理可以在它们互动协调中予以补充，但是，治理本身也存在内在局限，它不能代替国家拥有政治强制力，也不能代替市场去对大多数资源进行优化配置，面对治理也可能失败的困境，"善治"成为最有影响力的回答，它是一种通过政府与公民的合作管理实现公共利益最大化的过程，合法性、透明性、责任性、法治、回应和有效是善治的基本构成要素。治理反映了人类社会发展的历史潮流趋向，也是 21 世纪的显著政治特征，是政治权力从政治国家还权于社会的产物。或许政府权力有所缩小或限制，政府也并非合法性的唯一来源，但是它绝不意味着社会公共权威的消失，只是它应建构于政府与公民的合作基础之上，"在这里，国家发挥着多方面的重要作用：作为政策主张不同的人士进行对话的主要组织者，作为有责任保证各个子系统实现某种程度的团结的总体机构，作为规章制度的制定者，使有关各方遵循和运用规章制度，实现各自的目的，以及在其他子系统（如市场、工会或科学政策界）失败的情况下作为最高权力机关负责采取'最后一着'补救措施。这就需要在制度上和组织上进行几乎是不间断的创新，从而使可持续的经济增长成为可能（且不论这种可能性有多么遥远）"①。

正确理解治理理论的内涵对我国社区公共服务治理供给模式提供了重要的理论基础，具有现实的指导意义：治理强调多元主体架构，改变政府单中心的统治格局，与我国正在改变政府单一供给，企业、志愿者组织、行业协

---

① 鲍勃·杰索普：《治理的兴起及其失败的风险：以经济发展为例的论述》，《国际社会科学杂志》（中文版）1999 年第 1 期。

会等多种组织共同参与的局面相契合；治理理论追求对公民权益的维护，由政府本位向公民本位转变的目标理念有助于矫正我国社区公共服务回归公益属性；治理理论强调管理手段由垄断、命令、管制向协商、互动、契约转变，对我国社区公共服务供给中正在进行政府招投标购买服务、BOT 筹资模式等运作方式具有规范价值。

2. 我国社区公共服务供给主体角色定位

随着我国社区公共服务三十年来的发展，社区公共服务主体格局也正在生长，但还未能形成既相互竞争又互相合作、既边界清晰又协调发展的良性互动模式，如表 2 所示。

表 2   我国社区公共服务供给模式主体分析

类型	政府	社会组织	市场组织
释义	各级政府及其部门直接或间接为社区提供和生产公共服务的组织和机构所形成的服务网络	以非营利组织为主体包括社区居民自治组织构成的服务网络	指参与社区公益性活动的企业群
期待属性	公共性	非营利性、公益性、志愿性	公益性
作用价值	处于核心地位，规划、组织、协调和实施社区公共服务	推动社区公共服务的多元化、差异化，推动社区公民精神的形成	发挥其雄厚的资本力量参与社区公共服务的供给
代表性活动或服务	出台相关法律法规政策；创建示范区活动；指导社区信息网络建设；统筹协调社区服务工作；落实政府职能部门的管理职能	社区内部自我组织的文化娱乐活动；共青妇联合政府部门开展的主题活动；民办非企业性质的学校、医院等；志愿者或非营利组织提供的老人日间托护、市民教育、社区阅览室	企业捐助活动、慈善超市、物业管理公司提供社区治安、卫生、绿化和基础设施服务
存在问题	政府"越位"和"缺位"皆为明显：社区居委会、社区服务中心、社区服务站定位和关系不清，成为政府之"腿"；政府的制度供给不足；社区服务需求反应失灵	社会组织发展的政策支持不足，自身运作机制不完善，发挥作用有限	物业管理公司与社区居委会、业主代表大会、社区组织之间的关系失范

由表 2 可见，社区公共服务的构成一般包括社区公共服务站提供的公共服务、社区居委会开展的自助互助公共服务、其他各类服务主体提供的无偿、低偿和有偿的市场化公共服务，并通过网络服务平台全面支撑，协作共赢。

（三）当前我国社区公共服务模式现状分析

（1）从价值理念来说，我国城市社区公共服务模式的价值理念正在从营利性、注重效率开始向公共性、效率与公平并重转变。但是，由于我国对社区服务和社区公共服务的内涵厘定并不清晰，对社区公共服务分类管理的理论分析与实践操作均存在很多不足。因此，目前社区公共服务公共性的转变尚不到位，社区公共服务分类与分层供给的理念也显不足。

（2）从体制机制来看，目前城市社区公共服务模式最主要的特点就是政府"越位"与"缺位"并存。长期以来，"全能型政府"受传统文化的影响，政府"越位"表现在对社区发展干预过多，作为居民自治组织的社区居委会成了政府的"脚"，成为行政性社公共服务的直接生产者。另外，在专业归口管理部门的"条"线结构中，许多政府部门将一些行政工作以社区工作站的形式下放到社区，并要求居委会进行配合，使得社区居委会往往以上级政府部门需求为导向，而非以社区居民需求为导向。政府"缺位"表现在对社区公共服务资金投入上，自从社区服务概念提出之时就是为了解决资金瓶颈，后来一直倡导社会力量进行社区建设和服务供给，财政资金不足从某种意义上也成为政府逃避责任的借口。除此之外，政府的"缺位"更表现在政府在社区公共服务的整体规划、社区公共服务多元主体的法律地位及其行为规范等严重不足，这些都导致了社区公共服务供给主体的各自角色不明，责任不清，亟待矫正和角色回归。

（3）从技术操作层面来看，当前社区已开始普遍采取政府购买、多方协作的方式供给服务，但是对于社区居民服务需求信息的获取、政府购买招投标的程序及合同管理、社区民主自治的活动过程并非很规范且有效，"走过场""走形式"易受居民诟病。

三　珠海社区公共服务供给模式的实践探索和实证调研

（一）珠海社区公共服务供给模式的实践探索

近年来，珠海力图以加快社区民主自治为突破，推进社会管理体制先试，优化政府公共服务水平，探究具有珠海特色的社会多元共治新格局。社区作为社会最基层的单元，先行先试改革中的基础工程和关键之举就是社区民主自治，珠海市选择翠香街道作为城市社区的试点单位，旨在明确政府和社区之间的职能划分，完善社区民主自治机制，建立科学合理的绩效评价体系，着力提高政府公共服务水平，逐步实现政府依法行政与社区依法自治的有机统一。以香洲区为试点，珠海形成了党组织领导、居委会组织居民自治、公共服务站承接政府行政职能的合署办公、分工明确、协调配合的"三位一体"的社区管理工作模式，推动政府行政管理和社区自我管理的有效衔接。同时，珠海明确了街道（镇）和社区的关系，为了给社区居委会减负，将社区居委会现行承担的 130 项工作重新划分为"社区居委会依法完成（38 项）""社区居委会依法协助完成（23 项）""镇街、职能部门依法完成（41 项）"和"实行政府购买或委托管理（28 项）"四类，并建立权随责走、费随事转的制度。通过改革，进一步弱化了社区行政色彩，使居委会真正回归自治组织的角色和功能上来。

不过，在操作中，社区工作人员普遍认为，一套班子、合署办公、交叉任职，社区行政减负"换汤不换药"，政府部门"只派活不给钱"的情况也没有多大改善。放眼全国，在基层社会管理体制改革中，为了给社区行政"减负"，一些城市在探索由区一级直管社区，减少行政层级；一些城市社区转化为一般的社会组织；一些城市社区居委会和社区公共服务站"两套人马"，把居委会完全从行政事务中剥离。基于实际状况，珠海选择的是适度的"去行政化"。珠海明确，社区性质为自我管理、自我监督、自我服务的自治组织，应该根据社区性质来界定社区职能，要弱化社区的行政色彩。

因为，社区发现问题、解决问题，需要行政资源，在承担行政事务过程中，社区也容易赢得老百姓的认可，所以认为社区承担行政事务"不一定是坏事"，但是这个准入门槛需要预先设定，要依法依规且对社区工作"是有用的"。在市民政部门相关负责人看来，城市社区"三位一体"的模式虽有弊端，但客观上来说改革成本相对不高，且不会导致居委会"空心化"。但是，更进一步的改革势在必行。2013 年 11 月，《珠海市社区行政事务准入管理办法（试行）》由市府办正式发文，明确珠海实行社区行政事务准入制度，市、区民政部门是社区行政事务准入的主管部门。对未经批准的行政事务工作事项，经批准进入社区的行政事务工作经费未落实的，社区居委会有权拒绝承接。2014 年 6 月，市民政部门发布了社区行政事务目录，该目录包含社区居委会的法定社区事务事项和准入社区的行政事务事项，明确法定社区事务事项 50 项，准入社区的行政事务事项 45 项，第一批社区禁入事项 9 项。凡未列入社区行政事务目录的需由社区居委会承担或者协助办理的事项，相关职能部门、镇街必须按照规定的准入程序向区领导小组办公室申请，经批准后签订行政事务准入社区服务合同。目前，社区行政事务准入实施工作刚刚起步，多年来，各级职能部门已习惯性将多种行政事务下派到社区，社区负担过重已是累积多年的问题，彻底解决历史弊端，让社区"减负、松绑、归位"。这并非一朝一夕即能实现。

可见，珠海期望通过"限权"与"放权"的同步改革，实现社区的"去行政化"，力图达到使社区的自治能力不断提升，社区与政府之间的关系趋向平衡，社区公共服务真正做到以居民需求为导向的发展轨道的目的。经此改革，社区公共服务是否达到改善并为居民所感知呢？本课题对此进行了现状调查。

（二）社区公共服务居民满意度问卷调查

2014 年 7 月中旬，本研究以珠海市社区公共服务试点单位翠香街道的四个社区作为调研对象，期望对珠海市社区公共服务改革与建设的成果现状与存在的问题进行分析，以进一步寻求改善和优化的对策路径。本次选取了翠香街道的新旧各两个社区，通过问卷调查和访谈两种形式针对社区居民、社区内的社会组织、社区志愿者和社区居委会工作人员四类组织和人员进行调研，其中，社区居民采用的是问卷调查，后三者由于数量较少，主要通过半开放式问卷和访谈的形式进行。整个调研过程经过初设计、预测试、调查和统计分析四个阶段，经过培训，组织北京师范大学珠海分校法政学院学生来到四个社区，并在法政学院此前派出到翠香街道的挂职学生和居委会工作人员的有力协助下，发放居民问卷200份，回收问卷172份，剔除无效问卷6份，回收有效问卷166份，占回收问卷的97%，占发放问卷总数的83%，符合问卷调查统计要求。

1. 社区居民调查样本的统计分布

表3调查样本统计显示，性别、年龄、职业、教育程度、居住年限比较合理，月收入方面低收入人群较多，这与社区居民的可接触性和配合度有关，受访者中老年退休人员较多。

表3 调查样本的统计分布

主分类	亚分类	柠溪社区		沿河社区		康宁社区		山场社区		整体均值	
		频数	比例（%）	频数	比例（%）	频数	比例（%）	频数	比例（%）	频数	整体（%）
性别	男	14	28	26	53	13	45	18	47	72	43
	女	36	72	23	47	16	55	20	53	94	57
年龄	0～10岁	1	2	3	6	0	0	2	5	5	3
	10～25岁	24	48	23	47	9	31	9	24	62	37
	25～50岁	13	26	12	24	11	38	18	47	56	34
	50岁以上	12	24	11	22	9	31	9	24	42	25
职业	学生	18	36	17	35	6	21	8	21	47	28
	教育行业	8	16	5	10	1	3	2	5	14	9
	商贸行业	5	10	7	14	3	10	2	5	16	10
	服务行业	3	6	5	10	7	24	6	16	23	14
	公务员	1	2	1	2	0	0	2	5	4	2
	自由工作者	5	10	1	2	3	10	5	13	15	9
	无业	2	4	6	12	5	17	4	11	2	11
	其他	8	16	7	14	5	17	9	24	30	18

主分类	亚分类	柠溪社区		沿河社区		康宁社区		山场社区		整体均值	
		频数	比例（%）	频数	比例（%）	频数	比例（%）	频数	比例（%）	频数	整体（%）
教育程度	小学	5	10	11	22	3	10	2	5	20	12
	初中	9	18	5	10	12	41	3	8	32	19
	高中	5	10	19	39	6	21	7	18	36	22
	中专、大专	8	16	6	12	6	21	12	32	34	20
	本科以上	23	46	7	14	2	7	10	26	39	23
	其他	0	0	1	2	0	0	2	5	3	2
月收入	500 元以下	15	30	19	39	13	45	2	5	49	30
	500 ~ 1000 元	1	2	3	6	3	10	3	8	11	7
	1000 ~ 2000 元	6	12	13	27	8	28	11	29	39	24
	2000 ~ 4000 元	6	12	5	10	6	21	10	26	29	17
	4000 ~ 6000 元	11	22	5	10	0	0	6	16	20	12
	6000 ~ 8000 元	3	6	1	2	0	0	1	3	5	3
	8000 元以上	7	14	3	6	0	0	3	8	12	7
在小区居住年限	1 年以下	3	6	12	24	5	17	4	11	24	15
	1 ~ 3 年	11	22	11	22	4	14	8	21	33	20
	3 ~ 5 年	10	20	12	24	3	10	10	26	34	20
	5 ~ 10 年	16	32	4	8	7	24	11	29	39	23
	10 年以上	9	18	10	20	10	34	4	11	35	21

2. 社区公共服务居民满意度排序

居民对社区整体环境和社区公共服务满意度调查，除了统计百分比外，还采用李克特五分量表予以量化计分，非常满意、满意、一般、不满意、非常不满意分别计分为 5 分、4 分、3 分、2 分、1 分，通过加权评分计算分值，1.0 ~ 3.0 分、3.1 ~ 4.0 分、4.1 ~ 5.0 分分别意味着低度满意、中度满意和高度满意。各个社区的各项公共服务满意度排序如表 4 所示。

总体来看，柠溪社区、沿河社区、康宁社区、山场社区的社区公共服务满意度综合均值分别为 3.00 分、3.79 分、3.35 分、4.02 分，山场社区得

表4 社区公共服务的居民满意度结果

单位：分

社区公共服务类别	各社区满意度（Likert 量表值）				
	柠溪社区	沿河社区	康宁社区	山场社区	整体平均
社区社会保障和就业服务	2.84	3.88	3.24	3.92	3.47
社区医疗与计生服务	3.08	3.78	3.24	4.00	3.52
社区卫生与环境绿化服务	3.02	3.90	3.48	3.92	3.58
社区安全与流动人口服务	2.94	3.78	3.34	4.15	3.55
社区文化服务	3.00	3.82	3.31	4.10	3.80
社区教育服务	3.10	3.71	3.21	3.82	3.46
社区体育服务	2.98	3.67	3.45	4.05	3.54
小区整体环境	3.04	4.00	3.38	4.33	3.64
平均	3.00	3.79	3.35	4.02	3.56

分最高，柠溪社区得分偏低。四个社区整体均值为3.56分，对社区公共服务属于中度满意的状态，而且各个社区的整体满意度与各个子项的满意度相当一致，如图2所示。

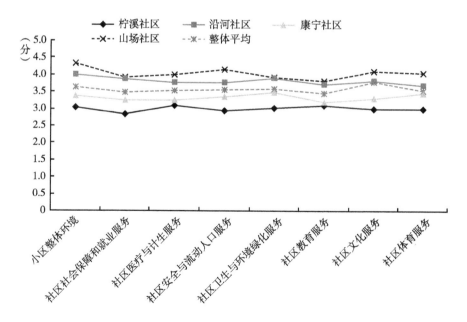

图2 不同社区公共服务居民满意度比较

但是，各个小区社区公共服务居民满意度差异较大。同为村改居型社区，柠溪社区居民满意度显著低于山场社区，而同为居民型小区，一直作为特色小区的康宁社区的居民满意度却低于人口状况比较多元的沿河社区。究其缘由，结合访谈发现，柠溪社区旧村改造之后，原村民失去土地后，农村股份公司发展欠佳，大多原村民文化程度较低，就业技能没有得到很好的提升，大部分现在主要依靠租金或养老金或者积蓄维持生活，在较大程度上影响了他们对社区公共服务的满意度。而山场社区分为四个小区，包括两个回迁小区和两个新型小区，虽然也经历改建回迁，但农村股份公司发展尚好，而且山场旧村素有"香山文化源头"的美誉，新型小区居民文化素质较高，虽然也有各个小区交流欠缺等问题，但各个小区基本形成了一套比较完善的服务。康宁社区虽然民主自治声誉在外，但是，在问卷调查过程中，很多居民不愿配合，对社区服务和居委会怨气较多，对社区公共服务方面的满意度也不高。

3. 社区居民最需改善的社区公共服务

四个社区居民认为，最需改善的社区公共服务如表 5 所示，柠溪社区、沿河社区、康宁社区、山场社区分别提供社区社会保障与就业服务、社区医疗与计生服务、社区医疗与计生服务、社区教育服务，从李克特量表来看，它们各自的居民满意值为 2.84 分、3.78 分、3.24 分、3.82 分，各自位列九项服务满意度排序中的倒数第 1、倒数第 3、倒数第 2、倒数第 1。可见，就业、社保、医疗和教育仍然是社区居民最为关心的公共服务事项。

表5　社区居民认为最需改善的社区公共服务

单位：%

社区公共服务类别	柠溪社区	沿河社区	康宁社区	山场社区
社区社会保障和就业服务	46	18	7	18
社区医疗与计生服务	12	27	41	3
社区安全与流动人口服务	24	14	38	11
社区卫生与环境绿化服务	16	18	10	5
社区教育服务	6	10	0	24
社区文化服务	48	24	0	5
社区体育服务	6	12	0	3
其他	6	0	0	3

4. 社区居民参与社区公共服务的意愿和对居委会的评价

调查显示，整体而言，社区居民参与社区意愿不太高（见图3），李克特量表值为3.32，表示中度意愿，其中，沿河社区居民参与社区公共服务意愿最高，康宁社区数值偏低，仅为低度意愿。另外，从对居委会工作的评价来看（见图4），沿河社区和柠溪社区达到3.98分，接近高度认同，但同样，康宁社区数值偏低，属于低度认同。从某种意义上，居民参与社区公共服务的意愿与社区公共服务满意度具有较大关系，而参与意愿也受到居民群体特征如年龄、收入、学历、居住时间等影响。埃莉诺·奥斯特罗姆在分析现代国家民主的治理状况时指出："在今天，我们必须重新界定公民的作用。他们已经从政府服务被动的消费者变成了创造社区特定性格的积极的活动者。这说明公民已经成为其社区管理的一部分，他们承担着社区责任，而不是把自己要么看作是孤立的地方政府服务的消费者，要么看作是政府对立或反对的力量。"① 因此，培育社区居民公共精神和参与志愿也是社区建设的重要任务。

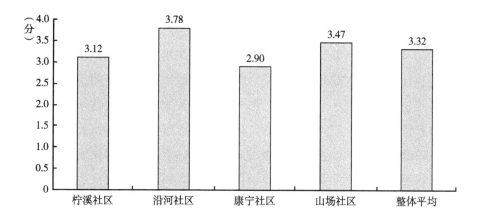

图3　社区居民参与社区公共服务意愿

---

① 徐金燕、陆自荣、蒋利平：《居民志愿服务参与意愿与社区公共服务居民满意度：内在影响之实证解析》，《中共成都市委党校学报》2012年第6期。

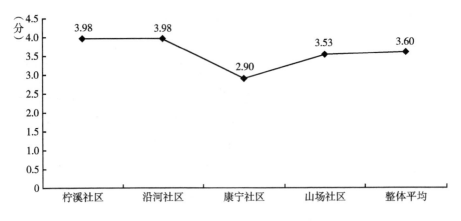

图4　社区居民对社区居委会的满意度

（三）居委会工作人员访谈

通过实地访谈，课题组对各个社区的背景和特点、社区公共服务建设特色与成果、社区管理体制及其对社区公共服务的影响以及社区公共服务未来规划进行了全面了解。调研发现，具体如下。

1. 对社区的特性认知较好

借助《社区居民委员会基础情况统计表》的填写，课题组了解到社区的类型、社区的基本概况、党组织、居委会、群团组织和民间组织、社区服务与共建活动等信息，居委会工作人员一般对所属社区的背景和特点熟悉，对其特性具有较好的认知判断。认知各个社区特点，这是社区公共服务建设的起点，对于排查治安隐患、确定工作重点、满足居民需求、提高居民满意度等都极为重要。例如，山场社区作为新型社区，改造过程较为顺利，股份公司资产较为雄厚，虽整体人员组成文化差异较大，但四个小区的融合较好，社区归属感增强，居民参与社区事务相对积极；相对而言，柠溪社区由于旧村改造对原村民的房子土地进行征收、改建和回迁，村民失去了自己的土地，变为现在的股份公司成员，由于村民文化程度较低，就业技能缺乏，就业竞争力没有得到很好提升，居民社区公共服务满意度略低，而且回迁房村民和购房入户的居民融合度不够，社区服务种类比较单一。

2. 社区公共服务的需求回应和质量评估体系建设有待建立

在服务种类上，整体而言，各个社区的文体类服务较好，而教育、医疗和就业方面的服务比较欠缺，而后者是社区居民更为注重的；在居民需求上，相关工作人员都表示主要依靠居民向居委会反映问题、居委会根据自身掌握的情况帮助居民申请服务等形式，定期调查没有展开；在服务质量评估指标体系上，同样由于人手有限，基本没有建立相关成果和服务的评估体系，主要根据居民参与度、上级部门评价等做出比较主观的判断。

3. 社区管理体制及对社区公共服务有重要影响

在社区党总支、居委会、业委会、物业公司和公共服务站之间的关系方面，居委会工作人员都认为与其他社区管理架构大体相同。一个社区认为就是"一套班子，几个牌子"，另一个社区认为就是"通力合作，统筹兼顾，彼此协调，共同为居民服务"。普遍认为，前述主体之间协调配合、统筹运作很重要，尤其是居委会与业委会的关系良好有助于居委会工作的开展，否则难以开展工作。人手紧张、事务繁多、资金筹集、协调运作等也是多个社区居委会面临的共同问题。

4. 社区公共服务供给仍存在诸多问题

大部分居委会工作人员表示，要继续做好现有服务和活动，而现有服务和活动之所以能够开展起来，是现有可获资源、领导兴趣偏好等共同作用的结果，对于某些尽管是民众急需但可能受制因素较多的服务种类，改善难有起色。归结目前面临的问题，主要表现在：居民的公共意识和法律意识淡薄、业主与物业公司的矛盾、政府职能交叉导致责任推卸、社区人才的发掘和募集资金、居民配合和活动宣传、社会组织的引介和培育、听取百姓意见、基础设施跟进等问题比较突出（这些信息与对社区内社会组织和志愿者的访谈意见比较一致，因此对它们的访谈不作单独分析）。另外，他们较少区分社区服务与社区公共服务，这种理解也模糊了他们自身本该承担的职责和义务边界。

四 珠海社区公共服务供给模式的优化路径

总体而言，近年来，在贯彻落实科学发展观、建设珠江口西岸核心城市的强力推动下，在加强和改进城市基层社会治理与服务的改革举措之下，珠海社区公共服务取得了比较显著的成效。但是，从实地调研获取的信息分析来看，社区居民对社区公共服务满意度属于中等水平，而且各个社区具有比较显著的差异，社区居民参与社区公共服务意愿也有待于进一步加强，社区居委会工作量承受面仍然较大。强化社区公共服务理念，提高社区公共服务供给绩效，让社区成员共享社区发展成果方面仍然存在较大的改进和优化空间。

（一）强化社区服务向社区公共服务的理念转变

理念指导行为。无论是我国社区公共服务发展演进轨迹还是珠海社区公共服务调查访谈研究中发现，社区公共服务供给过程中仍然还有一些传统甚至计划经济时代的偏误思维无形中影响社区工作者和社区居民。随着经济的发展，社区服务建设有必要强化"社区公共服务"的概念，摒弃曾经包罗万象的"社区服务"的提法，这种理念的转变，旨在突出社区公共服务均等性的实现、公益性的回归和回应性的强调。

1. 社区公共服务的"均等性"强调消费服务的"权利意识"

社区公共服务的"均等性"，要求应确保各个社区最低限度的社区服务配置水准的平等实现，在此基础上，各个社区根据自身基础条件逐步提高服务标准。要改变传统的政府恩赐服务的思想，强化政府提供社区公共服务的主体责任，这将有助于强化社区工作者的主动性和责任感，居民的这种权利意识也有助于对政府在社区公共服务的落实予以监督和激励，而非被动地、善意地等待政府奉送良好服务。

2. 社区公共服务的"公益性"强调社区参与的"公民精神"

社区公共服务应该聚焦通过市场机制无法解决的社区公共问题上，注重培养和训练社区居民通过集体讨论和表决来塑造利益理性和公共理性。公众的公共理性的培养首先是建立在利益理性的尊重上，对自身利益的追求和维护才会有参与社区公共问题的能动性，因此，对于社区居民的维权事宜应予以支持并积极协助解决，但是，公共理性强调并非一味追求私利，社区建设需要居民具有超越自我利益而对公共利益表示尊重和关怀，公共部门需要着力培育和塑造公民精神，通过规范的程序、精细化的管理、良好的传播与沟通激发社区居民对公共事务的关切，这也是促进社区自治和共荣的基石。

3. 社区公共服务的"回应性"强调"有限政府"的观念

社区公共服务要以民众需求为依归，民众真实需求的获取是提供社区良好公共服务的前提和基础。要改变政府的全能型假设，要认识到政府在提供某些公共服务的低效、偏差和失灵等瓶颈的存在，需要建立有效政府的观念，这意味着：一方面，民众极有必要主动参与社区公共事务决策中，才能逐渐建立起科学有效的社区公共服务需求表达和实现机制，弥补政府在了解民众需求的能力不足；另一方面，有助于收缩政府活动边界，适时转移职能给社会组织和市场组织，政府则聚力社区公共服务政策和规划制定上，如此这般才能发挥治理各方所长，形成社会多元共治的良好格局。

（二）构建社区公共服务的多元共治和统筹协作体制

在我国当前，政府仍然是社区公共服务建设中最具能动性的主体，因为在经济建设型政府向公共服务型政府转型过程中，社区公共服务是公共服务中的重要组成部分，也是政府的基本职责所在；政府在社区不同利益调整过程中需要发挥其权威身份进行社区发展政策规划；需要给予社区社会组织、志愿组织提供政策扶持和资金支持。因此，现阶段，政府的这种主导型地位是逐步实现社区多元共治和自治的必经阶段，也是现阶段政府在社区层面追求社会风险规避、保持社会稳定的角色要求。

1. 社区公共服务中的政府角色定位

从当前来看，为了确保社区公共服务的均等性、公益性和回应性，必须要确保政府的制度生产者、资金供给者、服务购买者和责任承担者的角色：

①制度产生者体现在通过确定社会组织、市场组织参与社区公共服务的活动空间界定、参与方式、服务品质上的政策制定，如社区公共服务的招投标制度、民办非企业参与社区公共服务的收费体制、社区人才培养政策和管理体制等，尤其是关键环节上要着力研究，使政策相关的利益相关者参与政策过程，确保制度生产过程的效益、民主、公平和正义。②资金供给者是由公共服务的基本属性所决定的，它往往难以通过市场化自主提供。即使在美国，社区公共服务资金中政府资助所占比例也高达60%，社会捐助和有偿收费各占10%和30%左右。目前，街道和社区为了克服经费紧张，需要放弃拓展一些经营性收益，避免挤压专注发展社区公共服务的空间。同时，还要对资金使用进行有效监控和评估，需要进行效益成本分析和收益成本分析。③服务购买者体现了政府需要寻求有效的公共服务供给方式，如采取"服务外包"制度而不必自己成立机构和招聘人员来主导社区公共服务的生产，政府重在要提高外包合同管理，完善招投标、绩效评估、监督控制等诸多环节的规制有效性。④责任承担者意味着社区公共服务供给中即使引入了其他主体，政府仍然承担其终极责任，换言之，当其他多元主体供给过程中出现问题，政府不可免责或卸责，一方面，政府必须制定严密的服务供给监管制度，确保社区公共服务质量，另一方面，对于其他主体疏漏的服务对象，政府必须承担兜底责任。

2. 社区公共服务供给体系的纵向分权而治：减量与赋权

当前，珠海社区管理与服务中存在的主要问题表现在社区管理的行政化、政策法规的可操作性和执行力度、社区专职工作队伍的激励和居民参与性上。在社区管理行政化问题上，在"三位一体"的管理体制下，人员交叉任职，社区还是很容易为行政管理工作主导，而弱化社区自治功能，以居民取向的社区公共服务职能难以实现。虽然珠海已经出台社区行政事务准入制度，以达到基层社委会"减负、松绑、归位"之目的，并且规定"社区居委会对社区准入行政事务工作经费的使用，应当专款专用，并自觉接受相关部门的监督检查"，从某种程度上确实可以收缩街道各个部门随意放送行政事务给社区的口子，但是，社区在其中是否真正被赋予了拒绝承接的权利不得而知，需要及时公开各个行政职能部门与居委会签订的委托合同的执行、经费转移和使用情况，以便接受全方位的监督。同时，从街道办的层面，需要全面梳理和分析其所有的管理事项，分析其合理的存在、归属和适当的完成方式，通过上收、下放、合并、转移和取消等方式首先减负，社区才有松绑和归位的可能。

除了上述的"减量"之外，赋权也同样重要。否则，社区减负之后，还是很难确保社区居委会足够的管理自主权和自治权。那就是，除了上面街道部门减少干预，减少行政事务的推送和强压之外，还要加大力度赋权于社区，主要体现在资金、人事、待遇、决策和绩效评价权：①资金上由法律法规予以明确财政拨款的时间和额度，减轻社区筹集资金甚至发展经济的压力。②人事上尊重社区居民的居委会委员选举权，街道办实行备案制。③待遇上要不断改善社区工作者的薪酬福利，激励工作热情，增强其工作的价值感和成就感。④决策上保留社区居委会的自由权，改变街道办与社区居委会目前的领导与被领导关系。⑤绩效评价上向本社区居民回归。社区居民应是社区居委会绩效评价最主要的主体，应加大其评价权重。唯有如此，才能确保社区居委会对下负责的自治组织地位。

3. 社区公共服务供给主体的横向统筹协作：跨界与专业

在当下社区管理体制下，社区多元主体协调不畅、角色不显是常见之事。"小政府，大社会"格局仍然是现今社区管理和公共服务的宏观导向，在此理念指导下，提高社会广泛参与度，促进各类组织跨界合作，提供专业化管理和服务。因此，要健全社区居民的参与机制，尤其是要发挥社区居民的专业特长，拓展其参与机会和渠道；要落实社会管理尤其是社会组织培育和发展政策，切实解决当前它们所面临的资金紧缺、场地不够、人才匮缺、制度不健全，公信力不高等问题，成长一批能力较强的具有服务承接力的社会组织，促进社区公共服务供给主体多元化；依托业委会增强居民的自治能力，选择专业的物业管理，参与社区物业管理方面的公共问题，引导提升居民自我管理、自我教育和自我服务意识；打造社区公共服务统筹平台，提升社区公共服务的统筹能力和专业技能管理。

从社会公共服务供给视角出发，为了避免社区公共服务多头管理、协调困难，社区公共服务统筹平台的角色定位和运作机制成为关键。在目前珠海的社区行政事务准入制度之下，社区公共服务站是社区行政事务和工作的承接机构，"与社区居委会相互支持、相互协调、相互配合，共同完成社区的行政事务，搞好公共服务"[1]，目前珠海社区党总支、社区居委会与社区公共服务站"三位一体"，要求合署办公、分工明确、协调配合，但是，笔者认为现实运作中仍然难以避免"三位一体"全力对上服务，仍然缺少对下服务的内源动力，缺少监督约束的实质效力。

因此，笔者认为，厘清社区内多元主体之间的关系，准确定位和设计社区公共服务站在社区公共服务多元主体中的角色极为关键。具体而言：①运作机制上，可以借鉴企业经理制的运作机制，将其不作为政府组织，人员采取对外招聘的形式，保证工作人员能力的专业性，其基本收入享有财政补贴，绩效工资由居委会根据其管理业绩给予，根据其绩效业绩薪酬可以上下浮动，提供比较有竞争力的工资待遇。②工作职责上，要充分体现社区公共服务的专业化管理，以弥补传统管理体制下社区工作者管理技能不足的问题。其具体职责包括：通过专业技术获取社区居民真实需求以决定社区资源配置；向街道办或上级管理部门申报相关公共服务项目，并保证资金筹措到位；自己直接生产或选择高效的社区服务生产者；争取其他主体参与社区公共服务，如向企业公关获取赞助等。③监督机制上，受到由社区居民代表会议或居民大会选举出来的社区居委会的直接监督，对其负责，定期向其汇报工作，如果不能获得社区居委会信任，轻则薪酬福利受到影响，重则可以解聘。社区党组织对社区居委会进行领导，也对社区公共服务站承担监督指导功能。④多重委托代理中的激励—约束机制上，如何确保社区公共服务站工作人员按照社区居委会的意愿工作是关键，应建立长期合作关系，减少一次性交易带来的投机行为概率；建立科学的绩效评价指标体系，如360评价体系，提高激励的有效性；在社区公共服务站形成内部竞争比较市场，更有效地评估其行为的努力程度。

构建社区公共服务站这个平台，期望能够统筹社区所有的公共服务项

---

[1] 香洲区人民政府：《关于印发〈香洲区社区行政事务准入工作实施方案〉的通知》，2014年1月13日。

目，并以项目申报的形式，真正采集本社区居民的需求获得上级或其他主体的资金支持，或者当政府部门发布社区公共服务项目时，由社区根据居民需求来组织申报，并通过社区公共服务站的专业性的服务管理，落实于社区居民，其他组织投入社区的公共服务项目如志愿者活动、慈善捐款等，皆可由其进行整合性管理、调配，从而改善社区居民的公共服务满意度。

社区多元主体的跨界和统筹协作框架如图5所示。

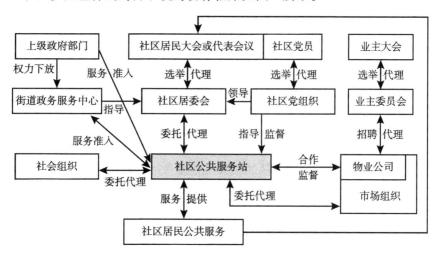

图5　社区公共服务多元主体的统筹协作框架

（三）社区公共服务需求表达和质量评估机制的优化创新

社区公共服务需求的表达和尊重是提升社区公共服务居民满意度的前提。唯有保证社区公共服务需求的充分表达，才能实现针对不同社区个性化需求，促进供需平衡，与此同时，建立社区公共服务科学有效的质量评估机制，才能促进社区公共服务不断改进，提高资源效益产出。

1. 社区公共服务需求表达与获取机制

珠海社区建设中，比较注重社区居民的民主议事和协商，如康宁社区的"大榕树下议事园"成为社区居民的"政治中心"，居民通过社区议事协商委员会开展民主议事，通过"社区居民代表大会"进行民主决策，通过民主选举的"社区居委会"和"小区业委会"执行决策，通过居民广泛参与的各类"社区社会组织"协助执行，并由居民代表组成的"社区监督委员会"监督执行情况，形成了"议事—决策—执行—协同—监督"流程完整的社区民主自治体系，康宁社区也成为珠海社区实行民主自治的一个典型和名片。不过，这种民主议事传统与其小区居民素质和群体特点密切相关，并非每个社区都可复制。一般而言，社区居民公共服务主要是根据上级部门的指示、自身收益成本评估、可以获得的便捷资源而确定，难以真正符合民众需求。

具体而言，至少有三个途径有助于社区居民需求表达和获取：一是强化社区居民议事制度，通过社区居民大会的民主投票的方式来决定本社区公共服务的种类和规模，这对于社区主要公共服务需求的供给确定是最重要的一环，尤其是探索社区的"参与式预算制度"，由居民投票确定社区公共服务项目的选择。二是通过定期的社区公共服务公众需求调查，可以委托专门机构进行，以征求社区居民意见，科学调整社区公共服务项目的侧重点。三是建立社区信息服务平台，借助网站和微信，完善社区诉求和建议平台，落实联席会议制度，借鉴著名的柯达公司的建议制度，建立便捷的建议渠道，成立专门评议机构决定是否采纳，并完善奖励制度，如若不能采纳需要提供充分的理由。同时，要化投诉为宝，转变应诉的心态，分析投诉背后呈现的问题，堵塞工作漏洞。

2. 社区公共服务需求整合与保障机制

社区公共服务需求的整合，主要体现在信息的完整性和真实性两方面，确保信息处理和向上信息传递的不扭曲。首先，要确保各个不同群体的需求表达的平等性和有效性，尤其是提高弱势群体的组织化程度，帮助其争取话语权，而非反向控制。其次，确保信息处理的透明度，各方利益首先得到平等的尊重。没有基本的尊重，则难有共识和聚合。再次，还要建立利益补偿机制，避免不同群体之间的零和博弈，没有补偿，也难有对话和协商。最后，还要保证信息的畅通渠道，尤其是完善自下而上的民众与政府的信息传递渠道，影响上级政府部门社区公共服务相关政策的制定更体现公众的整体需求。社区公共服务需求保障主要是针对弱势群体而言，除了国家层面整体上制定和完善弱势群体的救助与发展支持政策之外，在社区还要发挥党组织的代议、社会组织的赋权以及社区居民代表大会上弱势群体的选举权利，才能更好地提供具有人性关怀的服务。

3. 社区公共服务绩效评估机制

建立社区公共服务绩效评估机制，有助于促进政府与社区之间的沟通，政府更好地获得民众的支持和信任，也有助于政府更好地提升社区公共服务供给能力，探寻社区公共服务的多元、有效的供给途径。本次调研中发现，社区由于人手较少，很少制度化的对社区公共服务进行定期绩效评估，社区工作者的繁忙与社区居民对公共服务的满意度形成明显落差。"政府社区公共服务绩效评估的核心价值就是社区服务的理念及与之紧密联系的以社区居民为本的理念。"[1] 在建立社区公共服务绩效评估体系时，价值理念最为隐形但影响巨大，因为它决定了具体的指标设计和绩效产出。社区公共服务涉及卫生、文化、教育、就业、安全、保障、救助等诸多服务事项，经济、效率、质量、满意、公平成为需要考量的重要指标，举例说明，如经济价值取向可以包括社区公共卫生保健支出、社区基础设施和环境投资、社区教育经费投资等指标，效率价值取向的指标有社区居民就业率、社区居民人均受教育程度等，质量价值取向的指标包括社区公共服务内容的确定、服务的及时、态度的好坏、服务的透明度等，满意价值取向即社区居民角度对社区治安、医疗保健、公共设施、人际关系等服务综合体验满意率等，公平价值取向如社区学龄儿童入学率、社区失业率、社区老人与残疾人照顾、社区贫困家庭救济等，围绕以上社区公共服务价值理念，结合不同社区的独特性需求，制定切合实际的有效指标体系，要避免单一价值取向导致的偏误。同时，这种绩效评估要实现透明化、制度化和规范化，避免流于形式而成为政府形象工程，应通过居民的广泛参与使之成为社区居民从需求表达到服务实现的必经机制，从而优化社区公共服务的项目申报和管理。

---

① 田华：《论政府社区公共服务绩效评估体系的构建》，《理论界》2007 年第8 期。

综言之，珠海社区公共服务供给模式优化有待于重塑社区公共服务的"权利意识""公共精神"和"有限政府"的价值理念，确保政府的制度生产者、资金供给者、服务购买者和责任承担者的角色，在优化创新社区公共服务需求和质量评估机制的基础上，构建社区公共服务的分权而治和统筹协作的体制，减量与赋权并行，跨界与专业携手，共创"小政府、大社会"的社区公共服务新格局。

产业发展篇

.

珠海高端服务产业的定位与发展研究

周天芸*

一 研究背景

高端服务业是伴随产业结构调整及经济结构高级化而发展起来的，主要依托信息技术和现代管理理念，处于服务业高端部分的行业是现代服务业发展的核心，但在高端服务业的内涵和特征的界定方面，目前尚未形成统一的定义标准。在国内学者的研究中，王廉（2009）认为高端服务业应具有高智力、高效率、高资本、高收益、高时尚的特点，杜人淮（2007）、徐伟金等（2009）也表达了相似的观点。这些学者的研究和深圳市 2007 年提出的高端服务业的特征同样高度相似，深圳市提出高端服务业应具有"五高两低"特征：高科技含量、高人力资本投入、高附加值、高产业带动力、高开放度、低资源消耗、低环境污染等特征。国外学者 Thomas A.

---

* 周天芸，中山大学国际金融学院教授。

Thomas A. Hutton 早在 2004 年提出，高端服务业应当是具有专业性、中介性、高科技含量和创造力的服务行业，他的观点也得到后来研究者的认同，Björn Surborg（2006）汲取了 Hutton 的观点，并对越南河内的高端服务业进行界定和研究。

同时，我们认为高端服务业是一个动态发展的概念，由于高端服务业具有高科技含量和创造力的特性，随着技术的创新，可能一些现在具有创造力和高技术含量的行业在未来的发展中不具备高端的特征，这和马鹏等（2014）观点一致，也和 Thomas A. Hutton（2004）文章中所隐含的思路一致。

综上，高端服务业的内涵在现有的研究中具有较一致的界定，即高科技含量、高创造力、高附加值的服务型行业，有关研究侧重可以划分为以下三个方面：一是研究高端服务业在经济增长中的作用和地位，即高端服务业的经济效应；二是强调适合高端服务业发展的区域规划和空间布局的重要性，包括对高端服务业集聚效应的研究；三是研究高端服务业在发展过程中受到影响因素。

第一，高端服务业在经济增长中的作用和地位的相关研究。杜人淮（2007）认为发展高端服务业既是经济稳定发展的重要支撑，也是经济持续发展的必然选择和经济转型升级的内在要求，发展高端服务业可以通过引入高端服务业、催生高端服务业和服务业的高端化三条途径。马鹏和李文秀（2014）侧重于研究高端服务业在产业中的控制力，通过实证分析证明高端服务业有助于提高其对行业的控制力，并因此而促进经济的快速发展。

第二，高端服务业的区域规划和空间布局的相关研究。高端服务业的集聚发展早期是在自然状态下进行，主要是受制于当时当地的经济因素、政策因素等，如早期的越南河内高端服务业的集聚（Björn Surborg，2006），美国纽约的高端服务业集聚（Gottmann，1961），英国伦敦（Storper M.、Salais R.，1997）等均有类似的集聚现象出现。后来随着研究的深入，政府也开始有意识促进当地的高端服务业产业集聚，长期的实践事实证明，高端服务业在空间上的集聚发展确实会促进自身行业发展，并拉动经济快速增长。在区位的选择过程中，研究发现高端服务业集聚的区位和资本流动、技术转移、运输和交通网络、文化交流的复杂程度紧密联系在一起，在这些要素方面拥有竞争优势的城市将会更加有利于高端服务业的发展（Scott A. J.，2000），也吸引着高端服务业在这些城市集聚。

第三，对高端服务业发展的影响因素的相关研究。Thomas A. Hutton（2004）总结性提出政府要促进高端服务业的健康快速发展，可以从八个方面进行努力，分别是土地利用、发展调控力度、政府对经济发展的主要策略计划、基础设施建设、财政政策、就业情况和劳工数量质量、政府提供的信息服务、政府和企业的交流合作情况。同时，他提到，随着时代的变化，这八个方面的具体内容需要进一步调整。除了政府政策因素可以促进高端服务业的发展，Serdar Durdyev 等（2012）对服务业质量和效率的提高因素的研究表达了类似的观点，但他主要以服务业本身为出发点，认为服务业可以利用好条件提高自身的服务质量并提高效率，这些重要的因素包括但不限于劳动力方面、工作管理状况方面，并且比传统认为的重要因素——例如财务管理和后勤状况等影响更为重要。

结合前述的研究，我们认为高科技含量、高创造力、高附加值三个特点最能体现高端服务业，其他特征例如高产业带动力、高人力资本投入都是和这"三高"特征紧密相关的。高端服务业已经成为衡量一个城市综合竞争力和现代化水平的重要标志之一。珠海"十二五"规划制定了产业发展目标，要求"十二五"期间服务业增加值年平均增长13%以上，现代服务业增加值占服务业比重达到60%以上，强调发展高端服务业，主动承接港澳及国际服务业转移，以横琴开发和香洲转型为抓手，重点发展物流、商务会展、总部经济、服务外包、文化创意、休闲旅游和商贸等现代服务业，精心打造各种类型的商务服务区，优化提升休闲会议旅游区、商业综合服务区，扩建完善科技创新核心区和现代物流服务区。由此，在珠海的经济转型升级和城市竞争力提升过程中，高端服务业发展具有重要的战略地位。

本研究尝试通过多重视角探索珠海高端服务业的战略发展，力图全面系统地分析珠海高端服务业的发展路径，为找准高端服务业发展的优势领域、创造高端服务业发展的有利条件提供有益的参考和建议。

二 珠海高端服务业的现状

根据前文的分析，拥有高科技含量、高创造力、高附加值三个特点的高端服务业将有极大可能存在于以下 17 个大类的细分行业中，包括科技、教育、总部经济、金融、三四方物流、休闲旅游业、医疗保健、文化娱乐、咨询信息、创意设计、节庆、展会、IT 资讯、订单采购、商务活动、企业服务业（智力资本、商务活动）、专业中介等，每种细分行业在特定条件下，均有可能符合高端服务业的产业特点，并发挥强大的产业联动作用和经济效应。因此，确定珠海市高端服务业发展的重点细分行业，成为关键所在。

结合国民经济行业分类和珠海市统计年鉴的统计口径，我们可以对珠海高端服务业所处的行业做初步的界定。根据珠海统计年鉴，珠海服务业主要集中在第三产业中。除了第三产业，第一产业的数据分类中也存在服务业——农林牧副渔服务业，但根据前文分析，该服务业显然不具有"三高"的特征，因此不归入高端服务业的行列。

具有高端服务业特征的四个行业在统计年鉴中全部被划分在第三产业中，为了进一步获取第三产业中高端服务业的细分行业和数据，我们借鉴陈艳莹等（2011）对高端服务业的界定，从要素高端性、需求高端性和技术密集性、产业带动效应四个方面入手，选取从业人员学历、向高端技术制造业提供的中间服务占其所有产出的比重、服务业中间投入来源高技术制造业、行业影响力系数四个指标作为评定标准，最终筛选出信息服务业、商务服务业、研发服务业、金融服务业作为高端服务业。

为了获取高端服务业的数据样本，其中商务服务业的数据样本用租赁和商务服务业数据代表；信息服务业数据样本用信息传输、计算机服务和软件业数据代表；研发服务业数据用指科学研究、技术服务和地质勘查业；金融服务业即指金融业。由此，不可避免会产生数据代表含义不精确的问题，用租赁和商务服务业的数据去代表商业服务业可能会多考虑租赁服务业的数据样本，研发服务业的数据用科学研究、技术服务和地质勘查业的数据代表，可能会增加地质勘查业的数据，改变数据本身的含义，从而导致分析结果的偏差。因此，我们考虑增加不在高端服务业范围内的行业数据，并分析可能对研究对象造成的影响。

根据 2004 年和 2008 年的广东省经济普查年鉴，租赁业和地质勘查业各项统计指标的占比并不高，如表 1 所示。其中对于固定资产指标，租赁业的占比为 1.41%，地质勘查业的占比为 1.25%；对于其他各项指标，租赁业和地质勘查业分别在样本数据中的比重均不足 2%，因此，我们有理由相信样本数据虽然包含这两个不被列为研究对象的行业，但根据样本数据的分析结果在 99% 的水平上依然是可信的。

表1　2008 年租赁业和地质勘查业的各项统计指标

项目	租赁业	租赁和商务服务业	前者占后者比重
企业数	864	45460	0.019006
年末存货	18510	2979770	0.006212
固定资产原价	615183	43703753	0.014076
营业收入	316215	37348048	0.008467
营业成本	155939	20660086	0.007548
项目	地质勘查业	科学技术、技术服务和地质勘查业	前者占后者比重
企业数	76	12792	0.005941
年末存货	2873	559493	0.005135
固定资产原价	35940	2865482	0.012542
营业收入	59345	7322578	0.008104
营业成本	28497	41447644	0.000688

资料来源：《广东省经济普查年鉴》。

由于高端服务业的四个细分行业划分在第三产业中，我们首先考察珠海市第三产业对经济增长的贡献。珠海 1993~2012 年，第三产业的生产总值、人均生产总值和占全部珠海市国民生产总值的比例如表 2 所示。

表2　1993～2012年珠海市第三产业描述性统计

年份	第三产业生产总值	人均生产总值(元/人)	第三产业占比
1993	563827	17644	42.3
1994	668430	19264	43.0
1995	777717	21208	42.6
1996	912973	22414	44.3
1997	1051471	23824	44.9
1998	1194022	25052	45.4
1999	1293211	25568	44.8
2000	1442641	27770	43.4
2001	1628663	28315	44.1
2002	1844474	31671	44.8
2003	2137009	36036	44.5
2004	2485950	40511	44.8
2005	2735818	45320	43.0
2006	3076678	52189	41.2
2007	3741868	61303	41.8
2008	4236815	66798	42.5
2009	4658806	68042	44.8
2010	5142331	77888	42.5
2011	6039764	89794	43.0
2012	6883824	95471	45.8

资料来源：《广东省经济统计年鉴》。

　　珠海高端服务业所在的第三产业总值虽然二十年来有大幅增长，但占全部生产总值的比例却没有太大变化，从比例贡献度来说，珠海市第三产业的贡献度并没有上升，仍存在较大的提高空间。

　　为了进一步研究高端服务业在产业中的经济效应，我们采用高端服务业对第三产业和国内生产总值（gross domestic product，GDP）的贡献率和拉动指标来刻画，其中高端服务业对第三产业贡献率用高端服务业增加值的增量除以第三产业生产总值的增量求得，高端服务业对第三产业的拉动用对第三产业贡献率乘以第三产业生产总值的增长率求得，相应的，对GDP的贡献率是用高端服务业的增量除以 GDP 的增量求得，对 GDP 的拉动，是用高端服务业的贡献率乘以 GDP 的增长率求得，结果如表 3 所示。

表 3 高端服务业贡献率和拉动情况

年份	高端服务业					
	增加值	占第三产业比重	对第三产业贡献率	对第三产业拉动	对 GDP 贡献率	对 GDP 拉动
2008	1138333	0.268677	—	—	—	—
2009	1213893	0.260559	0.179056	0.017834	0.182062	0.007578
2010	1364698	0.265385	0.311887	0.032370	0.088744	0.014519
2011	1664757	0.275633	0.334353	0.058351	0.152823	0.024827
2012	2069394	0.300617	0.479394	0.066995	0.409453	0.028801

资料来源：《广东省经济统计年鉴》。

从表 3 可以看出，高端服务业对第三产业贡献率在 2008~2012 年不断上升，从 17.91% 到 47.94%，增加了 30.03%，到 2012 年对第三产业的贡献占到第三产业增长量的一半，可见在珠海市第三产业快速的背景下，高端服务业以更快的幅度增长，并且对第三产业拉动效应也在逐年上升，2012 年达到 6.70% 的产业拉动，说明珠海市高端服务业拥有快速发展的潜力，并且在经济发展中的地位在快速地上升。高端服务业对 GDP 的贡献率和对 GDP 的拉动效应数据结果，也同样验证了这个结论。

三 珠海高端服务业的发展机制

在前文的分析中，我们明确了珠海市高端服务业的四个细分行业，并发现珠海市的高端服务业发挥着强大的产业贡献和产业带动作用，有力地促进了珠海市的经济增长。因此，珠海市重视和鼓励发展高端服务业显得非常重要。

珠海市要进一步发展高端服务业，须因地制宜地利用自身的发展基础和特点，制定相应的高端服务业发展战略，明确重点发展的高端服务业的发展目标。谢泗薪（2011）讨论高端服务业的三种发展模式，分别是热点园区的战略发展模式、产业链视角的战略发展模式、新知识经济下的战略发展模式，三种模式涵盖了空间布局、外部效应、可持续发展三个方面。但这三种发展模式更多地体现在宏观层面，对于现行服务业整体而言，都具有参考意义，但具体到高端服务业的发展，尤其是具体到发展具有珠海市特色的高端服务业层面，则涉及更微观层面的操作目标，每种发展模式的侧重点在哪里，哪种发展模式具有更高优先级的问题上，如何进行策略互动，以往的研究并没有给出确切答案。本报告因地制宜地提出发展珠海高端服务业的三大发展战略及其合理性，对这三大战略的推行的侧重点进行实证分析，并确定战略发展的优先级。

我们认为，高端服务业的发展目的，归根到底是要带动城市的健康可持续发展，人民生活水平的逐步提高，经济水平的增强，而经济要实现快速发展，产业链的健康发展和联动作用是必不可少的，具有产业链的发展刺激作用的高端服务业，是城市经济发展所需要的，也是城市应该重点发展的，这正是高端服务业发展战略的导向选择，然后才是确定重点发展的高端服务业自身的发展战略。制定高端服务业发展战略的步骤如图1所示。

图1 高端服务业发展战略步骤

综上分析，针对珠海市高端服务业的发展现状，珠海高端服务业的发展机制应利用新知识经济背景下信息技术为依托，确定带动产业链的高端服务业为重点发展对象，针对重点发展对象进行自身产业发展的战略构架。

第一，发挥信息技术效应战略。进入21世纪以来，信息技术的发展日新月异，以信息数据的快速增长和丰富为典型代表，世界经济发展已经进入大数据时代，大量的统计数据的可获得性提高和数据处理能力的提高带给经济研究很多的便利，同时带来了新的挑战。以珠海市政府为出发点，珠海市想提高经济水平，发展高端服务业，依托现代信息处理技术是重要的可行路径，珠海市政府可以借此精确定位到珠海高端服务业发展的各方各面，动态观测产业链发展的结构，准确及时地给予合理的调控和指引；而作为企业自身，可以利用信息技术革新自身的服务模式，节约服务成本，同时提高运作效率。因此，发展高端服务业不能忽视信息技术战略的发展。同时，高端服务业的一大特征是高科技含量，在传统服务业向高端服务业的转型过程中，提高企业经营的科技含量是必然途径，而信息技术的现代化运用，正是高科技含量的代表之一。信息技术服务业是直接以信息技术服务为核心竞争力的企业，实施发挥信息技术效应的战略将直接有利于该产业的发展，除此之外，商务服务业、金融服务业和研发服务业虽然没有直接以信息技术服务业为依托，但信息技术的利用能够降低业务成本和提高业务效率，提升企业的经营效益。因此，发挥信息技术效应的战略将有利于传统服务业企业的转型升级，也有利于现有高端服务业的深化发展，提高竞争力。

第二，发挥产业链互动效应战略。产业链是一个具有某种内在联系的企业群结构。产业链中存在大量的上下游关系和价值的互动，上游环节向下游环节输送产品或服务，下游环节向上游环节反馈信息。而高端服务业在产业链中发挥的是贯穿始终的作用，提高产业链的运作效率，促进产业链内的各个企业的发展。反之，产业链的发展越成熟越完善，也有利于刺激高端服务业的发展和发挥。将高端服务业置于产业链发展的视角进行全盘考虑，在宏观层面是更为合理而科学的方法途径。

以高端服务业中的金融业为例，产业链中金融的发展反映产业链互动效应的重要性，产业链金融就是金融机构以产业链的核心企业为依托，针对产业链的各个环节，设计个性化、标准化的金融服务产品，为整个产业链上的所有企业提供综合解决方案的一种服务模式。这种金融服务业模式突破了传统金融服务业为中小企业提供金融服务的桎梏，因为针对单个企业进行营销、调查、审批、放款、贷后管理、不良清收，必然面临收集信息难，控制风险难，控制成本难"三难"问题，但在一个有序的产业链中，新的生产组织体系往往包括一个主导型企业以及一系列上下游中小企业，共同完成生产及销售过程。因此，利用产业链的信息确定核心主导企业的信息，进而获取企业的信息，可以对产业链的内部信息风险有很好的把握。为整条产业链提供的金融服务，从收益效率和风险来看，都是优于传统只针对单个中小企业提供的金融服务模式。

因此，合理引导包括高端服务业在内的产业链的发展结构，是珠海市发展高端服务业的必要举措。探讨珠海市的高端服务业发展，不能把它孤立起来看待，而应综合考虑高端服务业和其他行业的互动关系，这样才能在发展高端服务业的过程中，对产业链的发展起到良性的驱动作用，再由产业链的效率提高刺激高端服务业的发展。

第三，发挥高端服务业集聚效应战略。产业经济发展的集聚是一种常见的经济现象，产业在既定空间上的集聚可以提高产业的效率，促进既定空间相关产业的技术进步，增强区域的产业竞争力。高端服务业同样具有这种集聚效应，高端服务业的自我集聚是发展的必然。早在 1890 年，Alfred Marshall 在其 *Principles of Economics* 一书中，首次提出产业聚集及内部聚集和空间外部经济的概念，并给出外部经济与规模经济条件下产业聚集的经济动因。他指出，所谓内部经济是指有赖于从事工业的个别企业的资源、组织和经营效率的经济；而外部经济则是有赖于这类工业产业的一般发达的经济，并提出三个导致产业聚集的原因，一是聚集能够促进专业化投入和服务的发展；二是企业聚集于一个特定的空间能够提供特定产业技能的劳动力市场，从而确保工人较低的失业概率，并降低劳动力出现短缺的可能性；三是产业聚集能够产生溢出效应，使聚集企业的生产函数优于单个企业的生产函数，企业从技术、信息等的溢出中获益。国外学者的研究也论述集聚给高端服务业发展带来的优势，如 Björn Surborg（2006）在研究越南河内的高端服务业时讨论了集聚的效应。

集聚效应使得生产要素集聚，从而导致生产更有效率，提高企业的空间竞争力，但自然状态下产业集聚自我发生的速率较慢，因此，政府可以遵循科学的发展进程，引导珠海高端服务业产业集聚，从而大大提高集聚的速度，促进高端服务业的发展。同样以金融业为例，目前国内各大城市政府都在合理引导金融服务业的集聚，以加速金融服务业的集聚，发挥金融服务业的集聚效应。例如，北京市的金融街和中关村、广州的珠江新城地域，都是在政府规划引导和产业自身发展的必要需求的共同作用下发生集聚的。实践表明，高度集聚化的金融服务业确实能够发挥高效能和强大的经济拉动作用。

珠海市发展高端服务业的集聚战略需要优化高端服务业的产业结构，在上述发挥产业链互动效应战略的前提下，确定珠海高端服务业的重点关注类型和方向，扬长避短，择优汰劣，开展产业集聚战略，重点地突出城市发展的战略定位。

四 高端服务业发展机制的实施

在第三部分的论述中，确定了珠海高端服务业发展的三大战略：一是发展信息技术效应战略；二是发挥产业链互动效应的战略；三是发挥高端服务业产业集聚的战略。实施这三个战略，需要明确高端服务业重点发展的方向和类型，根据实际情况对战略进行调整以适应不断发展的高端服务业，才能让三大战略的实施更加贴近高端服务业的现实需求。

在第二部分中，我们通过对珠海市高端服务业的描述性统计分析，大致明确了珠海高端服务业的发展现状。但是，简单的描述性统计不能深入地评估珠海市高端服务业目前发展的经济效率，以及对经济的贡献情况。因此，我们将进一步运用数据包络分析法（DEA）实证分析珠海高端服务业发展的现状，评价高端服务业发展对珠海市经济发展的效率，剖析珠海高端服务业目前发展的不足之处和需要引导的地方，同时佐证珠海高端服务业对经济发展的有效拉动作用。

（一）数据包络分析法的合理性

数据包络分析法（data envelopment analysis，DEA）最早在 1978 年由 Charnes、Cooper 和 Rhodes 三位学者提出，该方法是建立在 Farrell 提出的多种投入、单一产出的生产边界理论基础上，用线性规划的方法来衡量多种投入和多种产出的相对效率值。数据包络分析法的效率边界是通过连接所有观测值形成的分段曲线，得到一个凸的生产可能性集合，这个生产可能性集合包含所有观测值，因此效率值最高，即在既定的投入下，不能得到更多的产出，或者说要达到既定产出，无法减少目前的投入量。近年来，该方法被广泛运用到技术创新、成本收益、资源配置、金融投资、技术和生产力进步等各个领域，用来衡量策略的有效性。

我们选用 DEA 数据包络分析法的合理性基于以下两点。

第一，DEA 方法在运用上具有方法上的独特优势。首先，相对于参数方法评估高端服务业的运行效益，DEA 方法不需要具体的函数形式即可以估算对象的效率，受到的约束条件很少。其次，可以较好地处理多投入—多产出的情况，而一般的参数方法对多投入—多产出的处理比较难。再次，我们选定评价珠海市高端服务业的效率，但是所能取得的数据观测值比较少，样本数量不足以支持参数方法的实证，因此，选用 DEA 方法能够支持较少观测值的实证。最后，DEA 方法能确定具体各部门的有效性，包括技术有效和规模有效性。DEA 方法也存在不足，例如 DEA 方法不能对结果的显著性问题进行判断，也无法单纯考虑数据问题或者随机误差等计量问题。

第二，国内对服务业的研究有相当部分采用 DEA 的方法。赵莹（2005）使用 DEA 的 CCR 模型对我国 31 个省市在 2001～2002 年进行服务业的效率评估，选取了投资、就业人数作为投入指标、生产总值和居民消费作为产出指标，认为我国大部分省市服务业发展都服从规模报酬不变，仍有很大的发展空间。吴俊杰（2006）同样采用 CCR 模型，对 2004 年长三角地区的 16 个城市的服务业进行效率评估，选用了固定资产投资、从业人数、专业技术人员作为投入指标，选用服务业增加值作为产出指标，认为是由于服务业从业人员的冗余造成了服务业竞争力缺乏效率。索贵彬等（2005）运用超算 DEA 模型，对我国 2002 年各省市的第三产业服务业进行评价，增加了专业技术人员数量为投入指标，增加税金和营业利润作为产出指标，结果表明我国第三产业的东西差异大，东强西弱而发展不平衡，结论认为第三产业的发展水平和该地区经济发展水平密切相关。

　　根据以上两点原因，综合本课题需要评价的对象和可获得的数据，选用DEA数据包络法进行珠海高端服务业的效率评估是最佳选择。在具体模型选择上，按照决策单元性质的不同，DEA方法可以大致分为三种：①决策单元规模报酬不变的 CCR 模型；②决策单元规模报酬递增的 BCC 模型；③决策单元有无限多个的 CCW 模型。除此之外，还有 CCWH 模型、综合DEA模型、Log 型的 DEA 模型等，但原理相同，都是利用线性规划进行效率评估。因此，本研究选用最广泛应用的规模报酬不变的 CCR 模型和规模报酬可变的 BCC 模型评估高端服务业的经济效率。

（二）数据包络分析法的模型

　　对于 CCR 投入导向模型，考虑有 n 个决策单元 DMU_j，在评估珠海市高端服务业的效率中，决策单元即为年份，每个决策单元都有 k 种投入和 m 种产出，投入指标和产出指标分别用 X_i 与 Y_i 表示，投入和产出向量集合分别用 X 和 Y 表示。

　　在假定规模报酬不变的前提下，CCR 模型通过以下线性规划求得技术效率。

$$TE = \min_{\theta,\lambda} \quad \theta$$
$$St \quad -y_i + Y\lambda \geq 0$$
$$\theta x_i - X\lambda \geq 0$$
$$\lambda \geq 0$$

　　式中，θ 为第 i 决策单元的投入导向型技术效率值 TE，该值介于 0~1，这也是我们最终需要估算并用来比较的效率，如果 TE = 1，则说明决策单元在技术边界上，达到技术效率，如果 TE 越小越接近于 0，则说明决策单元越没有效率。长期技术的产出加权组合为 $Y\lambda$，投入加权产出组合为 $X\lambda$，$y_i + Y\lambda \geq 0$，表示产出加权组合 $Y\lambda$ 恒大于或等于 y_i 项产出，$\theta x_i - X\lambda \geq 0$ 表示投入加权组合 $X\lambda$ 恒小于或等于投入 θx_i。

　　相对于 BCC 投入导向型模型，CCR 模型在评估效率时没有考虑可变规模报酬的问题。在受评估单位评估结果是缺乏效率时，有可能是由规模报酬递增或者规模报酬递减造成的。为了考虑这一因素，根据 Banker、Chames和 Cooper（1984）的理论，可以将 CCR 模型下的技术效率拆分为纯技术效率 PTE 和规模效率值 SCE 两部分，而 CCR 中的效率 TE 与 PTE 和 SCE 有如下关系：TE = PTE·SCE。

而要求解纯技术效率 PTE，只需要在 CCR 的线性规划方程组中加入限定性条件，I 为单位向量，并由下面的线性规划求解。

$$
\begin{aligned}
PTE = \min_{\theta,\lambda} \quad & \theta \\
St \quad & -y_i + Y\lambda \geqslant 0 \\
& \theta x_i - X\lambda \geqslant 0 \\
& \Pi'\lambda = 1 \\
& \lambda \geqslant 0
\end{aligned}
$$

根据式 TE = PTE·SCE，即可计算规模效率值 SCE，若 SCE 小于 1 时，无法区分该无效率是由于规模报酬递增或者规模报酬递减造成。为了判别规模报酬的类型，只需要将规模报酬不变的限定性条件修改为非规模报酬递增的限制条件，即将 $I\lambda = 1$ 改为 $I\lambda \leqslant 1$，重新求解下述线性规划问题，得到每一决策单元非规模报酬递增的纯技术效率值 NTE：

$$
\begin{aligned}
NTE = \min_{\theta,\lambda} \quad & \theta \\
St \quad & -y_i + Y\lambda \geqslant 0 \\
& \theta x_i - X\lambda \geqslant 0 \\
& \Pi'\lambda \leqslant 1 \\
& \lambda \geqslant 0
\end{aligned}
$$

将上述分析解出的 NTE 和 PTE 进行比较，就可以判断决策单元规模报酬的类型：①如果 NTE = PTE，则说明非规模报酬递增的纯技术效率等于规模报酬不变的纯技术效率，即属于规模报酬不变的类型；②如果 NTE < PTE，同理说明生产函数属于规模报酬递减；③如果 NTE > PTE，则说明属于规模报酬递增类型。

除了上面分析的 CCR 投入导向型和 BCC 投入导向型模型，还有相应的产出导向型模型。这是因为 DEA 方法的原理是考虑既定产出下，最小化投入的线性规划求解或者是既定投入下最大化产出的线性规划过程，因此，DEA 的每一个模型均对应有投入导向型模型和产出导向型模型。而我们评估珠海市高端服务业的发展状况，更倾向于如何调整投入来达到既定产出，所以我们选用投入导向型 DEA 模型。

（三）数据包络分析法的指标选取

对珠海市的发展我们选用 2008 ~ 2012 年的数据，设 2008 ~ 2012 年的每一年为评价对象 DMU，评估珠海这五年间高端服务业的发展状况，进而分析珠海发展高端服务业需要在哪些方面进行改进。

确定了决策单元，接下来考虑投入和产出指标的选取，对于高端服务业，考虑投入要素从基本的投入要素组成入手，即考虑技术投入、资本投入和人力投入。其中技术投入用科研人员数来代表，但是限于缺少统计资料，服务业的专业技术人员没有统计数据。但考虑到专业技术人员的工资会普遍高于普通工作人员，考虑增加人员薪酬总额变量作为衡量人力投入和技术投入的代理变量，这种变量替换是合理的；资本投入可以用固定资产投入作为代理变量；人力投入变量可以用全市从业人员年末数变量来代表。

然后，考虑产出变量，用高端服务业的增加值作为产出指标是首要选择，现有研究也大多用高端服务业的增加值作为产出指标，但由于增加值只能反映当年的高端服务业产出，不能反映高端服务业的增长速度，因此，我们增加高端服务业增加值的增长率作为第二个产出变量，再考虑高端服务业的产出在第三产业中的比重是否显著提高，增加高端服务业占第三产业的比重作为第三个产出变量。

实证研究发现，人员薪酬总额变量和从业人员年末数变量具有高度相关，相关系数为 0.9056，也与第三产业的增加值高度相关，相关系数达 0.9867，因此我们考虑采用高端服务业从业人员平均薪酬变量代替人员薪酬总额变量。

根据上述分析，设投入指标为 X_1、X_2、X_3，分别代表固定资产投资、年末从业人员数、从业人员平均薪酬，设产出指标为 Y_1、Y_2、Y_3，分别代表高端服务业增加值、高端服务业增加值增长率、高端服务业占第三产业的比重。如表 4 所示。

表 4 DEA 投入指标和产出指标

投入指标	产出指标
X_1 高端服务业固定资产投资	Y_1 高端服务业增加值
X_2 高端服务业从业人员年末人数	Y_2 高端服务业增加值增长率
X_3 高端服务业从业人员平均薪酬	Y_3 高端服务业占第三产业的比重

（四）数据说明及描述性统计

珠海市 2008～2012 年各项指标如表 5 所示。

表 5 珠海市 2008～2012 年投入产出指标数据

年份	固定资产投资（万元）	从业人员年末数（人）	平均薪酬（元／人）	增加值	增长率
2008	83079	62311	46331.75	1138333	0.102000
2009	211276	62081	46308.00	1213893	0.066378
2010	334348	67060	49931.75	1364698	0.124233
2011	401319	67805	57520.00	1664757	0.219872
2012	155656	69085	66475.00	2069394	0.243061

资料来源：《广东省经济统计年鉴》。

从上述数据可以发现，高端服务业的投入固定资产投资在 2008～2011 年持续快速正增长，年化增长率为 69%，但在 2012 年固定资产投资投入突然表现为负增长，增长率为 -61%，从业人员年末数基本保持每年增长，但增长率不高，5 年年化增长率为 3%，平均薪酬水平也稳步增长，年化增长率为 12%，高端服务业增加值呈现高速增长，年化增长率为 22%，尤其是 2011～2012 年，增长率为 24%，为历史最高点。

注意到 2012 年固定资产投资出现大幅下降，但增加值却出现大幅增长，其间从业人员年末数和平均薪酬稳步增长，理论上，固定资产投资对增加值有正向拉动作用，固定资产投资越大，增加值应该越大，但数据上表现出这样的矛盾，原因有两个：一是固定资产投资对增长率的正面效应有滞后期，前几年的固定资产投资增量在今年体现效果；二是固定资产投资对增加值的作用不明显或者存在倒 U 型影响，增加值的提高主要归于从业人员年末数和从业人员平均薪酬的增加。

从实践经验和理论来看，我们倾向于第一种原因解释，但也不能排除从业人员数量和素质对高端服务业的积极正面影响。接下来的 DEA 分析中，我们希望解释目前珠海市高端服务业的发展不足，并针对这些发展不足给予正确指引，帮助珠海市高端服务业的发展更加科学合理。

（五）DEA 模型分析结果

将数据应用于 DEA—CCR 投入导向型模型，选择 X_1、X_2、X_3 为投入性指标，选择 Y_1、Y_2 为产出指标，DEA—CCR 模型的线性规划结果如表 6 所示。

表 6 DEA—CCR 模型的线性规划结果

编号	决策单元	效率值	排名
1	2008	1	1
2	2009	0.8420532	5
3	2010	0.8779604	4
4	2011	1	1
5	2012	1	1

我们发现 2008 年、2011 年、2012 年的效率均接近于 1，为 DEA 有效，阶梯差异并不明显，同时结果发现，Y_1、Y_2 产出指标高度相关，相关系数为 0.9350，因此，我们选用 Y_1、Y_2 同时作为产出指标可能不合适，考虑删除其中一个产出指标 Y_2，仍旧采用 DEA—CCR 模型线性规划求解，结果如表 7 所示。

表7 DEA—CCR 模型线性规划结果

编号	决策单元	效率值	排名
1	2008	1	1
2	2009	0.8420532	5
3	2010	0.8779604	4
4	2011	0.9297092	3
5	2012	1	1

我们发现，2008 年和 2012 年均为 DEA 有效，效率接近于 1，2011 年效率值为 0.9297，2010 年效率值为 0.8780，2009 年的效率值为 0.8421。效率值出现，如表8 所示。

表8 DEA—CCR 投入导向模型结果

编号	决策单元	效率值	固定资产投资冗余值	从业人员年末数冗余值	平均薪酬冗余值	增加值冗余值
1	2008	1	0	0	0	0
2	2009	0.8420532	86598.844	11750.697	0	0
3	2010	0.8779604	190894.24	13316.715	0	0
4	2011	0.9297092	247890.02	7462.4031	0	0
5	2012	1	0	0	0	0

首先计算 DEA—CCR 投入导向模型，发现，2009 年、2010 年、2011 年的固定资产投资和劳动力出现冗余值，2009 年投资冗余值为 86598.84，劳动力冗余值为 11750.70。2010 年投资冗余值为 190894.24，劳动力冗余值为 13316.72。

其次将数据应用于 DEA—BCC 投入导向型模型，结果如表9 所示。

表9 DEA—BCC 投入导向模型结果

编号	决策单元	效率值	固定资产投资冗余值	从业人员年末数冗余值	平均薪酬冗余值	增加值冗余值
1	2008	1	0	0	0	0
2	2009	1	0	0	0	0
3	2010	0.9986191	132417.71	3652.2735	0	0
4	2011	0.9898502	215285.32	1345.0855	0	0
5	2012	1	0	0	0	0

结果显示，2010 年和 2011 年的效率值分别为 0.9986、0.9899，2008 年、2009 年、2012 年的效率值均为 1。且发现效率冗余出现在固定资产投入和劳动力投入中，2010 年固定资产投资冗余值为 132417.71，从业人员年末数冗余值为 3652.2735，2011 年固定资产投资冗余值为 215285.32，从业人员年末数冗余值为 1345.0855。

而且通过比较规模报酬不变的纯技术效率 NTE 和非规模报酬递增的纯技术效率纯技术效率 PTE，我们可以得出珠海市高端服务业决策单元的规模报酬类型，2008 年、2012 年是属于规模报酬不变，2009 年、2010 年、2011 年是属于规模报酬递增类型。具体如表 10 所示。

表 10　珠海高端服务业规模报酬类型

编号	决策单元	效率值	规模报酬类型	投影决策单元的规模报酬类型
1	2008	1	规模报酬不变	
2	2009	1	规模报酬递增	
3	2010	0.9986191		规模报酬递增
4	2011	0.9898502		规模报酬递增
5	2012	1	规模报酬不变	

可以看出 2009～2011 年珠海高端服务业的投入产出所处生产函数都属于规模报酬递增；同时，在 DEA—CCR 模型结果中 2009 年呈现无效率，而在 DEA—BCC 模型中，2009 年的规模报酬是位于效率边界上，说明 2009 年的 CCR 无效率其实是由于规模报酬递增造成的，相比于 2008 年的投入产出，2009 年的投入产出量在 DEA—BCC 模型角度来看是处在有效率的边界上的，我们对比 2008 年和 2009 年的投入产出指标数值如表 11 所示。

表 11　2008 年和 2009 年投入产出指标比较

年份	固定资产投资	从业人员年末数	平均薪酬	增加值
2008	83079	62311	46331.75	1138333
2009	211276	62081	46308	1213893
变化率（%）	150.46	-0.37	-0.05	6.64

2009 年增加值比 2008 年增长 6.64%，但在三大投入中，从业人员年末数和从业人员平均薪酬投入不但没有增加，还有较小幅度的回落，而该年的固定资产投资增长 150.46%，说明固定资产投资在其中扮演重要的作用，这与我们描述统计的结果一致，固定资产投资的增加对高端服务业增加值的发展存在正相关的作用机制。

在考虑可变的规模报酬递增类型后，2010 年和 2011 年高端服务业的生产仍然无效率，出现冗余值的投入项依旧出现在固定资产投资的投入指标和从业人员年末数的投入指标，表明珠海高端服务业在固定资产投资和从业人员人数投入这两个方面欠缺适当的发展。

（六）高端服务业的效率优化策略

结果表明，珠海高端服务业 2010 ~ 2011 年的发展并没有达到 DEA 有效，存在固定资产投资投入和从业人员投入的冗余值，根据投影公式 $x_i^\circ = \theta x_i - S^-$，可以计算出改进后的两种投入的最优值。

其中，公式中 x_i° 代表改进后的投入数值，θ 为效率值，x_i 为实际投入指标，S^- 为该项投入的冗余值。经计算，2010 年和 2011 年的投入指标的最优值如表 12 所示。

表 12 2010 年和 2011 年投入产出指标投影分析

年份	投入/产出指标	投入/产出真实值	投入/产出最优值	两者相差	两者相差百分比
2010	固定资产投资(万元)	334348	201468.6	-132879	-39.74
	从业人员年末数(人)	67060	63315.12	-3744.88	-5.58
	平均薪酬(元)	49931.75	49862.8	-68.9522	-0.14
	增加值	1364698	1364698	0	0.00
2011	固定资产投资(万元)	401319	181960.4	-219359	-54.66
	从业人员年末数(人)	67805	65771.71	-2033.29	-3.00
	平均薪酬(元)	57520	56936.19	-583.815	-1.01
	增加值	1664757	1664757	0	0.00

从表 12 分析，2010 年固定资产投入和从业人员投入最优值应该为201468.6 万元和 63315 人，较于实际投入，应分别减少 132879.4 万元的固

定资产投资和 3745 人的从业人员；2011 年固定资产投资和从业人员投入最优值应该为 181960.4 万元和 65772 人，相比较于实际投入，应分别减少 219358.6 万元的固定资产投资和 2033 人的从业人员投入。

同时，我们将 2010 年和 2011 年的最优策略和 2008 年、2009 和 2012 年达到 DEA 有效的投入产出指标进行比较，如表 13 所示。

表 13　2008～2012 年珠海高端服务业最优策略对比

年份	固定资产投资（万元）	从业人员年末数（人）	平均薪酬（元/人）	增加值
2008	83079	62311	46331.75	1138333
2009	211276	62081	46308	1213893
2010	201468.6	63315	49862.8	1364698
2011	181960.4	65772	56936.19	1664757
2012	155656	69085	66475	2069394

对于固定资产投资指标一项，2008～2012 年经历一个倒 U 型的增长曲线，2011 年时达到高峰，为 401319 万元，经过 DEA 最有效率调整后，平滑了投资曲线，如表 13 所示，高峰为 2009 年的 211276 万元，与现实投入的最高峰相比，少了 190043 万元，并且在 DEA 效率的角度，由于冗余投资而造成固定资产投资在 2010 年和 2011 年共 352238 万元的投入浪费；而对于从业人员年末数投入和平均薪酬投入，两项投入指标是比较平滑的稳定增长，虽然在 DEA 模型的分析，两项投入仍然有冗余值，投入依然存在浪费，2010 年和 2011 年两年间从业人员年末数多投入了 5778 人，平均薪酬多投入 652.77 元/每人，但考虑 2010 年和 2011 年均没有达到 DEA 有效，存在少量浪费是在合理范围内，随着投入和产出的结构优化，还存在短缺投入的可能。

综上分析，我们通过 DEA—CCR 模型和 DEA—BCC 模型的分析和比较，发现固定资产在高端服务业的发展过程中存在大幅增加和大幅减少的事实，同时发现该投入的浪费，经过 DEA 最优策略的调整后，可以平滑该投入的投资曲线，说明在利用现有的信息数据，可以对高端服务业的发展状况进行评析，同时给出最优的策略调整，提供珠海市发展高端服务业的重要的信息：对于高端服务业的固定资产投资投入，要重视由于刺激性政策而可能发生的投入大幅度提高，否则会造成无效的浪费；而对于从业人员年末数投入和平均薪酬投入两项指标，目前的状况在合理的范围内，可以继续按照现有的速度稳步提高，发展珠海的高端服务业。

五 珠海高端服务业的环境与措施

（一）三大战略机制的实施模式

根据第四部分的结论，我们了解珠海高端服务业目前发展的现状，并基于珠海高端服务业的相关数据，利用数据包络分析法 DEA 进行测度分析，剖析珠海高端服务业发展过程中的成绩和不足。本研究报告的结论是，对于高端服务业的固定资产投资要理性扩张，一旦出现盲目固定资产投资扩张，政府部门要给予合理科学的警示和引导，帮助其良性发展；对于从业人员人数和平均薪酬的增长，珠海市高端服务业的发展尚处于合理的范围内，要肯定这两方面投入的增长状态和发展模式。

根据第三部分的分析，本研究报告明确了珠海高端服务业发展要纳入战略发展的范畴，实施三大战略的发展，要根据实际情况的侧重点进行调整，应当做到以下几点。

第一，发挥信息技术效应战略，侧重投入产出数据的搜集和分析。在第四部分的 DEA 评估过程中，我们采用了高端服务业的增加值为单一产出指标，并考虑固定资产投资、从业人员数和平均薪酬作为投入指标进行分析，可以有效利用现存数据进行精准的发展效率估测，评估结果和现存高端服务业的现状相一致。但可能由于数据的统计错误或者数据的缺失，评估结果有所偏差，因此发挥信息技术效应的战略，要侧重于高端服务业的投入产出数据的搜集，尽可能搜集并丰富高端服务业的数据库，增加有效相关的投入和产出指标，从宏观角度把握珠海高端服务业的发展现状，及时发现高端服务业在发展中的问题。因此，为了更好地发展高端服务业，发挥信息技术效应，应侧重投入产出指标数据的收集和分析，这是分析和引导高端服务业发展的最直接有效的途径。

第二，发挥产业链互动效应战略，侧重于人员素质的提高。基于产业链的角度发展高端服务业，具有获取信息全面、提供服务到位等特点，有利于高端服务业的稳健增长，但在拥有重要战略机遇的同时，高端服务业也面临一系列挑战，如人员素质的亟待提高等，从过去只服务于单个企业，转变为服务于企业所在的产业链，需要具备的视野知识和服务质量必然比起过往需要有大幅的提高，但根据我们的分析，从业人员和平均薪酬水平这两方面的投入在 2008～2012 年是稳步增长的，一旦开始实施产业链战略，高端服务业企业需要及时增加这两方面的投入，增加从业人员数量，提高薪酬水平吸引优秀高端服务业人才进入企业，以适应更大视角的战略发展，推动珠海高端服务业的发展。

第三，发挥高端服务业集聚效应战略，避免固定资产的重复建设。产业的空间集聚会提高产业内企业的运作效率，集聚效应对于高端服务业同样有效。在第四部分的分析中，我们发现珠海的固定资产投资存在多余投入的情况，而高端服务业具有高科技含量、高人力资本投入、高附加值等特点，实现产业的集聚化将更大程度地发挥高端服务业的功能，同时结合固定资产投入存在冗余投入的现状，实行高端服务业集聚战略，将进一步降低固定资产的投资，使现有固定资产投资对高端服务业的发展具有更大的促进作用，实现高端服务业的持续健康快速发展。

综合上述的分析，我们进一步明确了珠海市高端服务业的发展战略框架，如图 2 所示。

切实实行三大发展战略，以信息技术效应战略为统领，贯穿高端服务业的发展过程，搜集高端服务业的发展信息，对发展状况进行合理引导和监督；以产业链发展为视角，扩大高端服务业服务的对象范围，努力建设产业链完整的发展战略，同时发挥高端服务业的集聚效应，扩大高端服务业同行业资源共享范围，提高使用资源的深度和自身发展效率，构建自身的竞争优

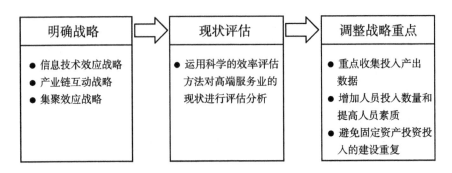

图2　珠海市高纺服务业发展战略框架

势，使得珠海市的高端服务业在集聚的过程中不断提高自身竞争力，构建发展的特色。

（二）高端服务业所需的环境

我们总结了本研究报告所提出的珠海市高端服务业发展机制实施模式，而珠海市要大力发展高端服务业，提升产业对经济的拉动能力，需要支付给予高端服务业良好的发展环境，即在明确珠海高端服务业目前发展的优势和不足，制定发展的相应战略后，提供战略发展机制真正运行所需要的基础，实现高端服务业自然良性发展过程的加速效果。结合在上文对珠海高端服务业发展机制的理论阐述和实证分析，我们提出如下的政策建议。

第一，规划发展园区，促进产业集聚。高端服务业的集聚可以起到共享资源、良性加速的作用，合理地规划珠海高端服务业发展园区，鼓励企业在园区集聚发展，需要政府给予指引。

首先，规划发展园区要明确发展的重点产业。明确需要鼓励引导的产业可以考虑从以下两个方面入手：一是珠海市现有的高端服务业的基础；二是未来高端服务业的发展方向。珠海市现存的高端服务业并没有被作为一个标志性群体重视对待，相关的统计数据难以搜集、整理和研究，并且其数据与其他非高端服务业的数据少量混合统计，根据珠海市2008～2009年的统计年鉴的数据，可以划为高端服务业的行业分类有四个：金融服务业、商务服务业、信息服务业、研发服务业。对于这四个行业，我们的实证检验发现，这四个代表性行业目前尚处在健康发展阶段，表明珠海市当前高端服务业的存在是合理的，不存在不恰当的高端服务业。另外，这四个行业中金融服务业和商务服务业在世界范围都属于服务业发展的支柱力量，具有高人才素质、高附加值的特点，信息服务业在我国发展迅速，但目前仍然处于起步阶段，随着我国信息化工作的推进，信息服务业在今后将保持高速发展的态势，而研发服务业作为科研创新的代表，也将长期具有勃发的生命力。同时，明确高端服务业的四个重点行业仅是行业大类的划分，具体行业中的侧重服务产业需要根据珠海市的区位优势进一步确定。从目前形势来看，给予珠海市高端服务业的四个细分行业以支持，既可以利用现有的资源基础，又拥有对未来发展空间的展望。

其次，珠海尚未形成标志性的高端服务业聚集区。2009 年起，珠海十字门中央商务区建设项目开始正式运作，而在此之前，珠海市并没有规划高端服务业的聚集园区。珠海十字门中央商务区是实施珠海市横琴总体发展规划的重大战略举措，也包含了对高端服务业集聚的有利规划，但珠海十字门中央商务区项目启动较晚，尚未成型，地理位置距离市中心较偏远，人口、人才并不密集。虽然从长远来看，珠海市或可凭借横琴新区的发展形成新的经济增长点，但为了着眼于现在，珠海市需要在高端服务业较为成熟的市中心做好空间的区位规划，用以科学引导珠海市高端服务业的深化发展和加速升级。

第二，吸引优秀人才，提高人员素质。珠海市目前的年轻人才主要来源有两个渠道：一是珠海市当地高校培养；二是引进外来人才来到珠海工作。

珠海市自 2000 年起以来大力引进全国重点高校进驻珠海市，包括 985 名牌大学中山大学、211 名牌大学暨南大学等学校分设珠海校区，形成 12.7 万的全日制在校专本科生的办学规模，使得珠海市自主培养人才有了质和量的突破，为珠海市的当地发展注入新的活力，珠海市高端服务业的发展同样得益这一有利的人才培养措施。但是，珠海市高校学生毕业留在珠海工作的比例偏低，原因是珠海市本身能提供的适合高素质人才发展的职位有限，再加上珠海市政府的重视不够，仅仅是做到了高校引进，并没有配套的后续激励计划，没有构建高校学生的城市认同感和归属感，不利于城市人才的留用。

对于引进外来人才，珠海市虽然引进众多高校，但是高层次人才尚显不足，为了珠海高端服务业的发展，单单依靠当地高校培养是不够的，需要从外部直接引进高层次人才。以高校为依托的外来人才引进机制力度不足，没有真正引进"两院"院士、长江学者、国家千人计划入选者等高层次人才；以珠海市独立引进人才的机制则缺乏财政补贴激励机制，加大对珠海市高端服务业做出贡献的高端人才的补贴，是吸引珠海高端人才的必要举措。

目前珠海市的高端服务业人才数量和质量的提高仍是稳健发展的阶段，但在进一步发展的过程中，人才数量和质量需求必然会有一个急剧地上升，因此，珠海市吸引优秀人才的进驻，既是促进高端服务业的发展，也是保证珠海高端服务业能处于有效率发展的必要举措。

第三，优化投资类型和渠道，科学引导整合。根据珠海市 2008～2012 年的统计年鉴，珠海市的投资数量是急剧上升的阶段，年化增长率达 69%，这说明，珠海市的高端服务业的投资增长非常迅猛，但是，在以经济效应为指标的分析中，发现珠海高端服务业的固定资产投资存在大量冗余情况，随着珠海市经济发展到达一定程度，人民生活水平的提高，无论是珠海市本身或者是全国范围内对高端服务业的需求都在不断上升，同时珠海要大力发展高端服务业，不断将其提上议程，激起了高端服务业在珠海市的投资发展，但市场的发展总是会存在一定程度的盲目性，重复投资建设不仅不能给高端服务业带来实际的产出增加，反而成为投资方的负担，一旦在短期内，对高端服务业的需求没有跟上企业的投资扩张，就会形成有限需求的恶性竞争，给珠海市高端服务业的发展带来不可估量的灾难。

除了合理引导投资量的增长，还需要优化投资类型和渠道，避免重复建设。在前面我们提到要实现产业集聚，产业集聚的一大重要作用是共享资源，配合投资渠道的优化，可以以最少的投资发挥最大的作用，降低珠海市高端服务业的发展成本，同时可以形成高端服务业的竞争优势，使得高端服务业的发展更有活力和创造力。

第四，构建珠海市高端服务业的大数据库，完善统计。构建珠海市高端服务业的统计数据库，对国民经济发展的作用是巨大的，目前，中国在服务业统计方面的工作很多还需要改进，珠海市如果在完成国家层面的统计任务基础上，增加有利于动态观察高端服务业发展状况的统计口径，将对高端服务业的发展状况有更深入的了解。这将带来三大方面的好处：一是能够及时发现高端服务业发展的不足之处，可以合理有效地制定相关政策，规范引导高端服务业的正常发展；二是方便专家学者对珠海高端服务业的研究，随着社会科学的不断进步，研究方法也不断强调以研究对象的现实状况为基础，珠海市的高端服务业一旦拥有相应的统计数据，将吸引各行业专家学者对其进行深入研究，为珠海市高端服务业的发展提供更加可靠的学术建议，有利于行业的发展；三是构建珠海市高端服务业自身的数据库，这一举措在全国范围内都不多见，珠海若能推陈出新，必将在全国范围内赢得品牌形象，有利于吸引高端服务业进驻珠海。

构建珠海市高端服务业的大数据库，需要考虑两方面的问题：一是在成本允许的条件下进行，构建数据库是一个隐性收益的措施，并且在需要投入成本建设和后期维护；二是数据库的保密性问题，因为统计高端服务业的多个指标数据，不可避免会涉及一些企业的商业机密，如果珠海市政府决定公开数据作为研究用途，则需要做好保密工作，保证数据的安全使用范围。虽然构建珠海市高端服务业的统计数据库，会遇到成本和保密性问题，但总体上利大于弊，能够为珠海市高端服务业的战略发展机制提供良好的发展环境，促进经济的发展。

六　结论

本研究报告通过理论和实证分析，从定性和定量两方面明确了珠海市高端服务业的发展，剖析了珠海高端服务业发展的不足之处：固定资产投资存在重复冗余的部分，人员投入和人员素质虽然在合理范围，但以目前的增长速度难以适应珠海市高端服务业未来的快速增长。因此，我们根据珠海市高端服务业的现状，提出高端服务业发展的三大战略发展机制，并根据实证分析的结果进行针对性调整，使战略发展机制重点更加符合现实的需求。

最后，我们认为，保证高端服务业三大战略发展机制的落实，需要珠海市政府提供良好的发展环境，至少在四个方面给予保证，通过规划产业集聚的园区，吸引优秀人才入驻珠海，优化高端服务业投资渠道和完善高端服务业的统计数据库等途径形成发展的良好环境，为高端服务业的发展扫清障碍，保证其健康可持续发展。同时，本研究的结论和建议一定程度上契合珠海市最近出台的关于促进服务业发展等政策方针，为政府政策的制定和落实提供科学论述和保障。

参考文献

陈艳莹、原毅军、袁鹏，2011，《中国高端服务业的内涵、特征与界定》，《大连理工大学学报》（社会科学版）第 3 期。

杜人淮，2007，《发展高端服务业的必要性及举措》，《现代经济探讨》第 11 期。

马鹏、李文秀，2014，《高端服务业集聚效应研究——基于产业控制力视角的分析》，《中国软科学》第 4 期。

索贵彬、张晓林，2005，《基于超效率 DEA 方法的第三产业竞争力评价》，《统计研究》第 7 期。

王廉，2009，《高端服务业经济研究》，《经济师》第 3 期。

吴俊杰，2006，《基于 DEA 模型的长三角地区服务业效率评价》，《浙江树人大学学报》第 6 期。

徐伟金、周世锋、秦诗立，2009，《发展高端服务业的重点选择》，《浙江经济》第 8 期。

赵莹，2005，《我国省级地区服务业竞争力评价》，《统计与决策》第 5 期。

Björn Surborg, 2006, "Advanced services, the New Economy and the Built Environment in Hanoi," *Cities*, pp. 239 – 249.

Gottmann I. J., 1961, *Megalopolis*: *The Urbanized Northeastern Seabord of the United States*, *Twentieth Century Fund Series*, M. I. T. Press.

Scott A. J., 2000. *The Cultural Economy of Cities*, Sage Pubilications.

Serdar Durdyev, Ali Ihtiyarb, Syuhaida Ismail, Fauziah Sh. Ahmad, Nooh Abu Bakar, 2014, "Productivity and Service Quality: Factors Affecting in Service Industry. " *Procedia – Social and Behavioral Sciences.*

Storper M. , Salais R. , 1997, *Worlds of Production: The Action Framework of the Economy,* Harvard University Press.

Thomas A. Hutton, 2004, "Service Industries, Globalization, and Urban Restructuring within the Asia – Pacific: New Development Trajectories and Planning Responses," *Progress in Planning,* pp. 1 – 74.

投资结构与产业转型关系研究

李　伟*

　　调整和优化产业结构是当前和今后一个时期经济发展的主线，是保持经济发展后劲和提高核心竞争力的根本性措施。近年来，珠海市固定资产投资快速增长，投资规模不断扩大，对全市经济增长的贡献率一直保持在较高水平，已成为拉动经济增长的主要力量。投资结构决定着产业结构的转型与升级，投资是判断产业结构转型与升级的晴雨表。目前，珠海经济具有明显的投资拉动型特征。虽然投资增长速度达到较高水平，但如何进一步优化投资结构，促进产业转型与升级，提高经济增长质量和效益，实现经济增长方式转变，将是市委、市政府下一步工作中需要重点关注的问题。本课题对2011~2013年全社会固定资产投资结构变化情况进行系统分析，探寻投资结构的变化规律和演变趋势，以供领导决策参考。

一　投资总体情况

　　2013年，珠海固定资产投资保持良好发展势头，全市全年完成固定资产投资960.89亿元，同比增长23%，高于全省平均增速4.7个百分点，增速连续三年位居珠三角首位。投资总体呈现行业均衡、结构优化、区域协调的特征。近三年来，珠海在扩大投资总量的同时，立足于本地资源优势，坚持以市场需求为导向，围绕建设珠江口西岸核心城市为战略发展目标及产业

---

　　* 李伟，珠海市统计局社情民意中心主任。

优化升级的迫切要求，逐步优化资金投向，产业投资结构调整呈现了明显的变化。

（一）产业投资结构由第二产业向第三产业转型特征明显

从三次产业投资结构看，2013年第一产业完成投资0.35亿元，在全部固定资产投资中微乎其微，近三年年均下降8%，随着城市化进程的加快，第一产业投资呈现明显下降的特征；第二产业重点围绕产业转型升级，加大工业项目引进，2013年完成投资254.40亿元，比2011年增加102.29亿元，年均增长26.9%，占全社会投资的比重为26.5%，上升2.7个百分点，其中，工业投资占比在珠三角九市中明显高于广州和深圳，但低于其他六城市，呈现加快态势，工业投资中采矿业和电力燃气供应生产业增幅较大，制造业呈现明显的下降趋势；第三产业完成投资706.14亿元，比2011年增加221.79亿元，增长45.79%，三年年均增长23.3%，占全市固定资产投资总额的比重高达73.5%，接近3/4，呈现"规模大，速度快"的显著特征。三次产业投资结构发生了明显变化，第一产业投资比重微不足道可以忽略不计；第二产业投资比重上升2.7个百分点，其中，制造业投资比例下降7.4个百分点，下降比例尤为明显；第三产业投资比重下降2.4个百分点，其中，房地产业投资下降11.8个百分点。统计结果显示：第二产业和第三产业投资结构略有小幅波动，但总体波动区间不大。制造业投资呈现疲软态势，从工业投资行业来看，工业投资分为采矿业投资、制造业投资和电力燃气生产供应业投资，采矿业和电力燃气生产供应业投资均实现快速增长，主要是21个大项目的强力拉动，已经成为珠海市工业投资增长的主动力，能源产业投资较快增长，对提升我市工业增加值率，壮大工业经济总量有着深远的战略意义（见表1、表2）。

（二）地区生产总值中第二产业向第三产业转移趋势明显

2011~2013年三年地区生产总值数据显示，第一产业占比由2011年的2.7%下降到2013年2.6%，下降仅0.1个百分点，近几年来一直呈现下降趋势；第二产业由 2011 年的 56.1% 下降到 2013 年的 51.1%，下降 5 个百分点，其中 2012 年下降幅度最为明显，第二产业中工业增加值下降的比例明显高于产业增加值下降的比例；第三产业由 2011 年的 41.2% 升至 2013 年的 46.3%，上升 5.1 个百分点，其中房地产业增加值比重在明显上升。三大产业增加值三年比例变化呈现第二产业向第三产业转移的明显态势，产业发展特征及规律尤为明显和突出（见表 3）。

表 1   2011～2013 年三次产业结构固定资产投资统计

产 业	2011 年		2012 年		2013 年		年均增速（%）
	总量(亿元)	结构(%)	总量(亿元)	结构(%)	总量(亿元)	结构(%)	
第一产业	1.91	0.3	1.60	0.2	0.35	0.0	-8.0
第二产业	152.11	23.8	186.72	23.7	254.40	26.5	26.9
其中:制造业	123.18	19.3	149.03	18.9	114.18	11.9	2.6
第三产业	484.35	75.9	599.30	76.1	706.14	73.5	23.3
其中:房地产业	256.59	40.2	242.08	30.7	272.58	28.4	14.0
固定资产投资总额	638.37	100.0	787.62	100	960.89	100	24.2

表 2   2013 年工业投资内部结构

项 目	项目个数	投资总额(亿元)	同比增幅(%)	占比(%)
工业合计	233	254.26	36.2	26.46
其中:采矿业	2	83.10	13448	8.65
制造业	211	114.18	-23.4	11.88
电力燃气供应生产业	19	56.98	53.7	5.93

表 3   2011～2013 年地区生产总值统计

产 业	2011 年		2012 年		2013 年	
	总量(亿元)	结构(%)	总量(亿元)	结构(%)	总量(亿元)	结构(%)
第一产业	37.7	2.7	39.02	2.6	43.11	2.6
第二产业	786.4	56.1	776.36	51.6	849.05	51.1
其中:工业	736.3	52.5	720.25	47.9	775.57	46.7
第三产业	579.1	41.2	688.38	45.8	770.21	46.3
其中:房地产业	80.5	5.7	107.10	7.1	132.44	8.0
地区生产总值	1403.2	100.0	1503.76	100.0	1662.38	100.0

注：2013 年为快报数。

（三）工业投资增速较快，但总量仍位居珠三角末端

统计资料显示，2013年珠三角九市中，佛山工业投资高达925.18亿元，投资规模位居首位，珠海仅相当于佛山的27.48%，广州位居第二，江门和肇庆的工业投资也均高出珠海接近一倍。从规模来看，珠海位居珠三角九市的末位。但从增速来看，珠海在珠三角九市中排名第一，远超第二位、第三位的惠州和肇庆，工业投资势头迅猛，在珠三角九市中遥遥领先。工业投资占全社会投资的比重偏低，2013年珠海市工业投资占全社会投资的比重为26.46%，低于珠三角31.95%的平均水平，高于广州和深圳，位居珠三角九城市倒数第三位，经济和财政收入的增长依赖基础设施和房地产的局面没有根本扭转（见图1）。

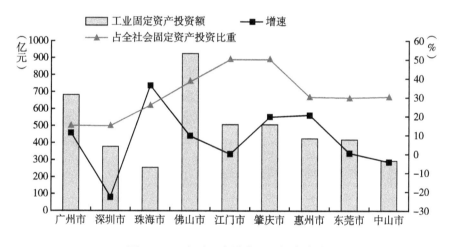

图1　2013年珠三角城市工业投资统计

（四）区域间的投资呈现均衡性增长

从珠海市三个行政区和五大功能区来看，各区间固定资产投资增速总体较为均衡，香洲区完成固定资产投资282.21亿元，总量最大，保税区、万山区、高栏港经济区、高新区和横琴新区投资增速均高于全市23%的平均水平。投资规模较大的区域为香洲区、横琴区和高栏港经济区。

（五）横琴新区基础设施投资加快

横琴新区 2013 年完成投资 204.26 亿元，增长 23.6%，高于全市平均增速，投资总量占全市的 21.26%，超过 1/5。投资主要集中在水利环境和公共设施管理业、住宿和餐饮业中，分别完成投资 91.29 亿元和 21.21 亿元。横琴新区上年投产项目 15 个，新增固定资产 104.20 亿元，为加速发展奠定了坚实基础。

二 投资特征及变化趋势

（一）直接投资呈现第二产业向第三产业转移趋势

从实际吸收外商直接投资的比例来看，2011 年第一、二、三产业之比为 0.1∶55.6∶44.3，到 2013 年这一比例已经演变为 0∶36.8∶63.2，呈现"一产趋零，二产下降，三产上升"的明显变化趋势。2011～2013 年外商对制造业的投资比例呈现明显的递减趋势，已由 2011 年的 53.9% 下降到 2013 年的 34%，下降幅度接近 20 个百分点。从直接吸收外商直接投资的行业增速来看，一产急剧下滑，二产稳步递减，三产快速上升，也反映出第二产业向第三产业转移的明显趋势（见表 4）。

表 4　实际吸收外商直接投资结构统计

产　业	2011 年		2012 年		2013 年		年均增速（%）
	总量（亿美元）	结构（%）	总量（亿美元）	结构（%）	总量（亿美元）	结构（%）	
第一产业	0.02	0.1	0.00	0.0	0.00	0.0	-54.2
第二产业	7.44	55.6	7.09	48.5	6.21	36.8	-8.6
其中:制造业	7.21	53.9	6.27	42.9	5.73	34.0	-10.8
第三产业	5.92	44.3	7.52	51.5	10.66	63.2	34.2
其中:房地产业	1.34	10	3.97	27.2	3.04	18.0	50.6
实际吸收外商直接投资额	13.38	100.0	14.62	100.0	16.87	100.0	12.3

（二）基础设施、基础产业投资已接近八成

自 2009 年以来，珠海确立了"十大重点建设工程"，积极实施大项目带动战略，以项目建设的突破来推动经济"升温"。尤其是在交通基础设施方面，确立了不但要先行而且还要快行的发展战略，2011～2013 年三年来，交通基础设施建设领域取得了历史性突破，港珠澳大桥主体工程、口岸工程、人工岛工程、城际轨道交通和现代有轨电车等重大交通基础设施项目进展顺利，内外联通的交通格局正逐步形成。机场、港口、口岸三大节点的交通瓶颈取得重大突破，交通枢纽的作用和地位已初步凸显。近三年固定资产投资呈现如下特征：一是基础产业的投资无论是从规模、速度及所占比例均居首位，2013 年占全社会固定资产投资的比重高达 44.6%，接近一半，比重两年上升 16.5 个百分点，年均增速高达 40%，高于全社会固定资产投资平均增速 15.8 个百分点；二是基础设施投资增长迅猛，从总量、结构和增速来看仅次于基础产业投资，基础设施投资和基础产业两项投资合计接近全市固定资产投资的八成。基础设施投资主要投在横琴新区建设项目、西部中心城区和航空新城等重点项目上；三是基础产业和基础设施投资三年年均增速均高于全社会固定资产的平均增速；四是城市建设投资所占比重呈现缓慢上升态势，年均增速达 24.1%。欧美发达国家的历史经验表明：交通基础设施投资与经济增长是单向的因果关系，其对经济增长所起的作用显著而持久，与经济增长之间保持着长期稳定的均衡关系，长期稳定的基础设施投资增加会促进经济平稳增长（见表 5）。

（三）内源型经济投资比例上升，外延型经济投资比例下降

大力发展民营经济和国有经济，做大做强内源型经济。随着外延型经济投资比例的逐步减少，内源型经济已经成为经济发展的主要动力，走"引进—消化—吸收—再创造"的创新模式必将成为主流趋势。从近三年的投资结构分类来看，内源型经济投资比例和增速均明显上升，由 2011 年的 83.7% 上升到 2013 年的 88.2%，上升 4.5 个百分点，年均增速达 28.9%，

高于平均增速 4.7 个百分点，而外延型经济投资则由 2011 年的 16.3% 下降至 11.8%，年平均增速仅为 2.4%，远远低于全社会固定资产投资增速的平均水平（详见表 6）。

表 5　投资结构分类统计表

项　　目	2011 年		2012 年		2013 年		年均增速（%）
	总量(亿元)	结构(%)	总量(亿元)	结构(%)	总量(亿元)	结构(%)	
基础设施	163.55	25.6	264.85	33.6	335.02	34.9	32.6
基础产业	179.56	28.1	293.15	37.2	428.92	44.6	40.0
城市建设	103.55	16.2	129.09	16.4	162.64	16.9	24.1
三项投资小计	446.66	69.9	687.09	87.2	926.58	96.4	34.0
全社会固定资产投资合计	638.37	100.0	787.62	100.0	960.89	100.0	24.2

注：基础设施、基础产业、城市建设等指标统计口径均按省政府及省统计局等有关规定划分统计，部分投资与产业相互交叉（以下同）。

表 6　投资结构分类统计表

项　　目	2011 年		2012 年		2013 年		年均增速（%）
	总量(亿元)	结构(%)	总量(亿元)	结构(%)	总量(亿元)	结构(%)	
内源型经济投资	534.49	83.7	631.62	80.2	847.37	88.2	28.9
外延型经济投资	103.88	16.3	156	19.8	113.53	11.8	2.4
全社会固定资产投资合计	638.37	100.0	787.62	100.0	960.89	100.0	24.2

（四）工业重点产业投资年均增速高于平均增速，石油化工产业增速最快

2011~2013 年统计资料显示：工业重点产业投资所占比例明显上升，已由 2011 年的 9.04% 上升至 2013 年的 15.95%，上升 6.91 个百分点，年均增速高达 37.7%。2013 年在五大工业重点产业中，石油化工产业完成投资 92.37 亿元，占工业重点产业投资的六成以上，年均增速高达 67%，是占比最高增速最快的产业，充分反映出近两年来珠海工业投资偏重于能源基础产业，尤

其以高栏港经济区打造能源基地为主导，吸引大型能源项目成为珠海市工业投资的最大亮点。电子信息、汽车产业和生物医药产业年均增速也分别达到24.6%、24.6%和23.8%，从工业重点产业的内部结构来看，除石油化工等能源基础产业急剧扩张外，其他四大产业总体变化并不明显（详见表7）。

表7　工业重点产业投资结构分类统计

产　业	2011 年		2012 年		2013 年		年均增速
	总量(亿元)	结构(%)	总量(亿元)	结构(%)	总量(亿元)	结构(%)	(%)
工业重点产业	57.69	9.04	92.15	11.70	153.25	15.95	37.7
其中:电子信息业	14.68	2.3	26.85	3.41	31.05	3.23	24.6
机械制造设备	15.49	2.43	33.47	4.25	21.39	2.23	5.3
石油化工	21.63	3.39	23.91	3.04	92.37	9.61	67.0
生物医药	5.4	0.85	4.63	0.59	7.52	0.78	23.8
汽车	0.49	0.08	3.29	0.42	0.91	0.09	24.6

注：工业重点产业：为广东省统计局制定的统计标准，统计口径为五大产业。

（五）高耗能工业和文化产业增速迅猛，装备工业投资有所萎缩

装备工业是整个制造业和国民经济各产业的基础，在国民经济中有着不可替代的重要地位。建立起强大的装备制造业，是提高综合实力，实现工业化的根本保证。珠海建立经济特区前二十年装备制造业基础非常薄弱，自2009 年以来，珠海高度重视龙头项目的引进和产业链的延伸及新产品研发，装备制造业将逐步突破现有的以家电电器、电气机械制造为主的单一发展格局，向船舶制造、海洋工程装备、飞机制造、轨道交通装备以及新能源汽车等八大产业进军。从固定资产投资的六大类分类来看，装备工业投资无论是增速还是所占比重，均呈现明显下降态势，是六大类产业中唯一增速下降产业。2013 年，全市装备制造业共实现工业增加值244.65 亿元，占全市规模以上工业增加值的32.8%，低于全省平均水平2.8 个百分点。截止到2014年上半年，全市共有420 家装备制造业企业，与上年持平没有增减。2013年高耗能工业完成投资46.33 亿元，比2011 年增长11.73 倍，三年年均增

速高达 154.2%，高耗能工业投资的高速增长，将对珠海市的节能减排工作带来巨大压力。2013 年文化产业投资高达 47.18 亿元，年均增幅高达 97.9%，远远高于全社会固定资产平均增速，文化产业投资加速对于提升文化软实力、文化竞争力和文化持续发展能力，拉动第三产业发展将起到积极的促进作用（见表8）。

表 8　六大投资结构分类统计表

产　业	2011 年		2012 年		2013 年		年均增速（%）
	总量(亿元)	结构(%)	总量(亿元)	结构(%)	总量(亿元)	结构(%)	
工业重点产业	57.69	9.04	92.15	11.70	153.25	15.95	37.7
文化产业	5.98	0.94	15.07	1.91	47.18	4.91	97.9
装备工业	60.57	9.49	66.72	8.47	56.23	5.85	0.7
信息产业	20.18	3.16	37.66	4.78	34.41	3.58	21.0
高耗能工业	3.64	0.57	57.05	7.24	46.33	4.82	154.2
其他产业	490.31	76.80	518.97	65.90	623.49	64.89	20.1
全社会固定资产投资合计	638.37	100.00	787.62	100.00	960.89	100.00	24.2

注：内源型经济投资、外延型经济投资、基础设施、基础产业、城市建设、文化产业、装备工业、信息产业和高耗能工业等指标统计口径均按省政府及省统计局等有关规定划分统计。

（六）制造业税收仍占全市1/3以上

2013 年珠海税收汇总显示：2013 年全市完成税收 502.74 亿元，比 2011 年增长 25.03%，年均递增 11.8%，其中，第二产业、制造业和第三产业年均分别递增 12.8%、14.2% 和 11%，第二产业和制造业平均增幅明显高于全市税收平均增幅。制造业占税收的比重三年上升 1.54 个百分点，占全市税收的 1/3 以上，第三产业则下降 0.85 个百分点。从中可以看出，制造业已经成为全市税收的主要税源，对税收贡献率越来越高，制造业税收具有长效性和持久性，对全市税收具有较强的支撑作用。而房地产业的税收则占据了第三产业的 1/4 强，其作为主要税源的波动对第三产业的税收影响也较大，其税收呈现显著的一次性特征（见表9）。

表9　全市税收结构统计表

产　业	2011 年		2012 年		2013 年		年均增速
	总量(亿元)	结构(%)	总量(亿元)	结构(%)	总量(亿元)	结构(%)	(%)
第一产业	0.12	0	0.30	0.07	0.38	0.07	77.2
第二产业	176.59	43.9	193.52	44.05	224.61	44.68	12.8
其中:制造业	143.04	35.6	157.95	35.96	186.70	37.14	14.2
第三产业	225.39	56.1	245.49	55.88	277.75	55.25	11.0
其中:房地产业	39.95	9.90	54.40	12.38	70.69	14.06	33.0
税收合计	402.11	100.00	439.30	100.00	502.74	100.00	11.8

　　注：本表为国地税税收合计数。因全部数据均采取了"四舍五入"处理，导致个别合计数据与加总数据不相符。

三　存在的主要问题

　　近几年随着投资结构的逐年不断调整，带动了产业结构的优化和升级，提高了经济运行质量，改善了经济社会发展环境，促进了经济又快又好发展。但也存在一些值得注意的问题，主要表现如下。

（一）制造业投资较为疲软，工业投资结构有待进一步优化

　　统计资料显示，珠海市制造业投资呈现逐年下滑态势，制造业投资已由2011年的123.18亿元下滑至2013年的114.18亿元，年均下降3.7%，在全社会固定资产总体快速增长的态势下，制造业投资逐年下滑，充分暴露出制造业投资疲软，工业投资结构不合理等结构性矛盾。装备制造业投资无论是增速还是所占比重，均呈现明显下降态势，2013年，全市装备制造业共实现工业增加值244.65亿元，占全市规模以上工业增加值的32.8%，低于全省平均水平2.8个百分点。近一年多时间，全市装备制造业企业数量没有任何变化。在工业投资中采矿业投资、制造业投资和电力燃气生产供应业投资三大类投资中，采矿业和电力燃气生产供应业投资均实现快速增长，作为国民经济的支柱部门，在推进工业强市的进程中制造业应处于核心，这对带动相关产业

发展夯实工业产业基础至关重要。制造业投资明显增长乏力，导致经济增长内生动力不强，制造业贷款余额持续下降，实体经济融资成本高企，也反映出制造企业处境艰难。制造业是为国民经济各行业提供技术装备的战略性产业，产业关联度高、吸纳就业能力强、技术资金密集，是各行业产业升级、技术进步的重要保障和城市综合实力的集中体现，是珠海经济的重要经济支撑。制造业投资下降将不利于聚集制造业发展磁场效应，经营成本难以降低，产业配套及产业投资环境难以改善，最终将带来经济发展后劲不足的窘境。

（二）工业投资更多倾向于能源产业，制约高端制造业和高新技术产业的发展

2013 年以来，作为珠海市三大经济引擎的高栏港经济区，以打造能源基地为目标，一批大型能源项目成为我市工业投资的亮点。番禺 34 - 1 气田开发项目、荔湾 3 - 1 气田开发项目、珠海 LNG 项目一期工程、中海油珠海天然气公司热电联产项目和中电横琴电热公司多联供燃气项目五大能源工程的投资额位居全市工业项目投资前五位，累计投资额占全市工业投资额的一半以上。而具有较强优势的电子信息、家电电气及精密机械制造传统支柱工业投资增幅明显偏少，多年形成的优势产业投资面临严重下滑，实体经济投入不足影响经济增长后劲。辩证来看，一方面，加大能源产业投资短期内对壮大全市经济总量，总体提升珠海市工业增加值率，提高工业经济效益增长所发挥的作用十分显著；另一方面，从因果关系分析，"种瓜得瓜，种豆得豆"，制造业投资弱化，投资结构发生变化，对夯实实体经济产业基础，加快发展高端制造业和高新技术产业带来诸多的制约。

（三）多年依赖房地产投资为主体的格局仍较为突出

近三年来，珠海市全社会固定资产投资的高速增长仍主要依靠房地产投资拉动，2011 ~ 2013 年全市房地产投资占固定资产投资的比重分别为40.2%、30.7% 和 28.4%，远远高于同期工业投资 23.8%、23.7% 和26.5% 的比重，基础设施建设及房地产投资占固定资产投资比重与广州和深

圳同步跨入六成以上，远远高于珠三角其他六城市。主要原因：一是金融危机后资本开始大量涌入楼市、股市、矿产资源等经济领域；二是珠海工业基础薄弱，制造业产业聚集缺少磁场效应，经营成本高，产业配套及产业投资环境不佳，导致制造业项目储备逐年减少。房地产业投资对地方经济的影响主要体现在当年的营业税、所得税和契税等税收方面，呈现一次性的明显特点，而制造业发展对地方经济的影响则具有长期性和持久性特征，对地方经济发展的牵引力和活力有着战略意义。

（四）现代服务业投资增幅缓慢，部分民生行业投入不足

现代服务业的内涵是指用现代化的新技术、新业态和新服务方式改造传统服务业，创造需求，引导消费，向社会提供高附加值、高层次、知识型的生产服务和生活服务的服务业。而目前珠海市服务业的投资则倾向于住宿餐饮业和批零业等几大产业。金融业、信息软件业和居民服务等现代服务业虽然增速较快，但总量偏小。租赁服务、水利环境、教育、社会福利及公共管理和社会组织业等现代服务业增长则相对缓慢，仅有房地产业快速增长，服务业中与社会民生关系较大的教育、卫生和社会工作完成投资额较小，2013年分别完成投资 19.86 亿元和 7.15 亿元，两者的完成投资额仅占项目投资总额的 2.81%。教育医疗项目投资的减少，将影响硬件设施保障和改善。

（五）外源型经济投资增速持续放缓，外资吸引力下降

珠海建立经济特区三十多年来，土地、能源等要素资源短缺，人力等资源价格不断攀升，中西部及内地招商引资工作积极活跃，珠海的外资吸引力在不断下降。2013 年外源型经济投资 113.53 亿元，三年年均增长 4.5%，其中，港澳台商投资和外商投资增速均呈现明显放缓趋势，近几年投资主要依靠内源性经济投资扩张拉动。

（六）部分高耗能工业增速大幅提高

高耗能行业主要包括钢铁、有色、建材、石油加工及炼焦、化工和电力

等。2013年，珠海市完成高耗能工业投资46.33亿元，占工业投资的18.22%，而2011年高耗能工业投资仅为3.64亿元，占工业投资的比重也就仅仅为2.40%，比重上升15.82个百分点，高耗能工业投资从2012年开始明显加大投资力度。高耗能工业投资过快增长，形成生产能力后对全市节能减排降耗工作将带来较大压力和诸多挑战。

（七）投资结构调整推进缓慢，转变发展方式面临阻力

投资结构与产业转型有着相互联系的因果关系。然而，从近三年的统计数据看来，投资结构调整推进仍然比较缓慢，甚至出现高耗能投资反弹、高加工行业投资占比不断下降的问题。经济增长放缓条件下投资结构调整动力不足，从投资结构来看，倾向"三高一特"产业的投资并不十分明显，高栏港能源项目投资和横琴新区基础设施投资成为拉动投资的主力军，斗门区工业项目个数占据全市工业项目总数近一半，但投资额完成不足全市1/4，投资项目规模偏小，大型投资项目进展缓慢。六大支柱工业投资略显乏力，新兴产业投资跟进力度不够，对更好地营造高端制造业和高新技术产业持续健康发展支撑力明显不足，从传统服务业向现代服务业转型较为艰难。

四 优化产业投资结构的基本思路

投资结构是产业转型升级的前奏，实现产业结构的优化升级，必须从项目源头上把好投资方向关，对建设项目的投资方向进行科学引导。珠海市未来五年发展规划，明确了产业投资的重点，重点培育战略新兴产业、重点打造和构建包括高端制造业、高新技术产业、高端服务业、特色海洋经济和生态农业的"三高一特"新型产业体系。珠海市应抢抓机遇，积极争取中央投资，大力启动社会投资，在做大做强优势特色产业、重大民生工程、重点基础设施、生态环境、支持经济社会发展中的薄弱环节、加大科技创新等方面，加大投资力度。

（一）引资重点——民间资本

市场经济条件下，投资的基本原则是减少政府投资，鼓励民间投资，政府投资主要用于吸引和撬动民间资本。珠海建立经济特区三十多年来，港澳台和外商投资已经占据较高的投资比重，近几年来外源型经济投资比重在明显下滑，迫切需要补充民间投资。跟政府投资相比，民间投资更注重效益，因此其投资效率更高，与港澳台和海外投资相比，民间投资由于是国内资本，不会一旦环境不好就撤资，对珠海宏观经济来讲，更具有稳定性和安全性。这就需要以更大的勇气和工作力度推动降低民营经济进入垄断行业、社会事业、基础设施建设和公共服务等领域的准入门槛，鼓励民间资本参与发展影视文化、教育、体育、医疗、社会福利等民生社会事业。而政府应该将更多的投资投向公共服务方面，通过公共投资，来进一步吸引民间投资，为民间投资服务。

（二）资金投向布局

珠海从建立经济特区以来，按照城市总体规划，地域版图划分总体上就分为东部主城区香洲区和西部地区斗门区和金湾区，西部地区占全市总面积2/3，从2010年10月1日起，斗门区和金湾区纳入珠海经济特区，西部地区开始成为经济特区的重要组成部分。这意味着珠海东西部规划治理、城市建设、公共服务以及生态保护一体化将至关重要。无疑城市一体化将推动西部公共投资大量增加。然而，2013年斗门和金湾两区全年完成固定资产投资408.19亿元，占全市固定资产投资的比重不足一半，仅为42.48%，这一占比近三年总体波动不大。珠海改革开放三十多年的发展，香洲主城区一直是投资和增长的重点，从区域发展和城市一体化来看，未来的基础设施投资必须加大向西部地区和横琴新区的倾斜力度。

（三）资金重点投向产业

1. 战略性新兴产业

珠海根据本地实际和产业优势确立了战略性新兴产业，包括：高端新型电子信息、生物医药、新能源、新材料、航空、新能源汽车、海洋工程和节能环保八大战略性新兴产业。这些产业都属于高新技术产业和高端制造业，珠海未来重点打造"三高一特"现代产业体系，必将以较大地资金投入才会构筑起羽翼丰满产业链条完善的现代产业体系，使珠海经济真正焕发活力，形成新的引擎，步入珠三角城市群第二级台阶。

2. 工业支柱产业

工业支柱产业，也就是指建市以来形成的六大工业支柱产业。珠海在建立经济特区三十多年的经济发展过程中，形成了以电子信息、家电电气、石油化工、电力能源、生物医药和精密机械六大支柱产业为代表性的并具有竞争优势的产业。按照经济发展规律，一个地区产业发展如果能发挥产业集群和产业集聚的作用，具有相应的配套产业，形成完整的产业链，将有效地降低运营成本，扩大该产业的竞争力。将这些优势产业做大、做强，形成规模经济，在提高产业竞争力的同时，极大地促进珠海优势产业高端化发展。

3. 高端服务业

发挥横琴新区大开发的政策引领效应，增强横琴新区着力加快现代服务业项目建设，推动高端服务业跨越发展，尤其是生产性服务业发展。加快综合运输体系建设，完善现代物流体系，加大旅游基础设施建设，主动承接澳门休闲旅游业的产业延伸及链接，提升旅游业综合竞争力。扶持发展金融保险证券，创新金融产品和服务。加快发展信息服务业，特别是网络、信息技术应用咨询和数据库服务业，全面推进经济和社会信息化。

4. 再城市化

随着城市一体化的全面推进，珠海东西部地区基础设置、公共服务等投资的加快与接轨，需要大量的政府投资和民间投资。其中一个很重要的投资机遇是"三旧"改造。通过城市市容市貌更新、旧街区改造等，改善人居生活环境，提升城市形象；通过厂房改造、产业置换等释放大量土地，从而为环保、低消耗、高附加值的高端产业腾出发展空间。

5. 民生产业

即投资与百姓生活息息相关的民生领域。主要包括教育、医疗、保障性住房和交通基础设施。这些方面都可以成为未来的投资重点。教育、医疗、保障性住房的投资也是适应中国经济从投资推动向消费拉动转变的趋势，是响应中央政府改善民生幸福的政策举措，能缓解居民在教育、医疗、居住上的压力，促进珠海居民消费水平的提高，从而促使珠海经济健康、稳定发展。

五　对策及建议

（一）以优化投资结构，促进产业转型升级为重点

一是紧密围绕产业转型升级，通过优化投资结构来调整产业结构，根据经济运行的客观经济规律，巧妙地运用因果关系来进一步优化投资结构，科学促进产业向"三高一特"现代产业体系转型。二是政府投资继续向西部地区倾斜，加强东西部地区政府投资对于缩小地区差异和消除贫困作用。增加西部地区政府投资总量，加大对中西部基础设施建设的投资力度。三是严格限制高耗能项目投资，强化节能和环境保护评估。四是政府投资向民生、公共服务领域倾斜。在民生、公共服务领域加快建设是加快经济发展方式转变的核心，应重点向教育、医疗、社会保障等领域倾斜，切实改善人民生活，推动经济发展方式转变。重点增加投入促进各类教育均衡发展，特别是珠海西部地区农村校舍改造，加大保障性安居工程投入，加强公共医疗卫生服务设施建设，增加文化、体育事业、旅游业等方面的投入。

（二）着力发挥好政府引导作用

积极发挥政府在经济社会中的引导作用，通过规划、政策来引导企业投资，也可通过相应的行政措施、公共服务投资来加以落实。加强对政府性投资项目的管理，对关系经济社会发展全局的重要领域和关键环节，要发挥政府的规划引导、政策激励和组织协调作用。把握好区域发展一体化、民生和产业转型三大投资格局，从战略高度引领投资结构优化。

（三）树立结构重于规模理念

当前经济发展的阶段性特征仍然要求投资要保持适度稳定增长，同时，更要求投资结构继续调整优化，突出投资重点、丰富投资主体、提高投资效益。因此，在突出"保增长、调结构、惠民生、增后劲"的思路下，"规模结构并举"的同时更应侧重投资结构。一是突出投资重点。规划好城市和产业发展布局，在结构转型中加快培养新的增长点。二是丰富投资主体。进一步贯彻落实扩大民间投资指导意见，创新民间投资渠道，鼓励民间投资范围由竞争性和非公益性领域拓展到准公益性和纯公益性领域，进一步提高投资增长的稳定性和内生性。三是提高投资效益。进一步强化项目落地成本控制和建设周期约束，在确保建设质量的基础上"促开工、促投产"，积极扩大实物量投资，推动投资早出成效，切实提高投资效益。

（四）加大向战略性新兴产业投资力度

加大战略性新兴产业项目的招商力度，以完善产业链为目标，加强战略性新兴产业招商引资。开展项目投融资系列推介活动，切实抓好产业投资导向，加强引导民间资本投资，拓宽重点项目融资渠道。设立新兴产业创投基金，抓好公共平台建设，设立专项资金助力战略性新兴产业建设。

（五）采取综合措施，有效缓解中小企业融资困难

对于具有发展潜力和空间，并且符合产业政策的中小型企业，要在融资方面予以大力支持。一是加强金融组织创新，完善与中小企业规模结构和所有制形式相适应的多层次银行体系。要推进政策性银行建设，发展社区银行和中小商业银行，建立珠海民间金融街，鼓励支持小额贷款公司和担保公司等准金融机构发展壮大，完善与中小企业规模结构和所有制形式相适应的多层次银行体系。二是加强融资配套服务的协调跟进，推进建设企业融资的综合配套服务体系。要建立促进中小企业发展的综合性管理机构，加大财税政策的扶持力度，健全融资相关的法律法规，不断完善政策服务体系。三是发

展"新三板"等健全多层次资本市场体系。通过发展"新三板"等健全多层次资本市场体系，完善"天使投资—风险投资—股权投资"的投融资链，加快发展中小企业集合债等措施，支持中小企业直接融资。

（六）以建设"幸福珠海"为目标，投资着力向改善民生倾斜

民生工程要紧紧围绕办好"水电路气房"五件事。实施基础教育现代化，完善基本医疗卫生服务体系，健全住房保障体系，加大就业和社会保障力度，同时，加快社会主义新农村的建设。着力提升社会事业发展水平，扎实推进城乡基本公共服务均等化，使社会保障体系更加健全，民生福祉显著改善，改革发展成果进一步惠及广大百姓。

全球生产网络下珠海制造业创新能力提升与参与全球中高端竞争对策研究

范兆斌[*]

一　引言

全球生产网络通常被定义为生产和提供最终产品和服务的一系列企业关系，这种关系将分布于世界各地的价值链环节或增值活动连接起来，形成了全球价值链，它构成了产业全球化的重要微观基础（Sturgeon，2002）。在全球生产网络内，同一产品的不同价值链环节、模块及相关技术创新活动在全球范围内实现了分解与重构，各国的生产与技术创新能力都被纳入其中，因此很难从最终产品来判断一个国家（或地区）某一产业的生产能力和技术创新能力，一个国家（或地区）的生产能力和技术创新能力主要体现在某些价值链环节和模块上。

众所周知，珠海制造业中的许多行业是伴随着改革开放和经济全球化进程，在不断融入全球生产网络的过程中发展起来的，目前珠海市已经成为珠江西岸的最重要的制造业基地之一。不过，珠海制造业嵌入全球生产网络具有全面而不深入的特征，总体上仍处于高消耗、低附加值、非差异化加工为主的阶段，面临着较大的产业升级压力，其核心实际上是实现由生产能力向技术创新能力的重大转变。就那些融入全球生产网络的产业而言，其技术创新能力的内涵和表现形式、衡量标准、提升机制、创新模式等诸多方面，与"封闭型产业"相比有较大不同，因此，将珠海制造业置于全球生产网络背

---

* 范兆斌：男，经济学博士，暨南大学国际商学院副教授，副院长，硕士研究生导师。

景之下讨论其技术创新能力形成和提升的问题，对于珠海推进产业升级，参与全球中高端竞争无疑具有重要现实意义。

从全球生产网络的视角讨论创新和产业升级问题起源于 20 世纪 90 年代末期（刘曙光、杨华，2004）。代表性成果主要有：Gereffi 区分了全球价值链区分为生产者驱动和购买者驱动两种，认为当地产业（企业）嵌入全球价值链就等于被置于动态学习曲线之上，可以借助于其中的学习机制不断提高自身能力进而得到升级，同时指出沿着价值链向上移动时会有许多障碍，受当地物质资本、人力资本和社会资本等多种因素的影响。Ernst 通过综合理论与信息产业的案例研究，讨论了全球生产网络中技术创新活动和知识密集型职能的全球布局规律，认为制度、技术和竞争的变化重塑了企业行为，强化了知识跨越企业边界和跨越国界的分散化，同时指出了在全球化背景下国内外知识的互动对产业升级和经济增长的重要意义。Ernst 和 Kim 给出一个关于知识扩散与当地供应商能力形成之间联系的分析框架，认为全球生产网络是当地供应商能力提升的重要媒介，正是通过全球生产网络领导厂商把显性的和隐性的知识转移给了当地供应商，从而推动了其技术和管理能力的升级，同时还指出，知识扩散和升级不是完全自动的，扩散效果和升级速度在很大程度上取决于当地供应商的吸收能力和当地软硬环境的优劣。Morrison 等综合已有成果，提出了一个关于发展中国家产业创新的分析框架，认为当地技术能力与全球价值链在当地的布局是互为因果、既相互促进又相互制约的关系。Peilei（2006）通过印度等四国技术能力和全球价值链布局状况的比较分析，得出了与 Morrison 类似的结论。

现有的研究为在全球化生产网络的背景下认识珠海技术创新能力问题提供了较为丰富的视角。本项目就是从理论和实证两个方面，在全球生产网络的背景下，研究珠海市企业创新能力形成和提升的途径。

二 全球生产网络下企业创新能力形成的机制

全球生产网络的知识转移与扩散活动尽管促进了珠海企业生产能力的形

成和提升，不过能否促进生产能力向创新能力的转化，从而推动企业参与全球中高端竞争，在理论上还是一个需要深入探讨的问题，毕竟生产能力和创新能力存在本质的不同。生产通常是一种现有知识的利用活动，生产能力则指的是吸收和利用现有的知识生产产品或服务的能力，主要表现为利用技巧、知识和组织安排的技术水平（Lall，1983）。创新虽然也利用现有的知识，不过目的主要在于创造新的产品（或服务）以及新的生产与交付系统，活动的重点在于变革，而且不同于发明或发现，创新的成功很大程度上不仅仅体现在技术上，更重要的体现在商业上，即成功地收回研发投资的成本并获得附加收益。创新能力就是利用现有知识创造新产品（或服务）及新的生产和交付系统、成功实现市场价值的能力。这意味着，创新能力的形成不仅需要掌握知识，而且需要掌握如何创造新的知识的知识，更为重要的是需要掌握新的知识如何在市场上实现价值的知识。

生产能力和创新能力存在本质的不同，不过从全球生产网络的角度看，存在生产能力向创新能力转化的潜在机制。首先，受知识异质性的影响，创新过程经常涉及对知识的适应问题。企业在全球生产网络中从事生产活动时积累的知识适应能力，实际上也是创新能力的一个重要组成部分。其次，创新过程经常涉及对外部知识的吸收问题。在全球生产网络中，旗舰厂商不仅利用自己在研发、市场、协调等方面的能力优势控制着整个产品价值链上的各种活动，而且通常起着转移和扩散先进知识的作用。对于旗舰厂商而言，这种知识的转移和扩散活动可能是主动的，也可能是被动的。不管旗舰厂商对当地企业的知识转移和扩散是主动的还是被动的，受知识缄默性的影响，这些知识都不会自动转化为企业内部知识，当地企业为了有效地吸收和利用这些知识必须进行一定程度的研发活动，由此而形成的吸收能力既是生产能力的一部分，也是创新能力的一部分。再次，旗舰厂商在向外转移生产活动时，由于东道国的消费者偏好、生产要素供应、营销渠道等市场条件与母公司所在地具有一定的差异，为了保证母公司的知识资产适应当地的市场条件，通常会协助当地企业进行适应性的研发活动，这些活动既有纯粹技术层面的，也有市场价值实现层面的，通常具有创新的特征，是当地企业创新能力形成的重要源泉。最后，在我国"市场换技术"的战略下，跨国公司为了达到进入中国市场的目的，在向企业转移生产活动的同时，往往与当地企业在创新活动方面进行一定程度的合作，由此而形成的创新溢出效应，不仅有利于当地企业生产技术水平的提升，也对当地企业创新能力的形成具有重要的促进作用。更为重要的是，在全球生产网络中，随着当地企业生产能力的不断提升，旗舰厂商可能会将更为复杂的生产环节转移至东道国，对当地企业形成新的知识溢出，从而可能推动当地企业沿着产品价值链从生产环节向设计、研发、营销等知识密集型的环节不断移动，最终形成高附加值环节的生产能力和创新能力。

尽管全球生产网络具有促进企业创新能力形成和提升的内在机制，不过这种基于全球生产网络的知识外溢机制，能否支撑珠海的创新能力不断提升，从而参与全球中高端产业竞争，还存在一定的疑问，目前至少具有三个方面的阻碍因素。第一，旗舰厂商一般不会将关键的创新环节向外转移。旗舰厂商为充分利用全球范围内的资源，虽然地理上会向外转移部分研发活动，不过，一般都不会将事关核心能力的关键性环节向外转移，而这些环节恰恰是制约当地企业创新能力形成的瓶颈。第二，研发组织的内部化程度有提高的趋势。在全球生产网络中，近年来出现大量的离岸研发活动，不过，跨国公司在我国研发投资的内部化程度有提高的趋势，研发活动的独资化不仅使企业吸收跨国公司创新溢出的机会减少，而且吸收的深度也大大降低，毕竟创新知识的转移及扩散效率在公司内要远高于公司间。另外，即使在内部化程度较低的组织形式中，跨国公司也非常注意加强管理和控制，将中方的相关机构置于附属地位，封堵对华技术转移和扩散的渠道。第三，创新知识溢出具有较强的社会黏性。企业要想成功的吸收外部知识，必须在技术上具有对外部知识进行内部编码的能力，能够保证对知识的解释与知识的发送者在技术上是一致的，不过近年来一些信息交流理论认为，即使吸收者从技术上能够顺利地对外部知识进行编码，也不一定就能真正理解知识所要传达的信息并较好的加以利用，原因在于许多知识深深地根植于其所产生的社会背景，比如法律体系、教育体系、文化风俗及劳动力市场规则等，在其他的社会背景下，这些知识很难进行复制，除非吸收者对这些知识所产生的社会背景具有充分的理解。

三　全球生产网络下影响企业创新能力的因素

前面研究了在全球生产网络的背景下，企业创新能力形成和提升的机制，不过同处于全球生产网络中，不同的企业创新能力存在差异，有些企业甚至很少能够从跨国公司的技术溢出中获益，创新能力的形成和发展速度较慢，一直处于全球生产网络的附加值较低的环节，更为严重的则长期被排斥于全球创新网络之外。因此，该部分从全球生产网络的角度，研究影响企业创新能力形成和提升的微观因素。

1. 企业的研发支出水平

自从 Schumpeter 提出创新理论以来，内部研究与开发（R&D）活动一直被认为是影响企业创新能力的首要因素，原因在于研发活动不仅会使企业积累和利用内部知识，直接产生新知识或新技术，而且还有助于企业吸收能力的形成和发展，这种吸收能力对于企业在研发过程中，识别、消化、转移外部新知识或信息并有效加以利用通常具有关键性的作用。从全球生产网络的角度看，研发支出水平较高的当地企业应该更容易发展和提升自己的创新能力。第一，研发支出水平越高，企业的吸收能力就越强，越容易从生产网络中发现和吸收到更多创新知识，也就越有可能将生产能力转化为技术创新能力。第二，较高的研发支出水平有助于企业形成较高的生产能力，从而承接全球生产网络中具有较高附加值的生产环节，这些环节的生产活动中通常包含较高的创新信息，从而促进企业创新能力的发展。第三，研发活动由于有利于企业形成较好的创新基础，从而可以吸引旗舰企业通过研发外包的形式，将部分创新活动直接向当地企业进行转移，使当地企业由参与全球生产网络转化为参与全球创新网络。

2. 企业规模

企业规模与企业的创新活动具有密切的联系，不过传统上主要强调创新活动通常会产生较高的固定成本，规模越大的企业越可以发挥规模经济（Lall, 1983），降低创新的平均成本，并充分利用创新的成果。从全球生产网络的角度看，企业的规模还会通过其他机制影响企业的创新能力。首先，规模较大的企业通常具有较强的生产能力和技术适应能力，容易吸引旗舰厂商将较为复杂的生产环节转移到当地企业，促使企业进行相应层次的适应性研发活动，并逐步形成和提升创新能力。其次，规模较大的企业通常具有较为完善的分销系统，跨国公司为了达到进入东道国当地市场的目的，在向当地企业转移生产活动的同时，可能会与当地企业在创新活动方面进行一定程度的合作，从而形成创新溢出效应。

3. 外向性程度

企业的外向性程度主要指企业的出口和对外投资情况。在全球生产网络下，外向性程度与企业的创新能力成正向关系。第一，较高的外向性程度，有助于企业吸收创新的核心知识。在创新过程越来越模块化的过程中，有些环节处于核心地位，为整个创新活动提供架构。发展中国家企业的创新能力的普遍不足，主要与缺乏这些核心知识的有关。这些核心的创新诀窍及应用过程主要集中于技术领先企业的母国，从地理上接近这些知识及其应用过程是发展中国家获取核心知识的重要途径。第二，较高的外向性程度，有助于企业积累多样化的知识。基于知识的创新理论认为，创新不仅以知识为基础，而且通常是多种知识综合作用的结果，因此，多样化知识的积累对于企业的创新能力至关重要。知识的多样化不仅直接促进创新的效率，更为重要的是会通过提高企业对知识的识别、学习、存储及回忆和应用等方面的能力而促进企业吸收能力的提升，而吸收能力是企业整合内外部知识进行持续创新的基础。不同地理范围内形成的知识通常具有较强的异质性和互补性，尤其是当这种研发活动是在发达国家与发展中国家之间跨国进行时，这种多样性效应就更明显。第三，较高的外向性程度，有助于企业充分发挥"浸入效应"。知识根植于当地社会文化背景，是知识具有地理黏性的重要原因。

企业的出口或对外投资活动有助于企业融入当地社会，理解创新知识的社会文化背景，像当地人一样思考和解决问题，从而一般地提高对知识的吸收能力。

4. 多元化程度

在全球生产网络背景下，企业的多元化程度主要指企业在代理生产的产品种类、服务旗舰厂商的数目等方面的情况。多元化对于企业创新能力的影响具有两种完全相反的效应。根据专业分工理论，企业越是专注于某一环节、工序或产品的生产，产生技术创新的可能性越大。特别是在全球生产网络下，创新活动已经呈现出模块化特征，每个企业的创新活动只与某一特定的模块或环节相关联。从这一意义上讲，企业的代理生产的产品品种或服务于旗舰厂商的数目越多，越不利于企业发展和提升自身的创新能力。不过，在当前技术创新活动日益复杂化和强调交叉性的背景下，多元化又可能会增加企业知识的异质性，从而促进企业创新能力的发展和提升。

5. 所有权特征

企业的所有权特征主要指企业是外资或内资、国有或私有等。如前所述，在全球生产网络中，创新能力对于旗舰厂商至关重要，通常是其控制整个网络在全球范围内获取垄断利润的关键，为防止创新能力通过人员流动、前后向联系、学习效应等机制在整个网络内扩散，旗舰厂商会对创新知识特别是核心知识进行较为严密地控制和管理。从这一意义上讲，在全球生产网络下，企业的所有权特征显然也会影响企业创新能力情况。具有较高国外资本比重的企业，应该更容易参与较高价值环节的生产或接触旗舰厂商核心创新知识，从而发展和提升自身的创新能力。

6. 信贷约束

全球生产网络尽管提供创新知识或激励企业进行创新活动，不过创新活动通常具有报酬递增的特征，企业要想从研发活动中获益，就必须在研发开支上迈过最低"门槛"。而且作为新知识的生产和商业化活动，研发活动还具有周期长、风险高的特点，这意味着在信贷市场不完全的条件下，只有具有相当利润空间的企业才会进行创新活动，而信贷市场不完全实际上是发展中国家金融市场的一个普遍现象。另外，在全球生产网络中，企业的信贷约束情况实际上也会影响企业所承接的生产环节，因为不同的生产模块对资金的要求存在差异，附加值越高的环节，对资金规模的要求通常越高。因此，只有具有较高利润率的企业才可能在全球价值链中从事较高附加值环节的生产活动，从而借此培育和发展创新能力。

7. 人力资本投资

创新活动属于知识密集型活动，而知识或信息则依附于具体的个体，因此，员工的人力资本情况对于企业的创新活动极其重要。为了不断提高企业员工队伍的整体素质，企业除了在雇佣时甄选具有较好教育背景的员工外，通常会在员工进入企业后，对员工进行人力资本方面的投资，其中比较常见的方式就是员工培训。在全球生产网络的背景下，具有较高人力资本投资活动的企业应该具有较强的创新能力。首先，人力资本投资活动能够更新员工的知识结构，直接提高员工的创新能力，特别是全球生产网络的背景下，分工越来越细，知识更新的速度比较快，企业对员工的培训活动显然对于保持和提升员工的创新能力越发重要。其次，人力资本投资活动有助于提高员工的吸收能力，即提高员工在全球生产网络内知识的识别、消化、转移及综合利用等方面的能力。原因是个体对知识的吸收能力与前期的知识积累密切相关，前期知识越丰富、更新越快，员工对新的知识就越敏感，也越容易消化，并在企业内较快的进行转移、扩散和应用。最后，人力资本投资活动也有助于企业承接国际生产网络中具有较高附加值的环节，因为附加值越高的生产活动，对员工的人力资本方面的要求通常也越高。

8. 税收激励政策

为了鼓励企业进行技术创新活动，政府通常对利润中用于研发活动的部分不征税或降低税率。在税收负担较重的情况下，企业倾向于通过扩大研发投资支出降低自身的税负（Goldar & Renganathan，1998；Kumar，2005）。特别是在全球生产网络条件下，运用税收政策激励企业的创新活动，从而在全球产业分工中占据比较有利的位置，是大多数政府的重要举措之一，不过这种税收激励政策可能只对边际利润率较高的企业有效，不能获得税后利润的企业显然无法利用政府的税收优惠政策。另外，这种创新激励性的税收政策，能够鼓励全球生产网络中的旗舰企业将具有较高创新活动的环节转移到当地，从而在当地区域型的生产网络中产生较高的知识溢出，带动整个区域内产业的转型和升级。

9. 财政补贴政策

财政补贴是除了税收政策以外，政府用于支持当地企业创新活动比较常见的工具。首先，财政补贴可以直接降低企业创新活动的相关成本，从而提高企业从事创新活动的积极性。其次，在信贷市场不完全的条件下，财政补贴可以在一定程度上缓解企业从事创新活动所面临的信贷约束，特别是对于某些中小型科技型企业而言，财政补贴是其从事创新活动的主要资金来源。最后，与税收激励政策相似，政府的创新激励性财政政策也会促使全球生产网络中的旗舰企业将创新活动转移到当地，以获得相关补贴，从而通过知识溢出效应促进当地企业创新能力的形成和提升。

四　实证分析

结合本研究的内容，可以知道企业的研发支出水平、企业规模、外向程度、业务的多元化程度、信贷约束、人力资本投资、税收激励、补贴收入和外商资本九大因素可以对创新能力有直接影响。故用珠海的数据来进一步探讨它们之间的关系。

（一）建立量化指标

表1是对拟研究的10个变量所采用的量化处理方法，构建10个变量的量化指标。研究所使用的数据主要来源于国泰安数据库，经过数据的初步筛选，选取了2005～2007年珠海制造企业1363个样本进行分析。

表1　主要变量的量化指标

指标类型	指标构建	代表字母
企业规模	员工规模的对数	x_1
研发支出水平	研发投资/企业总资产	x_2
外向程度	出口值/工业销售产值	x_3
多元化	1 – 主营业务收入/工业销售产值	x_4
信贷约束	流动资产/总资产	x_5
人力资本投资	职工薪酬/销售收入	x_6
税收激励	1 – (应交所得税/主营业务收入)	x_7
补贴收入	补贴收入/企业销售收入	x_8
所有制	外商投资企业为1,反之为0	x_9
创新能力	全要素生产率	$\ln A$

（二）数据预处理

1. 全要素生产率的计算

设生产总值满足 xxx 的函数关系，不妨设 $Y = AK^{\alpha}L^{\beta}$，（$\alpha + \beta = 1$），其中 Y 为生产总值，K 为资产，而 L 为劳动力人数，则全要素生产率 $\ln A$ 的值可以通过公式（1）求得

$$\ln A = \ln Y - \alpha \ln K - \beta \ln L \qquad (1)$$

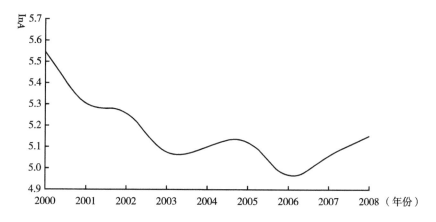

图1　珠海市 2000～2008 年的全要素生产率

依据式（1）的计算方法，本课题计算出了珠海市 2000～2008 年的全要素生产率指标。图 1 显示了从 2000 年到 2008 年珠海市企业全要素生产率的变化情况。从图 1 可以看到，从 2000 年到 2006 年，珠海市企业的全要素生产率总体上呈现逐渐下降趋势，而在 2006 年以后又有所反弹。其中，2000 年的全要素生产率最高为 5.54，2006 年前后则在最低值 5.0 左右徘徊。总之，创新能力自 2000 年以来并没有较大的提高。

2. 模型初步建立

结合前面第三部分的论述，考虑这九大因素对我国的全要素生产率的影响关系，建立的模型如下：

$$\ln A = a + \sum_{i=1}^{9} x_i + \varepsilon (i = 1 \cdots 9) \tag{2}$$

其中，$\ln A$ 为全要素生产率，x_i（$i = 1 \cdots 9$）为表 1 中所代表的九大指标，ε 为随机变量，服从标准正态分布。

（三）数据分析

1. 数据的描述性统计

表 2 对主要变量的均值、标准差、最大值及最小值情况进行了基本的统计描述。从总体上看，珠海企业研发支出水平整体处于较低水平，其研发密集度平均只有 0.688，这不仅落后于省内其他城市，而且也与全国平均水平有一定的差距。此外，企业多元化程度表现为负值，表明企业多元化程度总体水平较低，依赖单一业务发展的企业还在多数。作为地处沿海城市的企业，外向性程度较高，获得了较多的税收优惠及补贴收入。

表 2　主要变量的基本描述

变量	研发支出	企业规模	人力投资	外向程度	多元化度
均值	3.115E-2	7.7374E0	6.341E-2	2.270E-1	-4.018E-2
标准差	1.864	1.334	5.101	2.670	1.915
最小值	2.235	4.234	3.640	2.832	-2.572
最大值	3.095	11.825	5.884	1.000	7.038

变量	信贷约束	税收激励	补贴比重	所有权	创新能力
均值	5.884E－1	9.989E－1	8.622E－3	0.21	1.204E0
标准差	1.662	1.461	4.031	0.409	5.121
最小值	7.735	9.857	5.899	0	0.266
最大值	9.777	9.999	1.401	1	3.164

2. 变量的相关性分析

表3中对主要变量的相关性分析表明,研发支出、企业规模、外向程度、企业多元化程度、信贷约束、税收激励、补贴收入等变量都对企业技术创新能力有较为显著的影响,从而为接下来进一步的研究奠定了良好的分析基础。

表3 主要变量的 Pearson 相关性分析

变量	(1)	(2)	(3)	(4)	(5)	(6)	(7)	(8)	(9)	(10)
研发支出(1)	1									
企业规模(2)	－.298***	1								
人力投资(3)	.072**	－.006	1							
外向程度(4)	.006	－.208**	－.045	1						
多元化度(5)	－.031	－.113**	－.057**	.043	1					
信贷约束(6)	.140	－.340**	－.043	.116**	.054*	1				
税收激励(7)	－.016	.639**	－.079**	－.169**	－.079**	－.162**	1			
补贴比重(8)	－.006	－.106**	－.006	－.033	－.054*	.066*	－.140**	1		
所有权(9)	－.037	.006	－.079**	－.022	.024	－.002	.039	－.026	1	
创新能力(10)	.213***	－.062*	.002	.122**	.231**	.195**	.191**	－.060*	.027	1

3. 初步回归分析

由表4可知,企业的研发密集度、企业规模、人力资本投资、出口导向、多元化程度、信贷约束、税收激励都与企业创新能力有显著的关系,其中企业规模变量与企业创新能力负相关,其他6个变量则是正相关,表明企业的人力资本投资力度、外向型程度、多元化程度、信贷与税收激励都会对企业创新能力提升起到促进作用,而补贴收入及企业所有权与创业创新能力关系并不显著,二者没有通过 t 检验原因可能是解释变量之间存在多重共线性的特征,故进行多重性检验,进一步探讨补贴收入对创新能力的影响是否显著,如表5所示。

表 4　初步回归分析结果

Model	未标准化系数		标准化系数	t	Sig.	共线性统计量	
	B	Std. Error	Beta			容忍度	VIF
（Constant）	-157.891	11.087		-14.241	.000		
研发强度	2.314	.217	.270	10.642	.000	.862	1.161
企业规模	-.069	.013	-.179	-5.469	.000	.521	1.919
人力投资	.544	.240	.054	2.267	.024	.977	1.024
出口导向	.186	.047	.097	3.9840	.000	.939	1.065
多元化程度	.620	.064	.231	9.693	.000	.978	1.023
信贷约束	.439	.078	.142	5.614	.000	.867	1.153
税收激励	159.412	11.156	.453	14.289	.000	.551	1.814
补贴比重	-.271	.305	-.021	-.888	.374	.969	1.032
所有制情况	-.020	.030	.016	.689	.491	.991	1.009

R=0.499　　R^2=0.249　　Adjusted R^2=0.244　　F=49.8750***　　df=9

表 5　共线性诊断

Model	维度	特征值	条件指数	方差比例									
				常数	研发强度	企业规模	人力投资	出口导向	多元化	信贷约束	税收激励	补贴收入	所有制
1	1	5.626	1.000	0.00	0.01	.00	0.01	0.01	.00	.00	.00	.00	0.01
	2	1.01	2.36	.00	.00	.00	.00	0.01	0.46	.00	.00	0.40	0.03
	3	0.922	2.47	.00	0.06	.00	.00	.00	0.42	.00	.00	0.47	0.01
	4	0.818	2.623	.00	0.26	.00	.00	0.04	0.02	.00	.00	0.08	0.51
	5	0.705	2.825	.00	0.46	.00	0.03	.00	0.06	.00	.00	.00	0.38
	6	0.528	3.265	.00	0.09	.00	0.09	0.79	0.02	.00	.00	0.01	.00
	7	0.314	4.235	.00	.00	0.06	0.83	0.11	.00	0.01	.00	0.01	0.06
	8	0.066	9.23	.00	0.04	0.60	0.01	0.01	0.01	0.68	.00	0.01	.00
	9	0.012	21.701	.00	0.04	0.34	0.01	0.03	0.01	0.30	.00	0.01	.00
	10	5.92E-07	3082.747	1.00	0.04	1.00	0.01	.00	.00	0.01	1.00	0.01	.00

从表 5 中可以看到在第 9、10 维度的条件指数非常高，分别为 21.701 和 3082.747，而特征值又都很低，均趋近于 0。条件指数越大表明自变量之间的共线性越强。从方差比例来看，第 10 维度中，该特征值可以横向解释常数项 100% 的方差，也能解释"税收激励"变量 100% 的方差，还能解释"企业规模" 34% 的方差。这说明企业所有制与常数项、税收激励、企业规模高度相关，因此，"企业所有"变量应该删除。

4. 修正模型

删除企业所有权变量后整个模型的分析情况表明，补贴收入对技术创新能力的影响系数为 -0.022，统计显示并不显著，如表 6 所示。观察"共线性统计量"栏给出的容差和方差膨胀因子（VIF）可以看出，8 个解释变量的容忍度都接近于 1，而且 VIF 均小于 2，所以可以认为 8 个变量之间没有线性相关。但通过对共线性诊断的查看发现，第 9 维度中，该特征值可以横向解释常数项 100% 的方差，也能解释"税收激励"变量 100% 的方差，还能解释"企业规模" 34% 的方差。这说明补贴收入与常数项、税收激励、企业规模高度相关，因此，"补贴收入"变量应该删除，如表 7 所示。

删除企业补贴收入变量后整个模型的分析情况表明，各变量与 LnA 的相关系数均非常显著，整个模型 F 的系数也有了很大的提高。如表 8 所示。观察"共线性统计量"栏给出的容差和方差膨胀因子（VIF）可以看出，7 个解释变量的容忍度都接近于 1，而且 VIF 均小于 2，所以可以认为 7 个变量之间没有线性相关。但对于变量的共线诊断的分析表明，第 8 个维度中，与该特征值可以横向解释常数项 100% 的方差，也能解释"税收激励"变量 100% 的方差，还能解释"企业规模" 34% 的方差。这说明税收激励与常数项、企业规模高度相关，因此，"税收激励"变量应该删除。

删除税收激励变量后整个模型的分析情况表明，各变量与技术创新能力的相关系数均非常显著。如表 10 所示。同时，对各变量的共线性诊断表明，而观察"共线性统计量"栏给出的容差和方差膨胀因子（VIF）可以看出，8 个解释变量的容忍度都接近于 1，而且 VIF 均小于 2，所以可以认为 8 个解释变量之间没有线性相关。而从进一步的共线性诊断表 11 可以看出，从 1~7

表6 再次回归分析结果

Model	未标准化系数		标准化系数	t	Sig.	共线性统计量	
	B	Std. Error	Beta			Tolerance	VIF
2（Constant）	−158.136	11.079		−14.273	.000		
研发强度	2.312	.217	.270	10.639	.000	.862	1.160
规模	−.069	.013	−.179	−5.487	.000	.521	1.918
人力投资	.532	.239	.053	2.222	.026	.982	1.018
出口导向	.186	.047	.097	3.969	.000	.939	1.065
多元化	.621	.064	.231	9.711	.000	.978	1.022
信贷约束	.439	.078	.142	5.613	.000	.867	1.153
税收激励	159.664	11.148	.454	14.322	.000	.552	1.812
补贴收入	−.276	.305	−.022	−.905	.366	.970	1.031

R = 0.499　R^2 = 0.249　Adjusted R^2 = 0.245　df = 8　F = 56.072***

表7 再次共线性诊断

Model	维度	特征值	条件指数	方差比例								
				常数	研发强度	企业规模	人力投资	出口导向	多元化	信贷约束	税收激励	补贴收入
2	1	5.399	1.000	.00	0.01	.00	0.01	0.01	.00	.00	.00	.00
	2	1.002	2.322	.00	0.01	.00	.00	0.02	0.50	.00	.00	0.38
	3	0.92	2.423	.00	0.04	.00	.00	.00	0.39	.00	.00	0.55
	4	0.748	2.687	.00	0.72	.00	0.01	0.02	0.08	.00	.00	0.02
	5	0.528	3.197	.00	0.10	.00	0.08	0.80	0.01	.00	.00	0.01
	6	0.325	4.076	.00	.00	.00	0.86	0.11	.00	0.01	.00	.00
	7	0.066	9.039	.00	0.04	0.06	0.01	0.01	0.01	0.68	.00	0.01
	8	0.012	21.243	.00	0.04	0.61	0.01	0.03	0.01	0.30	.00	0.01
	9	5.93E−07	3018.493	1.00	0.04	0.34	0.01	.00	.00	0.01	1.00	0.01

表 8　第三次回归分析结果

Model	未标准化系数		标准化系数	t	Sig.	共线性统计量	
	B	Std. Error	Beta			Tolerance	VIF
3 (Constant)	-159.156	11.021		-14.441	.000		
研发强度	2.313	.217	.270	10.640	.000	.862	1.160
企业规模	-.069	.013	-.178	-5.471	.000	.522	1.917
人力投资	.537	.239	.053	2.242	.025	.983	1.017
出口导向	.188	.047	.098	4.034	.000	.943	1.061
多元化	.625	.064	.233	9.797	.000	.983	1.017
信贷约束	-.436	.078	.141	5.579	.000	.869	1.151
税收激励	160.682	11.091	.457	14.488	.000	.558	1.793
R = 0.499	$R^2 = 0.249$		Adjusted $R^2 = 0.245$	df = 7		F = 63.794 ***	

表 9　第三次共线诊断

Model	维度	特征值	条件指数	方差比例							
				常数	研发强度	企业规模	人力投资	出口导向	多元化	信贷约束	税收激励
3	1	5.346	1.000	.00	0.01	.00	0.01	0.01	.00	.00	.00
	2	0.967	2.352	.00	0.03	.00	.00	0.01	0.9	.00	.00
	3	0.752	2.667	.00	0.74	.00	0.01	0.02	0.07	.00	.00
	4	0.531	3.174	.00	0.09	.00	0.08	0.82	0.02	.00	.00
	5	0.326	4.05	.00	.00	.00	0.87	0.10	.00	0.01	.00
	6	0.067	8.963	.00	0.04	0.06	0.01	0.01	0.01	0.67	.00
	7	0.012	21.061	.00	0.04	0.60	0.01	0.03	0.01	0.30	.00
	8	5.99E-07	2988.205	1.00	0.04	0.34	0.01	.00	.00	0.01	1.00

表 10　第四次回归分析结果

Model	未标准化系数		标准化系数	t	Sig.	共线性统计量	
	B	Std. Error	Beta			Tolerance	VIF
4（Constant）	.513	.115		4.467	.000		
研发强度	1.683	.229	.197	7.357	.000	.898	1.114
企业规模	.038	.011	.099	3.502	.000	.797	1.255
人力投资	.218	.256	.022	2.851	.030	.991	1.009
外向型程度	.162	.050	.084	3.239	.001	.944	1.059
多元化程度	.607	.068	.226	8.871	.000	.983	1.017
信贷约束	.539	.084	.174	6.445	.000	.876	1.141
R = 0.363	$R^2 = 0.132$	Adjusted $R^2 = 0.128$		df = 6	F = 34.355***		

因变量：技术创新能力。

表 11　第四次共线性诊断

Model	维度	特征值	条件指数	方差比例						
				常数	研发强度	企业规模	人力投资	出口导向	多元化	信贷约束
4	1	4.389	1.000	.00	.01	.00	.01	.02	.00	.00
	2	.966	2.131	.00	.03	.00	.00	.02	.90	.00
	3	.736	2.442	.00	.78	.00	.02	.01	.07	.00
	4	.528	2.883	.00	.08	.00	.10	.80	.02	.00
	5	.308	3.776	.00	.00	.01	.83	.12	.00	.02
	6	.065	8.245	.01	.05	.12	.01	.01	.01	.63
	7	.008	23.036	.99	.04	.87	.02	.03	.00	.35

因变量：技术创新能力。

维度的条件指数可以看到，最大的条件指数也仅为 23.036，即仅存非常轻微的共线性，基本可以忽略不计，该模型可以接受。

经过上述的数据分析和检验之后，可以得到全要素生产率技术创新能力和 6 个主要因素间的关系，用模型表示如下：

$$\ln A = 0.513 + 0.197x_1 + 0.099x_2 + 0.022x_3 + 0.084x_4 + 0.226x_5 + 0.174x_6 \quad (3)$$

其中，x_1 为研发强度，x_2 为企业规模，x_3 为企业人力资本投资，x_4 为出口导向，x_5 为企业多元化程度，x_6 为信贷约束。由上面的分析可知，这 6 个因素对企业创新能力提升均有积极显著的影响。其中，企业的研发投资、多元化程度、企业规模及信贷约束 4 个变量对企业创新能力影响最为显著，而人力资本投资水平与企业外向性程度则次之。

五 政策建议

（一）影响珠海制造业创新能力因素与全国比较

从上面的分析中，我们可以看到研发强度、企业规模、人力资本投资，外向性程度，多元化水平，信贷约束对全要素生产率技术创新能力均有显著的正向影响，企业所有权、补贴收入、税收激励对技术创新能力虽没有显著的影响，但与技术创新能力呈一定的正向关系。因此，为了探究珠海市全要素生产率技术创新能力的变化情况，将它的九大影响指标水平与全国的平均水平相比较，以进一步分析珠海市制造业企业创新情况的影响因素。如表 12 所示。

表 12 2004~2007 年各指标之间均值比较

指标	创新能力	人力投资	研发水平	信贷约束	多元化
珠海	1.204E0	6.341E-2	3.115E-2	5.884E-1	-4.018E-2
全国	1.375	3.273	0.227	0.581	0.047
指标	外向程度	企业规模	所有权	税收激励	补贴收入
珠海	2.270E-1	7.7374E0	0.21	9.989E-1	8.622E-3
全国	0.227	13.898	0.100	0.844	0.523

从表 12 中可以看到，珠海市各因素指标的表现整体上低于全国平均水平，9 项指标中，只有信贷约束、所有权、税收激励 3 个指标高于全国平均水平，其中对技术创新能力有显著影响的因素研发水平只有全国水平的 1/10，企业的多元化水平明显较低，大部分企业规模有限，仍然集中于单一业务的生产及经营活动，外向性程度普遍不高，但是本地企业从政府、财政部门所获得的信贷及税收支持则高于全国平均水平。

（二）提升珠海制造企业创新能力，参与全球中高端竞争的对策

本项研究比较分析了影响珠海制造企业全要素生产率的 9 个因素后，认为珠海制造企业若提升企业创新能力，获得参与全球中高端竞争优势，必须从企业与政府两个层面着手。

从企业层面上看，主要包括以下五点。

第一，进一步加大企业的研发投入，提高研发支出水平。由于研发投入与企业的创新能力正相关，研发支出不仅会使企业有效积累和利用内部知识，直接产生新知识或新技术，而且还有助于提高企业吸收能力，加快技术创新水平。从现有珠海制造企业研发投入与全国研发投入比较来看，其投入水平非常低，远远不能达到全国平均水平。一般来说，创新能力强的公司，往往研发投入也非常高。如华为公司，每年坚持不少于销售收入的 10% 投入研发，并将研发投入的 10% 用于前沿技术、核心技术以及基础技术的研究。此外，华为还在中国及国外设立了 14 个研发中心，以加强对当地知识的吸收。这种高额的研发投入给华为带来了丰厚的回报。2010 年，华为首次进入《财富》世界 500 强企业榜单，在 IT 企业中列第 29 位，也是财富 500 强 IT 企业中唯一一家没有上市的公司。截至 2009 年 12 月底，华为累计申请专利 42543 件，是入选中国世界纪录协会 2009 年世界申请专利最多的公司。

第二，进一步扩大企业规模，提高竞争优势。由于企业规模与创新能力正相关，因此，一方面，企业应通过增加自有投资扩大企业规模，提高企业的生产能力、分销能力等，增加与旗舰厂商合作的机会；另一方面，企业还

可通过合资或公开募集股票等途径扩大企业规模，为企业筹集更多的资金，积累更多资源，以提高其竞争优势。

第三，鼓励企业实施多元化战略。分析显示，多元化战略与全要素生产率之间的关系最为积极与显著，而珠海制造企业的多元化水平普遍较低，因此，企业可以考虑利用原有主营业务的核心技术，适度向其他业务扩张，采取相关多元或非相关多元战略的方式，既可以提高企业的技术创新能力，又可以发挥其协同创新优势。

第四，提高企业外向性程度。分析显示，企业外向性程度与全要素生产率之间的关系非常积极与显著。鉴于外向性程度对企业创新关系的影响，因此，今后应充分利用珠海毗邻港澳的优势，大力发展外向型业务，实现由OEM 向 OBM 及 ODM 转变，以提高企业的技术适应能力、吸收能力及创新能力。

第五，加大企业对人力资本投资。分析显示，人力资本投资与企业全要素生产率之间的关系呈现显著正相关，而目前珠海制造企业对人力资本投资水平与全国相比尚有差距，因此，要积极给员工提供参加在职学习及脱产进修更多的时间与机会，并通过培训沙龙、小组研讨等多种形式分享知识，从而提高人力资本质量。

从政府层面上看，加大对企业创新的信贷支持力度。分析显示，信贷约束与企业全要素生产率之间的关系非常积极与显著，因此，加大对企业的信贷支持，以提升其创新能力非常必要。考虑到研发创新的风险大、周期长的特点，政府部门应该在资金支持的数量、期限、品种上要有更多的灵活性，以满足企业不同阶段、不同规模、不同技术产品研发的要求。

参考文献

刘曙光、杨华：《关于全球价值链与区域产业升级的研究综述》，《中国海洋大学学报》（社会科学版）2004 年第 5 期。

Audretsch, D. B. and M. Vivarelli. 1996. "Firm size and R&D Spillovers: Evidence from Italy." *Small Business Economics.* 8: 249 – 258.

Audretsch, D. B. and M. P. Feldman. 1996. "R&D Spillovers and the Geography of Innovation and Production." *American Economic Review.* 86: 630 – 640.

Bowonder and Richardson. 2000. "Liberalization and the Growth of Business-led R&D: the Case of India." *R&D Management.* 30 (4): 279 – 288.

Ceh, B. 2001. "Regional Innovation Potential in the United States: Evidence of Spatial Transformation." *Papers in Regional Science.* 80: 297 – 316.

Dieter Ernst, Jan Fagerberg and Jarle Hildrum. 2001. "Do Global Production Networks and Digital Information Systems Make Knowledge Spatially Fluid?" NBER Working Paper.

Goldar, R. N. and Renganathan V. S. 1998. "Economic Reforms and R&D Expenditure in Industrial Firms in India." *The Indian Economic Journal.* 46 (2): 60 – 75.

Grossman, G. M. and E. Helpman. 1994. "Endogenous Innovation in the Theory of Growth." *Journal of Economic Perspectives.* 8: 23 – 44.

Helpman, E. and D. T. Coe. 1995. "International R&D Spillovers." *European Economic Review.* 39: 859 – 887.

Howells, J. R. L. 2002. "Tacit Knowledge, Innovation and Economic Geography." *Urban Studies.* 39: 871 – 884.

Jasjit Singh. 2008. "Distributed R&D, Cross-regional Knowledge Integration and Quality of Innovative Output." *Research Policy.* 37: 77 – 96.

Kumar, N. 2001. "Determinants of Location of Overseas R&D Activity of Multinational Enterprises: the Case of Us and Japanese Corporations." *Research Policy.* 30 (1): 159 – 174.

Lall, S. , 1983. "Determinants of R&D in a LDC: the Indian Engineering Industry." *Economics Letters.* 13 (4): 379 – 383.

Martin Bell and Michael Albu. 1999. "Knowledge Systems and Technological Dynamism in Industrial Clusters in Developing Countries." *World Development.* 27: 1715 – 1734.

Maximilian Von Zedtwitz and Oliver Gassmann. 2004. "Organizing, Global R&D: Challenges and Dilemmas." *Journal of International Management.* 10: 21 – 49.

Nagesh Kumar and Aradhna Aggarwal. 2005. "Liberalization, Outward Orientation and In-house R&D Activity of Multinational and Local Firms: A Quantitative Exploration for Indian Manufacturing." *Research Policy.* 34: 441 – 460.

Norlela Ariffin, Paulo N. Figueiredo. 2003. "Internationalisation of Innovative Capabilities: Counter-evidence from the Electronics Industry in Malaysia and Brazil." NBER Working Paper.

Paola Criscuolo. 2005. "On the Road Again: Researcher Mobility inside the R&D Network." *Research Policy.* 34: 1350 – 1365.

Peilei Fan. 2006. "Catching up through Developing Innovation Capability: Evidence from

China's Telecom-equipment Industry. " *Technovation*. 26: 359 – 368.

Salter, A. J. and B. R. Martin. 2001. "The Economic Benefits of Publicly Funded Basic Research: A Critical Review. " *Research Policy*. 30: 509 – 532.

Shin – Horng Chen. 2004. "Taiwanese IT Firms' Offshore R&D in China and the Connection with the Global Innovation Network. " *Research Policy*. 33 : 337 – 349.

Storper, M. 1995. "Regional Technology Coalitions: An Essential Dimension of National Technology Policy. " *Research Policy*. 24: 895 – 911.

Tilman Alternburg and Hubert Schmitz. 2008. "Breakthrough? China's and India's Transition from Production to Innovation. " *World Development*. 36: 325 – 344.

区域合作篇

港珠澳大桥与珠港澳互动发展研究

张　蓉*

一　港珠澳大桥的规划建设和制度设计

（一）总体规划建设

港珠澳大桥跨越伶仃洋，东接香港特别行政区，西接珠海市和澳门特别行政区，是"一国两制"框架下，粤港澳三地首次合作建设的大型跨海交通工程。大桥工程由三部分组成，包括：海中桥隧主体工程；香港、珠海、澳门三地口岸；香港、珠海、澳门三地连接线。大桥设计使用年限为120年，总投资约1050亿元，主体工程全长55公里，由政府全额出资本金，剩余部分由项目法人贷款解决，口岸和连接线由三方各自负责。大桥的三地落

---

* 课题组负责人：张蓉，珠海市外事局政策研究科主任科员。课题组成员：陈小英、李静、曾铮、梁江。

脚点分别为：香港侧登陆点位于香港大屿山礁石湾，澳门登陆点为东方明珠，珠海侧着陆点则为拱北。港珠澳大桥于 2009 年 12 月动工，目前建设工期已经过半，预计 2017 年可建成通车。

港珠澳大桥从 20 世纪 80 年代伶仃洋大桥的发起，到 2007 年香港金融危机后的促成，其推动力经历了一个由内地向港方转变的过程，最终的设计从港澳深珠"双 Y"定为港珠澳"单 Y"设计，并且在珠澳之间打通连接。大桥的定位兼顾政治、经济和社会效应，各方均寄予厚望，期望能够借助大桥，赋予港澳和珠三角新的发展动力，促进港澳与内地的进一步融合。

（二）大桥制度设计

港珠澳大桥建设管理采用"专责小组—三地委—项目法人"三个层面的组织架构，其中专责小组由国家发改委牵头，国家有关部门和港珠澳三方政府参加，主要协调项目建设过程中涉及中央的事权和相关重大问题；三地委由广东省政府作为召集人，港珠澳三地政府各派三名代表共同组成，代表三地政府协调、解决项目建设和运营过程中涉及的重要问题；项目法人即港珠澳大桥管理局，由广东省牵头，港珠澳三方共同组建，负责大桥主体部分的具体实施和运营管理。香港、珠海、澳门三地口岸的建设管理部门分别为香港特区政府路政署港珠澳大桥香港工程管理处、珠海市推进港珠澳大桥建设工作领导小组办公室以及澳门特区政府运输工务司澳门建设发展办公室。

港珠澳大桥口岸设计采用"三地三检"模式，香港、珠海、澳门三地口岸正在如期建设。目前跨界通行政策已经委托开展四个专题十三个项目研究，并由三地有关部门开展多轮磋商，在现行配额制的基础上，以穿梭巴士为主要交通方式，具体方案将于大桥通行前提前三个月向社会公布。

二 港珠澳大桥对三地经济社会发展的促进作用

港珠澳大桥将香港、澳门和珠海三地连接成"半小时生活圈"，打通了香港与珠江口西岸以及我国大西南地区的陆路通道，交通的贯通必将带动区域的经济整合，为大桥两端及沿线带来巨大的发展动力，进一步推进社会管理方式的创新和融合。在全球经济低速发展，我国正在以改革促发展的时代背景下，香港、澳门、珠海三地均高度重视港珠澳大桥带来的时代机遇，积极研究如何发挥港珠澳大桥的作用，促进当地的经济和社会发展。主要包括三个方面，一是发展桥头经济，打造三个都市副中心，即香港大屿山、澳门填海新区以及珠海西部城区；二是带动相关产业，包括物流、旅游、商贸以及新兴产业的发展；三是促进区域协同发展，建设珠港澳核心都会圈。

（一）给香港带来发展的新机遇

1. 打通香港与珠江西岸高速公路网

港珠澳大桥打通了香港与珠江西岸高速公路网，有助于提升珠三角整体竞争力。港珠澳大桥落成后，珠三角西岸地区纳入香港方圆三小时车程内可达的范围。不但大幅节省两地间陆路客货运的成本及时间，而且使来自珠三角西岸地区以及广东省西部和广西壮族自治区的货物都能更便捷地使用香港机场及葵涌货柜码头的完善设施，令香港更有效地发挥其区域性贸易和物流枢纽的关键作用。

2. 促进香港和珠三角与邻近省份的经济融合

通过港珠澳大桥的建设，香港将更有效地带动珠江西岸地区的发展，并通过西岸地区的发展向更大范围的腹地延伸。一方面使得珠三角西部地区更能通过香港吸引外来投资，有助其改善工业结构。另一方面，珠三角西部人力和土地资源相对充裕，能为港商提供大量拓展内地业务的良机。港珠澳大桥还有助于泛珠三角经济圈的形成，大珠三角的打通对外可以辐射东盟自由贸易区，对内可以影响广西、海南、云南、贵州、四川等地。

3. 与香港国际机场和东涌新市镇产生协同效应

港珠澳大桥香港口岸设置在香港机场东北面对开水域，一个面积约一百三十公顷的人工岛上。口岸邻近香港国际机场及东涌新市镇，位置适中，连接各种不同的公共交通设施（包括香港国际机场、海天码头、机场快线及东涌线、规划中的屯门至赤鱲角连接路、港深西部快速轨道等），将会成为海陆空交通枢纽。随着大桥的建成，大屿山会成为往来香港和珠海、澳门的必经之地，香港口岸也成为香港和珠三角西部之间的门户，口岸的建设将促进周边地区更紧密地联系，为带动地区性的经济发展提供更大的潜力。

香港口岸区有极高的"桥头经济"价值，重点考虑发展以下项目：①大屿山商务区，吸引香港和内地企业进驻，形成"内地企业海外运营中心"，并包括本港从事专业服务业的公司；②建立大型仓储式购物设施，并发展多元化、多档次的购物设施，以扩大本地消费以及吸引珠三角地区的消费；③建立商贸休闲活动的配套设施，如多间不同档次的酒店、商务会所、餐饮及休闲娱乐设施等，使得该区域形成一个完善且多元的商务、商业综合服务区。

港珠澳大桥的过境旅客可经接驳车辆至海天码头或乘搭拟议的机场捷运系统直达候机处，缩短过关时间。香港机场航线多、班次密，相信将有更多珠三角西部居民通过城际轨道再经由港珠澳大桥到香港机场出发，从而增强香港国际机场的竞争力。

东涌新市镇毗邻香港机场和香港口岸，随着空港经济、大桥经济的发展，东涌应当与此相配合，进一步扩大区内现有的零售规模，充分利用当地多处文化历史景观发展特色旅游经济。同时加强社区建设，形成一个在住房、就业、教育、康乐以及社区设施方面均能满足居民需求的综合性新市镇，促进大屿山北部都市副中心的形成。

（二）对澳门经济社会发展的促进作用

1. 对澳门建设世界旅游休闲中心的影响

澳门中西文化悠久交融，主要城区列入《世界文化遗产名录》，"华洋共处、中西合璧"的城市建筑与城市文化独具特色，已经是一个亚洲有名的休闲城市。近年来，澳门旅游业发展迅速。2014年澳门共接待入境旅客3152万人次，其中，来自内地的旅客2125.2万人次，占比超过67%，来自香港的旅客达642.6万人次，占比20.4%；台湾旅客有95.3万人次，占比3%。

"十二五"规划纲要提出支持澳门建设世界旅游休闲中心，使得澳门加快走向国际级旅游城市的步伐。但是地域狭小、航空航运条件差、旅游景点及设施不足等因素，成为澳门旅游发展的掣肘。港珠澳大桥建成后，珠三角城市之间的通行时间大为缩短，增加了游客进入澳门的路线，特别是港澳之间多了一条除空运、水运之外更为便捷的陆路通道，必将吸引更多海外游客经由香港进入澳门旅游，提高、改善访澳游客客源结构。

2. 对澳门经济适度多元化的影响

国家"十二五"规划提出"支持澳门推动经济适度多元化，加快发展休闲旅游、会展商务、中医药、教育服务、文化创意等产业"。港珠澳大桥建成之后，珠江三角洲将由路桥系统完整连接，加快了人流、物流、资金流的有效流动，同时进一步加快澳门经济适度多元化的步伐。

港珠澳大桥本身就是伶仃洋上一道亮丽的风景线，同时是澳门多元旅游的助推器，带动澳门旅游业向包括观光、文化、购物、休闲在内的综合性、多元化发展。澳门拥有口岸众多的优势，可积极借助港珠澳大桥带来人流规模增长，再由增长的人流为澳门相关的多元行业带动更大的服务及消费收益。在进行行业布局时，要加大对传统优势产业的政策扶持，鼓励传统优势产业的回归和维持；协助传统行业寻找向技术含量和附加值相对较高的产业升级转型的途径，鼓励年轻人和有投资意向人士多方式宽领域创业；重点发展博彩、建筑地产、金融保险和加工制造、商贸服务业五大支柱产业，加大产业资源投放，不断提高产业创新。保持和发挥澳门的核心优势，提高澳门经济可持续发展能力。

3. 对澳门加快融入粤港澳经济一体化的影响

港珠澳大桥的建成，改变了珠三角陆路交通的格局，使澳门从边缘地带一跃成为区域交通枢纽。从而改变了澳门在珠三角区域经济中的战略地位，使其区位优势凸显，香港的资金、技术、人才可以更快捷地辐射到珠海和澳门，并扩展到珠三角西部地区，极大地促进了珠三角西部地区的经济发展。澳门可借此进一步深入参加粤港澳合作，加强在推进重大基础设施对接、加强产业合作、共建优质生活圈、创新合作方式等领域的合作。

同时，澳门与欧盟及南美、非洲葡语国家之间有着特殊关系，享有进入欧盟市场的优惠条件，是中国连接世界特别是上述地区的桥梁和纽带。《粤澳合作框架协议》提出："依托澳门国际商贸服务平台，对接广东产业转型升级和'走出去'战略，集聚国内外优质资源，强化澳门经济适度多元发展动力。"港珠澳大桥建成后，澳门作为珠江三角洲走向世界的国际平台作用将会得到明显强化，有助于提高澳门的国际地位。

（三）珠海将积极把握港珠澳大桥机遇

港珠澳大桥的开通，是珠港澳提升区位优势及推进合作发展的新契机，对珠海经济发展的促进、城市地位的提升、城市发展理念的转变以及城市管理政策的调整，将产生巨大影响。珠海将积极迎接大桥时代，推动科学崛起，建设珠江口西岸核心城市。

1. 有利于珠海建设区域性中心城市

港珠澳大桥将显著改善珠海的交通和区位优势。珠海作为珠三角唯一一个同时连接两个特别行政区香港和澳门的城市，一跃成为大珠三角网络型交通结构中的核心组成部分和区域性中心城市。港珠澳大桥通车后，珠海将成为香港对珠江西岸辐射的桥头堡，珠港澳协同发展将更加紧密，珠海将成为深入落实建设"粤港澳大都市圈"国家战略的首要地区。

港珠澳大桥建成后，珠海由交通末梢转变为核心枢纽，珠海与周边地区的要素联动更加活跃，使周边的人流、物流、资金流、信息流、技术流汇聚在此，并优化组合，形成聚集效应，从而推动珠海现代产业体系的发展，实现核心城市的目标。与此同时，通过贯通香港与珠三角西岸地区的通道，为香港拓展发展新空间的同时，使其辐射能力扩大到珠三角西岸城市，珠三角西岸与东岸城市的发展差距将逐步缩小，有利于珠三角地区的平衡发展，提升珠海在广东省的地位。

港珠澳大桥的贯通，有利于加速珠海城市交通的发展，有利于珠海机场发挥更大作用，通过推进珠海与港澳航道、港口和道路的统一规划、城市之间经济、制度、信息等资源共享，有利于珠海城市地位的转变、经济总量的壮大以及城市管理水平的提升，是珠海发展难得的历史机遇。

2. 有利于珠海形成国际化城市发展理念

港珠澳大桥开通后，港珠澳三地合作发展将更加深入和密切。与此同时，港珠澳大桥将进一步深化珠中江区域合作，在互利共赢的基础上发挥整体功能，共同参与国际竞争，共享大桥经济效应。

人流的贯通将倒逼管理制度的融合，珠海将依托港珠澳大桥，深化与香港、澳门的合作，在优化发展方式、提升产业能力、完善配套政策措施、建立区域合作长效机制等方面，通过与港澳政府、企业、学者间共同沟通、共同谋划，与相邻地区一起形成域间互通互补的一体化城市群，在互利共赢的基础上发挥独特的功能，共同参与国际区域化竞争。

港珠澳大桥建成后，珠海将更加便利地与港澳交流，了解三方各自的政策优势，借鉴港澳先进管理经验和政策制度，开展包括从经济到民生、社会、治理的全方位合作和借鉴，形成与国际接轨的城市建设和管理模式，发挥广东省自由贸易试验区横琴片区的先行先试作用，率先打造国内更接近港澳的社会管理模式和社会运行体制，推动有利于三方发展的全新体制机制的形成。

3. 有利于珠海打造有特色的产业经济

港珠澳大桥将"激活"整个珠三角东岸与西岸地区的人口、资本和高端服务业的集聚。为珠港澳自由经济贸易区的建设提供契机，促使珠港澳三地在全球区域经济竞争中发展成为辐射力更强大的增长极。

香港具有人才、管理、服务的先进经验，澳门有与欧盟国家的良好关系，珠海有发展旅游、会展、国际赛事的优势，大桥开通后将促进珠海借鉴港澳经验并将其内化为政策，实现与香港澳门优势地位对接。珠海可以通过香港打开产品海外市场，周边城市也可通过珠海开拓海外市场，将珠海作为香港国际都会的腹地，将经济、金融、服务、文化、旅游等产业的总部延伸到珠海。珠港澳地区共同打造国内国外双向桥梁的专业服务区域，发挥内地和港澳两个基地的作用，为内地"走出去"开展资本并购提供专业人才和金融服务。

三　加强港珠澳三地互动的必要性

作为"一国两制"下的世纪工程，举国上下均对港珠澳大桥寄予厚望。但是港珠澳大桥是史无前例的跨境交通工程，内地与港澳的法律、制度、办事规则均大不同，如何在顺利地完成大桥的建设后，妥善管理，有效运营，促进港珠澳三地的经济发展和社会融合？是目前亟须研究和破解的问题。在此过程中，三地政府能否开展良性、有效地互动，积极发挥引导作用，推动制度衔接、确保大桥通行、发挥大桥效应，是至关重要的影响因素。

（一）是保证港珠澳大桥运营、发挥作用的重要保障

作为"一国两制"三地的首座跨海大桥，港珠澳大桥通车后，要保证大桥的运营，应对可能出现的救援、消防、应急以及司法等问题，涉及三地气象、卫生、海事、路政、交警、消防、口岸、联检等诸多部门。要及时妥善处理大桥通车后可能出现的各种突发事件和运营问题，牵涉面广、时效性强，必须由三地政府牵头统筹，形成良好互动，实现无缝对接，保证第一时间妥善处理，保证大桥的正常通行，维护香港和澳门的社会稳定。

在"三地三检"的大框架下，三地口岸的建设也正逐步推进。三地政府为迎接大桥时代的到来，对于港珠澳大桥的连接线，均作了精心安排。香港将大桥的车流引向大屿山和东涌，并将在东涌建设新城。澳门将车流引向新填海区，目前填海工程正在进行。珠海将设置南湾、横琴北和洪湾三个互通出口，将车流最终引向西部沿海高速之前，可由互通出口进入主城区和横琴，并到达珠海西部中心城区、高栏港和金湾机场，在缓解珠海本地交通压力的同时，有利于车流便捷地通过港珠澳大桥直达珠海各片区。连接线的设计，旨在贯通大桥车流，引导向本地最需要发展的地区。但是，这些目的能否实现，需要三地政府的共同引导，需要通行政策的支持，需要整体发展的理念。尤其是在近期，港珠澳三地政府要对当地交通容纳和接待能力、社会

接受程度进行充分考量，充分协商。并因应全球经济发展带来的产业转移变化，结合自身经济发展趋势，利用好港珠澳大桥带来的历史机遇，通过大数据分析，找准发展方向和突破点。树立经济整体发展理念，正确选择和协商区域龙头产业和各自分工定位，为产业合作创造条件、合理配置产业链条、形成产业发展合力，带动三地经济新的大发展，避免同质竞争，以及由此引发更多的社会问题。

（二）是共建粤港澳核心合作圈，为全国区域合作提供新鲜经验的重要举措

党的十八届三中全会提出全面深化改革的总体目标。指出要适应经济全球化新形势，必须推动对内对外开放相互促进、引进来和走出去更好结合，促进国际国内要素有序自由流动、资源高效配置、市场深度融合，加快培育参与和引领国际经济合作竞争新优势，以开放促改革。

珠海市作为广东省毗邻港澳的前沿城市，在推进内地与港澳更紧密合作方面有着特殊、重要的任务，长期以来对维护香港尤其是澳门的繁荣稳定做出很大贡献。审视珠海与港澳合作的项目，机场、港口、珠澳跨境工业区、横琴新区等，进展和成果不尽相同。政府之间的沟通和互动越好，对于合作项目双方共识越多，推动合作的力量就越大，合作进展就越快，取得的成果就越好。港珠澳大桥的建设进展顺利，在于组织架构设置合理，得到粤港澳三方面的高度重视，并且得到中央的大力支持。大桥通车后，要发挥港珠澳大桥的预期效果，促进三地经济社会发展，涉及面比建设阶段将广泛得多，在长达 120 年的使用年限，情况变化和不可预料性也更多。因此，更加需要三地政府密切配合，准确预判、密切关注、及时引导、参与管理，总结珠港澳合作重点项目的成败，分析原因，吸取经验和教训，及时调整策略和对策，保证大桥与时俱进地发挥作用。在大桥的连通带动下，密切珠海与港澳的深度合作，树立区域整体发展理念，发挥大桥的社会效益，在广东、福建自由贸易试验区实验基础上，率先实现区域一体化，共建粤港澳核心合作圈，为全国区域合作提供新鲜经验。

四　对珠港澳互动发展的政策建议

港珠澳大桥的贯通，将推动珠港澳合作进入深度合作时期。三地政府应该积极互动，树立整体发展的观念，从具体如港珠澳大桥的通行政策、作用发挥到宏观的产业、经济、社会合作等方面予以推动，形成"政府引导、产业协作、民间联动、市场运作"的合作机制。发挥港珠澳大桥机遇，通过深化区域合作，依靠广大内地的支撑，促进三地经济社会发展，推动香港、澳门的新一轮发展，拉近香港和澳门与内地之间的心理距离，建立大桥时代的"三赢"和"多赢"格局。

（一）发挥政府主导力量，推动大桥发挥作用

1. 建立协调合作机制

随着港珠澳大桥建设的顺利进行，香港对于加强与珠江口西岸地区的合作日益重视，香港与珠海的官方合作关系不断密切。2013 年 10 月香港成立"香港与内地经贸合作咨询委员会"，并在委员会下设立贸易配套专题小组，负责调研港珠澳大桥落成后的贸易配套及相关建议。2014 年 1 月珠港合作专责小组在粤港合作框架下成立，5 月珠港合作发展研讨会在珠海成功召开。珠海和香港双方均已充分重视发挥港珠澳大桥作用，以政府为主导的合作构架已初步建立。建议下一步在专责小组下设立港珠澳大桥工作小组，作为两地政府的牵头协调机制，建立协调涉及两地政府各部门的联席机制，与港珠澳大桥三层建设和运营管理架构形成良好互动，全面推进珠海和香港在港珠澳大桥时代的合作。

港珠澳大桥的使用涉及港、珠、澳三地，亟须推动成立三方合作机制。建议以港珠澳大桥建成通车为契机，在成立三方合作机制方面率先突破，推动建立珠港澳合作会议制度，召集三地涉及港珠澳大桥管理的部门，通过年会形式，商议推动大桥发挥作用的计划和方向，发挥三地作为港珠澳大桥桥头堡的作用，建设粤港澳核心合作圈。

2. 共同争取政策支持

当地政府主导的作用，在港珠澳大桥建设初期，主要体现在口岸设置、通关政策安排、大桥连接线规划、市内出口设置和交通疏导、沿线产业布局以及本地城市布局的变化和调整等方面。在大桥建设后期，要进一步加强三地政府间的协商和讨论，共同争取更加便利的通关政策，设计合理的通车流量，统筹本地各相关部门，做好大桥通车准备，做到信息互通、资源共享，保证港珠澳大桥正常运营，应对突发情况处理得当。这一阶段，结合珠港澳三方的发展需要，要按照"公平、互惠"原则，争取达成共识，推动以下政策的落实：一是在珠海洪湾设置验关中心，作为港珠澳大桥的配套口岸，通过电子锁等技术手段，将经港珠澳大桥入境的货车引导到洪湾验关，减少港珠澳大桥珠海口岸的验关压力，提高香港入境货车的通关效率。二是发挥横琴中国广东自由贸易区试验区的辐射作用，借助港珠澳大桥的贯通，带动保税区、跨境工业区、十字门片区联动发展，结合珠海的机场、高栏港，向综合保税区方向发展，为珠港澳三地形成自贸区并向统一市场发展提供试点。三是探讨香港单牌车进入内地以及澳门新填海区的可能性。借鉴澳门单牌车进入横琴新区以及香港单牌车进入广东省境内的做法，采用电子监控技术进行管理，推动三地保险衔接，畅通车流，发挥大桥作为陆路通道的独特优势，推动大桥发挥更大作用。四是适时将香港"一签多行"政策推广到珠江口西岸城市。根据香港的社会发展情况需要，适时将赴港"一签多行"政策推广到珠江口西岸城市居民。

大桥通车后的初期，接近港澳回归二十年。港澳两地的经济社会发展情况与回归初期有很大差别，与祖国的关系也处于承上启下的关键阶段。这一阶段关于港珠澳大桥最主要的工作重心，在于维护稳定。在稳定的基础上，再考虑发展，在形式的融合基础上促进社会的融合和人心的融合。这一阶段，更需要三地政府紧密配合，根据大桥通行需要，调整相关政策，在通关政策突破、产业政策开放、社会管理体系衔接等方面，共同向上级争取先行先试。向改革要动力，最大限度地发挥大桥的促进作用，推进珠港澳合作取得成果，为港澳地区的繁荣发展做出新的贡献。

3. 发挥理论引导作用

关于如何发挥港珠澳大桥这一世纪工程的作用，学术界已经有相当多自发的研究，也形成不少理论成果。建议三地政府及时公布相关信息，更多地听取理论界的对策建议，使学术界的研究更加对症和务实。并通过举办珠港澳论坛等方式，对于发挥港珠澳大桥作用，推进珠港澳深度合作的阶段性目标和方向路径，开展理论探讨和展望。发挥理论先行的引领作用，集思广益，为珠港澳三地的发展以及合作提供思路和可行性建议。此外还应加强新闻媒体合作，提高港澳居民对内地尤其是珠海和珠江口西岸城市的了解和认识，形成整体区域理念，缩短三地居民的心理差距，为大桥贯通做好充分的准备，降低矛盾和摩擦产生的可能性。

（二）推动产业良性互动，形成整体发展格局

产业经济发展有其自发性，但是由于邻近区域的优势重叠，容易引发同质竞争。尤其是在与港澳特区合作时更应引起重视和注意，争取通过政府之间的沟通合作和行业协会的引导，引导产业错位发展，合理安排产业链，形成区域性龙头产业，联合推广和招商，在全球竞争中赢得一席之地。

1. 打造区域龙头产业

（1）旅游和商贸：港珠澳大桥对于产业合作的带动作用，比较突出的是旅游和商贸，其次是物流和会展业。港珠澳大桥本身就是一个旅游项目，建设设计时就规划了东人工岛为观景点，而且目前三地均重视发展桥头经济，在口岸区规划建设商贸区域。大桥的贯通对于三地的人流物流是非常大的促进，三地对于旅游和商贸业的发展，需要的是考量和提高本地的接待能力，对于香港，需要积极调整本地的土地开发政策和产业发展政策，回归平稳、有序、亲民、可信的良好旅游氛围，不要错失港珠澳大桥机遇，且以此为契机，拓展接待能力，有步骤有计划地发展旅游和商贸业。对于珠海和澳门，要在当前良好的旅游产业发展基础上，加强联动发展和营销，推广国际化的旅游龙头产品，延伸产业链条，提升整体旅游品牌。

（2）物流和会展：港珠澳大桥的通行使港澳车辆可以直达珠海的高栏

港和机场，并延伸到珠江口西岸乃至更广阔的地区，从长远看，必将推动物流业的大联通和大发展。目前的产业合作重点在于如何发挥香港的国际航运中心作用，与珠海做到江河联动、空港联运，避免同质竞争，错位、联合发展。与此同时，积极发挥港澳会展优势，争取政策突破，以联合办展、巡回办展、配套办展等形式，利用大桥对国内国际两大市场的特殊效应，共同做大做强区域性的会展产业，形成产业效应。

2.加强新兴产业合作

为应对上海和深圳的挑战，香港曾提出发展六大新兴产业，而澳门近年来则一直由政府层面在推动产业多元化。未来港澳与内地的合作，可以因应国际经济发展潮流，结合港澳各自优势，以珠江口西岸城市为依托，着力向科技产业化和专业服务引进以及为内地企业"走出去"服务三个方向发展。未来经济的发展，在于高科技、电子商务和资本运作三方面。澳门面积有限、人才匮乏，不利于发展制造业和专业服务，但资金积累雄厚，可在电子商务方面加强与香港和珠海合作，谋求在这一领域有所突破。香港经过近十年来的人才引进，已经拥有一支高素质的专业人士，可以结合澳门的资本积累，发挥自身财团优势，着力开展科技研发，依靠珠江口西岸地区广大腹地，在珠海、中山、江门等地建立科技产业园，实现国际领先科技的产业化，联手发展高新技术产业。作为中国面向国际的桥头堡，香港专业界对于国际规则了解掌握较多，随着服务贸易自由化的全面开展，香港的专业技术人才可以在珠海横琴开设办事处，为国内企业"走出去"并购提供专业咨询服务、解决相关技术难题。

3.率先形成统一市场

随着我国经济改革的深入推进，自由贸易区建设是大势所趋。珠海可积极利用与港澳两地紧密连接的优势，以自由贸易园区申报为起点，推动政策辐射和扩大到整个珠海，使珠海成为关口后移的自由贸易场所，在珠港澳三地率先形成区域性的统一市场。组建涵盖三地的"珠港澳经济合作区"，以珠港澳共建"国际商务区"为定位，在资源整合、优势互补的前提下，实行产业布局的同城规划。按照整体理念，设计产业布局，明确产业发展方向和各自分工，联合推广和招商，追求整体利益最大化，推动产业合作向三方共赢方向发展，打造港珠澳区域的产业高地。

（三）加强社会管理合作，建设粤港澳核心合作圈

珠港澳三地政府互动的落脚点在于社会管理层面的合作和提高。港珠澳大桥贯通为珠港澳区域先行先试、打造粤港澳核心合作圈创造了良好条件。交通方面的贯通将带动三地人流的密切往来，异地工作和居留将逐步达到一定规模。这也对不同社会制度下的社会管理提出新的挑战，必将推动珠港澳三地的社会管理逐步走向相容和趋同。

1. 实现交通管理的跨境衔接

港珠澳大桥通行对社会管理方面的促进，首先是三地间的交通、保险、气象、消防、应急等方面的密切配合和衔接。港珠澳大桥作为连接香港、澳门与内地的陆路通道这一事实已经形成，通过这一通道实现私家车的自由流动势在必行。港珠澳三地政府可在这一大方向下，通过境外单牌车进入横琴岛等试点工作积累经验，逐步探索，推动交通管理规定方面的率先融合。

2. 推动民生福利的跨境延伸

港珠澳大桥的贯通将促进三地的异地务工人员达到一定规模，首先，建议香港和澳门关注本地外劳的社会福利，维护社会稳定。其次，建议澳门也逐步放开人才引进政策，为本地经济社会发展留住高端人才，维持本地经济可持续发展。最后，建议港澳两地出台相应政策，鼓励和引导青年人前往内地创业和居住，解决青年人出路问题，缓解社会压力。另外，珠江口西岸以及粤北地区可以为饱受土地资源匮乏的港澳居民提供良好的居住、养老空间。但需要香港和澳门推动自身福利政策辐射到珠江口西岸城市，对在该区域工作、居住、养老的本地居民及子女提供与港澳同样的医疗、教育等福利待遇，实现三地社会福利同区化。

3. 建立与国际接轨的社会管理体系

香港和澳门在社会管理方面有不少先进的地方值得国内学习和借鉴。目

前，珠海横琴已经试点建立与国际接轨的社会管理体制，打造适合自由贸易区经济体系的社会管理体系。珠海市区在社区管理和义工服务方面积极引进香港的做法，在环保产品应用方面也在国内走在前端。可以进一步利用珠海的较大市立法权，继续推进社会管理体制改革向纵深发展，率先在珠港澳地区建立与国际接轨的行政管理、社会管理、司法体系，促进珠港澳区域深度合作。

参考文献

柳智毅、苏振辉、周平等：《港珠澳大桥对澳门经济发展的影响》，澳门经济学会，2012。

珠海市发展和改革局：《港珠澳大桥通车后珠中江面临发展机遇专家论证会资料汇编》，2013 年 7 月。

港珠澳大桥建设对珠澳服务业的影响研究*

——以旅游业和房地产业发展为例

张华伟　杨少华

港珠澳大桥建设是中国桥梁建设的百年工程，总投资达千亿元，工期6年，按6车道高速公路标准设计。大桥预计2016年年底建成，将彻底改变珠澳交通格局，港澳珠中四地将进入一体化发展阶段，从香港到澳门、珠海将由现在的3小时缩减为30分钟，原海路到香港1小时的水路通道可能不复存在。而且大桥将使珠江口东西两岸的交通更加便捷，港澳完全融入珠三角经济圈，对维护港澳长期的繁荣与稳定有着重要的长远意义。本文从宏观与微观角度研究大桥对珠澳服务业的若干影响，提出相应对策建议。

一　大桥对珠澳旅游业的影响分析

（一）理论依据——建立旅游人次与交通距离之间的回归模型

按照商品供需关系，旅游需求与旅游价格成反比关系，旅游价格越高，旅游需求越小。而旅游价格又直接与客源地与旅游地之间的距离相关，旅游目的地越远，旅游价格越高，旅游需求越低，旅游需求与距离成反比关系。按照上述四个影响因素，借用用于客流分析的引力模式的原理，某一客源地

* 本文为2014~2016年广东省社科基金项目阶段性成果"港珠澳大桥对珠海产业发展的影响分析与对策研究"（GD14CT&01）和"港珠澳大桥对港澳与珠江区域经济协同发展的影响研究"（GD14XT&01），项目负责人：张华伟博士、王越教授，本项目系暨南大学国际商学院联合研究。研究人员：张华伟、杨少华、王越、段科锋、殷旭东、吴伟东。

对某一旅游地的旅游需求也即旅游供给可表达为：

$$D = K \cdot \frac{I \cdot P}{d^2}$$

其中，I 表示地区人均收入水平；D 表示对某一旅游地的旅游需求；d 表示旅游地与客源地之间的距离；K 表示旅游地质量等级；P 表示客源地人口数量。这个关系表达了多个客源地对任何一个旅游地的总的旅游输出，这个需求量就是该旅游地可能的最大市场规模。

旅游需求模式清楚地表明一些邻近大城市区的普通旅游资源的开发可以获得良好的经济效益，而一些更高质量的旅游资源，由于远离客源中心，开发后效益不佳。

根据上式中旅游人次和交通距离之间的关系，本章先对公式两边取对数，将非线性模型转化为线性回归模型。实际操作 EViews 时，设变量 y 表示各地区前往澳门的旅游人次，x_1 表示各地区总人口，x_2 表示各地区人均 GDP，x_3 表示各地区与澳门之间的交通距离。数据来自澳门统计暨普查局，本文使用 2011 年内地 21 个地区和香港地区数据，对旅游人次和人均 GDP、总人口、交通距离作回归分析。回归结果如图 1 所示，回归模型如下。

因变量
方法:最小平方
校本(已调整)
包含的观测 22 已校正

变量	系数	标准误差	t-统计量	试验
C	7.211551	4.041472	1.784387	0.0912
LOG(X1)	0.449099	0.178050	2.522314	0.0213
LOG(X2)	0.803909	0.240717	3.339640	0.0036
LOG(X3)	-0.973138	0.102867	-9.460182	0.0000
R 的平方指数	0.892350	因变量均值	12.82305	
已调整的 R 的平方指数	0.874408	因变量标准差	1.123515	
残差平方和	2.853599	施瓦茨准则	1.357423	
对数似然值	-8.749572	汉南·奎因准则	1.205782	
F-统计量	49.73596	沃森统计量	1.798325	
试验(F-统计量)	0.000000			

图 1　回归模型

$$LOG(Y) = 7.21 + 0.449 \cdot LOG(X1) + 0.804 \cdot LOG(X2) - 0.487 \cdot 2 \cdot LOG(X3)$$
$$(1.79) \quad (2.52) \quad (3.34) \quad (-9.46)$$
$$R^2 = 0.91, \qquad S.E = 0.39$$

回归模型显示：校正的 $Y1$、$Y2$，…，Yn，是 0.874408，表明模型中的变量解释了 Y 中 87% 的变动，这是一个比较好的结果。F 统计量 = 49.73596 > y_1、y_2，…，Yn，y_1、y_2 表明总体回归方程是显著的。D – W 值为 1.79 说明残差项有某种程度的正自相关。方程的回归标准误差 S.E 是 0.39，本案中 Akaike info critrerion（AIC 信息准则）为 1.159，取值较小说明模型很好，是比较理想的模型。本案例也做出了该回归的拟合与残差结果，拟合残差都在 0 左右波动，该模型的拟合效果较好。模型显示，旅游人次与各地区总人口和各地区人均地区生产总值成正比，与各地区与澳门的距离呈反向相关，距离澳门越远的地区前往澳门的旅客越少。

（二）澳门和珠海旅客人次和旅游收入预测分析

1. 理论基础——指数平滑预测模型

指数平滑法是在移动平均法基础上发展而来的一种时间序列分析预测法，它是通过计算指数平滑值，配合一定的时间序列预测模型，对现象的未来进行预测。它既可用于市场趋势变动预测，也可用于市场季节变动预测。在市场趋势变动预测中，一次指数平滑法，是指根据本期观察和上期一次指数平滑值，计算其加权平均值，并将其作为下期预测值的方法。它比较适用于各期数据大体呈水平趋势变动的时间序列的分析预测，并且能向下做一期预测。平滑公式和预测模型：

设时间序列各期观察值为 $Y1$、$Y2$，…，Yn，则一次指数平滑公式为

$$S_t^{(1)} = \alpha Y_t + (1 - \alpha)S_{t-1}^{(1)} \qquad (1)$$

其中，

$$\hat{Y}_{t+1} = S_t^{(1)}$$

所以

$$
\begin{aligned}
\hat{Y}_{t+1} &= \alpha Y_t + (1-\alpha)S_{t-1}^{(1)} \\
&= \alpha Y_t + (1-\alpha)\left[\alpha Y_{t-1} + (1-\alpha)S_{t-2}^{(1)}\right] \\
&= \alpha Y_t + \alpha(1-\alpha)Y_{t-1} + \cdots + \alpha(1-\alpha)^{t-1}Y_1 + (1-\alpha)^t S_0^{(1)} \\
&= \alpha \sum_{j=0}^{t-1}(1-\alpha)^j Y_{t-j} + (1-\alpha)^t S_0^{(1)}
\end{aligned}
\tag{2}
$$

由于 $0<\alpha<1$，当 $t\to\infty$ 时，$(1-\alpha)^t\to0$，于是将（2）式改写为

$$
\hat{Y}_{t+1} = \alpha \sum_{j=0}^{\infty}(1-\alpha)^j Y_{t-j}
\tag{3}
$$

由于 $\alpha\sum_{j=0}^{t-1}(1-\alpha)^j=1$，各期权数由近及远依指数规律变化，且又具有平滑数据功能，指数平滑法由此而得名。平滑系数 α 反映了历史各期数据对预测值影响作用大小。α 值越大，各期历史数据的影响作用由近及远越迅速衰减，α 值越小，各期历史数据的影响作用由近及远越缓慢减弱。

由（3）推知 $\hat{Y}_t=S_{t-1}^{(1)}$，则有：

$$
\hat{Y}_{t+1} = \alpha Y_t + (1-\alpha)\hat{Y}_t
\tag{4}
$$

或者
$$
\hat{Y}_{t+1} = \hat{Y}_t + \alpha(Y_t-\hat{Y}_t)
\tag{5}
$$

从式（5）可以看出，第 $t+1$ 期的预测值等于第 t 期的观察值与预测值的加权平均数。α 值的大小反映了第 t 期观察值和预测值在第 $t+1$ 期预测值中所占的比重。α 值越大，第 t 期的观察值所占比重越大，同期的预测值所占比重越小，反之亦然。换言之，α 值的大小，体现了预测模型对时间序列实际观察值的反应速度。α 值越大，预测模型灵敏度越高，越能跟上实际观察值的变化。

第 $t+1$ 期的预测值等于第 t 期的预测值加上该期的修正预测误差。α 值决定修正预测误差的幅度。α 值越大，修正幅度越大；α 值越小，修正幅度越小。在实际应用中，对于特定的时间序列，往往同时选用 n 个不同的 α 值进行试算，最终选择使均方误差（MSE）较小的那个 α 值用于预测。选择初始值是时间序列 $t=0$ 以前所有历史数据的加权平均值。实际计算中，初始值确定仅是最初一期，本文中以第一期的观察值作为初始值。

2. 一次指数平滑法澳门和珠海旅客人次、旅游收入以及澳门博彩收入的预测

由于观察澳门历史数据趋势线均呈现出了线性上升趋势，可采用二次指数平滑法来预测旅游相关指标需求量。根据 SSE 和 RMSE 最小时所确定的 α 值进行建模预测。确定的最优平滑参数 α。通过对 2004～2012 年珠澳旅客人次变动发现，9 年来，旅客人次表现出递增趋势，使用一次指数平滑法对澳门和珠海的旅客人次进行预测得到：

本案根据 2004～2012 年官方数据观察澳门旅游收入的趋势图 2 中，历史数据趋势线均呈现出了线性上升趋势，因此采用一次指数平滑法来预测旅游人次和旅游收入。根据 SSE 和 RMSE 最小时所确定的 α 值进行建模预测。确定最优平滑参数 α，预测结果如表 1、表 2 所示。

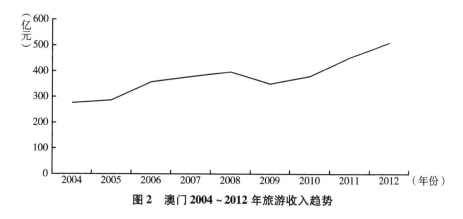

图 2　澳门 2004～2012 年旅游收入趋势

日期:10/06/13 时间:16:26
样本:2004～2012
包含的观测
方法:霍尔特－温特斯　季节性预测模型
原始系列
预测系列

参数:阿尔法	1.0000
贝塔	0.0000
误差平方和	10294.49
均方根差	33.82059
平均值	508.0087
路威龙时期的结尾:走势	31.06280

图 3　预测统计量结果显示

表 1　澳门旅游收入

单位：亿澳门元

年份	预测值$\hat{y}_i$	实际值y_i	预测误差$\dfrac{|y_i - \hat{y}_i|}{y_i}$
2004	272. 26	272. 26	0. 00
2005	303. 33	284. 97	0. 06
2006	316. 03	354. 64	0. 11
2007	385. 70	379. 57	0. 02
2008	410. 63	396. 51	0. 04
2009	427. 58	351. 52	0. 22
2010	382. 59	378. 97	0. 01
2011	410. 04	453. 36	0. 10
2012	484. 42	508. 01	0. 05

表 2　2013～2020 年澳门旅游收入预测值

单位：亿澳门元

2013	2014	2015	2016	2017	2018	2019	2020
539. 07	570. 13	601. 2	632. 26	663. 32	694. 39	725. 45	756. 51

　　观察珠海市旅游收入的趋势图 4，历史数据趋势线均呈现出了线性上升趋势，宜采用二次指数平滑法来预测旅游需求量。根据 SSE 和 RMSE 最小时所确定的 α 值进行建模预测，确定的最优平滑参数 α。

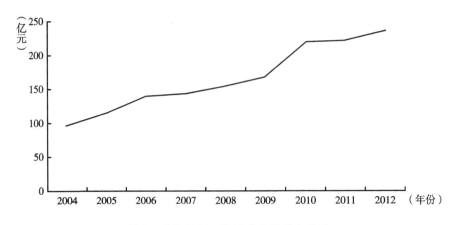

图 4　珠海 2004～2012 年旅游收入趋势

预测结果如表 3、表 4 所示。

表 3　珠海旅游收入预测结果

单位：亿元

年份	预测值 $\hat{y_i}$	实际值 y_i	预测误差 $\dfrac{|y_i - \hat{y_i}|}{y_i}$
2004	98.31	98.31	0.00
2005	112.50	116.00	0.03
2006	127.74	139.02	0.08
2007	145.84	144.88	0.01
2008	161.96	155.08	0.04
2009	176.17	168.84	0.04
2010	189.20	219.34	0.14
2011	212.38	222.83	0.05
2012	234.16	235.83	0.01

表 4　2013～2020 年珠海旅游收入预测

单位：亿元

2013 年	2014 年	2015 年	2016 年	2017 年	2018 年	2019 年	2020 年
254.89	275.36	295.83	316.3	336.77	357.24	377.72	398.19

　　澳门旅游博彩业所获收入占其总收益的三成，其下游相关产业也为其收入增长获得更高来源，预期随着港珠澳大桥的推进，澳门旅游业的发展将带来更大的发展机遇，博彩业带动休闲和相关商贸服务业等的繁荣，为特区政府创造多元化的收入。

表 5　2001～2012 年澳门博彩毛收入实际值

单位：亿澳门元，%

年份	博彩毛收入	本地生产总值	博彩收入占 GDP 比重
2001	195.41	523.32	37.3
2002	234.96	562.99	41.7
2003	303.15	635.79	47.7
2004	435.11	822.94	52.9
2005	471.34	944.71	49.9
2006	575.21	1165.71	49.3
2007	838.47	1450.85	57.8
2008	1098.26	1662.65	66.1

续表

年份	博彩毛收入	本地生产总值	博彩收入占 GDP 比重
2009	1203. 83	1701. 71	70. 7
2010	1895. 88	2269. 41	83. 5
2011	2690. 58	2950. 46	91. 2
2012	3052. 35	3482. 16	87. 7

资料来源：《澳门统计年鉴.2012》。

用一次指数平滑法预测 2014 ~ 2020 年澳门博彩收入如表 6 所示。

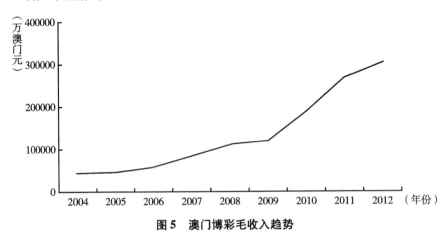

图 5　澳门博彩毛收入趋势

澳门博彩毛收入一次指数平滑预测结果如表 6、表 7 所示。

表 6　澳门博彩毛收入（亿澳门元）预测结果

年份	预测值$\hat{y_i}$	实际值 y_i	预测误差 $\dfrac{\mid y_i - \hat{y_i}\mid}{y_i}$
2004	435. 11	435. 11	0. 00
2005	600. 90	471. 34	0. 27
2006	574. 94	575. 21	0. 00
2007	678. 95	838. 47	0. 19
2008	1018. 77	1098. 26	0. 07
2009	1316. 72	1203. 83	0. 09
2010	1368. 10	1895. 88	0. 28
2011	2313. 48	2690. 58	0. 14
2012	3289. 19	3052. 35	0. 08

表7 2013~2020年澳门博彩毛收入预测

单位：亿澳门元

2013 年	2014 年	2015 年	2016 年	2017 年	2018 年	2019 年	2020 年
3537. 27	4022. 2	4507. 13	4992. 05	5476. 98	5961. 90	6446. 83	6931. 75

3. 运用回归模型预测法对澳门和珠海旅游人次、旅游收入预测

本文采用线性回归分析模型，分析港珠澳大桥建成对珠海和澳门旅游收入的影响。影响旅游收入的因素包括旅游景观资质、星级酒店服务水平、交通可达便利程度、地区生产总值等各个方面，并且这些因素复杂多变，在计量经济学的预测方法中，不可能面面俱到，把每个因素都考虑进去。

分别选取 GDP、RC（旅客人次）为解释变量，选旅游收入（Y）为被解释变量，分别对澳门和珠海建立不同的预测方程，并对预测结果进行检验，最终确定合理有效的方程进行预测。以旅客人次（rc）作为解释变量进行回归预测，其预测方程形式如下：

$$Y_i = c + \alpha \cdot rc + \mu_i$$

了解各解释变量和被解释变量之间的关系，通常是通过散点图来观察变量之间是否呈线性关系。由于使用的预测方法是样本外预测，在对旅游收入进行预测之前，要测出 2013~2020 年各年旅客人次指标的具体情况。本文使用一次指数平滑法对旅客人次指标展开预测，如表 8 所示。

表8 2013~2020年珠澳旅客人次预测

单位：万人次

时间	2013	2014	2015	2016	2017	2018	2019	2020
澳门	3075. 89	3232. 41	3388. 92	3545. 44	3701. 95	3858. 46	4014. 98	4171. 49
珠海	459. 48	465. 96	472. 44	478. 92	485. 40	491. 88	498. 36	504. 85

作旅游收入与游客人次的散点图，图 6 显示了澳门旅游收入与旅客人次的散点图，可以看出各变量和解释变量间具有很强的线性正向关系，因而可以建立回归方程进行预测。对澳门的旅游收入与入境旅客人次之间进行回归

分析，观察澳门旅游收入和旅游人次之间的散点图关系，见图6，可看出他们之间呈线性正相关关系。

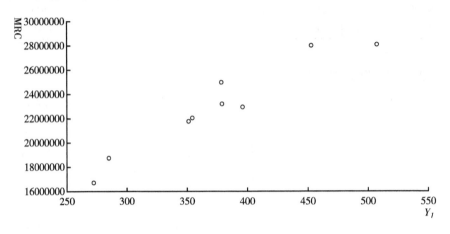

图6　澳门旅游收入与旅客人次散点图

以旅客人次为解释变量进行回归预测，其预测方程如下：

$$Y_i = 1.64 * MRC$$

根据时间序列模型对澳门旅客人次的预测，采用回归模型对澳门旅游收入进行预测得到澳门2013~2020年的旅游收入预测值，如表9所示。

表9　2013~2020年澳门旅游收入预测

单位：亿澳门元

2013年	2014年	2015年	2016年	2017年	2018年	2019年	2020年
505.53	531.26	556.98	582.71	608.43	634.15	659.88	685.60

同样步骤对珠海旅游收入的回归模型进行预测：

$$LOG(Y_2) = 1.59970175749 * LOG(ZRC) - 0.328350308768 * LOG(ZWH)$$

以旅客人次和旅游外汇收入为解释变量进行回归预测，其预测方程如表10所示。

表 10　珠海游客人次和旅游外汇收入预测值

单位：万人，万元

年份	2013	2014	2015	2016	2017	2018	2019	2020
旅客人次	424.67	411.16	397.65	384.14	370.63	357.12	343.61	330.1
外汇收入	648238.2	696507.2	744776.2	793045.2	841314.2	889583.2	937852.2	986121.2

珠海旅游收入预测结果如表 11 所示。

表 11　2013～2020 年珠海旅游收入预测

单位：亿元

年份	2013	2014	2015	2016	2017	2018	2019	2020
旅游收入	224.2	223.9	223.9	224.2	224.6	225.3	226.1	227.1

4. 指数平滑法和回归预测模型法两种预测结果对比分析

相对比表 12 和表 13 的预测结果，可看出不同的预测方法，各年的预测值很接近，这在一定程度上相互印证了两种预测方法的科学性。指数平滑法适用于各期数据大体呈水平趋势变动的时间序列的分析预测；回归预测法是依据已有的样本数据，探索被解释变量和解释变量之间的数量关系和发展趋势，以此趋势的延续来判断指标未来变化情况，能解释经济指标变动引起的数量关系变化，因此，本文选取回归模型预测结果更接近指标实际目标。

表 12　珠海旅游收入预测对比

单位：亿元

年份	回归预测结果	一次指数预测	实际值
2004	90.71	98.31	98.31
2005	116.40	112.50	116.00
2006	141.63	127.74	139.02
2007	155.51	145.84	144.88
2008	170.15	161.96	155.08
2009	184.60	176.17	168.84

续表

年份	回归预测结果	一次指数预测	实际值
2010	198.70	189.20	219.34
2011	213.75	212.38	222.83
2012	223.17	234.16	235.83
2013	224.16	254.89	
2014	223.89	275.36	
2015	223.91	295.83	
2016	224.18	316.30	
2017	224.65	336.77	
2018	225.30	357.24	
2019	226.11	377.72	
2020	227.06	398.19	

表 13　澳门旅游收入预测对比

单位：亿澳门元

年份	回归预测法预测值	指数预测法预测值	实际值
2004	274.02	272.26	272.26
2005	299.74	303.33	284.97
2006	325.47	316.03	354.64
2007	351.19	385.70	379.57
2008	376.92	410.63	396.51
2009	402.64	427.58	351.52
2010	428.36	382.59	378.97
2011	454.09	410.04	453.36
2012	479.81	484.42	508.01
2013	505.53	539.07	
2014	531.26	570.13	
2015	556.98	601.20	
201	582.71	632.26	
2017	608.43	663.32	
2018	634.15	694.39	
2019	659.88	725.45	
2020	685.60	756.51	

二 港珠澳大桥对珠澳房地产业的影响

面对珠江西岸相对低廉的物价、劳动力和土地成本，港澳互补的产业结构将吸引更多的港澳资本来珠海投资，大桥与珠澳直接连通，将进一步拓展珠西经济发展的空间和人员来往的便利性。大桥建成后，三地将跨境连接，对珠澳房地产业的影响带来可观的变化，这对珠三角经济一体化进程起到重要的推动作用。

从港珠澳大桥效益对珠海影响的总体情况看，预计港珠澳大桥建设对珠海影响最直接的产业有 5 个，分别是房地产业、旅游休闲业、商务服务业、酒店业和物流业。港澳与珠海在经济上具有差异性和互补性，珠海要抓住机遇，搞好配套，积极引进相关企业，努力实现"商贸业突破、会展业提升、金融业创新、文化服务业支撑、旅游业扩充"，建设区域性服务中心，辐射珠江口西岸，成为珠江口西岸真正意义上的区域核心城市。这对房地产业的影响预计如下。

（一）港珠澳大桥将改变珠海的区域交通格局和城市发展空间

港珠澳大桥将彻底把珠海从一个边缘性城市真正地放到了区域核心城市的战略发展位置上。可提升珠海交通枢纽地位，为交通基础设施建设提供重大机遇，提升现有交通基础设施的功能，加快产业结构的升级和聚集，形成新的产业园区，还将改变珠海的城市空间布局，城市组团将沿港珠澳大桥连接线分布发展，为房地产业将带来新的变化。

产业的集聚将培育出更多新型的产业园区。例如，航空产业园、平沙游艇与休闲旅游区、横琴新区等。香洲核心城区是港珠澳大桥的西落脚点，地缘优势使其成为承接香港高端服务业转移的最前沿地区，成为旅游业、房地产业、现代物流业、金融业、专业服务业与中介服务业的首要承载空间。

与此同时，港珠澳大桥的建成将促使珠海城市发展战略空间向沿海分布。改变目前香洲区内向型发展的空间态势。城市空间向沿海、沿河地区集聚，形成滨海、滨河的开放型发展。未来，珠海城市重要的功能组团都将沿着港珠澳大桥的连接线发展，例如拱前吉商贸中心、十字门 CBD 和西部中心城区等。

大桥的建设，拉近了中心城市与周围次中心城市的距离，珠海市将分享港澳房地产业的溢出效应，发挥珠海的环境优势，土地和房产市场发展空间广阔：市区土地将产生更高的使用价值；唐家湾地区、南湾地区具备更大的升值潜力。政府必须有计划地做好土地储备工作，有计划地放开房地产市场。

（二）港珠澳大桥促使交通的便利性，珠海房地产产品将走向多元化

随着港珠澳大桥建设的推进，珠海交通更加便利，会吸引港澳同胞在珠海购房，也会吸引越来越多的其他内地人在珠海购房。主要是因为往返港澳便利，而珠澳作为中转站，这使很多人萌发在珠海落脚的想法，加上珠海优越的居住环境，选择在珠海买房也就是自然而然的事了。人们想在工作过后有个舒服的休息环境，加上港澳人士拥有较高的购买力，所以海景项目、高质量公寓将会是他们的首选。

（三）珠海楼市将继续看涨

楼市的兴旺或是楼价的涨跌，都与政府的金融信贷政策有着千丝万缕的关系。受《珠江三角洲地区改革发展规划纲要（2008～2020年）》和《横琴总体发展规划》影响，珠海无疑是利好最多、受惠最直接的城市。3000 亿元重大项目建设资金，影响珠海未来城市格局的广珠轻轨、广珠铁路、港珠澳大桥业已启动或将建成，刺激已在眼前，远景当然可期。这些实实在在的利好支撑，无论 2010 年经济政策由积极转向中性，或者稳健，宽松的货币政策适度收紧，房地产信贷政策减少或取消利率、成数优惠，即使未来楼市存在变量，但珠海楼市越来越好的趋势不会变。三地房价对比如表 14～表 16 所示。

表 14 香港私人住宅单位价格（按实用面积计算）

单位：港元/平方米

地 段＼时间(年)	2000	2005	2010
香港岛	41982	46333	83332
九龙	31800	36061	64697
新界	31546	32129	47239

资料来源：香港房屋委员会。

表 15 澳门私人住宅单位价格（按实用面积计算）

单位：澳门元/平方米

地 段＼时间	全澳	澳门半岛	氹仔	路环
2004 年	8259	7605	9733	8534
2005 年	11621	9770	15615	14287
2006 年	13881	13278	15724	14018
2007 年	20729	18740	25147	15707
2008 年	23316	21815	27904	20527
2009 年	23235	22803	24681	18360
2010 年	31016	28340	33278	60769

资料来源：澳门统计暨普查局；楼宇单位买卖。

表 16 珠海市商品房住宅单位价格（按建筑面积计算）

单位：元/平方米

时 间＼地 段	香洲区	斗门区	金湾	唐家湾
2006 年	5500	1500	1600	3000
2007 年	6100	1800	2000	3800
2008 年	8400	2000	2500	5000
2009 年	9500	2900	3000	6500
2010 年	12800	3300	3700	7500
2011 年	14500	4600	4900	8000
2012 年	18000	5800	6000	11000
2013 年	21000	7200	7100	15000

资料来源：珠海市房产网数据汇总而得。

从表 14～表 16 可看出，珠海房价远低于港澳，预计大桥对珠海房价变化有以下推动。

（四）港珠澳大桥通车后珠海房价与澳门、香港有联系，珠海房价与外围经济相联系

预计来自港澳，广州，深圳等投资客的数量会明显增加，这意味着珠海房地产外地客所占的比重会越来越大。但珠海要考虑到大桥带来城市格局的变化，城市发展要跟得上区位的变化速度，如基础设施尤其是市内交通完善等要跟上，否则对珠海的影响周期是有限的。"不同的利好因素"对房价影响的时间周期，范围和强度都有差别，大桥对珠海房价的影响周期也许会更长，广珠轻轨、横琴开发等也影响楼市，这是一个长时间才能反映的过程，而不是在一个时间段全部体现出来。

（五）北方投资客购房欲望有可能增加，他们自住、投资或度假

预计房价升值空间加大，但珠海房价不会飞涨，因为目前供需不平衡，房价立足于经济的根本，只有 GDP 增长，才能真正引发房价增长，而珠海的 GDP 已过 1000 多亿元，消费相比房价不旺，一般当供需之比达到 5.5：4.5 的时候，才会有量价的明显变化，现在还没有出现这种平衡。此外，房价还与成交量互相影响，有着不可分割的关系。可见，大桥与房价飞涨之间并没有必然的联系，它是一个复合增长的结果。大桥应促使珠海提升经济，稳定经济，引致房价有一个稳步上升的过程，基础设施稳步完善，单靠大桥拉动房价与经济，是不现实与明智的。发展城市要有社会责任感。因为城市的格局、基建、产业等的变化对房价有间接的影响。大桥促使珠海以更高的思维去谋划区域发展，要与港澳在产业、交通、口岸、商流和物流等方面对接，预计未来珠海楼市会有较大幅度的变化，将持续稳定下去，珠海要以经济的快速发展，谋划楼市的长期稳定增长。

（六）商务楼宇经济的经济总量将会扩大

珠海主城区开发利用的空地越来越少，商务楼宇经济具有集约利用土地和资源，产出效益大，实现税收高的特点，变平面发展为立体发展，放大了

有限资源下的财富聚集效应。建立 2～3 个商务中心，重点放在珠海与澳门邻近区域。一些楼宇作为"高新技术孵化器"，推动了当地高新产业和现代服务业的发展。据测算，一座商务楼宇带来的全部收益中，约有 94% 的现金流全部产生于办公过程，即商务楼宇不仅在出售或出租过程中可以产生价值，在使用过程中同样也可创造经济效益，因此，被誉为"站着的开发区""垂直的金融商业街"。在未来大桥经济效益下，发展商务楼宇经济将会给珠海带来可观经济收益。

三　研究结论

（一）总体预计

港珠澳大桥建设将改变珠江西岸地区的区位条件，促进人流、物流的流动，降低产品和要素的移动成本，有望带来资源重组、要素流动、市场扩张、横琴产业合作与集聚等一系列有利于区域发展的积极影响，为西岸经济提供新的发展动力。目前，珠海与澳门在经济和城市发展水平上还存在一定差距，促使人口和产业等要素不定期在区域间的流动需求。预计大桥建设将推进两地的互动向多领域和深层次合作，促进各自产业结构调整、优化产业和城镇的空间布局结构，对区域经济发展产生深远影响。

大桥对产业结构调整及其空间布局也会影响横琴发展、预计建成后，港珠澳的联系更加紧密，珠海的区域地位将逐步提高；随着珠海经济较快增长和产业结构的调整优化，资本和产业必将向周边地区外溢扩散，而在土地、能源、水资源以及移民文化和人才多元化等方面具有明显的优势，加上区位和交通运输条件的改善，珠海将成为港澳服务业理想的产业转移地。在大桥的联系下，通过接受产业转移，吸引一批重点服务业项目落户珠海，利用、借鉴港澳的资金、技术和经营理念，完善自身的产业体系。城市消费型产业向大桥沿线集中的格局将更加明显。

（二）旅游业对策

大桥建成后，将同时带来旅游收入的增加和旅游业结构的调整。从上述计算可以预计以下方面。

1. 从游客结构上看

澳门旅游业自身具有较好的发展前景和较高的增长速度，澳门地理位置独特，拥有大陆这个庞大的潜在客源地，港珠澳大桥的建成将起到锦上添花的作用，交通便利性刺激澳门旅游业大发展，大批内地旅客和香港旅客通过陆路去往澳门旅游，大大带动澳门旅游业发展，为澳门经济提供更多就业机会，促进澳门基础设施建设和经济适度多元化发展。澳门的不足也正是横琴的优势所在，但两地的优势与劣势能否互补面临协调和整合的问题。澳门如何向世界级休闲旅游方向发展，强化旅游设施，开发更多的旅游休闲项目，吸引更多的游客，留住更多的过夜客，是澳门旅游业界需要解决的重要问题之一。

2. 从旅游收入变动上看

随着博彩经营权更加开放、内地"自由行"政策及 CEPA 协议的深入，澳门旅游博彩收入在财政收入中所占比重不断上升，支撑了澳门以"旅游博彩业为龙头"的经济定位，预计港珠澳大桥将促使澳门旅游人数快速增长，旅游内涵也由博彩旅游为主向具备文化、休闲、娱乐、商务会展等综合发展的旅游内涵转变，反映出澳门旅游业的较强的可持续发展能力和不断扩展的市场空间和消费能力的较快增长。作为港珠澳大桥的直接受益者，澳门旅游业格局将发生一定调整。作为东西方文化交融的国际都市，澳门要结合本土文化和葡国文化，也要发展多元化旅游模式，如充分开发会展旅游，文化旅游和美食与特色景点等旅游，与珠海、香港开展区域旅游合作，打造"玩乐港澳、食宿珠海"的区域旅游模式。随着港珠澳大桥建设，必将吸引大批海内外投资人士前往珠澳考察商机。那么珠澳可以着重开发商务旅游产品，满足商务人士的旅游需求。

3. 从珠澳旅游业发展趋势看

珠海生态环境优美，山水相间，陆岛相望，气候宜人，人居环境好。

2012 年接待入境旅游人数 438 万人次，增长 0.7%。珠海已成为国内外著名的旅游城市，发展潜力巨大。大桥建成后，珠澳进入香港旅游圈范畴之内，可以吸引外国游客来珠海，更可以吸引内地游客经珠海前往香港和澳门。大桥建成后将成为当今世界最长的跨海大桥，其外形设计将充分考虑景观效果与观光效果，以大桥景观为主题的旅游热点将吸引大量游客；珠海浪漫之城旅游必将更具吸引力。大桥拉近珠海与香港的距离，拓宽了珠澳旅游业发展的空间区域；香港旅游业的发展，将辐射带动珠澳旅游热潮。届时，深圳、香港、澳门等城市旅游业将有效对接；澳门，入境游客中约有 90% 来自内地、香港和台湾，亚洲以外游客只占 4%。因此，港珠澳大桥将促进交通便利化和旅游市场的国际化和多元化，是建设"世界旅游休闲中心"的重要一环。未来应尽力把亚洲其他国家和欧美市场作为新的增长点，发展高端游客，旅游项目多元化，才能从真正意义上符合作为"世界旅游休闲中心"的建设定位。

（三）房地产业应对策略

1. 加大中高端商品房供应，从根本上控制房价过快上涨

供不应求是房价上涨的根本原因，遏制房价过快上涨，就必须从治本上下功夫，大量增加中当商品住房的有效供给。在政策导向上，要采取支持自住性需求，鼓励改善性需求、控制投资性需求、抑制投机性需求、保障困难性需求，大力增加各种套型商品住房和公共租赁房用地供应，提高土地供应和使用效率。在保持政策连续性和稳定性的同时，加快保障性住房和普通商品房建设，稳定市场预期，从根本上遏制房价过快上涨的势头。

2. 进一步完善住房保障制度，大力发展公共租赁房

政府除了要关注房地产市场对当地经济增长的贡献，还有重视住房的社会保障功能，这是政府管理城市的职能之一。应适当放宽租住房政策标准，降低准入门槛，把收入较低的家庭纳入廉租住房保障范围，实现"居住有其屋"。同时加快中高档商品房建设，逐渐涵盖外来购房客家庭，使珠海房产向多元化品种发展。研究和推出针对外地客的住房政策，如何限价、怎么销售、卖给谁等，在执行标准方面应逐步规范化，因住房政策控制不好则还起到扰乱市场的反面效果。扩大商品房的供应范围，对"两限房"进行规范予以推广，房产政策制定部门要考虑好这些问题以使珠海房价稳步增长。

3. 要清楚认识房地产市场的波动与房地产调控的关系

可以看出，房地产两次大的波动恰好是房地产调控政策出台最频繁或者说措施最严厉、最宽松的时期，调控政策的目标非常清晰，但是一直未能达到预期，问题在哪？如果不能够用一个逻辑很好地解释从 1998 年以来到目前为止房地产市场波动变化，就很难找到真正对症下药的政策。所以，需要深入思考房地产波动背后的规律、逻辑、原因，并利用它去制定相应的政策。虽然房地产泡沫问题远离珠海，但笔者认为泡沫初期表现为房价上涨，但不是房价上涨就一定表现为房地产泡沫。要合理区分房价的正常上涨和房地产的泡沫的界限，这些问题需要深入分析。

4. 外建战略联盟，将珠海口岸经济型城市变为经营型城市

战略联盟是指两个或两个以上企业、政府为了实现资源共享、优势互补等特定目标，通过多种方式建立较为稳定的合作关系，并在某些领域采取协同行动，从而取得"双赢"的效果。在世界经济一体化的今天，战略联盟可以提高竞争力、开拓新的市场、争取规模经济、实现资源互补、促进研究与开发。它也是资源、资金相对短缺的口岸经济型城市实现资源互补、提高城市经济竞争力的最佳发展思路之一。珠海拥有陆路口岸 6 个，具有区位优越、大桥优势、有铁路或高速、水路、航空等与境外相通，享有口岸城市的国家优惠政策，完全可以以区位、交通运输、口岸，经贸经验等有形和无形资源作为战略联盟、合作的条件，通过各种形式与国内外企业、政府结成战略联盟，成为这些企业区域总部发展的腹地。

5. 稳定珠海房价，开拓新的地产商圈，重点打造横琴金融商务服务区

利用港澳金融资源，促进金融机构进一步集聚横琴，形成金融商务圈，以澳门—珠海—中山为轴线的"一圈两线"布局，引进银行、证券、保险等外资银行入驻，逐步将横琴建设成为金融商务中心区。加快开发横琴，突出现代化新城区特色，规划高档次、高品位的金融、商贸餐饮和休闲娱乐设

施，做大城市品位的地标性建筑，形成与澳门遥相呼应的现代商业、商务、旅游休闲片区。

6. 与澳门共建横琴"国际城"，打造商业地产领域，达到财富集聚，获得规模效益

在空间维度上澳门与珠海横琴形成一个整体，参与横琴新区开发与国际竞争，外商可自由居留与从事有关业务，归属非关税地区；在时间维度上，要素驱动→投资拉动→管理创新驱动→规模效益达到财富集聚→类似自由港政策；在国际要素上以横琴为核心的澳门因素加大投资力度，达到"特区"→"特区中的特区"→城市管理模式创新→社会公共服务体系→体化→"国际城"迈进（国际化、生态化，旅游度假休闲为一体的中国具有南欧风格的宜居宜业独一无二的新城区。预计，2020 年横琴人口将达到 30 万人左右，与港澳地区实行特殊便利的通关制度。未来的横琴以占到珠海 5% 和澳门 10% 的人口，居住人口多元化，使住在这里的常住居民往来内地与港澳之间如同住在澳门一样方便，创造珠海 30% 的 GDP，40% 的服务业产值，35% 的进出口总值，第三产业增加值占地区 GNP 的比重达到 75%，达到世界发达国家以服务业为主导的中心城市水平，发展程度国际化，现代化的国际产业园区至少 3 个，成为中国名副其实的"国际城"，达到"国际化城市"的发展程度。

参考文献

刘隆亨：《促进房地产业健康发展的税收对策》，《税务研究》2011 年第 4 期。

任峰：《试论我国房价上涨的成因与对策》，《新西部》2011 年第 3 期。

涂雄苓、黄月玲：《旅游需求预测的 ARIMA 成绩季节模型构建及实证分析——以桂林市为例》，《广西财经学院学报》2011 年第 2 期。

王洁超：《我国旅游房地产发展问题再认识》，《旅游发展研究》2008 年第 1 期。

王永强、胡杭杭：《珠海与澳门酒店业竞合关系研究》，《湖北财经高等专科学校学报》2009 年第 6 期。

文彤：《城市旅游住宅地产发展研究》，《城市问题》2006 年第 9 期。

吴旗韬、张虹鸥、叶玉瑶、苏泳娴：《基于交通可达性的港珠澳大桥时空压缩效应》，《地理学报》2012 年第 6 期。

易丹辉：《数据分析与 EViews 应用》，中国人民大学出版社，2008。

袁持平：《澳门产业结构适度多元化研究》，中国社会科学出版社，2012，P166～180页。（协整检验 格兰杰因果检验 回归分析最终得出二者相关关系）

张蕾：《武广高铁客流变化分析与预测》，硕士学位论文，中南大学，2012，P5.

张晓峒：《EViews 使用指南与案例分析》，机械工业出版社，2007。

赵大英：《港珠澳大桥的客流车流量预测与功能定位》，《热带地理》2004 年第 4期。

珠海统计信息网，2012 年，文中数据来源于此网，珠海市统计局提供。

一体化视野下珠中江区域历史文化
旅游资源整合研究

易振龙　王　娜*

自改革开放以来，中国区域旅游合作从无到有，由弱到强，走过了不平凡的发展之路。经过 30 余年的实践，区域旅游合作已经在旅游业发展中扮演着越来越重要的角色。为响应国家改革发展的战略部署，2009 年 4 月，珠海、中山、江门（以下简称珠中江）三市签订《推进珠中江紧密合作框架协议》，珠中江一体化正式启动，此后，三地在政治、经济、文化等各方面的联系进一步加强。作为加强区域合作的重要组成部分，珠中江区域旅游资源也加快了整合的步伐。2009 年 5 月，三地签署了旅游合作协议书，并成立了旅游合作协调委员会，这些措施对推动三地旅游业的发展起到了积极作用。文化是旅游的灵魂，历史文化旅游是旅游产业的重要组成部分，然而，不可忽视的是，三地在对待自身历史文化旅游资源方面还存在诸多偏误。本文拟从珠中江区域一体化的角度，探讨三地历史文化旅游资源的利用与开发策略，力求有所裨益。

一　重视对珠中江历史文化旅游资源的利用和开发

当前，国家正处于全面深化改革的重要时期，经济结构面临深刻调整，实现科学发展、绿色发展既是国家对经济发展的明确要求，也是未来经济增长的重要动力。历史文化旅游产业投资效益高、对环境造成的压力相对较

---

* 易振龙，北京师范大学珠海分校政治与公民教育学院副教授；王娜，北京师范大学珠海分校外国语学院副教授。

小，能很好地将经济效益、社会效益、生态效益统一起来，必将成为重要的经济增长极。珠海、中山、江门三市，区域相邻、文化同根，在历史上，多数地方同属香山县，相互之间有十分密切的关系，加强区域合作有得天独厚的条件。此外，香山地区历史悠久，文化底蕴丰厚，形成了具有独特气质的香山文化，物质形态的历史遗存和非物质形态的历史文化交相辉映，为我们发掘历史文化旅游资源提供了极为便利的条件。

（一）珠中江丰富的历史文化资源是推进区域历史文化旅游的良好基础

珠中江三地保存有众多的物质文化遗产。珠中江三地的物质文化遗产有数量多、种类全、级别较高、分布集中的特点。据珠海市 2009 年公布的第一批历史文化遗存保护名录统计，珠海市现有文物保护单位 36 个，其中国家级 2 个（宝镜湾遗址和陈芳家宅），省级 16 个，登记在册的不可移动文物 400 余处。中山市拥有国家级重点文物保护单位 2 个（孙中山故居和中山纪念中学旧址），市级以上文保单位总共达 75 个，保留有不可移动文物 732 处，历史建筑 480 处，其中不少保存完整的清末民初建筑群，具有典型的"南洋建筑"风格[①]。江门市的开平碉楼和梁启超故居分别入选国家第四批和第五批文物保护单位，两处都是颇具特色和象征意义的近现代重要史迹及代表性建筑，其中，开平碉楼及村落在 2007 年被评为世界文化遗产。此外，江门市还拥有省级文物保护单位 25 处，县级以上文物保护单位 151 处。从这些历史遗存的时间来看，它们从远古的石器时代到近代的民国时期构成了一幅比较完整的南粤进化、发展史画卷。从种类来看，三地历史遗存十分齐全，涉及远古石刻、战争遗址、宗族祠堂、名人故居、文化街区等，包含了丰富的文化、教育、宗教等历史信息。从分布区域来看，三地历史遗存具有

---

① 杨彦华、李明：《伟人故里亮出城市新名片——中山市成功申报国家历史文化名城综述》，《中山日报》2011 年 06 月 17 日第 A1 版，广东文物网，《加强文物保护单位执法检查拟将文物巡查工作常态化》，http://www.gdww.gov.cn/showArticle.php? BAS_ ID = 1254，最后访问日期：2011 年 6 月 9 日。

十分集中的特点，而珠中江处于一小时生活圈内，资源的整合利用十分便利。由于历史遗迹众多，古旧街区保存比较完整，在国家历史文化名城、名镇、名村建设方面，珠中江三地也收获不少。中山市是国家历史文化名城，珠海的唐家湾镇、斗门镇，中山的南朗镇、黄圃镇以及江门的赤坎镇获批国家历史文化名镇，此外，还有翠亨村、赵家庄、歇马举人村等国家历史文化名村。这些历史文化资源，为我们开展历史文化旅游创造了很好的条件，完全可以加以利用和开发。

除了物质形态的历史文化遗产，珠中江还拥有数量不少的非物质文化遗产资源。珠中江三地各级非物质文化遗产有数百项之多。其中，仅国家级非物质文化遗产就有 16 项（斗门水上婚嫁、装泥鱼、三灶鹤舞、白沙茅龙笔、荷塘纱龙、蔡李佛拳、新会葵艺、泮村灯会、台山广东音乐、台山浮石飘色、中山咸水歌、小榄菊花会、凉茶、醉龙舞、崖口飘色、六坊云龙舞）。非物质文化遗产以不脱离人民生产生活为显著特点，是历史文化传承的鲜活样本，具有重要的历史价值、文化价值和社会价值，必须予以精心保护。非物质文化遗产的传承与保护，最有效的途径是对其进行合理的开发和利用，坚持"以保护为中心，以开发促保护"的原则，盘活非物质文化遗产资源。数量众多的非物质文化遗产是珠中江三地珍贵的文化资源，完全有条件与旅游产业相结合。实现二者的结合，一方面可以提升旅游产业的文化内涵，创造客观的经济效益，另一方面也扩大非物质文化遗产的影响力，促进了其自身的保护和社会价值的彰显。

（二）转变观念，重视历史文化旅游资源的多重价值

一般而言，政府和企业在发展旅游业的过程中，往往会将重点放在自然风光类、休闲度假类和商务旅游类项目的推介和开发上。对于历史文化旅游项目来说，除非所在地历史文化特点特别鲜明、资源特别丰厚，且经济效益明显，否则很难成为开发的重点。这种状况，有诸多现实的原因，也有其内在的合理性逻辑。随着社会的发展，人们旅游需求变得日益多样化，人们对社会发展的目标也有了更深的认识和理解，我们有必要转变观念，重视历史

文化旅游资源的多重价值。

开发和利用历史文化旅游资源并重视其多重价值符合国家深化经济结构调整、实现科学发展的要求。自近代以来，中国很长一段时间处于贫穷落后的状态，经济落后是最直接的原因，也是人们最直观的感受。因此，快速振兴中国经济成为数代中国人不懈追求的梦想，具有强烈的时不我待的情绪。改革开放以后，以市场为导向的经济体制逐渐得以建立，快速发展经济成为一切工作的中心，发展经济得到政府和民间前所未有的重视。如今，中国经济总量和发展速度均已位居世界前列，然而，高速发展也带来了一些严重的社会问题，诸如经济发展中重视短期经济效益而忽视长远利益的事例不胜枚举，以旅游业为例，我们十分缺乏对人文景观及其文化价值的发掘，部分地区和部门对历史文化旅游资源甚至不屑一顾。从本质上讲，忽视历史文化旅游资源的价值是短期经济利益至上观念的外在表现形式。其偏误主要在于：重短期效益而忽视长远发展；片面追求经济效益而忽视社会价值；对文化在旅游业及国家发展中的重要性缺乏必要的认识。当前，中国改革正处于关键时期，经济结构调整任务艰巨，如何实现科学发展、绿色发展是有关未来的重要问题，历史文化旅游产业投入低、社会效益明显，在促进经济发展的同时，可以增进美丽中国的建设，在精神上守住"乡愁"，是一支推动社会发展的重要力量。

珠中江三地历史文化旅游资源开发和利用存在不少问题，这种现实要求我们必须转变观念。近年来，珠中江三地在历史文化旅游资源的开发和利用方面取得了不少成绩。三地政府已经开始认识到历史文化旅游资源的重要性，出台了许多发展规划和开发措施；从实践层面来看，三地加大了对历史文化旅游资源的保护、开发和利用，增加了投入，在历史文化名城、名镇、名村建设以及博物馆建设方面取得了突破。但是，与取得的成绩相比，我们更应该认识到发展中的不足和困难。总体来看，珠中江三地历史文化旅游资源还存在如下一些问题[①]：开发层次较低；交通等配套设施跟不上；历史文

---

① 易振龙：《一体化框架下珠中江三地历史文化旅游资源整合研究》，《开放导报》，2011 年第 4 期。

化遗产遭受破坏情况严重；条块分割的行政管理体制影响区域整合发展；历史文化旅游资源主题不够鲜明，定位模糊，文化挖掘不够。如何解决现存的这些问题，要求我们必须以进一步解放思想、更新观念为先导，切实纠正在历史文化旅游资源的开发和利用上过于重视短期经济利益而忽视长期综合利益的倾向，从多方面着手改善工作。

二　区域历史文化旅游资源的分析和定位

搞好珠中江历史文化旅游资源的开发和利用，首先需要对该区域历史文化旅游资源进行科学的分析和定位，以便有针对性地提出发展的政策建议，进而促进产业的发展。

（一）珠海市历史文化旅游资源分析和定位

目前，珠海的旅游业主要集中于海滩与海岛游、温泉度假村游及会展旅游，历史文化旅游资源的开发和利用占比较小。多年以来，珠海着力打造"浪漫之都"的城市名片，政府和市民将关注重点放在优化城市环境、建设度假村、开发海岛等产业和项目上。经过艰苦的努力，珠海在这些领域取得了很大成功。从战略的高度来说，珠海在旅游相关产业方面的定位是务实的，但未必是全面的。随着珠海经济实力的增强，人们对文化旅游产品需求的提升，以往遭受忽视的历史文化资源也应当成为旅游开发的重要组成部分。梳理珠海历史文化旅游资源，我们可以做出"一个中心，三个重点"的分析和定位。

1. 以近现代历史名人文化资源开发为中心

经过细致分析，我们发现，近现代历史遗存是珠海最普遍、最有影响的历史文化旅游资源。这些资源以历史名人故居、近现代历史建筑及街区为主要载体，以近现代启蒙思想为其深邃的文化内核，以200多位近代政治、经济、文化、外交、教育领域的领军人物为文化符号。这一特点，决定了珠海历史文化旅游资源的开发和利用应该围绕近现代历史名人文化而展开。

2. 三个开发重点

陈芳故居及梅溪牌坊。陈芳（1825～1906），字国芬，珠海市前山梅溪村人。早年随族亲到檀香山经商，成为中国华侨中的首个百万富翁，后娶夏威夷国王义妹朱丽亚为妻，1880年被大清王朝任命为中国驻夏威夷第一任领事，1890年，变卖家产回乡置业，得光绪皇帝召见并赐建3座牌坊，建于村前。陈芳故居及其附属建筑自1987年开始列入珠海市文物保护单位以来，逐渐得到各界的认可和重视，现已经成为国家重点文物保护单位。经过10余年的保护、开发及经营，陈芳故居和陈芳花园遗址及陈氏宗祠、梅溪大庙等建筑物已经成为珠海最为亮眼的历史文化名片。

唐家湾片区历史文化遗存。唐家湾是国家历史文化名镇，其历史文化名人在中国近代史上占有重要的地位，这里涌现出了唐绍仪、唐廷枢、唐国安、苏兆征、莫仕扬等百余名影响了中国近代发展史的知名人物，他们遍布政界、商界、教育界、外交界，以开明进取的群体形象影响了数代中国人。唐家湾现存的名人旧居、旧街区保存比较完整，开发价值很大。目前，唐绍仪故居、共乐园、苏兆征故居、淇澳白石街、会同古村等均已进行了初步开发，基础性条件已经具备。

容闳纪念馆。容闳（1828～1912），珠海南屏人，中国留美学生第一人，是中国留学生事业的先驱，被尊称"留学生之父"。1872年，在容闳倡议及努力下，大清派出中国第一批官费留美幼童，此后又派出3批，共120名幼童赴美留学，这些赴美求学的幼童大多在此后归国，成为洋务事业及近代化产业的领军人物，大名鼎鼎的詹天佑就是其中之一。在这些留美幼童中，香山（主要是现珠海、中山地区）籍最多。2004年以来，珠海以容闳当年创建的"甄贤学校"旧址为中心，规划建设了容闳纪念馆。纪念馆已经于2010年对外开放。此外，珠海在历史文化的研究方面，有关容闳及留美幼童着力最多、成果最丰富，已经具有全国影响力，珠海应该继续着力打造好这张城市文化名片，以此为基础建设好中国留学生博物馆。

（二）中山市历史文化旅游资源分析和定位

中山市的旅游产业与珠海相比，其历史文化因素相对更为突出。中山城市形象宣传以"伟人故里、锦绣中山"最为知名，其旅游形象感知以历史名人故居及纪念性建筑为主，感知比例达90%①。有鉴于此，中山市的历史文化旅游资源开发定位要充分考虑游客对中山市形象的感知度，力求突出中心，强化品牌。

1. 用好孙中山文化符号

孙中山先生是近代中国伟大的革命先行者，是中国最负盛名的历史伟人之一，作为孙中山先生的故乡，中山市因伟人而得名，伟人的文化符号已经深入城市的方方面面，伟人文化是中山最耀眼的文化名片。目前，中山的历史文化旅游主要围绕孙中山故居及陈列馆、孙中山纪念堂、中山纪念中学旧址以及市区孙文西路旧街区而展开。这些旅游资源，层级较高，也得到中山市的重视，宣传、开发等各项工作做得比较到位，在保护历史文化遗迹的基础上发挥了很好的社会和经济效益。在珠中江区域历史文化旅游资源的整合发展中，中山市要坚定信念，继续发挥伟人文化的带动和龙头作用，这种地位，是中山、江门无法取代的。

2. 以四大历史文化街区为整合资源的切入点

中山市现有四个知名的历史文化街区，分别是：孙文西路历史文化街区，西山寺历史文化街区，从善坊历史文化街区和沙涌历史文化街区。这四个街区各有特点，但相同点也十分明显，即都体现了岭南建筑及民生的文化特点，此外，与其他多数历史文化街区已经与现实人民生活相脱离不同，这四个历史文化街区与现代人民生活是融为一体的。孙文西路历史文化街区拥有优秀历史建筑及遗迹20余处，历史传统建筑面积有14000多平方米。孙文西路身处商业中心地带，是中山市最知名的商业步行街，且这些历史遗迹分布十分集中，便于利用和开发。步行街双塔楼、商业博物馆、阜峰文塔等历

---

① 白露：《基于珠中江一体化的区域旅游形象研究》，《江苏商论》2012年第6期。

史建筑隐身于现代商业之中，充分体现了现代人要求物质与精神生活相融合的价值追求。西山寺历史文化街区有西山寺、孙中山纪念图书馆旧址、天主教堂及明清建筑街区居民区等历史遗存，也是历史文化遗迹与现在商业闹市、人民生产生活相交融的典范。从善坊历史文化街区保存完整的清末民初建筑群重点体现了中山市华侨文化和传统居民的生活文化，展现了中国近代西学东渐的文化大背景下建筑风格的中西合璧特点，具有重要的历史文化价值。沙涌历史文化街区有南宋末年当地居民保宋帝抗元的相关历史遗存及传说，还有占地 7000 余平方米的近代欧式建筑群（马公纪念堂）。这四个历史文化街区，可以作为物质文化遗产和非物质文化遗产相结合进行综合展示的平台。

（三）江门市历史文化旅游资源分析和定位

江门市的大部在历史上并不属于香山地区，新时期以来，它与同处珠江口西岸的珠海和中山加强了合作和交流，特别是 2008 年以后，顺应珠三角改革发展规划和自身经济社会发展的需求，江门和珠海、中山一体化发展加速。在历史文化旅游资源的合作中，江门也有十分丰厚的资源可兹利用。分析江门市的历史文化旅游资源，开平碉楼及村落无疑是最知名、最有开发潜力的项目，其不仅反映了清末民初珠三角社会风貌，也是中国华人华侨文化在近代最集中的物化反映。江门市历史文化旅游资源的开发和利用应以此为中心，兼及其他，搞好资源的宣传和整合。

1. 以开平碉楼及古村落开发为重点

江门现存近现代中西合璧式碉楼 2000 余座，散落于江门市多个区县，其中，以开平市的碉楼最为集中和知名。整体来说，开平碉楼及古村落受到外界的重视较晚。2001 年，作为近现代重要历史建筑，开平碉楼被批准列入国家第五批重点文物保护单位，经过不断努力，2007 年获批成为世界文化遗产项目，同时成为中国首个华侨文化世界遗产项目。近些年，开平碉楼及古村落影响不断扩大，知名度显著提高，已经成为重要的旅游目的地和影视拍摄基地。自力村碉楼群、开平立园、马降龙碉楼群、赤坎古镇是开平碉楼建筑的典型代表，也是目前开发力度最大的景区。有别于珠海和中山近代历史遗存，江门的历史遗存更多体现的是以华人华侨为代表的岭南文化，代表人物不是历史伟人、名人，而是近代江门华侨的群像。这一特点，更能使观众体会当时的社会历史文化和人民大众的生活状态，与中山、珠海形成互补。

2. 打造国际知名华人华侨历史博物馆

五邑华侨华人博物馆于 2005 年初步建成，坐落于北新区五邑华侨广场，展馆面积达 9000 多平方米，是一个集中展示侨乡历史文化的博物馆，现有馆藏华侨华人文物 3.5 万余件，是全国收藏华人华侨文物最多的展馆。博物馆采用历史叙事的方式，将华人华侨的奋斗史、奉献祖国史以"金山寻梦、海外创业、碧血丹心、侨乡崛起、侨乡新篇、华人之光"六个展馆顺序展开，博物馆以大量实物为主，辅以声、光、电等现代技术，以情景再现形式生动展现了五邑华侨华人百年沧桑历史。总体来看，博物馆的建设和运作十分成功，免票参观得到了众多学者和大众好评，发挥了良好的社会效益，提升了江门的城市形象，也间接获得了很好的经济效益。该博物馆是中外展现华人华侨历史文化资料最集中的场所，是联系海内外华人华侨的文化和精神纽带，经济、政治、文化的意义均极为重要，但是，博物馆的知名度和影响力与其身份还有较大差距，在宣传、研究等方面还有待加强。江门要有着力打造国际知名华人华侨博物馆的雄心，以珠海、中山旅游产业对接为契机，扩大影响力和辐射力。

3. 重视整合江门其他重要历史文化资源

江门的历史文化资源十分丰富，除了以华人华侨为题材的历史遗存以外，还有诸多历史名胜值得开发和利用，在突出开平碉楼与华人华侨历史文化的拳头产品时，也不应该忽视其他重要资源。江门区域内还有江门市蓬江区棠下镇良溪古村、台山市端芬镇梅家大院、陈白沙纪念馆、陈少白故居、梁启超故居、宋元崖门海战文化旅游区等一大批优秀历史文化旅游资源，涉及古代士人文化、科举文化、宗族文化、近代启蒙文化等多个领域，有很大的开发和利用空间。

三 珠中江区域文化旅游资源整合开发策略

珠中江三地历史文化资源丰富，且历史文化资源展现出的文化内涵有较多的相似性，均以近现代历史遗存为主，所存留的建筑物在风格上雷同度较高。这一特点，一方面为三地联合开发、构建区域历史文化旅游大品牌提供了条件；另一方面，也加剧了三地的竞争。传统观念认为，同一相近区域，旅游市场的规模是相对固定的，因而在政策选择上更重视区域之间的竞争。但是，当社会发展到一定程度，特别是经济转型已迫在眉睫之时，传统粗放发展方式和各自为战的狭隘观念得以逐渐改变，区域抱团发展，做大"蛋糕"、提升质量逐渐成为共识。珠中江历史文化旅游资源的利用和开发更应该重视区域之间的合作，这不仅可以减少同质性竞争的内耗，还有利于在动态的协调过程之中突出各自的特色。在分析珠中江三地历史文化资源的基础之上，我们可以从以下一些方面着手三地区域文化旅游资源的整合利用和开发。

（一）建立区域历史文化旅游资源整合发展的体制机制

区域合作的重点和难点在于利益的分配，处理好不同主体的利益关系关键在于建立顺畅、合理的体制机制。2009 年 5 月，珠中江三地签署了旅游合作协议并成立了协调委员会，这是一个很好的迹象，同时，在珠中江一体化的背景之下，三地政府首脑展开了密集的磋商，建立了联席会议制度，签署了一系列合作协议，这对三地历史文化旅游产品的合作也带来了利好。但是，就目前的合作层次来说，还处于初始阶段，利益分配这一关键性问题还没有得到解决。就历史文化旅游产品来说，三地利益共同程度较高，合作的预期高、利益纠葛较少，完全可以率先取得突破，而且从全国旅游形势来看，板块型区域旅游合作的组织性更强，磋商、协调机制更为完备①。因此，三市完全可以探索多种形式、多层次的对话协商机制着重交流与协商，

---

① 吴军：《中国区域旅游合作时空演化特征分析》，《旅游学刊》2007 年第 8 期。

包括成立行业协会和研发机构，选择性成立各种旅游行业协会，包括旅游企业协会①。在合作共赢的原则下建立包括政府机构、旅游公司代表、旅游资源业主等利益相关方的合作机制，通过合约、制度保障各方合法利益。

（二）加大投资力度，保障基础设施建设

基础设施建设是保障旅游产业发展的重要支撑性条件。基础设施建设一般指交通、住宿、餐饮、安全保障等外在条件，是影响旅游产品容量、质量、效益的重要因素。长期以来，历史文化旅游项目的经济效益相比其他旅游项目要弱一些，其特殊的社会和文化价值特性也不容许将经济效益置于压倒性的优势地位。因此，在市场效益的冲击下，历史文化旅游资源基础设施建设欠账较多，近些年虽然有较大改变，但要彻底扭转不利局面，亦非一日之功。历史文化旅游资源所依赖的基础设施既包括如上所述的硬件设施，更为重要的是要求加大对历史文化旅游资源本身的维护，因而使投资保障显得尤为重要。

构筑政府主导、市场参与的投资格局。历史文化旅游资源由于其不可再生性，利用和开发必须建立在严格的保护基础之上；历史文化资源是中华文明传承的见证，是国民的共同财富，内在的具有公益性特点。在当下中国，能代表整体人民意志并保障其公益性特点的主体是政府，因此，政府在历史文化旅游资源的保护、利用和开发中的地位不可或缺，特别是重要的历史文物和重点项目，政府应该起主导作用。但是，政府起主导作用并不排斥市场的参与，事实上，在市场经济体制中，市场要在资源配置中起决定性作用。政府的主导作用主要体现在组织策划、法规保障、质量监控、利益分配中，从投资比例来说，未必总是占多数。发挥市场机制，可以弥补政府资金不足，提升服务质量，政府应该让更多的市场主体参与历史文化旅游资源的开发。此外，珠中江三地政府还可以通过公共募捐、公益基金平台筹措资金。

---

① 龙良富：《"珠中江"区域旅游合作动力与机制研究》，《云南地理环境研究》2011年第6期。

（三）三地联合宣传，构筑区域文化形象

珠三角是中国最为发达的地区之一，人们对其经济社会发展水平有很高的共识，富裕的印象深入人心，但是，与经济发展水平相比，文化底蕴则并不见得为世人所知，特别是对于珠中江三地来说，外界对其历史文化知之甚少，换言之，其文化品牌并没有得到有效确立。事实上，珠江口西岸的珠中江三地是岭南文化的重要发源地，特别是在中国近现代史上，此区域开风气之先的名人数量为全国之翘楚，是开放、文明、务实的现代精神的写照。构筑区域文化形象，三地在历史文化旅游资源的整合开发中要特别重视联合宣传。三地可以联合组织推介会，定期在全国进行产品推介，将三地历史文化旅游产品打包营销。在政府或旅游公司的宣讲会上，将历史文化旅游资源作为一项专门产品予以突出，为旅客提供更多的产品选择。在宣传品的制作上，除了每个景区可以制作自己的宣传品以外，为突出三地的合作，可以统一制作宣传册，在三地的每一个景点都能免费索取。宣传册介绍整个区域的重要历史文化旅游景点，包括交通指引、酒店住宿和旅游公司接待等信息，同时提供重点区域的旅游接驳车。除此之外，通过开设专门网站、建立官方微博、微信与民众进行互动，将宣传效应最大化。另外，一个重要的宣传途径是编写乡土教材，使之进入中小学课程，提升区域内民众对文化遗产的认知，从而使其成为区域文化旅游庞大的宣传队伍。

（四）挖掘文化内涵，精心谋划旅游产品

历史文化旅游的内核是历史遗存所传递出的文化信息，因此，挖掘历史文化旅游资源的文化内核十分重要。一方面要加强研究的力量，厘清历史发展的脉络，将真实的历史和文化信息呈现给观众，同时挖掘传说、故事等能细腻刻画人物的典故增加历史文化场所的感染力；另一方面，加强文化产业转化的力量，将文化信息通过物化的形式表现出来，如创办文化节、文化体验工作坊、制作影视作品等。

从珠中江的历史文化旅游资源现实出发，我们可以将其文化内核定位于

启蒙文化和华侨文化，并依此规划重点旅游产品。一是，启蒙文化之旅。线路为：珠海南屏（容闳及留学生主题）—梅溪牌坊（近代外交、商业）—唐家湾（近代政治、外交、商业名人主题）—中山三乡（郑观应维新启蒙思想）—中山翠亨村（孙中山民主启蒙思想）—中山石岐（孙文西路文化街区）—江门梁启超故居、陈白沙故居（维新、革命思想启蒙）。这条线路南接中西文化交汇的澳门，北接佛山、广州历史文化名城。二是，华侨文化感知之旅。线路为：中山故居、纪念馆（感受华侨爱国之情）—江门开平碉楼（华侨经济、生活状况；建筑）—五邑华人华侨博物馆（华人华侨文化变迁史）—珠海（近代留学生文化；改革开放时期华侨与内地合作、赞助史）。该线路南接港澳，方便联系华侨，在港珠澳大桥贯通以后，更为便利。除了这两大主题以外，旅游公司可以采用就近原则，将若干分散的历史文化旅游资源进行整合，谋划短线旅游，为历史寻访者、自驾游爱好者提供服务。此外，还可采用和学校共建实践教学基地的方式，服务社会、扩大影响，彰显历史文化旅游资源的社会价值。

横琴、前海、南沙新区创新发展比较研究[*]

一 研究概述

（一）本课题研究的现状及其意义

横琴、前海、南沙新区的相继设立，是国家发展总体战略布局的重要组成部分。不断深化对其重大战略意义的理解和解读，是规划好、建设好、管理好、发展好新区各项事业的重要前提和保证。

目前，国内学术界尚未见到这类课题比较系统的研究成果，因此，本课题研究其理论和现实意义主要可以概括为以下几点。

一是深刻领会和把握三个新区设立的重大战略意义。横琴、前海、南沙新区的设立，必须从国家未来30～50年发展总体战略布局的视角来理解，必须从全面建成小康社会、实现中华民族伟大复兴这一战略高度来理解。其承载着重大的历史使命和责任。横琴、前海、南沙三新区位处改革开放最前沿、经济最发达的珠三角地区的核心节点上，直连港澳，面向世界，地缘优势明显，人才、技术、市场等各种资源优势突出。

横琴、前海、南沙新区建设和发展：第一，要为珠三角乃至广东省经济发展打造新引擎；第二，要为粤港澳合作探索新方式；第三，要为港澳长期繁荣稳定和可持续发展提供支持和动力；第四，要为改革开放开创新局面探索新思路和积累新经验。

---

* 课题组负责人:孙亚东,吉林大学珠海学院副教授。
课题组成员:苗苗,讲师,吉林大学珠海学院思政部原理教研室主任;董馨,讲师,吉林大学珠海学院思政部纲要教研室主任;何练,讲师,吉林大学珠海学院思政部工商管理系副主任;闻光华,讲师,吉林大学珠海学院思政部工商管理系讲师。

二是对"错位发展"基本要求的细化和具体化。关于新区的未来发展和建设，有关领导同志只是提出了"错位发展"这一原则性的基本要求。什么是"错位发展"、怎样实现"错位发展"等一系列问题仍需作更进一步的研究、更需要细化和具体化，使其更具指导性和可操作性。第一，要实现"错位发展"，准确把握三个新区不同的战略定位是前提；第二，充分发挥三个新区不同的区位优势是基础；第三，成功实现差异化的产业布局是关键；第四，积极塑造各具特色的文化创新元素是体现（象征）；第五，大胆创新管理模式是保证。

三是横琴、前海、南沙新区创新发展比较研究具有以下几个特点：第一，本课题研究具有开拓性。目前，国内学术界尚未见到这方面课题的系统性研究。一方面，新区建设和发展仍需"大胆地试、大胆地闯"，中国三十多年的经济发展和社会进步靠的是改革开放，未来30~50年中国的发展进步仍然要靠改革开放。新区建设和发展要为中国进一步的改革开放"杀出一条血路"。另一方面，新区创新发展比较研究也需突破固有的成见和教条，站在新的起点和高度对新区建设和发展的伟大实践做出新的理论概括和升华。第二，本课题研究具有前瞻性。新区创新发展比较研究，既要立足于新区建设和发展的实际，更要面向新区未来的创新发展，为其未来发展构建整体思路和理论架构。第三，本课题研究具有现实性。即对正在积极推进中的新区建设能够为其提供某些有实际价值的参考和借鉴意见，甚或是指导性意见，并及时总结新区建设的经验和做法，使之得到理论上的升华，使新区建设和发展避免国内经济开发区、高新技术产业开发区建设发展中普遍存在的管理模式相同、产业结构布局趋同、运作方式雷同等倾向。

（二）本课题研究的基本思路和方法

首先，从总体上对新区建设及其比较研究的战略意义进行深入和较为详尽的解读，这是本课题研究的总纲，是进行其他领域具体问题研究的指导思想，这是本课题研究的综论或总论部分，是为其开篇。其次，按不同层次和不同领域进行专门性或专业性较为突出问题的比较研究。其中包括以下几部分重点内容：一是各新区不同的战略定位分析，主要依据是各新区的发展规划和批复，以及党中央、国务院领导的指示和讲话精神。这部分是为其战略定位解读篇。二是各新区区位优势比较分析。区位优势绝不仅仅是地理概念，其内涵极为丰富，可从经济、技术、市场、人文等多视角进行阐释。此部分是为其区位优势比较篇。三是产业布局及产业结构比较分析，其依据是各新区不同的战略定位、不同的区位优势和自身各种不同的资源禀赋等，各新区发展的产业重点领域不同，产业布局以及管理和运作方式亦应有所区别，这部分是为其产业布局谋划篇。四是管理模式创新方面的研究，其内容包括企业、政府、社会管理等诸多方面，这是新区建设的重要方面之一，必须以创新为灵魂，进行积极的探索、大胆的实践。这部分为其管理模式创新篇。五是各新区特色文化元素的孕育、形成、凝练和表现形式研究，这是新区创新发展走向成熟和完善的重要标识之一，这部分为其特色文化塑造篇。

（三）本课题理论创新方面与实际价值

一是以全新的视角和高度对新区建设和发展重大战略意义的阐释。所谓新视角，就是当今中国正处在全新的历史起点上：改革开放新起点、经济发展和社会进步新起点、走向世界融入国际社会新起点、各种矛盾和问题的解决必须寻求新思路新办法等。所谓新高度，就是着眼于新区建设和发展对于广东省经济发展的推动作用；香港、澳门长期繁荣稳定和可持续发展的支撑作用；改革开放开创新局面探索新思路积累新经验的实践作用；粤港澳合作、中外合作探求新领域新方式作用。因此，新区的建设和发展承载着重大的历史使命和责任。只有以这样的视角与高度把握新区建设发展的重大战略意义，才能不断增强做好新区工作的积极性、主动性、创造性，把新区建设好、发展好。

二是突出强调新区建设发展必须以改革、创新为灵魂。以改革谋发展，以创新促发展。改革创新涵盖企业、政府、社会管理等诸多领域，包括科学技术、机制体制、各类制度和运作方式等各个方面。没有创新，就不可能有新区建设的成功。新区建设工作的成效，很大程度上是以各方面创新的成效、各种创新能力的不断增强来衡量和体现的。因此，新区的建设和发展，必须紧紧扭住改革创新不动摇。

三是本课题研究的实际价值，就在于通过较为深入和系统的理论研究，并紧密结合新区建设发展的实际，努力做到理论研究与新区建设进程相结合，力争为新区建设发展提供更多的建设性意见。如产业定位与布局、管理模式创新、特色文化建设等。

二 横琴、前海、南沙新区战略定位的深度解读

（一）横琴、前海、南沙新区战略定位的依据和条件

1. 珠海横琴新区战略定位的依据和条件

珠海市横琴岛从 1992 年被列为广东省扩大开放的四个重点开发区之一，挖山填海，到 1998 年被定为珠海市五大经济功能区之一，修桥铺路，再到 2004 年"泛珠三角横琴经济合作区"出炉，从地方到中央没有停止过对横琴发展的探索研究。2008 年 12 月，国务院通过《珠江三角洲地区改革发展规划纲要（2008～2020 年)》，明确要"规划建设珠海横琴新区等合作区域，作为加强与港澳服务业、高新技术产业等方面合作的载体"。2009 年 6 月 24 日，国务院常务会议通过《横琴总体发展规划》，决定将横琴岛纳入珠海经济特区范围。2009 年 8 月 14 日，国务院正式批复了《横琴总体发展规划》，将横琴岛纳入珠海经济特区范围，实行更加开放的产业和信息化政策，立足促进粤港澳三地的紧密合作发展，促进港澳繁荣稳定。2010 年 3 月 6 日，广东省人民政府和澳门特别行政区政府在北京人民大会堂签署了《粤澳合作框架协议》，确立了合作开发横琴、产业协同发展等合作重点，提出了共建粤澳合作产业园区等一系列合作举措。2011 年 3 月 11 日，横琴开发纳入国家"十二五"规划。

2. 深圳前海新区战略定位的依据和条件

2007 年 11 月，《深圳市城市总体规划（2007～2020)》提出将前海—宝

安中心区定位为与福田中心区并列的深圳市中心区之一；2008 年 12 月，国务院审议通过了发改委上报的《珠江三角洲地区改革发展规划纲要（2008～2020 年）》，纲要提出将深圳前后海地区作为粤港合作试点地区之一；2009 年 8 月粤港合作第十二次联席会议签署了《关于前海港深现代服务业合作》意向书，前海定位于深港合作共建现代服务业示范区与机制创新区；2010 年 8 月 23 日，国务院办公厅公布"国务院关于深圳市城市总体规划的批复"其中提出了前海是深圳市双城市中心之一，且服务珠三角；2010 年 8 月 26 日国务院批复同意《前海深港现代服务业合作区总体发展规划》；2011 年 3 月前海开发开放被纳入国家"十二五"规划，上升为国家战略；2012 年 6 月 27 日，国务院发布《关于支持深圳前海深港现代服务业合作区开发开放有关政策的批复》，明确支持前海实行比经济特区更加特殊的先行先试政策，支持前海在金融改革创新方面先行先试，建设我国金融业对外开放试验示范窗口；2012 年国家部委出台支持前海开发开放的 22 条政策以及相配套的一系列重大改革举措，推动和加快了前海改革的步伐；2012 年 12 月，习近平总书记视察深圳、前海，寄望前海"依托香港、服务内地、面向世界""一年一个样"，更是给深圳、给前海巨大的鼓舞。

3. 广州南沙新区战略定位的依据和条件

1990 年 6 月，南沙确定为重点对外开放区域和经济开发区；1993 年 5 月 12 日，国务院批准广州南沙经济技术开发区为国家级开发区，拉开了南沙开发的序幕；2001 年 7 月，广州市委、市政府批准成立广州南沙开发区建设指挥部，全面实施南沙开发建设的战略决策；2002 年 4 月，广东省委、省政府在南沙召开"广州南沙开发现场会"，进一步加快了南沙开发的步伐；2005 年，南沙变身为独立行政区；2012 年 9 月 6 日，国务院正式批复《广州南沙新区发展规划》；2012 年 10 月国务院批复了《广州南沙新区发展规划》，南沙新区成为国家级新区；2014 年 9 月 1 日，《广州市南沙新区条例》正式颁布实施。

经过近十年来的开发建设，南沙新区综合实力显著增强，奠定了进一步开发开放的坚实基础。南沙经济技术开发区、高新技术产业开发区、保税港区等发展态势良好，汽车、造船、重大装备等先进制造业和航运物流、科技创新、休闲旅游等现代服务业快速发展，临港现代产业粗具规模。京港澳高速、南沙港快速、广州地铁四号线、广深港客运专线、广州港南沙港区等建成投入营运，水运、空运、铁路、公路运输网络发达，区域交通枢纽功能明显增强，城市功能配套日益完善。南沙新区自然禀赋优良，拥有滨海湿地、岭南水乡、森林公园等多种生态资源。南沙新区与港澳地缘相近、语言相通、商缘相连，合作历史悠久，20世纪80年代就与港澳企业开展了成片开发合作，合作建设了一批国家级科技研发平台和高端示范项目，是广东省实施内地与港澳关于建立更紧密经贸关系的安排（CEPA）先行先试综合示范区。

（二）横琴、前海、南沙新区战略定位解读

1. 横琴新区战略定位解读

横琴的开发，中央给它以特区政策还要特殊的政策，寓意非常深刻。横琴开发战略定位有六个关键点，即新交汇点、高端引擎、临海基地、新发展极、先行区、试验田。

横琴是粤港澳合作的新交汇点，这样的交汇点将会比原来的粤港澳合作提供更紧密、更具体、更可具操作性的空间和场所，横琴将会为粤港澳合作提供新的模式和新的示范。

横琴在未来可以扮演珠三角世界级城市群的高端引擎作用，横琴的开发本身为珠海特区在未来拓展形成一个新的空间，它的意义更为重要是在于通过横琴本身的高端开发，将珠海整个城市引领到一个新的高度，引领珠三角城市群二次城市化，为其提供一个高端示范。

另外一个关键点就是临海基地。现在海洋战略推动海洋经济大开发，已经成为国家和省里一个重要的战略指向，横琴能否扮演一个我们国家，特别是广东海洋经济开发实验这么一个临海基地，这里包括从海洋装备制造到服务很多科研、前沿的东西，能否在这里提供一个临海基地的作用。

横琴可以成为太平洋西岸新月形经济带的新发展极。它的成长不仅是在

于自身的经济能量的增加，特别是它能否产生一些重要的服务功能，而支持太平洋西岸新月形经济带的崛起。

另外就是先行区，横琴能否成为中国对接环大西洋知识经济圈走向后工业文明的先行区，横琴完全可以代表这个角色。

最后横琴是制度创新的试验田。在制度创新方面，中国还面临着一个非常大的任务，这就是如何由工业文明的制度设计走向后工业文明的制度设计，这是一个非常重大的问题，在"一国两制"的背景下，笔者觉得已经不能用工业文明的视野来考虑它的制度创新，应当由后工业文明的视野考虑它的制度创新，也许在这个方面能够提供一个从工业文明到后工业文明变革的先行示范。

2.前海新区战略定位解读

根据国务院批复的前海发展规划，前海将在"一国两制"框架下，进一步深化粤港紧密合作，逐步把前海建设成为粤港现代服务业创新合作示范区，在全面推进香港与内地服务业合作中发挥先导作用。同时，把前海深港现代服务业合作区建设成为全国现代服务业的重要基地和具有强大辐射能力的生产性服务业中心，引领带动我国现代服务业发展升级，为全国现代服务业的创新发展提供新经验。

规划中的前海地区，集"海、陆、空、铁"和保税港、口岸功能为一体，是深港未来跨境交通枢纽的新交接点，在这里实现深港高端产业的对接交融、深港开放型经济体制的对接交融、深港城市建设管理体制的对接交融，为珠三角产业升级发挥重要支撑作用，是今后30年深圳应该全力打造的一个创新增长点。因此，要站在国家利益和区域发展的历史高点上，抓住十分难得的发展机遇，最大限度地发挥其复合型的交通枢纽、高端产业聚集地和体制创新的优势，使深圳经济特区在未来的发展中能够顺应世界经济的新格局，支持珠三角地区经济的新发展，为中国经济新的腾飞做出更大的贡献。

我们认为，未来前海的发展应主打"创新牌"，建设国家级的创新枢纽和开放型经济枢纽，以全新的特区模式进一步提升深圳的国际化城市能级，引领珠三角的产业升级和国际都会圈建设。

首先，前海应成为科技创新服务的枢纽。前海地区作为穗深港黄金走廊的重要节点、毗邻全球重要的高科技制造业基地，可以打造以电子信息制造、互联网、生物医药、新能源为核心的国家科技创新和产业创新枢纽。

其次，将前海打造成高端商务枢纽。前海复合性的交通枢纽优势存在巨大的人流和潜在的消费机会，大量的人流、物流、信息流的汇集最终将带来的是财富的汇集。前海商务枢纽应重点依托跨国采购和展示交易功能的发挥，通过打造专业化、信息化、国际化的市场交易互动平台以及相应的市场服务体系，可以构筑一个兼顾国际国内贸易的大流通市场，为珠三角地区提供连接香港、连接国际，以及为香港连接国内的信息发布和市场的机会。

将前海建设成物流创新的枢纽。前海新区复合型的交通枢纽地位非常适宜发展流量经济。可首先选择以货物流为主导混合型模式，其核心是以现代物流业聚集区的建设为突破口，以大容量、高流速的现代物流促进和带动资金流、信息流、技术流、人才流的集聚和扩散，为将来成为以资金流为主导的流量经济发展奠定基础。重点是依托深圳西部港区、大铲湾港区和前海保税港，通过整合国际航运产业和物流产业，建立以产业配送为主业、现代仓储为配套、多式联运为手段和以保税物流为依托的港口物流运行体系，实现多种运作功能的集成，提供高效物流配套服务。

前海亦应成为金融创新的枢纽。深港共建世界级金融中心，是未来深港经济合作的核心之一。深港金融合作重点是三个领域：一是搭建境外外汇资金、境外人民币的运作中心，开展人民币国际化相关试点工作。二是承担中国金融创新试验和内外两个资本市场连通的使命。三是为珠三角的加工贸易提供直接多样的金融服务。要完成这三大使命，涉及世界一流的银行、投资银行、投资基金、保险公司、保险经纪公司、保赔协会等金融服务机构引入和制度、法律设计，尤其是要求在创新金融领域多下功夫。

前海还应是一国两制下的制度创新枢纽。深港合作是深圳建设国际化城市最基本的发展战略，是新形势下深圳继续保持领先优势和增强城市竞争力的基本战略。在体制创新方面先行先试是中央赋予深圳的重大历史使命。我们认为，前海发展应在深港体制合作、深圳体制创新方面发挥引领作用，要把前海新区打造成一国两制框架下的综合配套改革试验区。作为深圳市未来发展的新城市中心，前海应当通过深港合作部分地引入香港的体制资源和管理模式，使前海成为更高层面开放型经济的试验平台，真正把前海建设成为深港合作先导区、体制机制创新区、现代服务业聚集区和结构调整引领区。

3. 南沙新区战略定位解读

国务院颁布实施的《珠江三角洲地区改革发展规划纲要（2008～2020年)》提出建设南沙新区等合作区域，作为加强与港澳服务业、高新技术产业等方面合作载体的要求，赋予了南沙在推进粤港澳合作中的重要地位。《中华人民共和国国民经济和社会发展第十二个五年规划纲要》关于将南沙新区打造成为"服务内地、连接港澳的商业服务中心、科技创新中心和教育培训基地，建设临港产业配套服务合作区"的精神，将为进一步深化粤港澳合作，引领珠三角转型发展，探索科学发展新模式，促进港澳地区长期繁荣稳定，提供平台。

一是国家级新区。在国家级战略支持方面，将南沙上升为粤港澳全面合作的国家级新区，给予财税支持和项目安排倾斜，赋予粤港澳合作体制机制改革和社会管理创新的先行先试权。

二是战略目标。关于南沙的总体战略与定位是：实施"从容跨越"战略，用40年左右的时间，在21世纪中叶，将南沙建设成为国际智慧滨海新城、粤港澳全面合作的国家级新区、珠三角世界级城市群的新枢纽，在经济、社会、环境、国际化等方面达到香港及其他国际先进城市水平。

三是功能定位。谈到南沙的功能定位，将是珠三角世界级城市群的新枢纽。在粤港澳深化合作的驱动下，珠三角将联手参与国际竞争，共同打造成为更具综合竞争力的世界级城市群，这也是国家"十二五"规划所赋予的历史使命和目标要求。其功能定位之下，将发展五大主导产业群。其中包括：高端服务业、科技智慧产业、临港先进制造业、海洋产业以及旅游休闲健康产业。

四是发展路径。南沙要实现珠三角世界级城市群的新枢纽这一战略目标，具体战略路径是："一心三圈，一带两翼""依托港澳，面向国际""高端引领，创新驱动""生态优先，文化为魂""公共服务先行，社会管理先试"。五大战略路径将遵循从容增长、从容并进、从容建设和从容竞合的发展思路，实现南沙新区在城市功能、发展动力、发展阶段、城市品质等方面的跨越。南沙的开发严格遵从"科学开发，从容规划"，关键是把握"从容"二字，戒骄戒躁，深入调研，科学规划。

（三）横琴、前海、南沙新区战略定位之比较

2011 年国家"十二五"规划纲要提出"粤港澳要打造世界级城市群"，并落棋子三颗：广州南沙、深圳前海、珠海横琴。可以说横琴、南沙、前海是珠三角走向未来棋盘上仅剩的三个空格，代表着珠三角未来城市的愿景。30 年前深圳、珠海、汕头，包括厦门，经济特区的设立，开启了中国现代工业文明的大门，当前横琴、前海、南沙新区的设立，将开启中国后工业文明的大门。

南沙、前海、横琴三者几乎同时发力，为广东新一轮发展提供了几个引擎，但相互之间是竞争还是互补关系呢？在粤港澳紧密合作的大背景下，各自的功能定位是否清晰，这跟各自的区位、面积、基础条件是相关的。

横琴、前海和南沙正好构成了珠三角地区的金三角。三者都提出说打粤港澳合作这张牌，提到发展现代服务业，但是各有所侧重。我们在比较和研究中注意了这个问题，怎么能够合作发展，同时能够错位竞争，在这个问题上没有排他性，但是有一定的竞争性。

与南沙、前海相比，横琴角色则较为独特。"横琴扮演的角色就是促进港澳经济金融互通的'润滑剂'。"横琴的规划目标仍然是侧重在金融服务业，相比于前海，它独特的优势是在于和澳门的对接。澳门近几年都在提发展金融业，作为定位在"粤港澳紧密合作新载体"的横琴，"润滑剂"的角色不仅能将粤港澳三地的经济金融结为一体，而且也能有效地避免与南沙、前海的同质竞争。

根据《前海深港现代服务业合作区总体发展规划》，前海的战略定位是

"粤港现代服务业创新合作示范区"，为实现这一战略定位前海将建成"现代服务业体制机制创新区；现代服务业发展集聚区；香港与内地紧密合作的先导区；珠三角地区产业升级的引领区"。这一定位与中国"十二五"规划对前海到2020年要建成亚太地区重要的生产性服务业中心的要求是相呼应的。

从横琴与前海的定位来看，横琴新区的定位更多着眼于未来，这是由于横琴的面积较大，建设周期长，风险因素多，过程操作繁复决定的。前海合作区由于面积小，启动的紧迫性，改革探索的现实性，周边发展已经成熟，前海合作区的定位更多着眼于当下，需要迅速的形成生产力，迅速探索改革发展模式。

南沙从国家层面的规划来看，是高于横琴和前海的。南沙的战略定位不要求像前海一样立竿见影，也不像横琴一样功能定位紧贴港澳。南沙在三个分区中地域面积最大，达800多平方千米，因而既可以进行金融实验也可以进行货物贸易自由化。利用广州在珠三角地区的龙头地位为汽车工程、石化、物流等线性制造业提供配套，以现代服务业为制造业支撑，大力发展与实体经济相关的产业金融创新业务。南沙新区的面积大，开发的风险也是很大的，但是发展的潜力巨大，因此，南沙开发的原则是"科学开发，从容规划"，不能急于求成，也不可能立马见效。

横琴的定位主要在高新技术、旅游和服务业；前海定位就是准确定位在现代服务业，尤其是生产性服务业；而南沙是CEPA先行先试试验区。这是三个开放布局的节点，将会对整个珠三角发展起到积极推动作用，而且是从各自不同重点来推动的。

三　横琴、前海、南沙新区区位优势的全面比较

（一）区位优势概念

所谓区位优势，简单来说，就是由地理位置与行政区划所决定的，在经

济社会发展方面客观存在的有利条件或优越地位。一个地区的区位优势主要就是由自然资源、人力资源、工业聚集、地理位置、交通便利性等决定。同时区位优势是一个发展的概念，随着有关条件的变化而变化。

（二）横琴、前海、南沙新区区位优势分析

1. 横琴新区区位优势分析

如果将南沙、横琴、前海看成是珠三角中的金三角，那么横琴正处于这一金三角一角之顶点。横琴的区位优势主要体现为以下几点。

（1）接澳。港珠澳大桥建成后则直连港澳。横琴岛是珠海市第一大岛，该岛位于珠海市南部，珠江口西侧，南濒南海，与澳门三岛隔河相望，最近处相距200米，横琴新区是中国内地唯一与香港、澳门陆桥相连的地方。这样独特的区位优势，既可以为横琴新区利用港澳的各种发展资源实现创新发展提供便利，又可以为港澳实现可持续发展提供更广阔的发展空间。

（2）便捷的交通。横琴距香港仅34千米，港珠澳大桥通车后，香港到横琴的时间将只有半小时，横琴新区与澳门隔河相望，一桥相连，最近处相距不足200米。横琴将成为港澳高端服务业进入内地的"桥头堡"和港澳人生活的"后花园"。随着港珠澳大桥、广珠城际轨道延长线、太澳高速、京港澳高速、金海大桥、横琴二桥等交通项目的推进，横琴新区将与全国直接相连，与港澳直接相通。半小时车程内横琴拥有澳门、珠海、香港三大机场，2小时内可达广州、深圳在内的五大国际国内机场。除此之外，横琴在水运方面也极为便利，与珠海高栏港、深圳盐田港、广州南沙港、香港维多利亚港相距不远。

（3）资源与环境。在土地资源方面，横琴土地总面积106.46平方千米，其中未建设土地占总面积的90%多，是珠三角核心地区最后一块尚未开发的"处女地"。同时，国家已经批复在横琴岛南部填海27.9平方千米，为横琴下一步发展提供了土地保障。在生态环境方面，横琴拥有保存完好的海洋、森林、湿地三大生态系统，不但为旅游业发展提供了良好条件，也为休闲居住提供了好去处。

2. 前海新区区位优势分析

前海新区依托于我国最大的经济特区城市深圳市，距香港这个我国对外经济联系与合作的重要窗口与平台很近，水陆空交通十分方便。前海新区的区位优势主要有以下几点。

（1）临港。前海最大的区位优势就是临近香港。一方面，前海可以充分利用香港的各种资源实现自己的快速发展。香港作为国际金融、贸易、航运中心，是全球服务业最发达的地区之一，服务业占 GDP 比重 92.3%，服务业贸易出口总值位列全球城市前 10 名。而深圳服务业发展迅猛，服务业的基础和综合实力不断增强，服务业增加值占 GDP 的 53.2%，已具备了和香港在较高水平上合作发展的能力。另一方面，前海为香港相关产业的发展提供了进一步发展的空间，为保持香港的繁荣稳定和可持续发展提供支持。

（2）交通优势。前海位于珠三角区域发展主轴与沿海功能拓展带的十字交汇处，紧邻深圳、香港两个机场、深圳—中山跨江通道、深圳西部港区和深圳北站，广深沿江高速公路贯通其中，南坪快速路、滨海大道等高快速公路穿过该区域，穗莞深城际线、深港机场连接线、深圳地铁 1 号线、地铁 5 号线、前海枢纽站等铁路、地铁交通设施将在这里与整个珠三角紧密地联系在一起，在珠三角一小时和香港半小时交通圈内，具备良好的海陆空交通条件和突出的综合交通优势。

（3）资源禀赋优势。前海所在的深圳市是我国最大的经济特区城市，是珠江三角洲和中国大陆经济最活跃的地区之一。深圳市经济总量位居中国大中城市前列，是中国内地经济效益最好的城市之一，其人均 GDP、外贸出口额、专利申请量等各项指标均居全国各大城市之首。雄厚的经济实力为前海的开发和建设提供了强有力的支撑。除此之外，深圳产业基础雄厚，一些产业优势和竞争力突出，各类人才荟萃，科技创新能力较强，这些优势为前海的开发建设和创新发展提供了较为优越的环境和条件。

3. 南沙新区区位优势分析

南沙新区位于广州市最南端、珠江虎门水道西岸，是西江、北江、东江三江汇集之处；东与东莞市隔江相望；西与中山市、佛山市顺德区接壤；北以沙湾水道为界与广州市番禺区隔水相连；南濒珠江出海口伶仃洋。地处珠江出海口和大珠江三角洲地理几何中心，是珠江流域通向海洋的通道，连接珠江口岸城市群的枢纽，广州市唯一的出海通道，距香港 38 海里、澳门 41 海里。南沙新区的区位优势主要有以下几点。

（1）靠近省会城市。这样的区位优势，对于南沙新区的开发建设和未来发展可以产生几方面的支撑作用：一是广州作为省会城市，经济体量最大，经济实力最强，可以为新区建设提供更多的经济和财政方面的支持，特别是在新区建设的初期，基础设施建设投入巨大，广州市在这方面的大力支持奠定了新区未来发展的坚实基础。二是在人才需求方面，广州作为人才荟萃之地，不但各类人才基数较大而且类型较全，无论是管理型人才，还是技术型人才，都是新区建设所必需。在这方面，南沙新区具有得天独厚的优势。三是在技术支持和创新方面，广州市汇集了众多的科研院所，一些科研院所在科研与创新方面实力较强，并且在国内这方面排位较为靠前。另外，广州市产业门类齐全且起步较早，一些产业或企业人才储备和技术积淀也较为深厚。这些资源优势，在新区未来建设和发展中会发挥越来越大的作用。

（2）交通优势。南沙新区位处珠三角的核心位置，交通极为便利，拥有水陆空全方位的交通优势。南沙地区是区域性水、陆交通枢纽，水上运输通过珠江水系和珠江口通往国内外各大港口。海上距香港只有 38 海里，距澳门也仅有 41 海里。同时，南沙是广州、深圳、珠海"A"字形高速公路和轨道交通的横轴。业内人士认为，南沙得天独厚的海陆空位置，使其成为连接珠三角两岸的交通枢纽。

（三）横琴、前海、南沙新区区位优势比较

横琴、前海、南沙新区的区位优势，可以简单概括为：横琴接壤澳门，即"接澳"。前海临近香港，即"临港"。南沙背靠省城，即"靠省"。

从地理位置来看，横琴与澳门仅一河之隔，近在咫尺。这样的优越位置，一方面，横琴的建设和发展可以充分利用澳门的各类资源。澳门在资

金、信息、技术和人才方面具有一定的优势，只要政策允许和达成共识，横琴就完全可以利用这些资源实现自己的快速发展。另一方面，由于澳门的发展空间有限，保持澳门的繁荣稳定和可持续发展必须拓展新的发展空间，而横琴正可以为澳门的发展提供这样的空间，为澳门的产业多元化和投资开辟广阔空间，为澳门的繁荣稳定和可持续发展发挥重要作用。

前海具有"临港"的最大优势：一方面，香港的各类优势资源可以为我所用。香港是一定地域范围内的金融中心、航运中心、信息中心，技术和人才方面也有很大优势，特别是服务业较为发达，而前海的战略定位即是深港现代服务业合作。相信前海新区在这方面一定会站得更高、走得更快。另一方面，香港可以借助前海的开发，为其各种发展资源拓展新的发展空间，保持香港的繁荣稳定和可持续发展。此外，前海可以充分利用香港这个平台，积极吸纳海外各种发展资源，不断延伸海外业务。

南沙的最大优势就是"靠省"。这样的优势：一是南沙新区的行政级别和相应权限大于或高于横琴和前海新区，而且定位为国家级新区，许多事宜由国家发改委负责牵头协调；二是南沙新区的创新发展可以充分利用"靠省"而具有的丰富而多样化的各类资源，这为新区的建设和发展提供了坚实的物质保障和丰富的人力资源保障。

从交通便利性方面看，南沙拥有水、陆、空全方位优势，而前海次之，横琴为岛，难以做到四通八达，但城轨延伸线和港珠澳大桥建成后，其交通便利性会得到极大提升。

从各类资源禀赋来看，横琴、前海、南沙三个新区，南沙面积最大，发展的空间最大，恰如一张白纸，可以描绘出各种美丽的图画。除此之外，南沙的各类资源禀赋和可以利用的资源丰富而多样，具备了良好的发展基础和条件。横琴在三个新区中面积居中，前期开发力度有限，土地等资源供给宽松，自然生态环境良好，后发优势明显，完全能够满足其战略定位的各项需求。前海面积最小，但战略定位明确而单一，深圳市对前海的开发投入最大。由于背靠深圳这个我国最大的经济特区城市，各类资源禀赋和可以利用的各类资源优势明显，具备了良好的发展前景。

四　横琴、前海、南沙新区产业发展的长远谋划

（一）横琴、前海、南沙新区的产业布局

总体而言，横琴新区立足于粤澳合作，建设文化教育开放先导区和国际商务服务休闲旅游基地。前海新区立足于粤港合作，建设我国金融业对外开放试验示范窗口、世界服务贸易重要基地和国际性枢纽港。南沙新区立足于粤港澳合作，建设以生产性服务业为主导的现代产业新高地和具有世界先进水平的综合服务枢纽。

（1）横琴新区主要立足于加强区域协作，坚持走高起点、国际化和高端化的道路，充分发挥粤港澳合作优势，大力引进港澳和国际的高端人力及服务资源，着力培育以高端服务业为主导的产业，重点鼓励发展商务服务、休闲旅游、科教研发、高新技术等产业。鼓励创新成长，加快推进产业结构转型升级，大力培育具有自主知识产权的高新技术企业集群；区分鼓励发展、禁止和限制发展两类产业，分类指导，与周边地区形成错位布局、协调发展的格局。未来的主要发展方向是充分发挥毗邻澳门的优势，重点发展旅游休闲健康、商务金融服务、文化科教和高新技术等产业，建设文化教育开放先导区和国际商务服务休闲旅游基地，打造促进澳门经济适度多元发展的新载体。

（2）前海新区主要依托深港比较优势，充分发挥香港国际经济中心的优势和作用，进一步深化粤港紧密合作，利用前海粤港合作平台，推进与香港的紧密合作和融合发展，集中优势资源，发展总部经济，促进现代服务业的集聚发展，以现代服务业发展促进产业结构优化升级，把前海深港现代服务业合作区建设成为全国现代服务业的重要基地和具有强大辐射能力的生产性服务业中心，引领带动我国现代服务业发展升级。未来的发展方向主要是充分发挥连通深港的优势，重点发展金融、现代物流、信息服务、科技服务等高端服务业，建设我国金融业对外开放试验示范窗口、世界服务贸易重要

基地和国际性枢纽港。

（3）南沙新区立足广州、依托珠三角、连接港澳、服务内地、面向世界，大力推动粤港澳科技联合创新和重大科技成果产业化，促进战略性新兴产业跨越式发展，构筑开放型、国际化的区域创新体系，强化与港澳在现代服务业领域的合作，提升区域产业核心竞争力，充分利用临港区位优势，加速先进制造业发展，引导产业高端发展，打造以生产性服务业为主导的现代产业体系，提升综合服务功能，把南沙新区建设成为粤港澳优质生活圈、新型城市化典范、以生产性服务业为主导的现代产业新高地、具有世界先进水平的综合服务枢纽、社会管理服务创新试验区，打造粤港澳全面合作示范区。未来的发展方向主要是充分发挥南沙新区港口岸线资源丰富、与港澳合作紧密的优势，重点发展航运物流、特色金融、国际商贸、高端制造等产业，建设以生产性服务业为主导的现代产业新高地和具有世界先进水平的综合服务枢纽。

（二）横琴、前海、南沙新区产业定位与产业布局解析

综观三新区发展规划，不难发现，无论从产业定位还是在产业布局上，各区高度重叠，由此带来的区域内同质化竞争压力不容忽视。为避免区域趋同性带来的恶性竞争风险，各新区更应注重培育发挥独特优势，既形成差异化错位发展优势，又共同提升区域核心竞争力。

1. 横琴新区产业定位与布局解析

横琴新区以高端服务业为主导产业，通过建设若干功能区域，打造相关平台和基地，完善承载有关产业的载体，在此基础之上，重点鼓励发展金融服务、商业贸易、信息服务、外包服务、休闲旅游、研发设计、教育培训、文化创意与高新技术九大产业。

2. 前海新区产业定位与布局解析

前海新区重点发展现代服务业为主导产业，通过制度创新、先行先试的方式，推动金融服务、现代物流、信息服务、科技服务、专业服务、公共服务等多个产业集聚发展，促进珠三角地区产业结构优化升级，提升粤港澳合

作水平，努力打造粤港现代服务业创新合作示范区。

3. 南沙新区产业定位与布局解析

南沙新区将生产性服务业作为主导产业，以科技创新中心、商业服务中心、教育培训基地、先进制造业基地为主要载体，发展科技创新平台、科技服务、文化创意与工业设计、高端商贸与专业会展、特色金融与专业服务、服务外包、总部经济、教育培训、汽车、船舶与海洋工程、高端装备、新一代信息技术等优势产业。

（三）产业定位与布局对新区创新发展的重大意义

1. 有利于推动中国新一轮高水平开放、高标准改革和高质量发展

中国要想在未来的国际贸易规则中不被边缘化，就需要把高标准的一整套自由贸易区的游戏规则在境内一定范围内进行试验，将其变成倒逼我们高水平开放的压力，这是自由贸易试验区的全国战略意义。目前，国家正以"一带一路"为中心，构建全球化高标准的自由贸易区，那么，上海、广东、福建、天津的试点，很重要的意义就是要为国家打造新一轮的全面深化改革的高地。

2. 有利于在"一国两制"框架下，推动粤港澳全面合作，促进港澳长期繁荣稳定

粤港澳地区是我国的重要国际门户，在"一国两制"框架下，推动《关于建立更紧密经贸关系的安排》深化实施，推进粤港澳紧密合作是提升我国区域合作水平的重要内容。通过培育区域性现代服务业中心，打造粤港澳合作新载体，有利于珠海横琴、深圳前海、广州南沙优势互补、错位发展，进一步发挥粤港澳三地比较优势，促进粤港澳全面、广泛、深入合作，推动要素高效集聚和合理流动，实现与港澳服务贸易自由化；有利于推动形成错位发展、层次分明、协作有序的区域协调发展格局，促进香港持续提升国际竞争力、澳门经济适度多元化发展和珠三角经济一体化，推动大珠江三角洲建设世界先进制造业和现代服务业基地，进一步发挥先行示范和辐射带动作用，共同打造亚太地区最具活力和国际竞争力的城市群。为维护香港、

澳门的长期繁荣稳定，实现两地的共同繁荣发展发挥更大作用。

3. 有利于以现代服务业促进产业转型升级，构建开放型经济新格局，培育参与全球竞争新优势

大力发展现代服务业，是加快经济发展方式转变的有效途径。利用香港服务业发达的优势，着力加强与港澳合作，在珠海横琴、深圳前海、广州南沙发展现代化、高水平、生产性的服务业，围绕主导产业，重点发展金融服务、现代物流、信息服务、外包服务、科技服务、专业服务、教育培训、文化创意、研发设计、公共服务、商业贸易、休闲旅游等产业，引进和培育一批具有国际影响力和区域服务能力的生产性服务企业，形成功能突出的现代服务业集聚地。同时，发展现代服务业对于促进珠三角世界级制造业基地转型升级起着重要的积极作用，通过现代服务业的配套与支撑，加快传统制造业向先进制造业转型，形成电子信息、物联网、云计算、生物医药、新能源、节能环保、数控设备、深加工装备、航空制造、汽车、船舶与海洋工程等高端产业的集群化发展，形成现代服务业和先进制造业双轮驱动的现代产业体系，从而加快转变经济发展方式，不断提升我国国际竞争力和影响力。

五　横琴、前海、南沙新区社会管理制度创新比较及横琴社会管理前景分析

新区社会管理创新方面存在的问题和相关对策建议包括：横琴社会管理基础薄弱，是典型的农村型社区管理，目前主要在以下几个层面存在社会管理问题。

一是政府社会管理层面的问题。新区管理委员会对未来横琴的社会管理应该管什么、怎么管和管到什么程度等问题还缺乏科学和成熟的理解；政府在社会治理中任重道远，"党委领导、政府负责、社会协同、公众参与"的社会管理格局还远未形成；管理职能部门承担的任务繁重而人力资源短缺。

二是社会服务管理层面的问题。近年来珠海在文体科教方面对横琴投入不足。横琴全区只有一所区立九年制学校，暂无幼儿园。全区没有电影院、

体育场。缺乏一个普适性及长远性的社会保障及福利制度。面对复杂的社会治安状况，新建治安机构有待进一步磨合完善。

三是基层社会组织建设层面的问题。横琴新区的社区属单一农村型社区，自组织管理的意识淡化，自运行能力弱，难以发挥社会组织应有的作用。

在现行社会管理体制下，横琴新区建设新型社会管理体制面临以下挑战：一是充分放权，保障"小政府"顺畅运作，是横琴建设新型社会管理体制面临的头道难关。随着横琴社会的复杂化，更多全新问题不断涌现，横琴要承担属地管理的职责，必然要遭遇权限的束缚。如何界定这种"大部制"机构的权力权限，如何有效地实现横琴新区社会管理部门与上级相关部门和平行部门的业务对接，这是决定横琴新区政府的运作、新型社会管理体制设计的关键问题。二是如何实现与港澳两种体制对接融合，是横琴建设新型社会管理体制面临的艰巨挑战。横琴建设需要实现港澳两种体制对接融合，并不是对港澳社会管理体制的全盘复制，而是吸收先进的社会管理经验为我所用。在横琴目前社会管理体制不健全的情况下，如何构建对接的选择与转换机制是首先要解决的问题。三是体制破冰、实现民主社会治理，是决定横琴建设新型社会管理体制成败的关键。横琴未来人口结构的复杂化决定了多元主体参与是横琴社会管理改革的必然，包括多元参与的制度性平台建设、为多元利益群体构建集体协商和利益协商机制等。四是建设政府、社会组织及居民之间的沟通协调机制，将是横琴建设新型社会管理体制的长期挑战。因此，横琴社会组织的缺位导致政府和居民之间缺少沟通协调和缓冲机制，急需开通民间通道。

前海在社会管理创新方面，探索科学的城市社会管理模式，发挥政府、社会组织和居民个人的积极性，政府发挥主导作用，社会组织发挥骨干作用，居民人尽其责。加强深港在公共管理服务领域的合作，更加注重借鉴港澳办事规则和运行机制，引进香港公共服务机构在前海设立服务平台，营造规范高效的公共管理服务环境。加强深港两地政府、法律界、公益性法定机构、工商企业界和专业服务人士之间的合作，鼓励和支持香港在前海设立平台，参与前海的管理。开展教育、医疗、社会保障等方面合作，为境外人员到内地工作和生活提供便利。制定各类吸引高层次、高技能服务业人才的配套措施，探索两地从业人员的资格互认，营造良好、便利的工作生活环境。

南沙新区经国家批复的五大定位中，有一个重要的战略定位，就是打造粤港澳优质生活圈，构建社会管理服务创新示范区，这是南沙新区创新社会管理的历史机遇。第一，抓住机遇，开创南沙新区社会管理的创新局面；第二，利用外脑，真正发挥咨询委的社会治理智库功能；第三，先行先试，探索重点领域关键环节社会管理改革；南沙新区肩负着探索发展新模式、实践社会管理服务转型等国家战略重任。围绕粤港澳全面合作的总体目标，社会管理创新任务艰巨，先行先试，探索重点领域关键环节改革创新，为社会管理服务转型杀出一条新路，南沙新区责无旁贷。理论上如何创新，实践上如何操作，法律法规与政策如何调整协调与国际惯例接轨，都需要大胆探索。

珠海横琴、深圳前海、广州南沙作为粤港澳合作的重点项目被列入国家"十二五"规划中，成为未来粤港澳合作的三个示范性区域。然而，南沙、前海和横琴同为粤港澳合作的重点区域，三者又近在咫尺，是否会形成竞争？各地分别具备哪些优势？通过对横琴、前海、南沙在开发进程、社会管理创新定位、制度创新政策比较等方面进行详细的分析与论述，积极推进三地社会管理创新，这对完善粤澳合作机制，推动粤澳深化合作具有深远的现实意义。

人才教育篇

珠海市城市发展趋势研究

——珠海大学园区、高校科研建设与城市互动发展的分析

刘嘉杰　杨　敏[*]

一　珠海市蓝海战略的背景

自 1978 年十一届三中全会做出对外开放、对内改革的决定以来，中国逐渐走上了强国之路。随着改革开放的深入，政府把科教兴国战略、人才强国战略和可持续发展战略作为三大国家级战略。伴随全球化进程，国际上发达工业国家的企业大规模进入中国市场，对我国的人才培养、科技提升和知识革新都提出了严峻的考验。为应对这一变化，国家加大对科研研发、高等教育的投入，通过各种措施促进高新产业和高等教育发展。科研机构及高等教育事业的蓬勃发展，为地方经济持续高速增长和社会进步提供了重要的人才支撑和智力保障。科研力量和高等教育质量的提高，可以为区域经济发展和科技人才方面提供重要的科技与知识资源，构建区域的可持续发展。

---

* 刘嘉杰，北京师范大学—香港浸会大学联合国际学院科研处项目主任。杨敏，北京师范大学—香港浸会大学联合国际学院科研处项目主任。

　　珠海毗邻港澳，依山傍海，自然条件优越，是我国最早设立的经济特区之一，具有独特的政策优势。珠海市在 1999 年以前，由于历史原因，高等教育发展较为滞后，科研力量相对薄弱，导致人才缺乏，企业发展缺乏充足的智力支援，一定程度上制约了城市的发展。珠海市政府抓住了 1999 年第三次全国教育工作会议关于高校扩招和鼓励高校办学的契机，放弃了 1991 年珠海市委提出的建立珠海大学的动议，改而提出了"注重引进，追求所在，走地方政府与高校联合办学"的方针。在方针政策的指导下，暨南大学率先与珠海市政府签订办学协议，建立暨南大学珠海学院。其后中山大学珠海校区、北京师范大学珠海分校、北京理工大学珠海学院、吉林大学珠海学院、遵义医学院珠海校区均先后涌现。除了引入国内优质院校办学力量外，珠海更开创粤港合作办学的先河，引入香港浸会大学的办学力量，建立联合国际学院。另外，不少高校的产学研基地也相继落户珠海，中山大学附属第五医院、遵义医学院第五附属医院、清华科技园、哈尔滨工业大学新经济资源开发港、北京大学教育科园分别坐落于珠海市的不同行政区。总体来说，目前珠海市的高校发展与科研创新具有布局合理、层次清晰、国际化高等特点。2006 年，中山大学教育科学研究所的陈昌贵教授对珠海的大学城建设进展做了一次深入调研，他指出珠海的高等教育发展能够聚集顶尖人才，汇聚各地学子拉动经济发展，并初步形成科技创新的良好城市氛围，推进科技发展和城镇化水平[①]。目前来看，对珠海高教发展和科研创新的工作的文献并不多，主要集中于对珠海市大学城建设的一些经验总结和简单分析[②]。也有少数研究，如广东省高等教育学会秘书处课题组对目前珠海大学园区发展的现状和问题做了一定分析，并且指出珠海高等教育存在办学层次偏低、科研促进力度不足而且高校与高新技术产业未能协调发展[③]。但对于如何深化互动发展关系，如何进

---

① 陈昌贵：《从珠海大学到大学珠海——从研究的视角看珠海高等教育的发展》，《高等教育研究》2007 年第 6 期。
② 梁英：《大学园区促进经济社会发展的思考》，《高教探索》2003 年第 1 期。
③ 广东省高等教育学会秘书处课题组：《珠海大学园区发展现状、问题与建议》，《中国高教研究》2012 年第 11 期。

一步借助高等教育发展及科研创新力量推动城市发展的文献至今未有发现。

本课题一方面，通过调查研究，探讨珠海市发展趋势，从高校科研发展方面提出相关建议，为珠海市高校科研建设、城市可持续发展提供理论及数据支持。另一方面，能够填补在文献上的空白，为后续的相关研究奠定一定理论基础。

二 大学园区与城市发展的研究意义

珠海是目前广东省内除广州外，高等院校和研究机构聚合较密集的城市，这点得益于珠海市领导着力发展高等教育与科技生产力的决心。但是，珠海的大学城布局相对零散，院校分布没有拘泥于其他城市建设"大学城"的传统范式——即把所有高校布局在特定区域内，形成一个相对独立的教育园区。珠海的大学城规划并没有按照这一密集的方式进行布局。相反，珠海目前的大学城构建与院校布局分布更类似于英美及欧洲部分传统意义上的"大学城"形式，即大学与城市互为融合的形式。从这一角度看，把珠海市本身看作一个"大学"城相当恰当。大学城是一种知识密集区，系指基于特定区域，具有一定规模，联系紧密，与所在城市相互依托、互动发展的高校集合体和高校单元集合导论体。其关键在于它是对教育资源的一种整合，是对教育资源与城市资源的一种整合，也可以说它是教育资源与其他社会资源的一种整合。从不同的角度看或按照不同的标准去衡量，可将大学城划分为不同的类型。不过在不同的国家对大学城的划分有不同的方法。美国高校分类复杂，但按照卡内基的高等教育机构分类标准，目前可以称得上大学城的基本上是研究型大学。而现实中美国各州的高等院校的高等教育水平差异较大，高等教育的管理体制也各不相同，使得大学城形态各异[①]。

虽然珠海的大学分布较为松散，但并不意味着资源共享、办学效率比聚集型大学城要低。相反，目前珠海采取高新园区内布局高等院校的新形式，

---

① Yin R. K., *Case Study Research*: *Design and Method*, 3rd edition, London: SAGE, 2003.

加强高新技术产业与高校科研互动关系，为进一步提升珠海市的技术产业升级发展，奠定了基础。"高校科研发展与城市互动发展"是一个较新的理论课题和现实问题，尤其在我国更是如此。它具有学科交叉的特点，涉及理论相对较广，这也决定了在方法的运用上也应该灵活多样。鉴于此，本调查研究在方法论的视角上，把大学与高新区融合这一布局不仅看作教育产业的一个层面，看作高等教育的一种制度安排，而且看作城市产业链上的一个重要环节，看作教育产业和城市产业的一种特殊的企业集合体。从上述特点和视角出发，本文在研究分析中综合运用了城市经济学、教育经济学、产业经济学、高等教育学、产学研三螺旋等的相关理论，通过规范分析与实证分析相结合的方法，从较深的层次上来探讨和揭示大学城与城市互动发展的规律性。

本调查研究，主要有几个理论与实践意义。

（1）为大学城、高校科研建设与城市互动发展提供一个理论框架。

高校建设与城市之间从客观上讲肯定是互动的，彼此之间的依存度日益增强，这一点恐怕没有人怀疑。但在目前珠海大学园区的有效性和有限性是怎样的、它与城市的互动呈现什么样的状况、有什么样的规律？政府在大学园区科研建设过程中，应当扮演什么样的角色，从而推动高校与区域发展良性互动？这些都是本文的核心性问题。围绕这些核心问题，本调查研究首先系统分析了大学的布局及"大学"城的性质与特征、优势与劣势、产生与发展的根据和未来的趋势，分析了大学园区对我国教育事业的作用与影响，大学园区对城市生存模式和城市化的作用与影响，双向考察了大学与城市之间的互动效应（其中包括互动经济效应）、综合贡献率以及互动发展的成本与收益等若干理论问题，从中展示了大学园区与城市互动发展的规律和图景。在此基础上，结合实证考察（以珠海大学园区内的北京师范大学—香港浸会大学联合国际学院为例），对珠海的高校科研建设及其与城市互动发展过程中存在的问题进行分析，提出了倾向性的政策建议。

（2）在分析视角和理论方法的运用方面具有创新性。

本文借鉴西方的产学研三螺旋理论、创业型大学构建理论等思想，结合

70 年代兴起的社会资本理论，把大学园区作为一种新型的城市资源与教育资源的组织形式与整合方式，来重点考察其对一个城市（或区域）社会资本积累的功效。然后，用审慎建构的理念论证了地方政府在这一建构过程中的作用。这是一种比较新型的混合式研究视角，能够为政府决策提供不同维度的参考。

本研究对象是珠海高校发展及科研创新与城市发展的协调互动关系。本研究摒弃对于大学城自身建设及其特性的重复论述，更多集中于探讨高等教育与城市互动发展的关系和对高新技术产业带来的影响。调研报告的结果，将能够直接服务于珠海市高等教育发展与改革、高新技术产业布局规划及城市发展趋势掌握的决策参考。

三　本文研究框架

本研究的逻辑框架大致如图 1 所示。

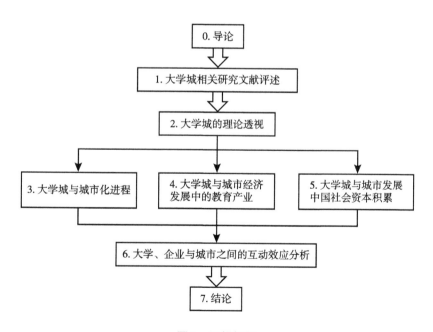

图 1　逻辑框架

四　大学城（高教园区）社会功能评析

系统论述大学城、高校科研建设与城市的互动发展关系的专著尚未出版。现有的研究成果主要体现在四个方面。一是就大学城建设，大学城的性质、特征、形式、功能等方面进行概括和分析。这一成果往往只局限于大学城本身，而对大学城与城市的互动发展关系却基本没有涉及或只是一带而过。二是从教育经济学和教育管理学的角度研究阐发教育与经济社会发展的关系，或者从多层面对教育功能进行研究，从中体现出大学城对经济社会发展的影响。或者把教育作为产业进行分析研究，从中分析大学城对区域经济或城市的建设发展带来的影响。三是从城市经济学或区域经济学的角度开展研究中涉及包括大学城在内的高等教育的作用和影响。美国经济学教授阿瑟·奥沙利文（Arthur O´Sullivan）由于长期教授中级微观经济学和城市区域经济学，他的某些理论有一定代表性[①]，可资借鉴，但他涉及的主要是教育，并非研究大学城与城市的互动发展关系，因而也就谈不上系统性。四是从不同经济学分支的角度涉及对教育与经济社会发展关系的研究探讨，从中提及大学城的作用与影响，但绝非专门的论述，同样不够集中。

（一）大学城的形成与发展

在国外尤其是在大学城发源较早、西方经济学理论又具有代表性的英国、美国等欧美国家的学者中，对大学城及其与城市互动发展关系的专门研究至今没有展开。相比之下，我国学者随着大学城在我国的迅速崛起反而对大学城的研究成果相对丰盛。但部分研究成果并没有把大学城与城市的互动发展关系作为专门的研究对象，而是局限于研究大学城本身，而且到目前还没有专著出版。尽管如此，我国学者对大学城的研究毕竟在现阶段是具有代表性的。本研究，采用比较研究的文献回顾方式，以中国学者的前期研究为

---

① 阿瑟·奥沙利文：《城市经济学》（第六版），北京大学出版社，2014。

基础，结合西方学者的相关观点进行分析评述。

高等教育经受着全球化和新自由主义思潮的剧烈影响，我国也不例外[1]。大学发展越发趋向于大众化和市场化。由于扩招的需要，大学原址在空间上已无法容纳激增的学生数目，而大学城整好能够解决学校发展的空间需求。张小良、唐安国认为，"独立与共享"是大学城的重要内涵，是贯穿整个大学城从规划、筹建到发展的灵魂[2]。大学城的构建是基于一种全新的办学理念，即"各高校相对独立，而教学资源共享"。这一办学理念，不仅体现了现代教育的发展观和效率观，也反映了现代教育的人才培养观；不仅体现了大学所有权与办学权的分离，建立社会化、开放式的人、财、物管理新体制以及多元化的投资体制，更为主要的是这些已在民办高等教育发展中被人们所关注的"活体制、活机制"如何在大学城中生根、发芽，为资源共享搭建一个相互可以对话与合作的教育平台，实现"各高校相对独立，而教学资源共享"。"它的意义不仅仅是高校后勤社会化的范畴，应该成为不同校风、学风和文化的融会地、教育教学的改革试验田"[3]。

而在新自由主义及全球化的影响下，中国高校也向着创业型大学转型。伯顿·克拉克最先对创业型大学做出系统论述，并且指出创业型大学的转型需要具备五个要素：强有力的驾驭核心、被拓展的发展外围、多元化的资助基地、激活的学术心脏地带和整合的创业文化[4]。大学城，在资源互补，发展空间和多元化学术交流上有着非常大的便利。因此，大学城内的高等院校，在开展校企合作，科研协助上有巨大优势[5]。

---

[1] 李立国、陈露茜：《新自由主义对于高等教育的影响》，《清华大学教育研究》2011 年第 1 期。

[2] 张小良、唐安国：《独立与共享：大学城的运行目标与路径》，《教育发展研究》2005 年第 5 期。

[3] 《大学共担全民素质教育的社会责任——东方（华北）大学城现象探寻》，《光明日报》2002 年 9 月 12 日第 4 版。

[4] Clark B. R. *Creating Entrepreneurial Universities：Organizational Pathways of Transformation*, Emerald Group Publishing Limited，1998.

[5] 何心展、张真柱：《大学城对高等教育与区域经济协调发展的促进作用》，《宁波大学学报》2002 年第 1 期。

（二）大学城与城市发展

大学城对城市的可持续发展起着重要作用。庄若江认为，大学城的规划建设对一个城市功能的完善，层次的提升，乃至经济的发展、人才的聚集，都有明显的作用①。首先，大学城的设立，是完善现代城市创新功能的需要，它使城市在布局上更趋合理化、科学性、前瞻性，使城市功能更完整、更完善，大片区地块的统一规划和建设，使城市的布局打破了原有的范式和棋盘式格局，大大延伸了城市的骨架，形成了现代化城市新的卫星城格局。它的建成将有效地改善城市形象、提升城市品位。其次，大学城是城市的一座吸纳、储备、培养、输出人才的大型人才库，是城市聚集文化精英人才、高层次科技人才的大本营，是构建城市人才高地的基础，对提升城市文化水准和审美品位也有着一定的影响。最后，大学城的建设可以令周边土地资源实现价值的最大化，提高周围地区的投资回报率；另外，高校管理体制改革后学校后勤实施的社会化还可以消化部分城市富余劳动力，解决一部分人的二次就业问题。

杨天平、陈小东认为，大学城对城市的功能可以分为如下几个方面。

（1）大学城完全改变了城市的人口结构、生活方式和产业结构。大学城是以教育产业活动为主，并辅之以与教育相关的科学技术和科学研究产业，进而形成连锁的教育产业链条或教育生态圈层。

（2）大学城具有完全不同于一般城市及大学的主体和构成单元。它的发展有利于智力与资金、科研与生产的结合，具有培养人才和输送技术的双重功能，同时提升了城市的文化品位。

（3）大学城拓展了大学的功能和作用，强化了城市的教育功能。大学和科研机构作为经济和社会发展的中心，通过大学城实现了产学研的相结合，最终实现国民经济的快速发展，这在发达国家已经成为现实。因此，大学城不仅具有一般城市继承传统文化的功能，而且还创造文化与知识，并发

---

① 庄若江：《"大学城"建设与城市可持续发展》，《江南论坛》2003 年第 8 期。

展社会文化①。

宋东林、侯青从大学城的角度入手，对硅谷奇迹的产生原因进行了探索。他们认为，尽管硅谷奇迹产生的动因是多方面的，但其根本性原因是，硅谷被构建成了一座知识开发城，是一个大学城与高技术产业区的融合体②。通过对硅谷中高新企业与大学之间在产业结构与学科结构动态协调、高校注重创业知识与创性精神的培养、硅谷内高校培养人才的方向主要是面向企业、企业与高校相互从对方获得资金、高校承担着科技企业"孵化与催化"的功能、高校与企业在人才培养方面的合作等几个方面的具体论证，对大学城与高技术产业区之间的互动效应进行了较为全面的分析。

在前面分析的基础上，宋东林、侯青进一步提出构建我国高新区与大学城融合体的措施③。强调要使我国的大学城、高新区更快速地发展壮大，更有效地推动教育、科技、经济与社会的发展，必须构建两者的融合体，必须充分发挥两者的互动效应。依据我国的现实状况，并借鉴硅谷的成功经验，提出两者应该实现地域、"血缘"、产业结构与学科结构，以及人员、技术等全方位的融合。

（三）大学城与科研建设

由于全球化的日益加剧，各国在高等教育和高校科研的资助上日益减少。我国由于处于经济的上行期和转型期，政府对于高效和科研的支持力度相较其他国家来看还比较充足。但是由于高校和科研机构数目众多，国家投入的科研经费又优先支持 985 项目和 211 项目高校，大学的分层现象也逐渐形成。不少地方高校，为了维持自身的科研发展，需要大力寻求不同的科研经费支持，而其中与工业、企业合作开展科研是最为有效的一种方式。胡蓉

---

① 李立国、陈露茜：《新自由主义对于高等教育的影响》，《清华大学教育研究》2011 年第 1
期。
② 杨明：《中国教育实力在世界的位置》，《教育评论》1999 年第 52 期。
③ 杨明：《中国教育实力在世界的位置》，《教育评论》1999 年第 52 期。

指出大学城起着汇集高校、促进知识共享和学术交流等多种作用[①]。在科研建设上看，大学城的存在能够使学校在课题选择、开展和执行中深刻合作，通过共同研究，加强研究人员的交流与合作，从而促进彼此院校的科研水平。目前珠海市大学园区，涵盖有各类层次的高等院校和科研机构，这特征使得珠海的大学园区更具多样性和活力。而且在科研建设上，能够结合学校的办学、研究特长各有偏重，出现百花齐放的局面。

但是珠海市高教园区，也存在着资源共享效率不高的问题。罗梦娜等认为目前大学城的资源共享问题上存在着相当大落差，不少院校的实验室和科研基地各自为政、互不开放[②]。希望通过这种布局汇集方式来达到共同实验、分享知识的良好愿望较难落实。而珠海市相关领导部门，可以通过政策调整、共同投资试验仪器等方式来鼓励高校园区的大学共享相关的软、硬件。珠海市高新区也可以开展校企合作平台，让双方都能够获得更多资讯和研究信息，提升整体科研建设的效率。

（四）大学城与区域经济建设

一座城市，在高校的点缀下，经济、文化及管理水平的发展上将更为持久且更有活力。这种可持续性，得益于良性互动效应的形成。何心展、张真柱认为大学城的兴建与区域经济的发展存在良性互动效应[③]。作为一种新的大学组织形式，大学城有其自身的特征，大学城与发展区域经济密不可分。他们的研究从社区管理政府化、教育资源共享化、基础设施市政化、成果转让当地化、师生生活社会化、运转机制市场化等几个方面入手，分析了大学城的功效。大学园区能够提升一个城市的文化品位和科研水平，高素质人口也决定了城市未来发展更高的出发点。

---

① 杨明：《中国教育实力在世界的位置》，《教育评论》1999 年第 52 期。

② Mowery D. C., *US Post-war Technology Policy and Creation of New Industries*, in *Creativity, Innovation and Job Creation*, Paris：Organisation for Economic Co-operation and Development，1997.

③ 何心展、张真柱：《大学城对高等教育与区域经济协调发展的促进作用》，《宁波大学学报》2002 年第 1 期。

何心展、张真柱还强调，大学城建设将促进当地高等教育的大发展，并带动区域经济的联动发展①。结合前人的研究，本研究发现，珠海市有以下途径可以促成这种良性互动效应的产生：第一，大学城建设将影响中心城市的发展定位以及产业发展。这包括如下两个方面：一方面应通过大学城建设来推进城市的扩展和资源开发；另一方面要依托大学城中高校集中的优势来发展当地的高新技术产业，把大学城建设与科技园区建设相结合，促进产业发展。第二，应以大学城所产生的互动效应为契机，联动推进区域经济、文化、社会的发展。大学城的核心是高等教育，大学城以其开放、共享的特点以及产生的集聚、辐射、互动效应，将大大推进大学城与所在城市的共同发展。

五　高等教育发展

近年来，珠海市政府部门对于高新技术、产业革新等投入巨大支持。从珠海城市发展趋势看，高等教育成为新的支柱产业是其社会发展的必然趋势。这主要体现在以下四个方面。

1. 高等教育成为支柱产业是知识经济发展的必然趋势

知识经济替代工业经济是一次划时代的新的产业革命，对社会的影响远比工业经济替代农业经济的意义更深远，更重大。知识经济的到来，将从根本上改变人类的生产方式、工作方式、学习方式、生活方式和思维方式。在知识经济的条件下，知识、技术成为主要的生产要素和社会财富的主要源泉，知识的占有量直接决定着财富的拥有量与权力的大小。与知识经济密切相关的高等教育，承担着知识的学习、传播和再生产的任务，自然要受到知识经济的深刻影响，其规模与方式会不可避免地发生巨大变化。在我国，原有的知识生产和再生产知识的速度、规模、形式、内容，都已无法满足时代

---

① 何心展、张真柱：《大学城对高等教育与区域经济协调发展的促进作用》，《宁波大学学报》2002年第1期。

的需要，必须进行超常规发展。无论是大规模地生产知识，还是大规模地再生产知识，都需要高等教育由精英化向大众化转移。由此可见，大力发展高等教育，使之尽快大众化，让高等教育成为新的支柱产业，是知识经济发展的必然趋势。

2. 高等教育成为新的支柱产业是经济发展要求教育与其相适应的必然结果

经济基础决定教育发展的水平，教育发展水平又反作用于经济的发展。我国过去长期实行的是计划经济体制，受其影响，高等教育也是实行纯粹的计划管理体制。人们接受高等教育的机会与享受物质产品的机会一样短缺。但在世纪之交，当我国经济体制已逐步转向市场经济，物资由短缺变为相对过剩之时，高等教育还在按计划经济体制的模式运转，其弊端与不适应性日渐暴露。充满生机的社会主义市场经济体制，已从多方面发出信号，要求高等教育转轨，与之相适应。首先，从存量上看，我国的高等教育发展水平与经济发展水平极不相称。据联合国教科文组织对 70 多个国家和地区 90 年代初受过高等教育人数在人口中所占的比例的调整，低收入国家按人口加权的平均值为 2.7%，下中等收入国家为 8.8%，而中国仅为 2.0%，只有低收入国家水平的 74%。这充分说明，我国高等教育的存量无论是与发达国家相比，还是与世界平均水平相比，甚至与低收入国家相比，都严重不足。其次，从增量上看，我国高等教育发展水平与经济发展水平也有很大的差距。1998 年是我国高校招生规模在原有基础上具有突破性发展的一年，但普通高校本专科也仅招生 108.36 万人，约占同龄人的 5%。这样的比例不仅低于韩国的 55%、台湾的 39%、香港的 20%，甚至大大低于经济发展水平与我们接近甚至低于我们的印度（8%）、泰国（19%）①。我们的存量本来就先天不足，再加上增量又不够，这必将进一步加剧高等教育发展水平与经济发展水平不协调的矛盾。另外，从产业结构和劳动力资源的配置结构演进的趋势来看，在由低收入国家向下中等收入国家发展的过程中，劳动力资源配置结构将出现显著而深刻的变化，社会对高素质劳动力和专门人才需求的数

---

① 杨明：《中国教育实力在世界的位置》，《教育评论》1999 年第 52 期。

量将急剧扩大。我国经济目前正处在这一关键性的教育成长级之中，产业结构和劳动力资源配置结构面临着质的突变。高等教育如果不能主动适应产业结构调整这一方向，如果不能面对经济的集约化发展，尤其是高科技农业产业、技术密集型第二产业和智力密集型的第三产业，提前造就大批高级人才，我们高等教育就会贻误中华民族经济发展的良机。

3. 确立高等教育支柱产业地位是应试教育向素质教育转轨的迫切要求，是珠海市教育改革尝试的新方向

素质教育就是以提高国民素质为根本宗旨，以培养学生的创新精神和实践能力为重点的教育。而应试教育是一种以获得高分升学为出发点、着力点和归宿的教育。后者是单纯为应付考试的教育，以传授已有的知识为中心，重视演绎法而忽视归纳法，不重视培养学生的创新精神，刻板划一的教育模式营造的环境极易扼杀学生的创新欲望和能力。以升学为根本出发点的应试教育，注定了它是一种就高不就低、为少数牺牲大多数的淘汰教育，是一种使大批受教育者有失败感的失败教育。理论界呼吁应试教育向素质教育转轨已有十多年了，家长、学生和教师期盼素质教育也有十多年了，教育行政部门也抓了十多年，但这个问题还是越演越烈。出现这种教育理论与教育实践完全背离的现象，深层的原因是普通高中和我国高等教育发展不足，造成供求比例严重失调。可见，实现应试教育向素质教育全面转轨，唯一的选择就是大力发展高等教育，使高等教育成为新的支柱产业，尽快改变由于高等教育发展不足造成供求比例严重失调的问题。

4. 确定高等教育支柱产业地位是与国际高等教育接轨的迫切需要

在中国，大学是否可称作企业还是一个尚在争议中的问题，而在许多经济发达国家，大学早已实现了公司化运作，高等教育早已成为支柱产业。大学虽然不以生产物质产品为主，但它仍有经济功能，能够将一定的经济资源（劳动、资本、土地等）组合在一起，提供高等教育服务，满足社会对高等教育的需求。按照市场经济的理论，这就是企业行为。

在美国的经济体系中，大学不单是产业，而且是一种基础产业、先导产业、支柱产业。美国大学的总产值（总收入）超过2000亿美元，占美国的

GDP 的 3% 左右。到美国留学的外国留学生，每年带进美国的学费和生活费就达 75 亿美元，这使得美国的大学产业成为美国对外贸易中的第五大服务产业。美国总共有近 4000 所大学，在经济和法律的意义上，每一所大学都是一个经济实体，是一个公司。在美国，不仅可以把大学办成公司，而且可以办成为上市公司，获得可观的利润。在英国，高等教育也是作为支柱产业来办。据官方统计，以留学生为主的英语教育，每年就可以为国家赚取外汇 10 亿英镑，高等教育有效地弥补了因英镑升值造成的出口贬值。

由于经济发达国家把高等教育当成支柱产业来办，国内生源还满足不了其产业扩张的要求，他们就千方百计吸引国外生源。这些国家尤其看好中国这一潜力巨大的高等教育市场，如英国的首相布莱尔就明确要求英国的大学校长关注中国市场。目前不少国家还在不断加大在中国招收留学生的力度。珠海市率先引入香港浸会大学的办学力量，在高新技术园区内建立北京师范大学—香港浸会大学联合国际学院，正是顺应教育面向国际化的实际需要，采取中外合作办学模式，引入外方办学力量，从而使得珠海市的高等教育选择更为多元，能够吸引更多希望接受西方教育的学生留在国内，来到珠海学习。所以说，珠海在推进教育产业化、国家化和生产化的策略上，已经取得较好成效。

六　珠海未来发展趋势——构建社会资本

（一）大学及高新园区的科研建设

社会资本归纳为两种形态：一种是由于历史的、文化的因素而形成的，可以称其为演进型的社会资本。欧洲学习型区域的社会资本大都属于此类。另一种形态的社会资本是通过从事相关联经济活动的企业，在相互交往、相互促进的过程中构筑起来的，可以称其为构建型社会资本。

社会资本的第二种形态使我们可能通过有限的构建去促进其发展进程。正如斯蒂芬·科恩与加里·菲尔德斯强调的那样，对北美来讲，社会资本的欧式定义主要着眼于历史的、文化的理解，在实际功效上是有限的。在成功的北美区域经济中，如硅谷，社会资本扎根于一种协作性的伙伴关系中，该种关系源于对各种与创新及竞争相关的经济性、制度性目标的追求。它生长于互动企业之间的协作网络，实质上，维持他们的创新优势，实现彼此的自我利益，才是这些企业进行互动的真实驱动力①。

许多研究表明，在硅谷，社会资本网络立足于一种建设性互动，该互动存在于一系列具体的社会机构或经济参与者之间。组成这些网络的原则性要素包括：核心研究型大学，如斯坦福大学、加州伯克利分校等。这有助于加强与外部企业的联系，这些企业能够采纳或商业化其研究项目的成果；美国政府机构，尤其是在形成期，为硅谷核心创新背后的关键性研究提供了资金支持，甚或更重要的是，作为它的成果的第一使用者，保证了对成果的需求[15]；风险投资公司的史无前例的集中，这一方面为创新的启动提供了必要的资金来源，另一方面作为拥有许多技术专家及管理专家的智囊团，为高技术公司提供了有效的援助；拥有专业知识及经验的法律公司也为高技术公司提供了不可估量的关键性服务，商业网络的存在进一步强化的企业间的互动模式；具有高度流动性的劳工市场，其有助于各种理念在企业联系网络中的流转，使那些很难获得的经验，不管成败与否，能够很快在其他公司的服务中得到再现；最后，植根于由它创造的特定技术之中的产业结构②。

通过上面的分析可以看出，硅谷正是一个以斯坦福大学、加州伯克利分校等研究机构为核心的，集产学研于一体的大学城与高科技园区的融合。在硅谷，我们所发现的社会资本具有明显的建构特征，这种形式的社会资本能在非常短暂而热烈的交往期内，通过紧密的、相互依赖的互动与互惠得到发展。这种独特的社会资本与当地独特的产业结构是相辅相成，互相强化的，因而具有极强的生命力。在某种意义上，硅谷可以说是通过大学城来构筑社会资本的最佳典范。

---

① Cohen, S. S., and Fields G., "Social Capital and Capital Gains in Silicon Valley", *In California Management Review*, Vol. 41, No. 2, 1999, pp. 108 – 130.

② Cohen, S. S., and Fields G., "Social Capital and Capital Gains in Silicon Valley", *In California Management Review*, Vol. 41, No. 2, 1999, pp. 108 – 130.

在把大学城放在区域创新系统与集群发展两者中进行分析之后，我们可以看出，这两者是嵌套在一起的。一个成功的大学城，本身既是一个集群，又是区域创新体系的重要组成部分，通过大学城内部各部门之间及大学城与创新区域各部门之间的互动，促进了社区内社会资本的积累，成为创新及经济发展的重要动力。诚如波特[38]所言，在导致一个集群初步形成的条件中，起主导作用的是一系列关键要素的紧密结合体的存在，比如说专业化技能、一个卓越的研究基地及特别优秀的基础设施等。目前，珠海市的发展前景一片光明。国家推动建立横琴新区，在区内开展一系列金融改革试验。目前，陆续进驻的金融机构，未来可以为珠海的科研发展、技术转化等提供有利的物资条件。

（二）大学聚集与科技创新的关系

科技创新链是指将科研成果或发明转化为产品，形成规模经济（economies of scale）或范围经济（economies of scope），从而具有强大的市场竞争优势，最终成为国民经济分支产业的技术经济全过程，也即通常所讲的科技成果产业化①。本文我们借用林森等的经济模型分析法（见图 2），来对珠海大学园区在科技创新链中的作用进行研究分析。

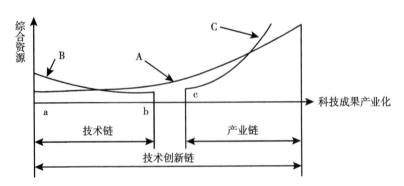

图 2　科技成果转化中得资源供需关系模型

---

① 林森、苏竣、张雅娴、陈玲：《技术链、产业链和技术创新链：理论分析与政策含义》，《科学研究》2001 年第 12 期。

在科研转化过程中的资源配置情况上看，技术创新链的形成演进过程实质上包含了多种社会、研究资源的优化配置过程。图 2 曲线 A 表示一项科研成果从选题开始到实现产业化的整个技术经济过程中所需综合资源的分布状况，它是技术创新链区间上的一条连续曲线，该函数可表达为

$$F = f(X_1 + X_2 + \cdots + Z_1 + Z_2 + \cdots + Y_1 + Y_2 + \cdots)$$

其中 B = $X_1 + X_2 + \cdots$ 代表技术链区间上的连续函数，X 代表选题偏好、研发人力资源、研发手段、研发资金等决定科研机构研发能力的变量，即技术链上的各影响因素；C = $Y_1 + Y_2 + \cdots$ 则表示产业界在技术创新链上的综合资源供给状况，它是相应产业链区间上的连续函数，Y 代表市场开发能力、综合经营能力、批量生产能力等决定产业链的各变量。从图 2 可以看出，在整个技术创新链上存在一个从技术链到产业链的间断。即并不是每一项科研成果都可以实现产业化。也就是说，科技成果的转化还取决于技术链和产业链之间的传递函数 $Z = Z_1 + Z_2 + \cdots$ 林森、苏竣等认为，在科技成果产业化的整个技术经济过程中，技术链、产业链和技术创新链三者之间存在的结构性失衡是导致科技成果转化不畅的根本原因。对传递函数的忽视降低了科研成果的转化率。一方面大量经济发展需要的课题得不到有效的科研支持，另一方面却是大量的科研成果得不到市场的认可，导致了科研资源的巨大浪费[1]。

从以上的经济模型分析出可以对珠海市的大学园区以及高新区科研共建带来一些启发。一个成功的大学城本身就是一个极具活力的集群，是产学研结合部。大学城内产学研三方之间紧密的结合与互动，累积了大量的社会资本，从而直接将产业链与科技链结合在了一起，使整个学习型区域成了一个完整、流畅的科技创新链。也就说是，可以把整个学习型区域的创新进程看成是一个系统，或一系列相互影响、相互作用因素组成的科技创新链，而大学城则是科技创新链中的关键环节，对科技成果产业化起着重要的作用。

---

① 林森、苏竣、张雅娴、陈玲：《技术链、产业链和技术创新链：理论分析与政策含义》，《科学研究》2001 年第 12 期。

另外，在某种程度上，大学城的成功得益于其从封闭性的学校向一种开放式的组织模式转变，由此而形成的开放网络系统是与高科技企业内专业化程度的提高相对应的。根据迈克尔·拜斯特在对 20 世纪 90 年代马萨诸塞128 路集群的分析，企业组织模式的开放性对创新而言是至关重要的。随着科技的发展，产品开发不再是闭门造车式的，而是一个错综复杂的进程，该进程包括由各专业化公司所组成的群体之间的协作活动，而这些公司又是分别在价值链的不同环节上进行运作的。通过与沿着价值链的企业网络分享风险及收益，开放网络系统降低了与单个企业进行新产品开发相关的成本及不确定性，从而为新产品的开发与创新提供了便利。同时，技术导向型产业的分工越来越精细，也促使它们去接受开放网络系统模式。在这个开放系统内，通过各参与者的相互协作，单个企业面临的困境有可能恰恰是集群的机遇①。本研究认为这正好为解释大学城的功能及其与高科技产业集群间的紧密联系（或相互交织）提供了佐证。

七 大学园区与珠海可持续发展的增益关系

（一）珠海市可持续发展的智力源泉

在当前的知识经济时代，智力支持对一个地区经济发展的推动作用已经得到了广泛共识。与"科教兴国"战略同步进行，许多中心城市开始举起了"科教兴市"的大旗。在这方面，那些综合性大学、科研机构密集的大城市，如北京、上海和广州等，显然具有无可比拟的智力资源优势。而这些城市的工商企业很容易就能找到技术支持，这对于城市经济的发展起了相当大的推动作用。反过来，那些经济发展迅速、但智力资源相对不足的城市，典型的如深圳，也越来越感觉到了自身对包括综合性大学等科研机构在内的

---

① Best M. H., *The New Competitive Advantage：The Renewal of American Industry*，OX：Oxford University Press，2001.

智力源的迫切需求。而由于大学城在吸引人才、培养人才等多方面的优势，无疑为一个城市的长远发展提供了智力保障。大学城战略必然会为城市带来充足的人力资源，而现代竞争归根到底是人才和科技的竞争。通过兴办大学城，中心城市能在一定程度上缓解人才不足的矛盾，从而有效促进城市经济的发展。

（二）提升珠海市的文化水准

一流的城市必有一流的大学，事实证明，一个城市的知名高校越多、规模越大、学科越是齐备，这个城市的文化品位就越高、人才就越多、吸引力就越强、发展潜力也就越大。这不仅体现在经济发展上，对一个城市的文明进化尤是如此。而大学城的性质决定了它在人才聚集上有着任何一个单一的大学所不具备的优势。可以说，大学城是城市的文化大本营，是一座吸纳、储备、培养、输出人才的大型人才库。"大学城"所具有的独特的容纳力与开放性，对一个城市文化氛围的形成及社会风气的转变，有着不可估量的巨大影响。另外，由于新型大学城所具有的理性建构的一面，对大片区域的统一规划和建设，有利于打破原有的城市架构与格局，有助于城市的合理延伸，使城市在布局上更趋合理化与前瞻性，进一步完善了城市的功能，这必将有效改善城市形象、提升城市的整体文化水平和审美品位。

（三）强化珠海市高等教育的社会功能

高等教育的大众化、社会化是一个国家经济发展、社会进步的必然要求，为此必须解决重点高校办学软件教育资源的相对充足与硬件教育资源不足之间的矛盾。而教育资源共享，降低教育成本是大学城模式追求的目标之一。通过大学城模式，不但可以采用市场机制来配置教育资源，而且可以根据企业、市场的客观需求来调整专业设置及科研人员、经费等资源配置。可见，大学城模式有利于加速高校的发展，有利于推进中国高等教育大众化的进程。同时，更重要的是，大学城作为一个集产学研于一体的高科技集群，大学城中企业与学校的密切关系将大大加速教科研三者之间的转化效率，极大提高科研经费的利用率，有利于真正发挥科学技术的第一生产力作用。另外，学校与企业、社会的有效整合有利于发挥高校在成人教育、继续教育、技术教育等多方面的功效，从而真正实现高等教育的社会功能。从企业的角度看大学城以大学城为核心的高技术集群的形成对企业的健康成长提供了全方位的优势。在第六节中，笔者在有关大学城与集群内社会资本的积累，以及大学城对企业发展的影响等方面进行了详细的分析，下面几点也可以看成是上述大学城对企业影响的具体表现。

1. 大学城对企业提供了充足的人才支持

大学城是以高等院校为主体，以高校密集和知识资源共享为主要特征，以知识开发和知识传播为主要功能的教育城镇。因此，大学城的存在将为企业提供源源不断的人才与技术支持。仍以硅谷为例，硅谷不但有斯坦福大学及加州伯克利大学等世界一流的研究型大学，有世界一流的科学研究能力。硅谷还有圣克拉拉大学、圣荷塞大学、米逊大学等 7 所州立、社区大学和 10 所专科学校，以及 33 所技工学校、100 多所私立专业学校。目前，硅谷聚积了上千个各国的科学院与工程院院士，有四十多位诺贝尔奖获得者，占世界诺贝尔奖奖金获得者总数的近 1/4。该地区有 20 万大学毕业生；有 6000 多名博士，占加州博士总数的 1/6。硅谷密集的大学造就了众多高技术人才，产生了大量的科技成果，不但为高科技企业的发展提供了充足的人力资源，也为企业提供了全方位的继续教育支持。目前，硅谷中有 350 个技术公司，如惠普公司、雅虎公司等，都是斯坦福大学的师生和校友所创立的。可见，斯坦福大学作为硅谷的"心脏"，它不停地给硅谷的高技术产业注入新鲜血液，是专业科技人才和企业家的摇篮。

2. "孵化与催化"作用

作为集产学研于一体的高科技集群的核心部分，大学城对科技企业有着显著的"孵化与催化"作用。

高技术产业集群是以高科技企业为主体，以高技术密集为主要特征，以科研开发和高技术产业经营为其主要功能的经济区域。而以大学城为核心的高科技产业集群则进一步将产学研三者有机地整合在了一起，大大增加了集群内社会资本的厚度与黏性，因而对集群内企业的创立与成长起着重要的作用。这点在前一节中已经有了详细的理论论述，这里仍以硅谷为例，再来看看其具体的两点表现：其一，硅谷这些学校实力雄厚、人才济济，特别注重新理论、新结构、新工艺的研究与开发，是高科技企业的创新源泉。在发展过程中，大学与企业密切合作，大学不仅为小企业提供重要的技术成果、高科技人才，并且帮助其培养和培训人才，以应付快速变化的技术环境。其二，大学本身即可能成为高科技集群的母体。硅谷的诞生就源于斯坦福大学，1951 年在校园内斯坦福大学在校园内划出了 655 英亩土地，建立了世界上高技术产业区的雏形——斯坦福工业研究园，开创了大学与产业在校园内合作的先例，并在此基础上发展为今天的硅谷。可见，正是在斯坦福大学的示范和影响下，硅谷才有了后来的辉煌。

显然，硅谷成功的秘诀在于将工业中心转移到以高等学校和科研机构为依托的科技园区，以强化大学孵化、催化产业的功能。用已故斯坦福大学副校长，被誉为"电子革命之父"和"硅谷之父"之称的特曼教授的话讲，就是："这样的区域应由采用高精尖科技的公司与一所对周围行业的创造性活动极为敏感的有实力的大学组成。这种模式是未来的趋势。"在笔者看来，斯坦福研究园之所以成为硅谷发展的支撑点和高技术产业的孵化器，正是大学与企业互动的结果。珠海未来的发展道路上，美国硅谷的科技发展经验也具有深刻的启发性。

八　结语

广东省是我国重要的经济发展与改革省份，国家对广东省的各种发展给予了极大支持，同时寄予厚望。而珠海市作为经济特区，其发展模式的探索对于全省乃至全国都有非常重要的参考、学习价值。本调查报告，正是从珠海市的高等教育建设与城市互动发展的角度，来探讨珠海市可持续、高效益发展的创新模式。

　　珠海市是一个转型过程中的知识型城市，也是一座非省会高教强市，聚合了多所高等高职类院校，同时建有全国第一所根据《中外合作办学条例》举办的境外合办院校，是一所不折不扣的"大学城"。本调研报告采用了递进论述的逻辑方法，先评析了大学城（高教园区）的建设理论，通过对比研究方法，探讨了珠海市高校聚合建设的优势与不足。通过大学城高教园区的构建来促进区域的发展，利用文献法，本调研报告系统梳理了国内外专家对于大学城建设与区域发展的相关文献，结合珠海的发展情况进行分析。通过本课题的调查研究，我们提出了珠海未来发展的可能趋势：建立一个可持续的，以知识经济为主要导向的学习型区域。最后，本报告从理论角度，分析了学习型社区与珠海市可持续发展的互动增益关系。

　　本调研的部分结果，能够很好地应用于促进珠海高等教育科学发展，并为政策制定者提供具体的、更科学的科技创新与城市发展建议，助力珠海市建设成为"生态文明新特区，科学发展示范市"。

珠海高等教育与地方人才需求匹配度研究[*]

蒋庆荣

一　珠海高等教育现状

（一）珠海高等教育发展背景

1999 年 9 月，珠海市政府与中山大学签订协议，由珠海市无偿提供土地，中山大学在珠海创办中山大学珠海校区，这标志着珠海大学战略正式实施。历经 14 年的探索与建设，10 所高校植根在珠海，茁壮成长，办学成绩斐然。截至 2012 年 9 月，珠海市共有高等院校 10 所，其中中山大学珠海校区、暨南大学珠海校区、遵义医学院珠海校区、UIC 四所为研究型大学，以本科、研究生教育为主；北京师范大学珠海校区、北京理工大学珠海校区、吉林大学珠海校区三所为应用型本科；广东省科技干部学院、城职院、艺职院三所为技术技能型高职。全日制在校本专科生 12.3 万人，研究生 800 多人（其中博士生近 200 人）。大学园区成立以来已为社会输送约 10 万多名的毕业生。

（二）珠海高等教育发展规模

1. 形成完整的高等教育体系

经过 14 年办学，在珠高校建校初创阶段基本结束，形成了研究型大学、

＊　课题负责人：蒋庆荣；课题组成员：郭建英、黄学军、贺颖；所在单位：珠海城市职业技术学院。

应用型本科院校、技术技能型高职院校错位发展、相互促进的综合性高等教育组团，各高校建成了比较完备的学科和专业体系，覆盖工科、理科、文科、管理学、经济学、哲学、教育学、历史学、法学、医学等学科门类及机电、电子、商务、旅游等专业特色，每年为社会培养输送 2.7 万本科大学生，各校基本实现办学收入支撑办学的良性运转。

2. 集聚大量的高素质人才

截至 2012 年年底，在珠高校共引进中高级师资近 5800 人，博士生、硕士生导师近 900 人，外籍教师 160 余人，科研人员 2700 余人，丰富了珠海的人才梯队结构，为珠海城市和产业发展构筑了坚实的人才后盾。

3. 导入集聚大量科研资源

在珠高校积极借助自身学科、技术研发资源和母体科研资源，成立了 100 余所科研机构，各级实验室超过 150 个，科研项目逾 800 项，其中国家级、省部级科研项目占比超过 25%，高校总藏书量超过 1200 万册。

4. 成就珠海特色城市名片

十几年前，珠海还是一个"每万人在校大学生人数为零"的城市，高等教育在广东省处于下游。今天，无论从招生人数还是从学校数量上来考量，珠海的高等教育在广东省均名列第二，仅次于广州。作为一个 150 万人口的特区城市，珠海每 12 个市民中就有一名是在校大学生，适龄青年高等教育毛入学率从 2001 年的 20.6% 提升到 2011 年的 52.29%，2012 年珠海高考录取上线率达到 92.54%，使珠海成了广东省名副其实的教育强市。

（三）珠海高校为经济社会发展做出了贡献

这主要体现为以下几个方面。

1. 人才培养方面

现在 10 所高校开设工科、理科、文科、管理学、经济学、哲学、教育学、历史学、法学、医学等学科门类，珠海的高校暂无设置农学、军事学二门学科。

2. 科研及社会服务

已建科研机构 115 个，实验室 152 个，工程技术中心 3 个，科研项目 846 个，产学研合作项目 74 个，科研人员数量达到 2705 人，建立实习基地 1583 个，毕业生人数 26194 人，其中在珠海就业 4430 人，在本地就业率 16.91%。

（四）珠海高校对地方经济发展未能充分发挥高校的作用

主要表现为以下几个方面。

1. 人才培养方面

珠海高校在校生人数位于全省第二，各高校开办专业与珠海的需求吻合度不高。独立学院以文科为主，与战略性新兴产业吻合相当于空白。高校与地方资源共享不高，特别是硬件，企业借助高校搞研发无通道。企业在与高校的合作当中，表现为一头热的态势。

2. 科研与社会服务方面

珠海高校在与企业的合作当中，未能考虑到人手的成本和工作质量为企业带来的负面影响，仍处于签订一些松散的协议、提供廉价的劳动力和顶岗实习等做法。高校科研项目与企业实际需求存在一定差距，无法满足企业研发需要。

3. 城市文化建设方面

珠海高校具有较好的文化资源，未能考虑与当地社区居民的资源共享，一方面，高校巨大投入的资源使用率不高，另一方面，高校所在社区居民却无法使用其资源。

二 珠海发展人才需要状况

（一）珠海发展的新机遇

广东省要求珠海抢抓机遇、乘势而上，努力成为珠江西岸经济发展新的增长极，进一步增强对珠江西岸地区的辐射带动作用。珠海作为珠江口西岸的重要城市，是珠三角地区环境质量最好、土地开发强度最小、人口密度最合适的城市，目前发展态势很好。希望珠海加快推动横琴新区、高栏港经济区和国家高新区优化建设，狠抓重点项目落实，积极深化与香港、澳门的紧密合作，加快构建现代产业体系，进一步提升经济发展水平。珠海围绕"生态文明新特区、科学发展示范市"的发展定位，全力推进珠海发展。

推进"三高一特"现代产业体系建设，积极参与全球经济中高端竞争。一是以高端制造业、高端服务业、高新技术产业、特色海洋经济和生态农业为重点，高标准建设横琴、高栏、高新"三大引擎"，形成结构优化、功能完善、附加值高、竞争力强的"三高一特"现代产业体系。二是大力推动自主创新，深化政产学研合作，加快构建完善技术创新体系和知识创新体系。三是加大招才引技力度，积极引进、集聚高端人才。四是打造智慧珠海，建设全国一流智慧城市。

（二）珠海人才发展规划

1. 基本原则

（1）坚持人才优先、需求导向。确立在全市经济社会发展中人才优先发展的战略方针，确保人才资源优先开发，人才投入优先保证，人才需求优先服务。着眼于人才发展和珠海经济发展方式转变、产业结构调整升级的需要，培养和引进相结合，扩大人才队伍规模，优化人才队伍结构；使用和培训相结合，提升人才队伍素质，发挥人才资源效能。

（2）坚持高端引领、统筹开发。充分发挥高层次人才推动产业升级和优化产业布局的作用，引进和培养一批引领产业发展、参与国际竞争的领军人才和占据科技前沿的研发创新团队，集聚一批高层次高素质创新创业人才、急需紧缺专门人才和高技能人才，以高端人才的优先开发带动各类人才开发。

（3）坚持创新推动、重点突破。创新人才发展理念和模式，创新人才发展体制机制与政策，在人才引进流动、评价使用、激励保障等政策领域进一步解放思想、勇于创新，用好用活国家赋予特区的"先行先试"权，实现人才发展体制机制改革新突破。

坚持优化环境，激发活力。着力建设有利于育才、聚才、用才的人才发展制度环境、社会环境、生活环境，吸引更多人才到珠海发展，更多智力为珠海服务，更多创新成果到珠海转化，使珠海成为人才荟萃、自由发展的良园沃土。

2. 发展目标

（1）愿景：到 2020 年，将珠海建成珠江口西岸人才创业兴业乐土、幸福之洲、集聚中心。人才发展的主要指标达到国内先进水平，人才优先战略全面落实，人才国际化基本实现，人才发展水平和人才竞争实力基本达到发达国家中上水平。具体指标如表 1 所示。

表1　珠海市人才发展主要指标

指　标	单位	2009 年	2015 年	2020 年
人才总量	万人	31.3	45	55
主要劳动人口受过高等教育的比例	%	21.7	26	34
每万名劳动力中研发人员	人年/万名劳动力	66	72	85
高技能人才占技能劳动者比例	%	24.6	30	33
人力资本投资占国内生产总值比例	%	13.6	18	22
人力资本对经济增长贡献率	%	28.4	35	45

（2）中期目标：到 2015 年，人才发展的体制机制创新取得重点突破，各项人才发展工程全面启动并取得初步成效，基本形成聚才引智的人才高地。人才总量达到 45 万人。主要劳动人口受过高等教育的比例达到 26%，每万名劳动力中研发人员达到 72 人年。高技能人才占技能劳动者的比例达到 30%。在海洋装备制造、生物医药、信息技术、新能源、新能源汽车、游艇、节能环保、新材料、商务会展、文化创意、休闲度假、特色旅游、商贸服务、现代物流、海洋科技、现代渔业等经济社会发展重点领域和重点产业、重点行业，初步形成优秀人才集聚中心。

人力资本投资占国内生产总值比例达到 18%，人力资本对经济增长贡献率达到 35%。人才发展基本满足经济社会和产业发展要求。

（3）长期目标：到 2020 年，人才发展的制度机制建设全面完成，人才生态环境竞争力形成，各项人才工作任务全面落实。人才总量达到 55 万人。主要劳动人口受过高等教育的比例达到 34%，每万名劳动力中研发人员达到 85 人年，高技能人才占技能劳动者的比例达到 33%。在海洋装备制造、生物医药、信息技术、新能源、新能源汽车、游艇、节能环保、新材料、商务会展、文化创意、休闲度假、特色旅游、商贸服务、现代物流、海洋科技、现代渔业等经济社会发展重点领域和重点产业、重点行业，形成人才发展比较优势。人才的产业布局、层次、类型等结构更加合理。

人力资本投资占国内生产总值比例达到 22%，人力资本对经济增长贡献率达到 45%。人才发展较好地满足经济社会和产业发展要求，经济社会发展为人才发展创造和谐健康环境。

3. 主要任务

（1）突出培养造就高层次人才。

发展目标：以珠海未来 10 年经济社会发展、产业转型升级所急需的高层次人才为重点，引进和培养一批能够引领珠海战略性新兴产业和高新技术产业发展的高层次领军人才、经营管理人才和研发创新团队，集聚一批高层次创新创业人才，造就一批高技能人才，全面提升人才队伍的核心竞争力。

（2）着力开发急需紧缺人才。

发展目标：依据珠海重点产业和重点行业发展需要，加大力度培养和引进急需紧缺技能人才、企业经营管理人才、外向型经济人才和现代中介服务人才，扩大队伍规模，着力提升素质。到 2015 年，珠海 20 个重点产业人才总量达到 27.33 万人，到 2020 年达到 36.11 万人，较好地满足珠海重点产业和重点行业发展的需要。

（3）加强党政人才队伍建设。

发展目标：按照加强党的执政能力建设和先进性建设的要求，以提升领导干部素质和培养选拔优秀年轻干部为重点，以提高管理水平和执政能力为核心，努力培养一批理想信念坚定、执政能力和领导科学发展能力突出的领导精英，着力培养一批精于业务、作风优良的基层党政人才，形成一支政治坚定、理念先进、视野开阔、勤政廉洁、依法行政和现代城市管理能力强的高素质、专业化党政人才队伍。

（4）加强企业经营管理人才队伍建设。

发展目标：适应国际竞争和提高企业核心竞争力的要求，以优秀企业家和职业经理人为重点，加快推进企业经营管理人才职业化、市场化、专业化和国际化，培养造就一批具有全球战略眼光、市场开拓精神、管理创新能力和社会责任感的优秀企业家和一支高水平、职业化的企业经营管理人才队伍。到 2015 年，企业经营管理人才达到 10.1 万人，到 2020 年达到 13.5 万人，较好地满足产业发展需求。

（5）加强专业技术人才队伍建设。

发展目标：适应珠海经济社会协调发展需要，以提高专业化水平和创新能力为核心，以多元化载体建设为抓手，以政策创新为推动力，全方位、多层次培养教育、卫生、科技、文化和社会管理等专业技术人才。大力加强创新能力建设，形成一支整体素质高、创新能力强的专业技术人才队伍。到 2015 年，专业技术人才总量达到 22.21 万人，到 2020 年达到 25.8 万人。

（6）加强高技能人才队伍建设。

发展目标：适应珠海高端制造业、高端服务业、高新技术产业发展要求，以提升职业素质和职业技能为核心，以技师和高级技师为重点，打造一支门类齐全、技艺精湛的高技能人才队伍。到 2015 年，高技能人才总量达到 9.9 万人，到 2020 年达到 13 万人，较好地满足珠海重点产业、高端产业发展需求。

（7）加强农村实用人才队伍建设。

发展目标：按照建设社会主义新农村和发展现代生态农业、精品农业的要求，以提高科技素质、职业技能、致富本领和经营能力为核心，以农村实用人才带头人和农村生产经营型人才为重点，着力打造适应珠海现代农业产业发展需求、素质较高的农村实用人才队伍，基本适应珠海现代农业产业化和海洋经济发展的需求。

（8）加强社会工作人才队伍建设。

发展目标：适应加强社会建设、创新社会管理，构建和谐珠海的需要，以人才培养和岗位开发为基础，以中高级社会工作专业人才为重点，培养造就一支职业化、专业化的社会工作人才队伍。到 2015 年，社会工作人才总量达到 0.34 万人，到 2020 年达到 0.5 万人。

三　珠海高等教育发展与地方人才需求差异分析

经过十余年的努力，珠海高等教育获得了跨越式发展，已经具备了相当的办学规模。然而整体上看，珠海高等教育还谈不上内涵式发展，很多方面存在明显不足，与珠海市经济社会发展之间并不协调。

（一）学科和专业结构有待优化

北京师范大学珠海分校、北京理工大学珠海学院和吉林大学珠海学院都是"大而全"的办学模式，缺乏明确的学科发展重点，办学特色不够突出。上述高校（包括北京师范大学—香港浸会大学联合国际学院）整体上偏重传统的人文社会学科、数理基础学科，在应用性较强的学科中，也侧重商业、金融、管理等学科。与珠海市重点发展的"三高一特"产业相关的学科，上述高校并没有投入足够多的办学资源。中山大学珠海校区、暨南大学珠海校区复制了校本部的学科设置，并不以珠海经济社会发展为办学取向。

（二）办学层次有待提升

根据国内外高等教育发展的一般经验，真正对地方经济社会发展起助推作用的主要是研究型大学。珠海市拥有 10 所高等院校，却没有 1 所真正的研究型大学。中山大学珠海校区、暨南大学珠海校区只是校本部的本科（部分研究生）教学点。北京师范大学珠海分校、北京理工大学珠海学院和吉林大学珠海学院都未能充分利用母体的学术资源，办学层次也是以本科教学（少量研究生）为主。上述高校都不具备独立开展高水平科研的条件和

能力。然而，珠海市着力构建的现代产业体系却非常需要高水平研究的
支撑。

（三）产学研合作有待加强

珠海市高等院校建立了200多个科研机构、实验室，与150多家企业签
订了合作协议，与企业、政府机构开展了一系列科研合作。然而，科研机
构、实验室大多数有名无实，挂了牌却并未投入运行，校企间合作协议大多
数停留在纸面上，也未成为真正的研发合作。由于学科结构和办学层次的缺
陷，各高校的产学研合作潜力相对受限，它们在部分学科领域具备一定的科
研能力，比如化学化工、生物医药，但是在大量新兴学科领域，比如海洋装
备、航空制造、新能源汽车、电子信息、生态农业，它们的科研能力明显
不足。

（四）人才激励有待完善

由于缺乏高水平的科研机构和学术团队，珠海市高等院校无法营造良好
的学术氛围和发展平台，吸引不了高层次人才到珠海从事教学和研究。中山
大学珠海校区、暨南大学珠海校区的学术队伍属于校本部，他们主要在珠海
完成教学任务。北京师范大学珠海分校、北京理工大学珠海学院、吉林大学
珠海学院囿于民办身份，学校教师不具备公办高校教师的事业编制和社会地
位，缺乏职业安全感，养老保险没有着落，申报科研项目颇受歧视。这三所
院校教师队伍中的优秀人才还在不断流失，大多数流向了其他城市的公办
高校。

（五）资源共享有待改进

珠海市拥有10所高等院校，但各高校总体上处于单兵突进的状况，它
们没有充分利用各自的学科优势，没有充分共享各自的教学资源。尽管这个
问题与高等院校分布不集中有一定关系，但症结在于各高校的办学体制差
异。它们当中有公办性质的高校，有民办性质的高校，有中外合作办学性质

的高校，管理体制和运行机制也不一致。然而，如果不能实现各高校在学分互认、联合培养、学科共建、资源共享等方面的合作，必然造成它们在土地、物质、资金、人才等方面的重复投入，降低现有办学资源的有效利用。

四　整合珠海高等教育资源适应地方人才需求

从目前的情况来看，在大学与城市的共生、互动与融合中，大学不仅要实现最基础的高等教育功能，还要主动发挥好社会服务功能；对于城市而言，没有理念的转变和制度的创新，就无法实现高校的资源整合及高校与城市的实质性融合。为此，应做出如下思考。

（一）政府创新机制，统筹协调，引领大学融入城市

1. 建立和完善我市高等教育的协调机构

一是成立高等教育工作领导小组，由市领导担任组长，成员包括教育、财政、人事、社保、文化等市直相关部门负责人、各区党委负责人、各高校党委书记或校长、资深教育专家和企业家。领导小组要强化咨询、服务、协调、引导功能，同时弱化行政和管理功能。领导小组设立专门办公室，与市教育局合署办公。二是领导小组每年组织举行一次政府高校联席会议。通过联席会议，一方面加强政府与高校之间的沟通与联系，市政府向高校通报年度工作情况和工作计划，解决珠海高校面临的难题，需要高校配合开展的工作；另一方面，联席会议可以充分发挥居中协调的角色，鼓励高等院校之间建立合作办学战略合作伙伴关系。

2. 将高校发展纳入珠海市城市发展规划

珠海的城市发展规划不能缺少高校的参与，要强化高等教育在城市发展中的突出地位和独特作用。一是通过专业咨询机构对全市高校学科结构、办学潜力、创新能力、资源导入能力等进行综合评价，形成本市高等教育发展状况白皮书。二是要将高校所在区域作为城市科技创新和现代产业体系的集聚区，统筹土地、资金、政策等资源，统一规划、统一建设基础性保障设施，

统一导入产学研专业服务机构。特别是在大学小镇建设方面，市直相关部门更应该主动邀请各高校管理者加入规划和设计委员会，让他们直接参与大学小镇建设的决策环节，让大学文化更多地融入大学小镇建设。三是制定高校服务珠海地方发展的指导意见或考核办法，探索建立高校服务珠海经济社会发展的工作运行机制。鼓励高校积极参与珠海的人才培养、产业规划、课题调研等，支持高校引入与城市发展战略关联度高的示范性合作办学项目。

3. 调整市级财政对高校办学的引导作用

这可以调整原有的财政补贴方式，将原有的财政投入重新进行统筹规划，采用专项资助的方式，来加强高校的优势学科建设，服务于珠海市"三高一特"产业发展。

4. 完善高校人才引进机制和环境

近年来，珠海市先后颁布了《珠海市人才开发目录》《珠海经济特区人才开发促进条例》等文件，但缺乏对高校人才引进的具体细则和措施。一是完善高校人才引进的社会保障配套机制，对高校引进的人才，可参照全市引进人才的服务机制，解决其配偶、未成年子女在户籍、住房、教育、就业、社保、医疗等方面的问题，避免高校人才流失。二是可根据情况将非财政拨款的高校人员纳入事业编制，促进高校人才队伍的建设和稳定。三是合理规划改造高校周边区域，引导社会资源主动参与到高校发展，为教职员工创造更完备的生活和事业保障环境。

5. 搭建政府、高校和企业之间的产学研合作平台

每所高校牵头组织建设一个创新科技园区，可以与工业园区共建，创新科技园区纳入高校和园区双绩效考核内容，政府给予一定的财政支持，引导大学与园区的合作共赢。支持高校与企事业单位、科研院所共同开展人才协同培养，通过合作建设大学生实习基地、工程硕士点、博士后工作站等方式，鼓励企事业单位参与高校的学科建设和人才培养，促进大学科教资源和专利技术在市场经济中创造价值。建立高校联合研究机构，联合研究机构的经费采取"三个一点"来解决，即市财政划拨一点、企业捐赠一点、学校筹措一点。

（二）大学功能转型，整合资源，突出特色，服务城市

2010 年全国教育工作会议及《国家中长期教育改革和发规划纲要（2010~2020 年）》对我国高等教育发展提出了新的思路，高校除了要发挥人才培养、科学研究和文化传承创新的职能，还要发挥服务地方经济社会发展的职能。

1. 高校要主动转型升级，围绕珠海产业发展优化学科结构和人才培养模式

一是随着城市发展的转型升级，大学要改变最初以扩大规模为主的办学模式，主动推动大学向"控制规模、提高质量、强化特色、服务珠海"的办学模式转型升级，走与经济社会及城市建设深度融合的发展道路。

二是优化学科结构以适应珠海产业发展需要，各高校要根据自身的学科结构、办学潜力等综合情况，结合珠海经济社会发展现状，对照高等教育发展状况白皮书，调整一些不适合珠海发展需要的学科，开拓优化一批更适合"三高一特"产业发展的新型学科。

三是培养珠海未来发展所需的人才，各高校要积极开展人才培养模式转型和优化，把城市发展需求作为培养应用型和技能型人才主攻方向，建立服务于珠海经济社会发展重大现实问题的研究平台，打造创新型城市的人才与产业高地。

四是高校与地方对接，与产业、行业、企业、就业和职业紧密融合，开展自主性教育创新，协同培养适用性、技能型、应用型、创新研发型、博雅型等多元化人才。在大学周边培育建设科技园、创意产业基地和孵化基地，在提升本科办学基础上，加快研究生教育建设。

五是学科与地方对接，各个专业要与相应的行业协会、重点企业建立长期稳定的合作关系，二级学院以合作项目为抓手，切实推进各专业的政产学研用合作发展。

六是师资与地方对接，建立高校师资与企业人才的双向流动机制，鼓励高校教师在企业挂职或开展合作研究与专利成果转化，使高校成为行业发展的人才后备基地和技术创新基地。鼓励高校科技人员离岗创业，或在完成本

校各项工作任务的前提下在职创业。鼓励全日制在校大学生创业,将学生进入基地创业的时间视为参加学习、实训和实践教育时间,按相关规定计入学分。

2. 从横向和纵向上整合高校办学资源

一是在横向上鼓励高校建立合作办学战略合作伙伴关系,鼓励校际间相互开放教室、实验室、图书馆、实训基地等教学资源,有效利用各院校的学科优势,争取在学分互认、联合培养、学科共建等方面取得重大突破,在减少重复建设和投入的同时,提高高等教育的整体质量,形成立体化的高等教育集群优势。二是在纵向上鼓励各高校发挥"母体"高校的巨大潜力,为珠海导入"母体"院校优秀人才、重点实验室、创新研究机构、公共研发平台和重大项目的落户,吸引"母体"优秀师资为珠海教育、科研、创新服务。

3. 加强与国外、境外高校合作办学,促进高等教育国际化

以更为开阔的国际视野,结合珠海实际,引进国际名校共建学院或学科专业。引进国外、境外优质高教资源与珠海市高校合作办学,聘请国际优秀人才参与珠海市教育管理,引进国外高校先进教学管理经验。不断扩大国际学生的培养规模,同时遴选珠海高校学生与国外、境外高校交换培养。高校要积极普及国际关系公共基础课程,加强对国际政治、经济、文化的研究,遴选引进适应我国高等教育的国际课程。完善教师对外交流机制,多途径开展学术交流。利用现代教育手段,通过互联网、远程教育等手段促进教育国际化。

4. 强化高校服务珠海地方发展的社会责任

强化高校服务地方的主动性和紧迫性,使政府、企业、市民都能享受和了解高校发展带来的丰硕成果,提高市民对珠海高校发展的支持力度。政府与高校共同研究制定招收本地生源的优惠政策,在不影响高校自身发展的前提下,采取提高珠海生源的录取比例、降低录取分数或单考单招等形式,对珠海生源进行政策倾斜,提高市民对珠海高校的认同感。

5. 集聚大学文化资源，推动珠海文化强市建设

发挥高校文化资源优势，将大学文化融入周边村镇和社区，促进社会全面进步。一是引领珠海学习型社会建设，在创建终身学习型城市中发挥重要作用，为珠海建设国际水准宜居城市奠定基础。二是鼓励高校主动举办各类文化活动，向市民开放文化设施，丰富当地居民的文化生活。三是发展文化产业，鼓励在校师生积极参与创意文化产业项目竞争和建设，促进区域文化与经济的繁荣。四是科学建设校园，自觉把校园建设纳入市政建设战略规划中，主动与周边区域人文、历史、规划融为一体，促进城市形象和品位的提升，引领社区建设成为充满活力、高品位的大学小镇。五是开展学生志愿者活动，成立珠海高校学生志愿者联合会，组织大学学生志愿者全面参加地方社区各种社会建设和社会服务活动。六是主动融入乡村，服务幸福村居建设。建立大学服务乡村网络，通过在大学师生和乡村广大实践者之间建立广泛联系，深入开展乡村发展问题的研究和实践，开展科技推广、文化传播、教育培训、智力扶贫，促进乡村经济和幸福村居建设。

五　协调发展的启示

（一）教育资源优化协调机制

通过政府、行业、企业、学院深度合作，共同培育人才，共同参与过程管理，形成"利益共同体"，促使政府了解和掌握高职教育现状和需求，影响政府对高职教育发展战略，以协同创新项目积极获取政府教育专项经费，争取行业、企业的办学资助。

充分发挥"政校企"合作办学理事会在政策推动、资源整合、规划指导等方面的作用，利用珠海特区具有地方立法权优势，推动珠海特区人民代表大会立法出台《珠海市职业教育促进条例》（暂定名），其主要内容包括：每年筹措不低于200万元的校企合作资金，专项支持学院与企业开展校企合

作办学；市财政确保城市教育费附加 35% 用于职业教育，职业教育经费增长比例高于同期市财政收入增长比例，高职教育经费占职业教育经费比例不低于 40%。推行兼职教师教学补贴制度，吸引企业一线专业技术人才、能工巧匠担任兼职教师；建立顶岗实习工伤保险及补贴制度、实习待遇及补助制度，保障实习生人身安全及获取合理报酬；建立实训耗损补贴制度，根据接受学生的数量和实习实训耗材费，对企业实行税收减免政策和财政信贷资助；制定学院引企入校共建校内生产性实训基地、技术应用中心、大学生创业基地等优惠政策。

（二）产学研合作共赢机制

校企共建技术研发中心，一方面可以帮助企业将研发取得的成果直接用于生产，为企业做大做强提供保证；另一方面高职院校的科研水平得到提高，教师的实践能力和技术服务能力将得到锻炼。

出台鼓励学院参与区域产业规划、人才队伍建设规划及社会发展规划的政策，使学院的专业结构和人才培养目标规格适应区域产业结构优化升级和社会发展的需要。制定校企合作相关制度，明确校企合作各方责任、义务和权利，寻求校企合作双赢的利益结合点，建立利益驱动、成果共享机制，激励企业积极参与学院人才培养。通过产学研深度合作，获取政府对学院实验平台建设的支持，与行业联盟、企业广泛建立起实习实践基地，提升学院对区域经济社会发展、对企业经营的服务能力，使各方在合作中获得收益。

（三）社会服务培训认证机制

通过与政府技能鉴定中心、培训中心合作，学院提供场地、设施、设备和技术人才，协助政府开展专业技能认定。通过项目合作，为政府、行业、企业、公民提供各式培训及义务教育。为确保人才培养质量、促进学生就业、维护学生合法权益，通过法律和制度层面对合作各方进行约束，为校企合作健康发展提供持续性保障，不断提高学院服务社会的能力。

新媒体时代珠海特区市民媒介素养
现状及提升途径[*]

刘明绪

一 课题研究现状及意义

媒介素养（media literacy）起源于 20 世纪 30 年代的英国，之后逐步在美国、澳大利亚、加拿大、新西兰、日本等发达国家传播开来。现在，媒介素养在西方发达国家被认为是信息时代大众必备的素质，而媒介素养教育在西方发达国家已成为学校教育的重要内容。

什么是媒介素养？早在 1992 年，"美国媒介素养研究中心"就对媒介素养作了比较系统的描述，媒介素养"指人们面对媒体各种信息时的选择能力、理解能力、质疑能力、评估能力、创造和生产能力以及思辨反应能力"。我国学者张开（2006）认为媒介素养是"传统素养（听、说、读、写）能力的延伸，它包括人们对各种形式的媒介信息的解读能力，除了现在的听、说、读、写能力外，还有批判性地观看、收听并解读影视、广播、网络、报纸、杂志、广告等媒介所传输的各种信息的能力，当然还包括使用宽泛的信息技术来制作各种媒体信息的能力"。张志安、沈国麟（2004）给媒介素养下的定义是"人们对各种媒介信息的解读和批判能力

* 课题负责人：刘明绪；课题组成员：王心洁、陈毅平、付永钢；所在单位：暨南大学翻译学院。本课题研究获得珠海市社科联的资助，感谢社科联办公室狐志昂主任和办公室陈小姐的指导。我也要感谢我的妻子叶琼英，她不辞辛劳，动员自己的同事和朋友完成了上百份问卷。2012 级翻译专业班长陈莹同学协助完成了对大学生（青年 1 组）的问卷调查。最后感谢我的研究团队，大家齐心协力，不计个人得失，使得本研究得以顺利完成。

以及使信息为个人生活、社会发展所用的能力"。综合国内外对媒介素养的定义，我们可以得出如下结论：媒介素养是现代人整体文化素养的基本内涵之一，媒介素养水平高的人有能力甄别、利用各种媒介信息，为自己的工作和生活服务；而媒介素养差的人缺乏客观的判断和选择能力，容易受媒介信息，尤其是不良信息的左右，甚至误入歧途，做出违反社会伦理道德和法律的行为。

英国是媒介素养研究及媒介素养教育发展的引领者。自从20世纪60年代起，越来越多的教师和教育学家对大众传媒产生兴趣，并着手对其进行研究。到了70年代，英国的教育学家们进一步推广这一研究，并称其为一场"媒体素养教育运动"。到了80年代后期，媒介素养教育（简称媒介教育）已陆续成为英国部分地区小学必修课程。目前，全英国的中学都开设媒体教育课程，并已成为英国 GCSE（General Certificate of Secondary Education）考试科目。美国的媒介素养教育始于20世纪90年代，几乎所有的州都支持将媒介素养纳入学校的课程框架内。在今天的美国，媒介素养教育的发展如火如荼，"全美媒介素养协会"（NAMLE）有600多名专职或兼职从事媒介素养教育的会员，每年举办两次与媒介素养教育相关的学术会议。该协会于2009年发布了《美国媒介素养教育之核心原则》，对媒介素养教育的目的、内涵和方法进行了界定，为全美学校及社会机构开展媒介素养教育活动提供指导。2009年，"全美媒介素养协会"主办的《媒介教育》创刊，成为媒介素养研究学者及媒介素养教育专家发表研究成果和学术争鸣之地。

相对于西方对媒介素养及媒介素养教育的深入研究，国内对于这一个课题的研究起步比较晚，研究的深度不够。我国的媒介素养研究缺乏理论深度，实践层面缺少社会团体的有力介入，尚无法与理论研究形成相互推进的良性互动。媒介素养研究大都停留在媒介素养的战术研究层面，即从媒介素养出发来研究媒介素养，缺乏从国家宏观政治、经济、政策机制、社会环境等战略高度的背景来看问题。同时，由于在研究的本土化尝试中忽视了范畴和概念的科学界定，出现了泛化趋向，即把一切问题都纳入媒介素养研究中来。我国的媒体素养教育也长期未受到足够重视。网络搜索发现，国内开设媒介素养课程的中小学很少，受过媒介素养教育的教师严重缺乏。虽然开设与媒介素养教育课程的大学不少，但大学生的整体媒介素养有待提高。有些学者对中国部分大、中、小学学生的媒体素养进行了定量研究（吴鹏泽、杜世友，2011；罗以澄、黄雅堃，2009；王锢、李伟、李燕红，2006；张新明、朱祖林、王振，2006），但对学校以外的媒介受众所做的定量研究不多，而有关新媒体环境下的公民的媒介素养研究更少。

在当今的中国，随着电子信息技术飞速发展，基于电脑和智能手机的QQ群、博客、微博、微信等移动社交平台受到广大使用者的青睐，正在改变中国官方和民间话语权的整体格局，一个"我们有话说"的自媒体时代已悄然而至（徐新民，2013）。媒介素养高的公民能够利用媒介获取有利于自己的信息，为自己的工作和生活服务，并且在使用媒介时能够保护自己和家人的利益，但不损害他人的利益。而媒介素养低下或缺失的人在面对网络谣言的传播、推手恶意炒作、网络暴民的群体性动员、网络删帖的"有偿不闻"等现象时，就会被假新闻牵着走，失去了辨别真伪的能力，自己也有可能会成为假新闻的传播者，以讹传讹，轻者引起公众的忧虑甚至恐慌，重者引发群体性事件，最后被追究法律责任。可以说，公民媒介素养的优劣不仅影响公民的个人生活的水平和质量，对社会环境也产生一定的影响。因此，在新媒体时代研究公民的媒介素养，探索公民媒介素养教育的途径是非常必要的。

在新媒体时代，对珠海市公民媒介素养研究的必要性体现在以下几个方面。第一，珠海市是我国首批开放的特区城市之一，在思想开放和制度创新方面一直引领全国其他城市和地区。开放之初，珠海吸引了成千上万内地人才来此创业，应该说本市公民的整体教育程度和媒介素养高于大部分内地城市。但近年来随着城市化步伐的加速，市民的构成已悄然发生了变化。在新媒体广泛使用的今天，非常有必要对珠海市公民的媒介素养的现状进行一次调查。第二，媒介素养是文化素养的重要组成部分，提高公民的媒介素养是构建和谐珠海，实现经济和社会可持续发展的手段之一。本课题的调研成果将对珠海市公民的媒介素养研究及媒介素养教育提供第一手数据资料，为政府和相关的决策机构在制定和实施公民文化修养政策方面提供有益参考。

二 本课题研究的基本思路和方法，主要观点

问卷调查和访谈是社会调查最常用的两种方法。本课题拟采用自行设计的调查问卷和访谈对珠海市民进行抽样调查，以期获得不同年龄段、不同职业市民的媒介素养水平和提升媒介素养教育的途径。

（一）调查问卷及访谈问题设计

本次研究所使用的调查问卷综合了国内外媒介素养研究者的四份问卷，根据珠海市的实际情况和本次研究的重点问题，对其中部分条目做了修改，最终的问卷包含 20 个题目，分为受访者个人信息、媒介使用情况、媒介信息评价能力、利用媒介制作及发布个人观点/信息的能力、网络传播相关的法律认知、接受媒介素养教育的方式 6 个部分。为了确保问卷的信度和效度，在正式实施问卷调查之前，作者对问卷进行了测试（见表 1 ~ 表 7）。根据测试结果，对其中的部分项目进行了微调。

表 1 受访者基本信息

年龄段	18 ~ 22 岁	23 ~ 35 岁	36 ~ 45 岁	46 ~ 54 岁	55 岁及以上
职业	公务员	事业单位	企业	自由职业	学生
教育程度	大学及以上	大专	高中	初中及以下	
性别	男	女			

表 2 个人媒介素养水平的评价

你是否了解"媒介素养"这一概念？	a. 很清楚　b. 了解　c. 略有所知　d. 完全不清楚
你认为自己的媒介素养水平_____。	a. 很高　b. 比较高　c. 一般　d. 很差

表 3　媒介使用情况

你获取珠海新闻以及资讯的途径是通过_____。（请排序：从最常用到最不常用）	a. 电视　b. 报纸　c. 互联网　d. 无线电广播 e. 手机
你上网（电脑和手机）的主要目的是_____。（请排序）	a. 浏览新闻　b. 获得资讯　c. 购物　d. 娱乐 e. 社交
你每天平均上网时间（包括用手机浏览资讯）	a. 1～3小时　b. 3～6小时　c. 6小时

表 4　媒介信息评价能力

你认为上述哪一种媒体提供的珠海新闻最可靠？（请排序）_____。	a. 电视　b. 报纸　c. 互联网　d. 无线电广播 e. 移动互联网（手机）
与传统新闻媒体（如广播、电视、报纸等）相比，新媒体（互联网和手机）所提供的珠海资讯_____。	a. 和传统媒体一样客观、公正 b. 比传统媒体更加客观、公正 c. 没有传统媒体客观、公正
境外媒体和国内的媒体相比，哪一种更加客观公正？	a. 境外媒体和国内媒体一样客观公正 b. 境外媒体更加客观公正 c. 国内媒体更加客观公正
你对媒介的态度是_____。	（1=完全不认同；5=完全认同） （1）人离开媒介无法生存。1－2－3－4－5 （2）媒体报道是对真实生活的反映。1－2－3－4－5 （3）媒体报道能够帮助解决实际问题。1－2－3－4－5 （4）传统媒体没有报道的事件，但在网上传得沸沸扬扬的可能都是真的。1－2－3－4－5 （5）网络上有很多负面新闻，说明这个社会很黑暗。1－2－3－4－5
当你偶然遇到色情、暴力、邪教、反动宣传时，你会_____。	a. 积极抵制并向有关部门举报 b. 关闭网页/删除信息 c. 怀着好奇心偷偷浏览 d. 浏览并与别人分享

表5 媒介使用能力

你_____利用互联网搜索自己需要的信息,上传、下载文档、视频及图片,为自己的生活和工作服务。	a. 熟练地 b. 比较熟练地 c. 不知如何
你_____自己的微博,并定期更新内容。	a. 有 b. 没有
你_____用 QQ 或微信与家人、同学、朋友交流。	a. 经常 b. 有时 c. 很少
你_____参加网络讨论,发表个人意见。	a. 经常 b. 有时 c. 很少

表6 与媒介相关的法律认知

转发微信时,你_____会考虑信息的真实性。	a. 经常 b. 有时 c. 很少
在网络论坛发表言论时,你_____会顾及自己的言论是否得当。	a. 经常 b. 有时 c. 很少
你_____互联网相关的法律知识和隐私保护。	a. 非常了解 b. 了解一些 c. 不太了解

表7 媒介素养教育

你认为_____应该对公民媒介素养教育负责?(请排序)	a. 珠海市政府 b. 家庭 c. 所属单位
你喜欢哪种媒介素养教育形式?	a. 学校开设课程 b. 社区讲座 c. 自学
你认为社会对媒介素养足够重视吗?	a. 非常重视 b. 比较重视 c. 不够重视

　　深度访谈为了更深入了解受访者对媒介素养以及提升媒介素养的观点。一般来说,访谈耗时比较长,问题的设计要尽量简明扼要,把握重点信息。

　　以下为本次研究采用的 4 个访谈问题:

　　(1)作为珠海特区的市民,你最喜欢用哪一种媒介获取信息?为什么?

　　(2)新媒体以何种方式对你的生活产生影响?

　　(3)你觉得媒介素养对于市民的重要性体现在哪些方面?

　　(4)你认为提升公民媒介素养的最佳方法是什么?

（二）问卷和访谈调查的对象

对珠海市民媒介素养的问卷调查要尽量包括各阶层不同年龄段的市民，调查对象必须具有代表性。参加问卷调查的社会人员分为 18 ~ 22 岁、23 ~ 34 岁、35 ~ 45 岁、45 ~ 54 岁、55 岁及以上五个年龄段。考虑到社会人员构成的复杂性，被调查者应按比例选自不同行业和不同教育程度的人群，如在珠海就读的大学生、珠海市公务员及事业单位人员、企业单位人员、自由职业者、离退休人员等。在已确定的五组人群中，各选取 100 人作为问卷调查对象，共 500 人参加问卷调查。问卷调查收回之后，从每组人群中随机选取 4 人作为深度访谈的对象。

（三）问卷调查及统计分析

问卷调查于 2014 年 6 ~ 8 月三个月内完成，课题组成员分为 5 组，每组负责一类人群的调查，调查的方式包括发放调查问卷、面对面直接采访和电子邮件采访。为保证问卷完成质量，课题组对调查人员进行了培训，明确了完成问卷调查和采访的程序和注意事项。对年龄较长而且教育程度低的受访者，调查小组要耐心解释问卷中某些术语的含义，要避免为了完成任务而胡乱填写。截止到 8 月 30 日，共收回有效问卷 486 份，课题小组用社会学统计软件 SPSS 进行统计分析，得出结论。

（四）主要观点

（1）公民的媒介素养不仅影响公民本身接受和传递信息的质量，也会影响公民所在地的社会安宁与稳定。公民媒介素养教育是提高公民文化修养的重要内容，对于构建和谐社会、增强城市软实力不可或缺。

（2）珠海市公民作为一个群体，其媒介素养比较高，但个体公民的媒介素养水平与其受教育程度成正比，而与年龄成反比。

（3）基于互联网的电脑与移动互联网的智能手机、平板电脑等新媒体逐渐成为年轻人的新宠，政府在宣传公共决策时应当多利用新媒体以及相关社交平台。

（4）不同群体接受媒介素养教育的途径存在差异。学生主要在学校接受媒介素养教育，而社会人员主要通过单位、社区和媒介本身来接受媒介素养教育，提高媒介素养水平。

三　统计结果

（一）问卷统计结果

1. 个人媒介素养水平的评价

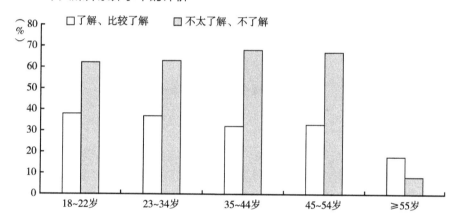

图1　珠海市民对"媒介素养"概念的认知程度

从图1可以看出，接受问卷调查的五组人群对于"媒介素养"概念的认知不足。即使在年轻人中间（18~34岁），只有37.5%的受访者认为自己了解"媒介素养"，而高达62.5%的年轻人说自己听说过这个概念，但不是很了解其具体内容。中年组（35~54岁）人群对于媒介素养的认知更低，只有不足1/3的受访者认为自己了解"媒介素养"，而超过2/3的受访者认为自己不太了解。老年组对于"媒介素养"概念的认知最差，超过80%的受访者反映从未听说过"媒介素养"，了解的人只有不足20%。虽然不同年龄段的市民对于"媒介素养"的认知程度不同，但总的趋势是年龄越大，认知度越低。

从图2可以看出，接近半数的青年人认为自己的媒介素养很高或者比较高。中年人群中持相同的看法的人数比例略低，约为40%，认为自己媒介素养一般或者很差的约占60%。在老年人群中，只有22%的人反映自己的媒介素养水平比较高，其余78%的人认为自己这方面的素养很差。

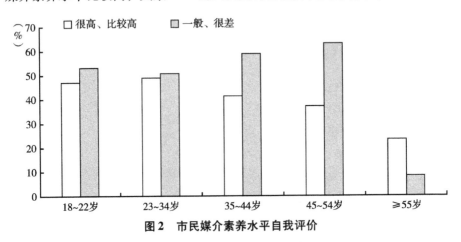

图2　市民媒介素养水平自我评价

2. 媒体使用情况

从表8可以看出，年轻人（18～34岁）主要通过手机和电脑获取资讯，他们很少使用传统媒体（电视、广播和报纸）。中年1组（35～44岁）有时利用电视获取资讯，但主要的渠道依然是新媒体。中年2组（45～54岁）利用多种渠道获取资讯，既有新媒体也有传统媒体，但以电脑、手机为主。老年组多利用传统媒体获取资讯，其中电视是最受欢迎的媒体，其次是广播和报纸。

表8　获取有关珠海相关新闻及资讯的方式

人群	18～22岁	23～34岁	35～44岁	45～54岁	≥55岁
利用媒体获取资讯排序	1. 手机 2. 电脑	1. 手机 2. 电脑	1. 手机 2. 电脑 3. 电视	1. 电脑 2. 手机 3. 电视 4. 报纸	1. 电视 2. 广播 3. 报纸 4. 电脑

从表9可以看出，18～22岁的年轻人上网的主要目的是娱乐，其次是获取资讯，社交也是他们使用网络的目的之一。本次调查中，该组主要由在

校大学生组成。相对于已经上班的青年人来说，他们有更充裕的自由时间，互联网和手机是他们娱乐的主要手段。23～34岁年龄段的受访者上网的主要目的是浏览新闻，他们也用电脑和手机娱乐，如看视频、阅读小说、玩游戏等。获取资讯排在第三位。35～54岁年龄段的受访者上网的主要目的是浏览新闻和获取必要的资讯。如表8所示，55岁及以上的受访者会使用电脑的占少数，使用手机上网的人更少，他们使用网络的目的是浏览新闻和获得资讯。

表9　市民使用网络的目的

人群	18～22岁	23～34岁	35～44岁	45～54岁	≥55岁
上网目的	娱乐—获取资讯—社交—浏览新闻	浏览新闻—娱乐—获取资讯—社交	浏览新闻—获取资讯—工作需要—社交	浏览新闻—获得资讯—娱乐—社交	浏览新闻—获得资讯

从表10可以看出，上网时间与年龄成反比。年龄越大，每天上网的时间越短。18～34岁年轻人上网时间最长，平均每天达到4.15小时，35～54岁的中年人上网时间约为3.15小时，55岁及以上的老年人平均上网时间只有0.6小时。

表10　市民日均上网时间

人群	18～22岁	23～34岁	35～44岁	45～54岁	≥55岁
日均上网时间（小时）	4.1	4.2	3.3	3	0.6

3. 媒介信息评价能力

就传统媒体与新媒体的可信度来讲，从图3可以看出，老年人中将近80%的人认为传统媒体大于新媒体。持这一观点的青年人约占总人数的60%，中年2组（45～54岁）约占54%，中年1组（35～44岁）约为一半。在所有人群中，认为新媒体的可信度大于传统媒体比例最大的群体是中年2组，约为总人数的1/3。另外，青年组（18～34岁）和中年1组中大约1/4的受访者认为两种媒体的可信度不相上下。

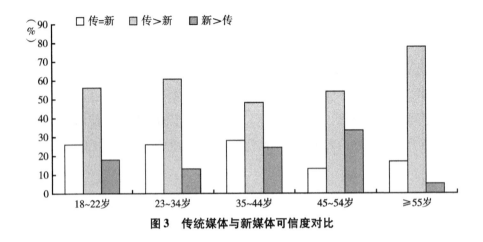

图 3 传统媒体与新媒体可信度对比

　　接受问卷调查的人都认为媒体在人们的生活中扮演着越来越重要的作用，离开媒体人们的生活和工作将受到很大影响（均值 >3），如表 11 所示。

表 11 人与媒体的关系：人离开媒体无法生存

类别	18 ~ 22 岁	23 ~ 34 岁	35 ~ 44 岁	45 ~ 54 岁	≥55 岁
均数	3.6	3.5	3.3	3.4	3.2

注：1 = 不赞同，5 = 完全赞同。

　　接受问卷调查的四组人群都认为媒体报道虽然与事实有些出入，但基本上能够反映现实，如表 12 所示。

表 12 媒体报道与现实的关系：媒体报道是对真实生活的反映

类别	18 ~ 22 岁	23 ~ 34 岁	35 ~ 44 岁	45 ~ 54 岁	≥55 岁
均数	2.9	3.1	3.3	3.2	3.4

注：1 = 不赞同，5 = 完全赞同。

　　对于"媒体报道是否有助于解决实际问题"，青年组和中年组给出比较正面的观点。很多事情经媒体报道后，会引起社会的广泛关注，一些根深蒂固的问题得以解决，如表 13 所示。

表 13　媒体报道的作用：媒体报道能够帮助解决实际问题

类别	18～22 岁	23～34 岁	35～44 岁	45～54 岁	≥55 岁
均数	3.3	3.2	3.1	3.4	3.5

注：1＝不赞同，5＝完全赞同。

多数受访者认为在网上广泛传播的事不一定都是事实，而且很多被证明是谣传。在证明某事确实存在之前，人们需要更多的证据才能最终得出结论（均值＜3），如表 14 所示。

表 14　网络传播的可信度：传统媒体没有报道的事件，但在网上传得沸沸扬扬的
可能是真的（以下项目均涉及网络，所以没有将老年组统计在内）

类别	青1	青2	中1	中2
均数	2.6	2.3	2.4	2.15

注：1＝不赞同，5＝完全赞同。

对于"传统媒体没有报道的事件，但在网上传得沸沸扬扬的可能是真的。"这种说法，受访的青年组和中年组认为这种观点站不住脚（均值＜3）。虽然网络上有不少负面新闻，但这并不能说明社会很黑暗，反而证明了社会在变得更加公开、透明。而且，媒体报道对于根除这些问题还有帮助，如表 15 所示。

表 15　对网络负面新闻的看法：网络上有很多负面新闻，说明这个社会很黑暗

类别	青1	青2	中1	中2
均数	2.1	1.9	1.6	1.6

注：1＝不赞同，5＝完全赞同。

统计结果显示，如图 4 所示，当面对网络暴力、色情、邪教、反动宣传时，超过 80% 的青年和中年人能够积极抵制，包括向相关部门举报、关闭并删除网站，只有极少数人会转发不良信息。

4. 媒体使用能力

电脑和互联网使用知识是新传媒时代媒介素养的重要组成部分。年轻人

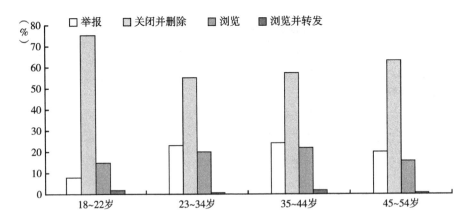

图4 对网络有害信息的态度

因为善于学习，喜欢探索，因此，他们的网络知识和使用新媒体的熟练程度要高于年龄较大的市民。从图5可以看出，青年1组中有超过95%的受访者认为自己能够熟练使用电脑或智能手机，只有不到5%的人认为自己不懂如何使用互联网和智能手机。青年2组中认为自己能够使用电脑或智能手机的人略有下降，约为93%，而不会使用的略有上升，约为7%；中年1组比青年2组有所下降，约为87%，不懂互联网的人约为13%。中年2组与青年组相比，能够熟练操作电脑或使用智能手机的人数比例明显下降，认为熟练的有82%，而不熟练的达到18%。

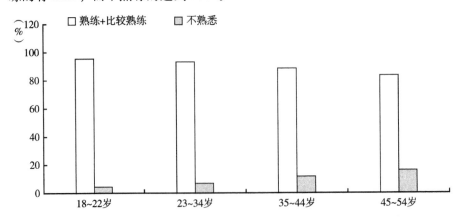

图5 互联网、电脑、智能手机使用熟练程度

5. 与网络传播相关的法律知识

从图 6 可以看出，在 18 ～ 22 岁的青年人中，了解和比较了解互联网相关法律的人占总人数的 65%，在四组人群中，比例最低。青年 2 组达到 80%，是四组人群中比例最高的。中年 1 组中了解和比较了解网络相关法律的人达到 77%，中年 2 组达到 79%。不了解相关法律的人数最高的是青年 1 组，达到 35%，其他三组均在 20% 左右。

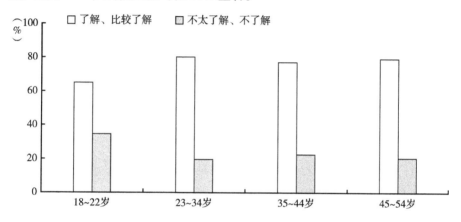

图 6　对于网络相关的法律知识的了解程度

从图 7 可以看出，在转发微信时，青年 1 组和中年 2 组人群中经常考虑信息的真实性的人数比例最高，约为 60%。青年 2 组中有 47% 的人经常考虑信息的真实性，中年 1 组中比例最低，为 42%。很多人反映他们在转发时会考虑微信的真实性。如果碰到比较敏感的信息，他们会慎重转发。而对于其他娱乐性新闻，或者是同学、朋友发布的生活趣事，则不会考虑转发引起的后果。

6. 媒体素养教育

在统计这一项时，不同年龄段的受访者被看成一个整体人群，因此下列统计结果代表全体参加本次调查的市民。从图 8 可以看出，超过四分之三的受访者认为公民媒介素养教育是政府义不容辞的责任。16% 的受访者认为父母也有责任帮助孩子提高媒介素养。只有 8% 的人认为所属单位有义务帮助员工提高媒介素养水平。

图 9 可以看出，超过半数的受访者认为学校教育是公民接受媒介素养教

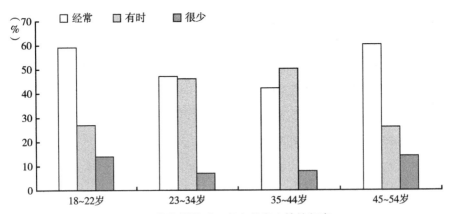

图7 转发微信时，考虑其真实性的频率

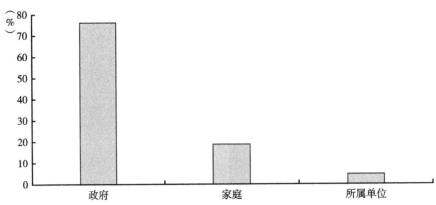

图8 对公民媒介素养教育负责的机构或单位

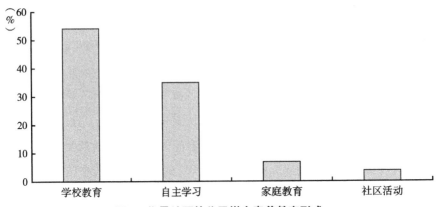

图9 你最认可的公民媒介素养教育形式

育的最佳方式。学校应该将媒介素养教育纳入文化素质教育的范围之内,在教授学生电脑和互联网使用技术的同时,也要注重培养学生质疑和评价各种信息的能力。大约1/3的受访者认为成年人也可以通过自学提升媒介素养,但需要必要的教材和辅导材料。部分人认为家庭教育(7%)和社区活动(4%)也可以成为公民媒介素养教育的补充。

从图10可以看出,约2/3的受访者认为媒介素养教育应该从小学开始抓起,一直持续到高中、大学阶段,而且要与计算机课程、法律普及教育等课程结合起来。

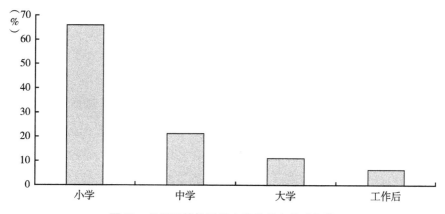

图10 公民开始接受媒介素养教育的时间段

(二)访谈结果总结

课题组成员对20位来自不同的行业的代表进行了深度采访。虽然他们普遍认为珠海不仅自然环境优越,基础设施完善,而且市民具有较高的文化修养,政府办事效率比较高,已建立的信息平台极大地方便了政府职能部门与市民之间的沟通,但多数人认为自己的媒介素养水平不够高,尤其对媒体信息的质疑、评估、思辨能力比较低。如果有机会,他们会接受这方面的培训,提升自己的媒介素养水平。基于互联网的新媒体为他们获取信息带来了极大方便,也带来了不少烦恼,比如,家长会担心中、小学生痴迷于电脑或手机网络游戏,不专心学业。因此,他们希望学校、自己居住的社区能够开设相关网络使用和控制网瘾的课程，协助家长教育孩子。大家一致认为，媒介素养教育应该从小学开始，学校不仅教授学生使用媒体的技能，也要教会学生判断、识别信息的能力，更好地保护自己。

四　结论及启示

本课题的部分观点在问卷调查和访谈中都得到了证实。

受访者普遍认为在信息技术日新月异的背景下，新媒体在年轻市民中的广泛使用为媒介素养研究带来了全新的课题。掌握公民使用新媒体的特点和规律对于构建和谐珠海、文明珠海意义重大。

接受采访的珠海市市民对"媒介素养"概念本身的认知度不够高，整体媒介素养水平与改革开放的国际化市民应该具备的素养不适应，有较大的提升空间。尽管如此，广大市民在面对网络谣言、色情、恐怖等不良信息时，能够明辨是非，积极举报。转发微信或在网络论坛发表观点时，多数人会考虑信息本身的真实性，也会考虑是否会侵犯个人隐私，这说明广大市民具有一定的互联网法律知识。个体媒介素养与学历成正比。教育程度高的市民，使用新媒体的手段熟练，能够批判地评价媒体新闻，利用媒体为自己的工作和生活服务。相反，教育程度在初中及以下的市民，虽然在使用新媒体的总体时间与受过高等教育的同龄人差异不明显，但在使用质量上却相差甚远，他们使用媒介的目的主要是看电影、交友和网购，很少用来搜索和获取有益的资讯，为工作服务。因为缺乏必要的判断力，他们也更容易受到蛊惑，成为网络谣言的传播者。55 岁及以上老年人多使用传统媒体，包括电视、广播和报纸来获取资讯，观赏娱乐节目，消磨时光。而年轻人则更青睐于新媒体，尤其是基于移动互联网的智能手机。新媒体的使用与受访者的工作性质相关性强。学生、事业单位员工和公务员使用电脑和手机的效率和质量都高于体力劳动者和个体经营者。另外，本研究也发现，虽然新媒体在青年和中年人群中广受欢迎，但受访者一致认为新媒体传播消息真假难辨，对其可信度尚存有疑虑。在新闻传播方面，受访者认为电视、报纸和广播比新媒体更加可靠。政府有义务为市民创造条件提高公民媒介素养。在接受媒介素养教育的方式方面，多数人认为学校是接受媒介素养教育的最好场所。对于成年人来说，通过互联网自学是提高个人媒介素养的有效途径。学校应该从小学阶段开始就为学生提供媒介素养教育相关的课程。

信息技术的发展正在改变着人们的生活方式，互联网使人们足不出户便可知晓天下大事，购买心仪商品，发表个人观点。基于移动互联网的手机客户端使人们得以随时随地以廉价方式实现信息共享，手机用户因此成为整个互通互联大数据的"节点"，每个人既是信息的接受者，也可以成为信息的传播者。技术的革新和时代的进步要求各级宣传部门以及信息管理部门必须尽快适应新形势，充分利用各种媒体的优势，及时有效地把各类信息传递给目标受众，减少不必要的误会，提高传播效率。

本次调查结果对于珠海市各级党政宣传和管理部门具有启示作用。

第一，从宏观层面来看，珠海市政府要更加重视公民素养教育，利用学校、社区以及公共媒体积极宣传公民媒介素养教育的重要性，通过多种渠道提高公民媒介素养水平。例如，可以邀请相关专家在珠海大讲堂开设媒介素养讲座，在珠江晚报、珠海特区报、政府的汉语和英语门户网站开辟媒介素养教育栏目；也可以将媒介素养教育活动与社区文化建设结合起来，开展多种多样的社区活动，寓教于乐，吸引社区居民参加。

第二，教育局要责成市属各级学校在文化素质教育中开设媒介素养课程。鉴于媒介素养的丰富内涵，提升珠海市公民媒介素养绝非一时、一日之功，需要多年的教育和积累。媒介素养教育课程安排应该循序渐进，小学课程以媒体功能介绍、学生自身利益保护为主，中学以培养学生媒介批判思维能力为重点。

第三，虽然新型媒体在青年和中年群体中广受欢迎，但他们更愿意相信电视、广播、报纸等传统媒体播发、登载的新闻。以互联网和手机客户端为平台的个人博客、QQ群、微信等提供的信息因为数量巨大，来源不明，因此导致可信度不高。为了提升可信度，政府各级主管部门应该建立自己的信息发布平台，及时、准确向社会发布权威信息，在线解答市民生活中遇到的问题。同时，因为传统媒体在观众和读者中间的可信度高，相关部门应该继续发挥其优势。总之，只有把传统与现代媒体结合起来，多管齐下，及时、准确地发布信息，政府发布的信息才能备受众广泛接收，实现沟通渠道畅通，避免误解，实现社会的长治久安与繁荣稳定。

参考文献

程曼丽，2007，《新媒体对政府传播的挑战》，http：//news. xinhuanet. com/newmedia/2007 – 12/18/content_ 7273889. htm。

罗以澄、黄雅堃，2009，《大学生媒介素养研究与对策》，《当代传播》第 5 期。

王锢、李伟、李燕红，2006，《中小学生媒介素养教育的策略探讨》，《中国电化教育》第 6 期。

吴鹏泽、杜世友，2011，《中国大学生媒介素养现状研究》，《中国电化教育》第 2 期。

徐新民，2013，《新媒体时代亟须提升公民的媒介素养》，http：//xwlt. northnews. cn/NewsTribune/ShowArticle. asp？ ArticleID = 1160，2013。

张开，2006，《媒介素养概论》，中国传媒大学出版社。

张新明、朱祖林、王振，2006，《我国未成年学生媒介素养教育探析》，《中国电化教育》第 6 期。

张志安、沈国麟，2004，《媒介素养：一个亟待重视的全民教育课题》，《新闻记者》第 5 期。

珠海、澳门一体化高等教育合作机制研究

——制度变迁的视角

黄卫华*

一 制度变迁的有关理论及文献综述

（一）制度变迁的有关理论

制度经济学家康芒斯（1967）对制度的定义为："个人行为的解放、控制和扩展的集体行为。"制度是人类相互交往的规则，或者说是"一系列被制定出来的规则、守法程序和行为的道德伦理规范"。制度是在不断变化和演进之中的。诺斯的制度变迁理论是由以下三个部分构成的：描述一个体制中激励个人和团体的产权理论；界定实施产权的国家理论；影响人们对客观存在变化的不同反映的意识形态理论。诺思所讲的制度变迁和制度创新都是指这一意义上的制度。正式制约（如法律）、非正式制约（如习俗、宗教等）以及它们的实施，这三者共同界定了社会的尤其是经济的激励结构。所谓的制度变迁是指一种制度框架的创新和被打破。制度可以视为一种公共产品，它是由个人或组织生产出来的，这就是制度的供给。由于人们的有限理性和资源的稀缺性，制度的供给是有限的、稀缺的。随着外界环境的变化或自身理性程度的提高，人们会不断提出对新的制度的需求，以实现预期增加的收

---

* 黄卫华，经济学博士，暨南大学讲师，研究方向：金融理论与实践。

益。当制度的供给和需求基本均衡时，制度是稳定的；当现存制度不能使人们的需求满足时，就会发生制度的变迁。制度变迁的成本与收益之比对于促进或推迟制度变迁起着关键作用，只有在预期收益大于预期成本的情形下，行为主体才会去推动直至最终实现制度的变迁，反之亦反。根据制度变迁经济主体的不同，可以把制度变迁分为"自下而上"的制度变迁和"自上而下"的制度变迁。所谓"自下而上"的制度变迁，是指由个人或一群人，受新制度获利机会的引诱，自发倡导、组织和实现的制度变迁，又称为诱致性制度变迁。所谓"自上而下"的制度变迁，是指由政府以政府命令和法律形式引入和实行的制度变迁，又称为强制性制度变迁。

诺思把前人关于技术演变过程中的自我强化现象的论证应用到制度变迁，提出了制度变迁的路径依赖理论。路径依赖类似于物理学中的"惯性"，一旦进入某一路径，无论是好的还是坏的，就可能对这种路径产生依赖。诺思把路径依赖解释为"过去对现在和未来的强大影响"，指出"历史确实是起作用的，人们今天的各种决定、各种选择实际上受到历史因素的影响"。诺思认为，制度变迁过程与技术变迁过程一样，存在着报酬递增和自我强化的机制。这种机制使制度变迁一旦走上了某一路径，它的既定方向会在以后的发展过程中得到自我强化。所以，人们过去做出的选择决定了他们现在可能的选择。沿着既定的路径，经济和政治制度的变迁可能进入良性的循环轨道，迅速优化；也可能顺着错误的路径往下滑，甚至被"锁定"（lock-in）在某种无效率的状态而导致停滞。一旦进入锁定状态，要摆脱就十分困难。

关于过程和路径，诺斯认为一般的制度变迁是渐进的，"集体学习，即从历史中存活下来的，表现在社会文化中的知识技能和行为规范使制度变迁绝对是渐进性的并且是经济依赖的"。同时，由于个人、企业家为了从所选择的政治经济制度中获得更多的潜在利润，"制度都是逐渐地被修改的"。除了这种渐进的演进路径之外，诺斯认为还有爆发式的制度变迁，他指出"战争、革命、入侵和自然灾害，均是这种间断性、爆发性的制度变迁的原因"。基于诺斯对制度变迁的理解，可以发现在经济发展史上，有的国家制度变迁能获得加速发展，而在有的国家制度变迁长期徘徊不前。"这也就是说我们的社会演化到今天，我们的文化传统，我们的信仰体系，这一切都是根本性的制约因素，我们必须仍然考虑这些制约因素"。这说明路径选择，还与一个民族文化因素、宗教信仰因素有关。诺斯的关于制度变迁的路径依赖的思想，对中国深化经济改革进程，极有积极意义。而诺斯的关于"锁定效应"的观点，有助于人们理解中国先不搞存量改革，而是先搞增量改革，这是为了避免"路径依赖"的阻力，对理解和消除当前我国经济改革进程中的种种社会机能障碍，以及为削弱和淡化改革进程的种种锁定效应而探索的中国政治家和经济学家们，亦有一定的参考意义。

（二）文献综述

在跨区域的高等教育合作方面，博洛尼亚进程（Bologna Process）做了重要的推动作用。它是 29 个欧洲国家于 1999 年在意大利博洛尼亚提出的欧洲高等教育改革计划，该计划的目标是整合欧盟的高教资源，打通教育体制。杨兴龙、苏明飞认为该进程高等教育一体化改革了高校的制度结构，制定新的学位制度，统一资格认证制度，建立质量保证制度等。在高校的教学方面，开设了更多的国际化课程，推进了具有"欧洲坐标"的课程。但作为民族国家的欧洲各国，其文化传统、宗教信仰以及语言的纷繁复杂，在很大程度上影响着本国的教育体制和教学内容。但赵叶珠认为博洛尼亚进程仍属于欧洲国家政府间的一项教育合作计划，与欧洲高等教育一体化是两个既有联系又有区别的概念，体现了教育具有极强主权性的特点。意味着该进程在推广过程中依然遇到一些很难克服的困难，也证明制度的演进是渐进的，而不可以超越一个时期的政治经济环境。杨治平、黄志成（2013）指出，欧洲各国加强了对高等教育质量保障机构的建设，新建或重组了一大批高等教育质量保障机构，重新确定了高等教育质量保障机构与政府、高校及社会的关系，高等教育质量保障机构的独立性不断增强。博洛尼亚计划的实施在不断深入。

从 1999 年正式实施"博洛尼亚进程"开始，欧洲各参与国一直致力于建立欧洲高等教育区。为了实现这一目标，欧洲参与国的高教部长在签署宣言时不断调整政策，涉及高等教育体系改革、课程改革、学生参与、文凭互认等方面，并实施欧洲学分转换与积累体系、职业教育与培训学分系统、欧洲高等教育质量保证体系、职业教育与培训质量保证、欧洲资格框架等各项措施保证目标的实现，从而整合欧洲高等教育资源，统一高等教育体制，使签约国任一公立大学的毕业证书与文凭都能获得其他签约国的认可，学生能毫无障碍的在其他签约国就业或申请更高阶段的学习，通过提高欧洲高等教育质量从而提高其在世界上的地位与影响力，并且能够始终如一地贯彻其根本精神——合作与竞争，在推出新政策的同时对之前的政策进行评价，以便及时发现存在的问题并解决，对取得的成就也继续争取在更深更广层面推行，保证"博洛尼亚进程"逐渐在世界范围的影响力。虽然各签约国在实施时有所偏离，但能够十余年一直进行并且取得世界瞩目的成绩，必然有值得学习的地方。中国政府、教育和研究机构都非常关注"博洛尼亚进程"的进展情况。分析"博洛尼亚进程"中采取的措施：如质量保证、文凭互认、学分转换等措施和成熟的经验，对建设具有中国特色的现代化高等教育体系，对建立区域高等教育合作机制具有重要的借鉴意义。

在国内，长三角高等教育的合作也在展开，施佳欢（2011）以区域合作的基础要素、支持网络系统以及在此基础上形成的区域合作模式为分析框架，探讨了长三角地区的高等教育区域合作的模式类型。珠三角、粤港澳经济和高等教育合作方面也有不少论述。苏淑欢研究了中国内地与港澳更紧密经贸关系安排（CEPA）下，政府对粤港澳三地高校合作的支持，并提出政府对三地高校教育合作支持的途径。陈昌贵和韦惠惠（2008）提出了粤港澳合作是新时期广东高等教育体制改革新突破口的观点；并结合粤港澳高等教育发展的实际分析了三地加强高等教育合作的必要性和可行性。冯增俊等从制定规划和相关政策角度探讨了粤澳两地高等教育的合作。韦惠惠、陈昌贵（2011）对粤港高等教育合作的制度变迁从供给和需求及其他因素的影响做了比较系统的研究。陈昌贵（2012）对珠三角粤港澳三地教育合作的机制问题进行了深入研究。这些研究涉及广东、香港、澳门三地，地域范围广，涉及了不同类型和水平的高等学校。

本研究将关注更小范围的合作，即澳门和珠海的高等教育合作问题。澳门与珠海几乎就是一个城市，研究两地的资源互补和一体化更有意义。中山大学的阎小培等已经对珠海澳门一体化问题进行了研究。但随着时代的发展，在新的政治经济形势下，对高等教育深入合作的研究尤为关键。陈伟以澳门大学横琴校区为例，阐述了高等教育区域合作的战略价值。王丽婷（2010）分析了珠海大学园区与港澳高等教育合作的形式和内容特点，就认识和实际操作层面上存在的问题进行了探讨，并提出了一些对策建议，是非常有价值的研究。本研究从珠海澳门高等教育高层次的深入合作着手，探讨两地教育一体化的制度创新，优势互补，着重从制度变迁的角度对珠海澳门两地高等教育一体化合作的机制做一个系统研究，寄望在前人的研究基础上更进一步。

（三）研究方法

本文主要采用文献分析法、对比分析法、历史分析法和理论分析法等方法开展研究。在研究欧洲高等教育合作的机制"博罗尼亚进程"的基础上，探索现代国际高等教育合作的普遍做法和一般要求，并通过有选择地借鉴这些经验，为构建珠海与澳门高等教育合作一体化机制提供借鉴。

二　珠海澳门的制度演变历程

珠海澳门作为珠三角地区重要的地区，其政治经济的发展与珠三角是紧密相关的。了解珠海澳门的制度演进就需要了解珠三角的演变历程。

（一）珠三角的政治经济演变历程

1. 珠三角经济发展的历史特点

首先，珠三角区域经济发展的历史可以归纳为渔盐—农耕—商贸的经济发展史。《汉书·地理志》有"番禺有盐官"之说。南朝《宋书》也记载东莞设有司盐都尉。而唐宋以后，盐业生产长期是东莞历史中重要的内容。

今天的中山、澳门、深圳、香港、珠海、甚至广州的一部分都是从古代东莞发育出来的珠三角城市，这些城市所辖地区的早期历史，几乎无一例外都是以盐场的历史为主体的。宋代以后，在珠三角地区经济中，盐业的地位开始逐步减弱、退出。围绕着珠江口周边地区的开发，珠三角地区的经济发展开始转向另外两条主线：农耕与商贸。一方面在珠江河口泥沙冲积的基础上，通过人工围垦造出了广袤的农田，本地经济由渔盐向农耕转变；另一方面以广州为中心的海洋贸易带动了整个地区的商业化，珠三角经济成为全球经济的重要部分。其次，移民经济的特色。善于接纳外来文化和生产要素等资源，是珠三角地区经济发展的一大历史特色。历史上，往珠三角地区的移民主要有三次较集中的时期。第一次是秦、汉对南越的两次进军，约有近百万中原汉人流入岭南；第二次是隋唐时代，由于先后修筑和整治了大庾岭陆道，从而使北江航道成为岭南地区与我国内地联系的主要交通干线，汉人南迁更多；第三次则是在宋代，我国社会政治经济重心逐步南移，对珠三角等东南地区开发加快，同时由于北方战乱的影响，中原汉民大量南迁，使珠三角人口迅速增加，珠三角由此进入了大规模开发时期。珠三角地区具有对外开放的历史传统，是我国著名侨乡。该区域的广州是中国南方历史悠久的对外通商口岸之一，广州逐步成为重要的海洋贸易中心城市，一部分人外出寻求发展，足迹遍及港澳、东南亚甚至太平洋彼岸。最后，商贸传统与商业精神。珠三角区域经济的商贸特色非常明显，是我国最早开展对外贸易的地区之一。早在先秦时期，广州就已形成港市雏形，秦统一岭南后，广州更成为我国南方的对外贸易中心。在汉代，珠三角与海外通商，开辟了著名的"海上丝绸之路"，到了唐宋，以广州为中心的珠三角地区成为我国对外贸易的重要基地。明朝中叶以后，以广州为中心的珠三角地区对外贸易进入鼎盛时期。清乾隆二十二年（1757 年）关闭了江、浙、闽等省口岸，但仍保留广州作为全国唯一通商口岸，这更使珠三角地区发展对外贸易更具有特别的优势。近代鸦片战争后，英国、葡萄牙等先后占据香港、澳门并将之开辟为自由港，珠三角又得以利用港、澳的特殊地位进行转口贸易，使其对外贸易进入了一个新的历史时期。珠三角地区历史悠久的外贸传统，孕育了这一地区强烈的商业精神，与中原广大地区相比较而言，珠三角地区的文化背景使其更易与现代市场经济接轨，而这一文化特色对该地区的区域经济合作与发展产生了深远影响。

2. 珠三角区域经济合作与发展的现状

改革开放前，珠三角区域经济经历了一个缓慢发展的历史过程。在这一时期，珠三角地区农业发展缓慢，商品经济发展受到限制，区域经济合作与发展的进程也受到了阻碍。

（1）改革开放以来珠三角区域经济发展的历程。珠三角是我国改革开放的先行地区。珠三角从设立经济特区起，逐渐形成了一个全方位开放、多层次推进的对外开放格局，构成了珠三角地区经济地域结构的基本框架：第一层次是经济特区；第二层次为沿海开放城市；第三层次则是经济开放区。1994 年 11 月，广东省委、省政府正式宣布建立珠三角经济区。这是我国第一个打破行政区划，按照经济区划原则建立的经济区。该经济区充分利用港澳强劲的经济辐射，以广州、深圳这两个超大城市和大城市为两极，由 12 个中等城市、9 个小城市和 420 多个建制镇组成。后来，在遵循"一国两制"方针和 WTO 规则前提下，2003 年 6 月和 10 月中央政府与香港和澳门政府先后签署了《珠海与香港关于建立更紧密经贸关系的安排》和《内地和澳门关于建立更紧密经贸关系的安排》（简称 CEPA）。CEPA 的签署，从制度上标志了包括香港、澳门和珠三角经济区在内的大珠三角经济区（简称"大珠三角"，即港澳粤）正式成立。

（2）珠三角区域经济合作与发展的现状及存在的问题。第一，经济实力大幅提高，经济结构不断优化。作为我国改革开放的先行者，凭借其毗邻港澳的地缘优势和政策优势，珠三角地区承接了以香港、台湾资本为主的产业转移，在 20 世纪的后二十年里经济得到了飞速发展。珠三角呈现出典型的工业化成熟期产业结构的特点，产业结构也在不断优化。第二，城市化水平迅速提高。改革开放以来，珠三角地区城市化水平迅速提高，珠三角城镇群也迅速崛起，成为我国一个重要的、同时也是历史最短的城镇群区域。珠三角城镇群主要有以下特点：地处沿海开放地带，以对外开放城镇为主体，城镇发展与港澳关系密切；具有鲜明的区域经济特色和较高经济发展水平，拥有比较完善、档次较高的区域基础设施和服务措施；大中小城市和小城镇发展比较均衡，城乡一体化已逐渐显出雏形。第三，区域内经济发展不均衡。一是城乡经济发展不平衡。从整体上来看，珠三角地区农村与城市之间不管从经济结构还是社会结构、文化结构等诸多方面仍然存在着城乡差异。二是区域内各地区、城市之间存在经济发展落差。第四，区域基础设施体系建设尚不完善。目前珠三角地区区域性城市基础设施建设仍有各自为政的现象，城市间的快速交通网络还不是很完善。在能源方面，珠三角地区内部能源、电力供应不平衡，对外依赖严重，输、配电网络仍然亟须建设和改善。在港口建设方面，珠三角港口群内部竞争激烈。由于珠三角濒江临海，三江汇集，河网密布，河港、海港比较密集，由于港口过于集中，因此，在航线、货源和配套服务等方面均存在一定程度的竞争。第五，外向型经济发展模式有待改变。珠三角毗邻港澳，其早期经济发展主要是承接了香港、台湾等地的产业转移，因此，珠三角早期经济发展模式主要是依赖农村剩余廉价劳动力维持低成本，以"赚中国工人的钱"崛起。近年来内地经济发展快速赶上，珠三角地理优势逐渐弱化，加上政策的转变，珠三角地区能源不足、环境污染、劳动力成本上升、低附加值加工、国际贸易摩擦等问题显现，凸显了珠三角早期的"世界工厂"型外向型经济的弊端，需要探索新的经济发展模式以实现区域可持续发展。随着内地特别是珠三角地区的经济发展，珠三角与香港澳门的差距在不断地缩小，香港和澳门的经济发展也要面临升级更替，所以，有必要探讨大珠三角区域（包含港澳）的整体协调一致发展问题。

3. 珠三角区域经济合作的发展趋势分析

（1）区域经济一体化的大趋势。在经济全球化的大背景之下，珠三角地区的区域经济一体化同样是大势所趋。这需要各地方政府顺应潮流、抓住机遇，积极促进区域经济在各个领域的合作。具体来说有以下几个方面。其一是为了解决各地体制不同、各自为政阻碍区域合作的状况，"珠三角"区域合作应加强协调机制的建设与完善，同时可考虑成立区域合作委员会等跨行政区的区域型协调机构，作为整个区域多层治理的核心机构。其二是以效率与公平的协调作为区域合作的目标。其三是在市场体系和基础设施建设方面应加强联动合作，真正实现一体化的互联互通。

（2）区域经济辐射范围不断加大的趋势。随着珠三角经济社会的繁荣与发展，其经济辐射面也日益加大，区域经济合作的范围也不断扩大。如珠三角由小珠三角到大珠三角，到由粤、港、澳构成的珠三角，再到包括内陆九省和港澳地区"9 + 2"的泛珠三角模式①，一方面从地域上来看区域经济范围呈现不断扩大的趋势，另一方面区域经济影响的纵向覆盖面以及区域合作的领域也日益扩大。

（3）区域文化整合与生态环境协调发展的趋势。在珠三角区域经济一体化的大趋势下，区域文化整合与生态环境协调发展既是区域经济一体化的结果与趋向，同时是区域合作可持续发展的基础。"珠三角"地区文化的合作与发展，是珠三角地区经济合作与发展的必然结果，同时对珠三角地区经济合作的进一步深化发展产生影响。珠三角各省市需要打破省、市之间的壁垒，顺应趋势，培育统一有序的文化生产要素市场，有效配置和优化文化资源，实现区域文化的振兴与协调统一发展。

（二）珠海的高等教育发展历程

1. 从无到有

珠海依山傍海，自然条件优越，紧靠澳门，与香港深圳隔江相望，具有独特的地理优势。改革开放以来，作为最早设立的经济特区之一，凭着毗邻港澳的地缘优势，珠海经济特区的社会经济建设取得了显著的成就。但是2000 年以前，珠海只有两所成人高校，没有一所普通本科院校，科技人才主要依靠引进，由此，高等教育的落后与经济的高速发展形成了强烈的反差。随着珠江三角洲经济的快速发展，人民生活水平显著提高，区域性综合竞争日趋激烈，珠海越来越发现：没有大学，缺乏人才和智力支撑，在很大

---

① "泛珠三角"包括珠江流域地域相邻、经贸关系密切的福建、江西、广西、海南、湖南、四川、云南、贵州和广东9 省区，以及香港、澳门 2 个特别行政区，简称"9 + 2"。

程度上制约了珠海对高素质人才的聚集效益，制约了珠海发展高质量经济、建设高品位城市的动力。1999 年召开的第三次全国教育工作会议做出了高校扩招的重大决策，并鼓励高校创新办学机制。为此，部分高校创新办学理念，积极探索异地办学、扩大规模的路子。珠海抓住这一历史机遇，果断地摒弃自办大学的传统思路，提出了"注重引进，追求所在，所在即拥有"的理念，大胆地走"地方政府与高校联合办学"之路，充分发挥珠海的环境和资源优势，以开放的办学思想和优惠的政策吸引国内一流高校到珠海举办校区或产学研基地，推动了珠海科教事业的发展。2000 年 9 月，中山大学珠海校区正式进驻，成为进入珠海办学的首个国内著名高校，开创了珠海高等教育发展的新纪元。一花引来百花香，国内一些高校随后也开始了与珠海的合作交流。此后的五年间，珠海又引进了 6 所高校（校区、分校和学院）前来办学，即暨南大学珠海校区、北京师范大学珠海分校、北京理工大学珠海学院、吉林大学珠海学院、遵义医学院珠海校区和广东科学技术职业学院珠海校区。短短十年间，珠海市大规模引进优质高等教育资源，从一个没有高校的城市，一跃成为拥有最多高校的经济特区，为珠海的高等教育发展创造了奇迹，为珠海实现跨越式发展创造了现实条件。十年间赫然崛起 10 所大学，全日制在校大学生由 1999 年近乎为零变为现在的逾十万，高校和大学生数量在广东省仅次于省会广州，稳居第二。现在，珠海已经成为广东省一个重要的高等教育基地，彻底改写了珠海特区高等教育一穷二白的历史。

2. 现状：大学园区建设多年对珠海经济社会所产生的作用是极其显著的

（1）人才集聚和培养效应。目前 10 所高校和多个高校科技园区落户在珠海，13 万名大学生生活在珠海，近 6000 位教师工作在珠海[①]，一些高水平的实验室设立在珠海。大量人才的集聚，给珠海增添了大量的"人气"，使得昔日的文化沙漠，一下子变成人才的绿洲。珠海积极引导和推动高校在学科和专业设置上与珠海和广东重点发展的产业有机结合，促进珠海产业发展的新突破，增强科技创新能力和核心竞争力，进一步发展高质量经济。例

---

① 数据来自珠海 2013 年统计年鉴。

如，珠海作为全国 11 个国家软件产业基地之一，中山大学、吉林大学、省科干院等高校有针对性地设立软件学院，北京师范大学、暨南大学、北京理工大学的珠海校区设有软件专业，培养软件高级专业人才和软件蓝领，直接服务于珠海软件产业的发展。

（2）促进经济发展。大学园区对珠海的经济发展起到了五个方面的作用：构建产业支撑平台，推动经济结构调整和良性发展；构筑人才支撑平台，营造良好的创业环境；构筑科技支撑平台，培育创新项目，增强核心竞争力和发展后劲；构筑招商引资支撑平台，进一步优化投资环境，形成珠海新的比较优势；构筑城市化和国际化支撑平台，提升珠海的城市品位和核心竞争力，提高城市的社会管理水平。大学园区建设之后多家跨国公司把他们的研发中心设在了珠海。其理由之一是"这里是聚集中国优秀人才的地方，教育事业发展很好"。大学园区的发展也有效地刺激了当地消费，形成直接的经济效益。按照国家规定的教学设施配备标准，一个大学生需要 8 万 ~ 10 万元的教学配套设施，人均年培养成本 16000 元，学生个人消费每年约 8 千元至 1 万元。除了一次性建设投资外，学校和学生的各种支出在年人均 26000 元左右。大学所带来的人流物流直接促进珠海的餐饮、旅游、住房等第三产业的发展。

（3）推动了科技发展。珠海大学园区的大多数高校，如中山大学、暨南大学、北京师范大学、北京理工大学、吉林大学等高校的科研水平比较高。这些高校会逐步发挥桥梁作用，逐步把校本部的科研力量、科研机构、科研项目、科技产业引入珠海，形成产学研一体化的科技创新平台，推动珠海的科技发展，并带动科技产业进步。中山大学珠海校区创新科技研究院、北京师范大学珠海软件研究所、暨南大学珠海校区的包装工程研究所等科研机构及其他实验室的建立，极大地增强了珠海市相关领域的科研力量。大学园区聚集了近百家以软件研发为主的高新科技企业，正逐渐发展成为一个有较高的成果孵化、转化能力和较强辐射带动能力的高新技术产业带。

（4）开启文化盛市。10 多万大学师生生活在珠海，为浪漫之城平添了浓郁的书卷气息。大学园区的高校图书馆拥有几百万册图书、数百个大数据库，从此改变了珠海"信息不灵、资料贫乏"的局面。作为知识创造、传播与创新的载体，珠海大学园区培育着城市居民文化素养，丰富了珠海的文化资源，提升了珠海的文化竞争力。与人才、科技、经济方面的贡献相比，珠海大学园区对城市文化发展的贡献，更有意义。一是大学园区的建筑都是聘请国内外著名的设计师设计，融国内外风格于一体，具有国际化气息，体现了一种开放的城市物态文化；二是大学引领社会风气，改善市民结构，提高市民素质，赋予城市文化以鲜明的时代特色；三是大学所引导的开放性、多元性、创造性城市文化氛围、文化环境，将会为城市的进步与发展提供最重要的人文条件和永不枯竭的动力；四是校园文化是一个城市文化的重要组成部分，大学园区各高校为珠海提供了一批高质量的文化场馆，比如体育场、图书馆等。

（5）促进了城市化进程。大学园区的建设打破了珠海城市原有的格局，使珠海的城市布局更合理，城市功能更完整、更完善，大大延伸了城市的骨架，形成了现代化城市的新格局。一些高校的所在地，在引进高校之前是大片的荒地或是洼地，短短几年时间，一座座建筑风格各异的大学校园落成了，大大延伸了珠海的城市范围，加快了珠海的城市化进程。大学园区已成为城市建设的一个新亮点。珠海大学园区各高校的选址和布点（主要坐落于唐家湾镇和金湾区），与珠海城市建设规划相结合，体现了城市建设和拓展的方向，完善了珠海城市功能。校园建设与珠海的城镇建设协调推进，与珠海的产业发展布局互相依托，加快了大学园区所在的唐家湾镇和金湾区的城镇化进程和经济发展步伐。

（6）提升国际化影响力。珠海大学园区各高校非常注重走国际合作办学的道路，它们利用珠海独特的区位优势和自身灵活的办学机制的优势，在与国外（港澳）的高等教育和科技合作方面已经展开，开展了多层次、多方位的合作，涉及中国港澳、美国、英国、加拿大、澳大利亚、德国等多个国家或地区：一是高层次的联合办学。比如北京师范大学已经与香港浸会大学合作设立的联合国际学院。二是合作办学。中山大学珠海校区、北京师范大学珠海分校、暨南大学珠海校区都开设了"2＋2"或"1＋3"等国际班或者交换生计划，学生有机会一半时间在国外大学就读，同时获得两所大学的学分甚至学历。三是教师队伍的国际化，请外教常规上课，请国外知名大学教授短期讲学、主讲论坛等，加强了学校与国际同行的联系，缩短了与最新专业知识的距离。四是大量招收港澳台学生和国外留学生，中山大学和暨南大学都招收大量外招生。五是产学研合作。如北京师范大学珠海分校相关院所与南方科技园企业联系紧密，教学科研为生产服务。珠海大学园区各高校正在逐渐从社会发展的一种边缘性的组织走向城市发展的中心位置，成为一种核心组织和主导力量，对区域社会经济的发展起着重要的不可替代的作用，强化了珠海可持续性发展的路径。

（三）澳门的历史演变和高等教育发展历程

中国政府于 1152 年设立香山县，现在的中山市、珠海市和澳门当时都属香山县范围，澳门旧称香山澳、濠镜澳。1277 年中国军民开始在澳门定居。澳门自古以来就是中国的领土、澳门问题是中国封建王朝的腐败无能和外国列强的入侵造成的。1535 年，葡萄牙人取得在澳门码头停靠船舶，进行贸易的权利；1553 年，葡萄牙以曝晒船上水渍货物为由，并通过贿赂当地中国官吏，进入澳门居住；至 1557 年起，他们每年须向当地中国官吏交纳一定银两的地租，以换取在澳门居住的资格。1840 年鸦片战争爆发，中国晚清政府在西方列强的侵略之下，被迫割地赔款。1845 年，葡萄牙颁布法令，公然宣布澳门为自由港，并拒交地租，以武力抢占关闸，驱逐中国官吏，绑架中国士兵。1851 年和 1864 年又先后强行将凼仔与路环两岛划入其管辖范围，从而逐步完成了对澳门的占领。1887 年，葡萄牙与中国清政府在北京签订不平等的《中葡和好通商条约》，迫使清政府允许葡萄牙永驻和管理澳门。1974 年，葡萄牙国内发生了反法西斯政变，宣布放弃所有海外殖民地，承认澳门是中国领土，并于 1976 年颁布了《澳门组织章程》，规定澳门地区属葡萄牙管治下的特殊地区，享有行政、经济、财政及立法自治权。1979 年中葡两国建交，双方就澳门问题取得一致意见：澳门是中国领土，目前由葡萄牙管理；澳门问题是历史遗留下来的问题，在适当时机中葡两国通过友好协商解决。1999 年 12 月 20 日，澳门回到中国怀抱。

澳门的文化非常复杂，其中既有中国传统文化的内涵，又渗入了以葡萄牙文化为代表的欧洲文化。天主教、佛教、道教、基督教、犹太教及伊斯兰教、巴哈依教等多种宗教形成了澳门形形色色的宗教文化；汉语、葡语、英语等各种语言的交汇融通，国际贸易自由港的商业地位，形成了丰富多彩的语言文化；欧洲式住宅，与中国园林交相辉映，构成了中西合璧的建筑文化景观；澳门凭借优势的地理位置、秀丽的自然风光、舒适宜人的气候和独特的中西结合、华洋杂处的文化遗迹、市井风情形成了种类齐全内容丰富的旅游博彩文化。澳门的博彩业有 140 多年的历史。早在 1847 年，澳门政府便颁布法令，宣布赌博合法化。据统计，澳门税收的五成来自博彩业，博彩业是澳门的支柱产业。80%～90% 到澳门游客中是被"博彩"吸引来的。博彩业为澳门政府实施低税免税政策，吸引外资，发展出口加工业提供了重要的基础和条件。

早在 1594 年，澳门就创建了圣保禄学院，这是亚洲第一所欧洲模式的大学。但此后的几百年间，教育不受澳葡政府重视，澳门的教育事业发展缓慢。20 世纪 80 年代开始，随着澳门经济的起飞，社会对教育的需求大增，澳葡政府也逐步加强了对教育的管理。20 世纪 90 年代初期，澳葡政府相继公布了关于高等教育的法令、训令，此后又相继颁布了配套法令，包括有关私立教育机构、免费教育、课程发展、特殊教育、成人教育、技术和职业教育、教师培训等方面的法令，确立了一套相对完善的教育制度。1995 年，澳门开始实施 7 年免费教育。1997 年，开始实施 10 年免费教育。

目前，澳门教育类别分为"正规教育"、非学制教育、特殊教育和"持续教育"。"正规教育"为三年学制的幼儿教育、六年学制的小学教育、三年学制的初中教育，以及三年学制的高中教育（高中教育原为两年或三年学制），共 15 年正规教育。以上学制即为"本地学制"。不实行本地学制的学校即为"非本地学制"学校，不能接受政府的免费教育补助。而"持续教育"则可细分为家庭教育、回归教育、社区教育和职业培训。根据现在的教育制度，澳门儿童从 3 岁开始在幼稚园接受学前教育，6 岁接受小学教育，12 岁进入中学学习，初中和高中为 5～6 年。澳门的教育体制有两大特点：一是办学主体多元化，私立学校居多；由于澳葡政府长期不重视兴办教育，办学成了民间团体的事情，教会、工会、商会、街坊会、妇联、同乡会等各种团体均成为澳门的办学主体。截至 2011～2012 学年期末，澳门高等教育机构有 10 所（4 所公立、6 所私立），幼儿园、小学、中学教育机构 71 所（包括私立和公立学校，60 所提供免费教育机构包括已经纳入免费教育体系的私立学校），回归教育机构 9 所（其中 3 所公立、6 所私立），加上 4 所特殊教育机构（1 所公立、3 所私立），共有 94 所教育机构①。但私立学校是澳门教育的主体，这是澳门教育的一大特征。二是学制多样化。从语言上划分，有中文学制、葡文学制、英文学制；从学年长短和课程安排划分，又有内地学制、台湾学制、葡萄牙学制、英国学制四种。其中内地学制和台湾学制的学年长短一样，都是小学 6 年，初中 3 年、高中 3 年；葡萄牙学制是小学 6 年、中学也是 6 年，但初中 3 年，高中只有 2 年，另有 1 年是大学预科；英国学制中小学加起来是 13 年，其中小学 6 年、初中 3 年、高中 2 年、大学预科 2 年。实施内地学制、中文教学的学校和学生人数占大多数。葡萄牙在澳门虽然统治了很长时间，澳门的华人文化色彩始终不变，可见华人对自己的传统文化仍有着根深蒂固的感情。

澳门学校中私立学校占大多数，在学制、师资、教材、教学语言、考试等方面没有统一标准，由各校自定。由于政府给予私立学校的津贴有限，因而办学条件较差，教师收入低，人员流失严重。公立学校由澳门政府开设，学校经费由政府负责，教师享受公务员的优厚待遇，学生免交学费。政府为鼓励澳门学生求学，还设有各类奖学金、助学金。就读本澳中、小、幼私校的学生，如就读免费教育学校但家境困难者，可申请校服文具津贴；非免费教育学校学生，则有学费津贴，同时亦可申请校服文具津贴。在本澳或外地修读学士学位的学生，可申请由教育暨青年司发放的大专助学金。修读硕士

---

① 《澳门最新统计资料》，《教育统计 2011～2012 年》，http：//www. dsec. gov. mo/Statistic. aspx? NodeGuid = 77e4b03a - e3bb - 4c58 - 81f9 - 36e18600ca43，最后访问日期：2014 年 10 月 10 日。

学位的学生则由澳门基金会发放奖学金、助学金。

澳门高等教育很长一段时间都是在外地进行，因为澳门自圣保禄大学停办后一直没有再办大学。直到 1981 年，一些香港商人才在澳门开设了东亚大学，即现在澳门大学的前身。此后，澳葡政府陆续开设了澳门理工学院、澳门保安部队高等学校、澳门旅游培训学院，由此建立了澳门本地的高等教育体系，使澳门所需的大部分人才能在本地得到培养。澳门非学制教育的课程十分广泛，包括语言、艺术、商业管理、社会科学等多种学科。澳门高等教育机构包括公立院校和私立院校 10 所。高校中资格最老的是澳门大学，于 1981 年创办，当时名称是东亚大学，私立性质。澳门保安部队高等学校也同时在 1988 年成立，同年东亚大学转为公办。1991 年东亚大学易名为澳门大学，同时澳门理工学院也分离出来另立门户。联合国大学、国际软件技术研究所于 1992~1995 年开办。目前澳门公立高校有：澳门大学、澳门理工学院、旅游学院、澳门保安部队高等学校；私立高校有：澳门城市大学、澳门科技大学、圣若瑟大学、澳门镜湖护理学院、澳门管理学院、中西创新学院。由于传统上高等教育比较薄弱，大多数澳门人都是向外寻求高等教育机会。截至 2011~2012 学年期末，澳门高等教育的注册学生有 27776 名；本地生（18449 名）占 66.4%，澳门适龄青年入学率为 61.9%[①]。也就是说有超过一半的澳门人选择在当地完成大学学业，这一比例相比以前已经增长不少，但也有大量的学生选择到外地读大学。

三　两地高等教育一体化合作的制度供求分析

新制度经济学家们在"需求—供给"框架下对制度变迁展开了研究，其中戴维·菲尼在科斯、诺斯等研究的基础上提出了一个分析制度变迁的启发式框架，较为详细地分析了制度需求和供给的影响因素。戴维·菲尼参照

---

① 《澳门最新统计资料》，《教育统计 2011~2012 年》，http：//www. dsec. gov. mo/Statistic. aspx？NodeGuid =77e4b03a－e3bb－4c58－81f9－36e18600ca43，最后访问日期：2014 年 10 月 10 日。

诺斯等人的阐述将制度区分为几大类：宪法秩序，制度安排和规范性行为准则。在此分析框架中制度安排及其利用程度被当成内生变量，宪法制度和规范性行为准则被认为是外生变量。外生变量或被归类于需求因素，或被归类于可供给因素。在此结合该分析框架，来分析珠海澳门高等教育合作制度的需求供给及其影响因素。

（一）制度供求分析

1. 珠海澳门高等教育合作制度需求的影响因素

珠海澳门高等教育合作制度需求是指制度接受者——个人、高校和社会的需求，只要原有制度安排不是可选择的制度安排中社会净收益最大的一个，就会产生对新制度的需求。珠海澳门高等教育合作制度需求的影响因素有：①制度选择集合。珠海澳门高等教育合作制度选择集合的变化受到两个层面因素的影响。首先是制度环境，它深刻影响着创立新的制度安排的预期成本和利益，因而也就深刻影响着对新的制度安排的需求。珠海澳门高等教育合作的制度环境是指影响珠海澳门高等教育合作开展的一系列政治、社会和法律的基础规则。其次是政府政策的改变也会扩大或缩小珠海澳门高等教育合作制度选择的集合。②珠海澳门双方高等教育资源状况。双方所拥有高等教育资源的相对稀缺程度的变化，影响着珠海澳门双方相关利益主体进行合作制度创新的激励结构，改变着双方在合作中讨价还价的能力，从而导致了重新缔约的努力，影响制度接受者对合作制度变化的需求。③技术因素。交通、网络、通信等技术的进步促使人们交往和资源流动日趋便利，不断降低高等教育合作活动开展的成本，从而诱发对珠海澳门高等教育合作制度变化的需求。④合作的市场规模。珠海澳门两地人员和物资往来的增多和规模的扩大，拓展了合作制度发挥效用的空间，新制度产生所需花费的固定成本获得补偿的可能性增大，降低了合作制度变迁的预期成本，从而增加了对合作制度的需求。

2. 珠海澳门高等教育合作制度供给的影响因素

珠海澳门高等教育合作制度供给是指制度决定者的供给。在珠海澳门高等教育合作制度变迁的过程中，以下因素影响着珠海澳门高等教育合作制度的供给状况：①制度环境的变化。制度环境决定了制度安排选择的空间并影响着制度供给的路径和方式。②现存制度安排的状况。由于制度的"路径依赖"特征，现存制度安排可能会增加制度变迁的成本，因而对制度供给造成影响。③新制度的创立成本和预期实施成本。每一项新的制度安排都需耗费成本。在大多数情况下，即使新制度的预期收益很大，但由于新制度的创立和预期实施成本过高，也会导致新制度供给的不足或者滞后。④社会科学知识水平状况。相关社会科学知识的储备制约着人们对制度安排的认识，影响人们制度设计的能力和成本，从而影响制度安排选择的空间和范围。⑤上层决策者的考虑。在制度变迁中上层决策者的潜在收益状况影响着他们的制度供给意愿。不同的决策者对收益的考量是不同的。作为制度供给主体的政府所追求的收益不仅包括经济上的利益，还包括政治上的收益、社会效益等。而高校的上层决策者的权力大小决定了其进行制度供给的可能性和范畴，其从制度创新中预计所获得的收益大小决定了其进行制度供给的意愿。⑥非正式制度的影响。珠海澳门经历了不同的历史阶段，双方占主流的意识形态差异影响和制约着珠海澳门高等教育合作制度的供给空间。但是珠海澳门双方长期以来形成的紧密联系和合作习惯将会对合作制度供给产生积极的影响。珠海澳门双方对合作是否具有共有理念在很大程度上也影响着合作制度的供给。

一系列外生变量影响着特定时期珠海澳门高等教育合作制度的需求和供给的状况。不同时期外生变量的变化带来了相关利益主体对制度变化的需求，并对制度决定者的供给意愿和行动产生影响，从而对制度变迁的进程产生影响。很难说珠海澳门一体化高等教育合作的制度安排来自哪些内生性或者外生性需求，对于高校而言，这是他们的需求，他们也是制度的建设者和受影响方；对于政府，他们是制度的供给者，也是制度良好运行后效益的受益方；对两地的经济体系的影响也是如此。

（二）珠海大学园区提升办学水平的需要

全国高校经过多年的扩招之后，目前高校众多，但是办学质量不高的学校占多数，珠海的高校也面临这样的问题。"优胜劣汰""适者生存"的竞争机制已经逐步引入高等教育领域之中，并越来越明显地影响着高校的办学和管理，只有办学质量和办学效益好的高校才更具有生机与活力，才能实现可持续发展。提高教学质量和效益是高等教育改革与发展的主旋律，是高校生存和发展的基础，是学校及大学园区在高等教育市场中是否具有竞争力的生命线。从珠海大学园区各高校当前的办学和管理形态来看，提高办学质量和效益是办好大学园区的现实要求。目前，珠海大学园区多数高校的基本建设已经完成，各项教育教学活动已步入正轨，但是也存在不少问题。珠海大学园区的发展要从数量规模发展转变到内涵发展的道路上来。

第一，办学层次的局限性。受办学层次的局限，主要是教学型大学，还停留在本专科基础应用型人才的培养上，很少有研究生教育。十所大学里面只有中山大学珠海校区和暨南大学珠海校区等少数高校科研力量强一些，也在进行研究生教育，其他高校基本都专注于本专科生的培养。

第二，师资的局限性。由于学校建立时间短，各校都处于发展初期阶段，师资比较缺乏。各高校要发挥"异地办学"模式的独特优势，依托校本部雄厚的人才资源，充分发挥本部一流的师资作用。要通过设立大学园区专家津贴、提供较好的科研条件、大幅度地增加科研投入等措施，吸引校本部的优秀教师来珠海落户，用传帮带的形式，培养一支高水平的师资队伍。

第三，对科技支持的局限性。虽然在大学园区的强力拉动下，在唐家湾落户的高科技企业达两百余家，组成绵延十多公里的以信息产业和生物产业为代表的高科技产业带（"科技创新海岸"）。落户珠海市金湾区三灶镇的遵义医学院吸引了珠海生化制药、亿邦制药等多家制药企业的聚集。但是总体上，各高校在高端科研领域里没有涉足或涉足不深，对珠海高新技术产业、创意产业的智力支持非常有限。

第四，人才培养的局限性。在市场经济条件下，大学园区各高校的专业设置应以市场需求、企业需要为依据，在广泛了解这些企业的人才需求的基础上，有针对性地开设珠海企业和产业发展所需专业，特别是开设与珠海主导产业相对口的专业，培养能适应地方经济发展急需的人才，实现以行业人才的市场需求为导向的订单式人才培养机制。珠海大学生毕业后留在珠海就业的比例很低，说明在为地方培养人才还有很大的空间。

第五，大学园区内的各高校都是新建的，实验设备和科研能力较弱。作为科研与市场桥梁的实验室是高校人才培养不可缺少的资源。但是实验室建设耗费巨大，由于各高校都面临经费来源紧张的局面，单靠一家高校完成是有困难的。本地的各高校完全可以联合起来，实现资源优化和共享，共同建立和使用实验室，以提高资源利用效率并带来产出效应的增长。

第六，对外教育合作已经卓有成效但没有形成区域优势。教育国际交流与合作是提高高等教育质量的快捷方式，通过经常的国际交流与合作，积极参与合作科研项目，不断开发新的合作领域，特别是区域的国际合作，可以提升整体的教育质量和水平。园区内各大学非常重视走国际合作办学的道路，在与港澳的高等教育和科技合作方面已经先行一步，开展了多层次、多方位的合作。北京师范大学与香港浸会大学合作开办联合国际学院；清华科技园与加拿大祥达旅游学院开展非学历教育的合作；暨南大学珠海校区和中山大学珠海校区有几千名港澳台和东南亚留学生在校学习；珠海大学园区的多数高校都聘请了外籍或来自港澳的教师；吉林大学珠海学院与美国、英国、澳大利亚多所著名大学建立校际关系。各高校以不同方式走国际合作的道路，与国外及港澳地区开展多层次、多方位的教育、科技和文化合作，不仅扩大了珠海的国际影响，还有利于提升珠海企业的品牌，并为珠海各个行业领域的国际交流起到推动和促进作用。但是这些合作要么是单个学校与学校之间的，要么是层次比较低的，对于提升整个区域的大学教育质量和水平的力量非常有限。还需要有更有效更进一步的强有力的合作机制。

（三）澳门高等教育突破瓶颈的需要

跟大多数的近邻相比，澳门是一个经济繁荣的社会。高收入可支撑较庞大的教育体系。不过，虽然澳门已经变得繁荣昌盛，但人们普遍认为其经济并不稳定。澳门近年人口增长很快，人口的增长导致对各级教育、包括高等教育的需求。未来的数十年，人口极可能继续增长。尽管人口增长，但澳门只有六十多万居民。所以，澳门仍然属于一个微型社会。但是，微型社会不可能拥有较大型社会高度专业化的全部培训设施；由于策划者深知其工作的人际关系影响程度，他们有时过分小心谨慎；微型社会社交频密，较容易造成失意和紧张。以上这些因素，都会影响高等教育和其他领域的规划和管理。澳门还有基于其殖民地历史和位于南中国而呈现的特征，包括居民的人种结构，官方语言及其他语言的使用。2000 年曾有一份重要文件发表，题目是《澳门 2020 年未来 20 年远景目标与发展策略》。这份文件不是官方的报告，但经广泛咨询而后写成。该文件为澳门设计的总目标是：在"一国两制"的原则下，通过二十年的共同努力，把澳门发展成一座在全中国以至亚太地区全方位开放的中型国际城市。为了达成这一目标，还制定了几项发展策略：第一，更好地利用澳门的优势；第二，促进区域合作；第三，加强与欧盟及葡语国家的联系；第四，提高国际竞争力；第五，强化英语学习；第六，扩展高等教育，以期形成新增长点等。高等教育的重要性明确地受到肯定；而高等教育又是发展策略中的各项尤其是其他几项策略的基础。

澳门的大学由于建校历史短，教学水平和科研能力在国际上的影响力非常有限。导致的问题是本地学生比例偏低，大学的生源不足。因此不得不面向香港及东南亚和内地招收学生。多元化的发展使高校数目迅速膨胀，结果除少数几所，如澳门大学、澳门公开大学、澳门科技大学和澳门理工学院规模稍大外，其他几所高等教育机构都是微型学校。一直以来，澳门人存在一种观点，即认为澳门本地高校素质不高，因此许多本地学生外出其他国家和地区求学。2013 年第四季度澳门统计暨普查局的统计，澳门人口为 60.7 万人，面积 30.3 平方公里，但是经过多年的发展，高校却高达 10 所之多，与722 万人口的香港高校数量差不多。回归后随着特区政府加强引进优秀教师及大幅增加奖学金助学金，本地学生留在本地高校就读的人数迅速上升，本地生上升到占 66.4% 为 18449 名（2012 年 11 月数据）但在校生人数只有27776 名，每年毕业生只有 6000 多人[1]。澳门高等教育的整体实力比较薄

---

[1]　此处统计数据来自澳门特别行政区和香港特别行政区统计局网站最新统计数据。

弱。而且，澳门特区的高校面临三个问题：一是 2002 年澳门博彩赌权的开放，多家外资博彩巨头进驻运营，带动了澳门博彩业及经济的全面繁荣，其从业人员的巨大需求及高福利待遇，吸纳了大量的高中毕业生。虽然 2002 年起中央政府批准澳门大学、澳门理工学院、澳门旅游学院、澳门科技大学、澳门公开大学和澳门镜湖学院 6 所高校在中国内地 14 个省市招生，但是最终来注册的人数每年不过千人。原因之一是澳门高校的质量与所收的学费没有竞争力，远没有香港的高校受欢迎；二是近在咫尺的珠海建立了规模庞大的大学园区。地方政府通过诸多优惠措施，引进如北京师范大学、北京理工大学、中山大学和暨南大学等近 10 所著名大学进驻珠海，珠海的高等教育水平短时间内就大幅提升；三是 2006 年秋季中央出台政策，港澳台学生在内地高校就读，享受与内地学生同等学费的待遇，即每年学费要5000～6000 元人民币不等，这一学费水平只相当于澳门科技大学的1/10。这些都在一定程度上对澳门高等院校的生源构成威胁。为此，特区政府采取诸多措施，辅助本地高校在竞争中求得稳定发展。首先，大力扩充政府在教育上的投入，从 2007～2008 年度开始，普及从学前教育至高中教育阶段 15 年的免费义务教育，极力扩充高等教育的生源基础。其次，政府鼓励各高校减免30%～50%的学费，通过各种渠道设立多达 16 种之多的奖学金助学金，大学生人均奖学金金额达到约 23500 澳门元①。最后，2009 年 6 月 24 日中央政府宣布，将与澳门仅隔 200 米之遥的珠海横琴岛的 5 平方千米作为粤澳横琴合作项目用地，其中澳门大学横琴校园用地面积为 1.0926 平方千米，2013 年 11 月 5 日正式启用，规划容纳 1.5 万人，采取隔离式管理。这对澳门大学乃至澳门高等教育发展无疑具有极其深远的战略意义。

尽管如此，澳门高等教育所面临的问题并不能根本性解决。第一，办学水平有待进一步提高；第二，生源短缺；第三，以博彩业为支柱的经济生态不利于澳门可持续发展，如何发展高等教育事业改善这一生态都是待解课题。

---

① 澳门特别行政区统计暨普查局教育调查最新数据。

（四）两地高等教育一体化合作必然性分析

在珠三角区域内，广州、港深、珠澳、形成三角鼎立之势。《珠江三角洲地区改革发展规划纲要（2008～2020年）》明确定位珠海为珠三角西岸核心城市。香港有多所国际出名的高校，广州有多所内地广为认可的名牌高校，而澳门因为地域原因，高校规模和实力都有限；珠海有多所高校但都是新学校，没有深厚的文化积累，而且大多数是二级学院。在珠三角区域内，珠海澳门不仅经济竞争力比较差，教育方面的竞争力也落后。珠海作为经济特区，经过二十余年的发展，因地理环境与深圳不同，在GDP指标上远远落后。落后的GDP为珠海留下了发展空间。珠海的发展与澳门息息相关，现在澳门、珠海每天二十多万的人员往来，数万人工作在澳门、居住在珠海，两地经济联系密不可分。这一现状决定了珠澳两地同城化势在必行。珠海与澳门已经达成共识，要通过加快基建对接、通关便利、产业合作、服务一体，共同推进珠澳同城化，实现珠澳合作再上新台阶。当前，澳门与珠海的联系越来越紧密，广珠轻轨拉近了珠海澳门和内地的距离；港珠澳大桥很快通车，珠海澳门香港之间往来更便利更密切；珠海和澳门在地域上紧密相连，在语言、饮食等文化上同根同源，具有优势互补与合作的天然条件。

发展高等教育，提高高等教育的影响力是提升珠海影响力和经济发展水平的亮点，有助于推动珠海作为珠三角西岸核心城市的形成。如果珠海澳门的教育机构联系起来，形成合力，将会有很大的发展空间。澳门大学在珠海横琴的新校区投入使用，澳门和珠海的同城化趋势越来越明显，高等教育的深度合作已经迫在眉睫。珠海澳门两地实现高等教育资源优势互补、形成一体化的高教园区，将会给珠海澳门今后相当长时间内带来人才的结构优化、城市文明程度提高，以及在泛珠三角地位的上升。

另外，澳门产业单一，以博彩为主的休闲旅游业为支柱，风险大，教育业的兴旺一是可以培养多方面人才，二是可以带动其他产业发展，三是可以提升地域的影响力、声望和知名度，从而提高澳门的国际竞争力。所以，两地高等教育一体化对加强珠海澳门两地的联系、共同发展经济和教育事业都具有积极意义。

通过打通双方高等教育体制，加强高等教育资源整合，使任何符合资格的人士可以毫无障碍地申请两地的本科、硕士、博士阶段课程，逐步实现中国珠海与澳门高等教育协同发展，从而为内地和港澳的高等教育协同发展，甚至实现大中华区高等教育的协调发展探索经验和奠定基础。一体化高等教育合作机制要设立以下的具体目标：第一，增强国家和民族认同感。在一定程度上，教育是一种有效的政治资源，在影响社会政治发展方面有着独特的作用。澳门经历了几百年的殖民统治，中央按照"一国两制"方针圆满地解决了其回归问题。但是从实践看，澳门人心回归是一个漫长的过程。通过加强珠海与澳门高等教育合作，加大双方师生往来力度，从而提高澳门市民对国家和民族的认同感。第二，共同培养高素质人才。在如今生产不断国际化、贸易走向自由化、金融逐渐一体化以及"全球统一市场"逐步形成的时代大潮中，中国内地产业结构矛盾制约了经济的快速发展，从而需要高等教育提供相应的支撑。另外，澳门的发展越来越依赖内地，除了需要国际化人才外，还需要更多熟悉和了解内地的人才。因而，加强两地高等教育合作，对于培养经济社会发展需要的人才至关重要。第三，提高高等教育整体实力。澳门的高校国际化程度相对较高，但是整体实力不太高。珠海也存在类似的情况，10 所高校都相对较新，教学层次不高，实力不强，不仅无法留住优秀人才，对国外人才的吸引力也不大。加强两地高等教育合作，可以相互取长补短，发挥各自优势，加强资源整合，提高中国高等教育在世界上的整体竞争力。第四，促进区域一体化发展。当前，两地的经济贸易关系和人员往来越来越密切，一体化趋势进一步增强。各种资源统一配置，既促进经济的发展，也为高等教育的合作提供了有力支撑。反过来，高等教育合作也可以为一体化进程提供智力和人才的支持，为区域经济社会快速发展培养高素质人才。

四　博洛尼亚进程及启示

1999 年 6 月，欧洲 29 个国家负责高等教育的部长们在意大利博洛尼亚

（Bologna）共同签署了旨在到 2010 年建立 "欧洲高等教育区"（European higher education areas，EHEA）的 "博洛尼亚宣言"（Bologna Declaration），启动了欧洲高等教育一体化进程，拉开了欧洲自 20 世纪 60 年代以来最重要、波及面最广的高等教育改革的序幕。

（一）"博洛尼亚进程"产生的社会背景

博洛尼亚进程是在欧洲一体化和高等教育国际化的大背景下产生的，主要受三方面因素的影响。

1. 欧洲政治经济的一体化

（1）欧洲一体化日益深入的需求。1951 年 4 月，随着《巴黎条约》的签订，欧共体第一个联盟雏形——欧洲煤钢联营（European Coal and Steal Community，ECSC）诞生。1957 年，欧洲经济共同体（European Economic Community，EEC）在此基础上成立，将 6 国间的合作领域进一步扩展到农业、交通、外贸、社会福利等方面，从经济合作向政治、军事等其他领域辐射。此后，欧洲理事会（European Council）和欧洲议会（European Parliament）相继成立，1992 年《马斯特里赫特条约》签署，欧洲联盟（European Union）形成，1999 年欧元启动，欧洲国家经济领域的合作变得更为密切。欧洲一体化进程要求欧洲国家的人力、资金、商品、服务、知识、技术和信息等可跨国界自由流动，一体化的欧洲市场需要熟练掌握外语，能够突破观念和文化差异障碍，了解国际市场惯例的人才。欧洲跨国公司的发展更是促进了对于国际化人才的需求。此外，统一的欧洲劳动力大市场也要求各国协调高等教育体制，建立共同的质量保证标准，对学位、学历进行平衡，促进学生就业。因此，欧盟国家高等教育一体化势在必行。

（2）政治一体化进程的需要。在欧洲一体化进程中，欧盟十分重视 "欧洲公民" 意识，拟以此作为 "国家公民" 意识的补充。1999 年开始的 "阿姆斯特丹协约" 要求欧盟成员国提高这一意识，并强调教育是保证个人成长、进入职业生活和参与社会的关键因素。欧盟成员国认为教育不仅是促进社会和个人进步不可替代的因素，而且在巩固和丰富欧洲公民责任、增强其迎接 21 世纪挑战的能力、强化欧洲公民价值理念、拥有共同社会文化空间的意识等方面也是不可缺少的因素。欧盟成员国占总人口 1/3 的年轻人是欧盟发展的庞大后备军，因此，提高年轻人的"欧洲意识"是目前欧盟各国教育的重要举措。

2. 高等教育国际化

（1）国际教育市场的竞争日益激烈。随着高等教育国际化趋势不断增强，欧洲高等教育在国际教育市场上的份额却不能让欧洲人感到乐观，英、法等国招收的留学生远远低于美国、澳大利亚和加拿大等国。面对竞争激烈的国际教育市场，欧盟各国意识到只有加强相互间的教育交流与合作，充分利用各国的教育资源，积极参与并推进教育国际化的发展，才能增强欧洲在国际教育市场的竞争实力，提升欧洲教育的活力和吸引力。

（2）欧洲大陆重塑大学辉煌的愿望。欧洲是现代高等教育的发祥地，欧洲中世纪大学一直被公认为现代高等学校的雏形，从其诞生到 19 世纪末以前，欧洲高等教育曾经历过一段前所未有的辉煌，并曾一度成为世界其他国家和地区高等教育争相效仿的模板。但是，在 20 世纪两次世界大战中，欧洲大陆均遭受重创，其高等教育的发展也未能幸免，"世界高等教育中心"的地位受到动摇。二战后，由于经济、政治和社会等多方面原因，加之欧洲国家语言等方面的影响，高等教育重心开始向美国转移，尽管欧洲高等教育在经过大力恢复与发展后，仍以高质量著称于世，但其国际声誉与吸引力，已被美国、加拿大、澳大利亚等国家所超越。面对高等教育发展所遇到的问题，欧盟国家日益认识到提高欧洲高等教育整体竞争力的必要性，并在一些"宣言"和"公报"中表达了再度寻觅中世纪大学辉煌的理想追求，这一号召得到了欧洲国家的积极响应。

3. 跨文化学习和研究的传统

欧洲的高等教育从诞生之日起就具有跨文化学习的特征，主要表现为"游学""游教"。在古代欧洲如古希腊、罗马时期，跨国的游学、游教之风相当盛行。希腊七贤中的梭伦、泰勒斯以及哲学家柏拉图等都曾到古埃及、小亚细亚西部沿岸等地游学。公元前 5 世纪中叶，希腊的智者学派就开始从一个城邦到另一个城邦，传授知识，其活动使古希腊的高等教育超越了城邦的狭小范围。柏拉图创办的阿加德米学园、亚里士多德创办的吕克昂学园等，学生不仅来自希腊各城邦国家，也来自古埃及和其他国家和地区。欧洲中世纪大学的教师来自许多地方，成为区域内杰出学者的汇集之地。学生与教师的广泛来源体现了欧洲近代高等教育的国际性特征。1810 年创办的柏林大学强调教学与科研相统一，成为德国新大学精神的代表。德国大学迅速成为各国学习的榜样，促进了高等教育的国际交流。二战后，美国取代德国成为留学生最大的聚集国，包括德国在内的欧盟国家开始向美国派遣留学生。这一跨文化学习的优良传统促进了欧盟国家高等教育国际化。为促进欧盟国家高等教育国际化所制订的计划和项目名称，如"苏格拉底计划"（SOCRATES），"伊拉谟斯计划"（Erasmus），"博洛尼亚进程"等，都是以为欧洲各国教育交流做出重大贡献的教育学家或地方命名的，旨在推进欧盟国家间的教育合作，弘扬跨国学习和研究的光荣传统。因此，采取一致行动，加强交流与合作，充分利用各国教育资源，提高质量和竞争力，成为欧洲各国政府的政策选择。

（二）"博洛尼亚进程"对高等教育区域合作的创新

1. 包容性

欧洲高等教育从中世纪大学开始就广泛吸收来自世界各地的求学者，表现出极大的包容性。也正因此，才能让更多地区的学者持续不断地前来求学。种族上，"博洛尼亚进程"继承了欧洲教会的传统——接受来自任何地区或任何种族的成员，成员之间避开利益纷争，坦诚相待。欧洲国家众多，但是虽同为欧盟成员国，经济发展水平必然存在一定差距，"博洛尼亚进程"并没有从经济条件上限制成员国的加入，而是积极欢迎更多的国家参与到进程中。在进程正式实施后，每次会议均有新的成员加入进来，在给"博洛尼亚进程"带来新鲜力量的同时，也让世界各国看到了进程的兼容性和包容性。在教育发展层次上，由英法德意四国提出，29 国共同签署《博洛尼亚宣言》，逐渐发展为欧洲 47 国共同参与的高等教育区的建设。《布拉格公报》指出在欧盟扩大的同时要将进程涉及整个欧洲。如此众多的国家，教育层次、发展水平、体制结构虽存在异同，但只要成员国愿意加入，就能兼收并蓄，从而促使有更多欧洲国家参与进而提高欧洲整体高等教育的水平。从以上看出，"博洛尼亚进程"在种族、地区经济发展水平、教育水平上不做任何限制，广泛吸收欧洲各国的参与，从而大大提高了各国的参与度，为更深更大层次的合作做了铺垫。

2. 自主性

"博洛尼亚进程"是欧洲范围内发起的旨在提高欧洲内部高等教育水平与国际竞争力的教育项目。作为政府间合作的产物，该进程没有出台强制性的规章对成员国进行约束，没有强加于各国政府或大学。每两年一次的教育部长会议及签署的公报、宣言是一个方向性、引导性的条款，并且在多数情况下由成员国协商讨论合作内容和具体的措施。对成员国来说，"博洛尼亚进程"的各项措施仅仅是方向指导性质，他们在具体的操作过程中可以从本国国情出发，找到适合本国的高等教育发展之路。对大学来说，在国家有所倾向性的引导下，自行决定是否使用公共机构和其他质量保证机构；权力下放，各国、各高校有更多的灵活性与自主权，各成员国从自身实际情况出发制定具体措施可以更有针对性和可行性。当然，"博洛尼亚进程"在尊重国家政府的自主权同时鼓励成员国使用、发展更可行、具操作性的措施。成员国不仅可以实现资源与信息的共享，也可以相互学习与合作，提高本国的高等教育水平，从而一步一步实现进程目标。

3. 渐进性

"博洛尼亚进程"在实施过程中通过不断地调整，使得进程能够在原有的基础上更进一步，呈现渐进性的特点。每次会议的召开，都会回顾该进程取得的成绩并在此基础上对未来发展提出新目标及优先发展事宜。《博洛尼亚宣言》指出，采取两级制的学位结构——本科与研究生体系结构。后来，《柏林公报》将博士层面作为第三级纳入学位结构体系，增强博士和博士后的流动性。之后，《布加勒斯特公报》中进一步指出采用两级或三级的学位体系（BA/MA/PhD），使学位体系具备结构上的一致性。而在《卑尔根公报》中强调了进程的社会维度，申明优质的高等教育应平等的向一切人开放，给学生尤其是社会上的弱势群体提供适当的条件以扩大入学并保障就业。而《鲁汶公报》指出，为优质教育提供平等的机会，扩大高等教育的参与范围，对弱势群体的学生给予参与的条件，均在一定程度上保证了弱势群体的高等教育参与度，享有优质的高等教育。《布拉格公报》则将终身学习作为进程的行动目标正式提上日程。《鲁汶公报》强调必须保证终身学习的可及性、质量和信息的透明度，国家及利益相关者也都应合作共同实施。另外，也有众多的措施在实施过程中都是一步一步推进的，在体系上呈现递进性。"博洛尼亚进程"从提出一个总体目标开始，经过不断的修正调整，整体上一脉相承，也使得其在实施中更具操作性与可行性，从而使进程向着更好的方向发展。

4. 中心性

"博洛尼亚进程"作为统一欧洲高等教育、提高欧洲高等教育吸引力的一项计划，从《索邦宣言》开始，即有了创建欧洲高等教育区的目标，而且此目标是"博洛尼亚进程"终极目标之一。在所有会议签署的公报中都对此目标进行了重申，并围绕此目标在不同时间提出了具体措施。此目标在《博洛尼亚宣言》中得到确认——到2010年创建欧洲高等教育区。2001年，《布拉格公报》提出迈向欧洲高等教育区；2003年《柏林公报》指出成员国共建欧洲高等教育区的目标；2005年《卑尔根公报》提出将欧洲高等教育区视为世界其他地区高等教育体系的一部分，提高欧洲高等教育区的吸引力；2007年《伦敦公报》强调建立一个机构自治、学术自由、机会平等的欧洲高等教育区，以促进学生流动、增加就业，从而应对全球化的挑战；2010年《布达佩斯—维也纳宣言》中再一次地提到高等教育区的问题：2010年欧洲高等教育区也正式启动，但是该目标并没有画上句点。2012年《布加勒斯特公报》提出了欧洲高等教育区的长期目标——建立自动识别可比较的学术学位。从"博洛尼亚进程"伊始，进程就向着创建欧洲高等教育区的目标方向前进，并以此目标为中心，调整各项已推行的或应推行的措施。如今，欧洲高等教育区已经正式启动，在世界范围内也产生了广泛的影响，各国纷纷探讨应对"博洛尼亚进程"的措施：积极学习或伸出合作的橄榄枝。总而言之，正是由于"博洛尼亚进程"秉承着这样一个中心目标，才使得其从 29 个国家的参与变为有 47 个国家的共同推进。

（三）"博洛尼亚进程"的制度选择

"博洛尼亚进程"旨在通过制定横贯欧洲更易比较的、可兼容的学术学位标准和质量保障标准以创建欧洲高等教育区。"博洛尼亚进程"的三个总体目标是：三级制学位体系（学士/硕士/博士）、质量保证、资格与学习阶段的认可。为了实现这些目标，欧盟委员会和欧洲理事会提出了具体的行动计划。正是这些行动和目标，使"博洛尼亚进程"一步一步向更高、更深层次展开，为以后方案提供了参考和方向；也使它从一个框架逐渐演变为具有实际可操作性的、具有广泛影响力和吸引力的高等教育制度。

1. 学分转换

统一的学分制是欧盟高等教育走向统一和互认的基石。为增强欧洲内部的流动性，各签约国国内公立大学的学生都可以到其他签约国大学学习，在完成学业后也能得到其所在大学的认可。该进程积极推动参与国内部的师生在各公立大学之间的流动，主要包括欧洲学分转换与积累体系、欧洲职业教育与培训学分体系两个方面。

（1）欧洲学分转换与积累体系（ECTS）。该体系允许不同环境下的学习经历的转换、更大程度上促进学生流动以及更灵活的学位获得方式，有助于课程的设置和质量保障；使欧洲高等教育的学习与教学更加透明，也促进了对所有学习（正规和非正规）的认可。采用 ECTS 的大学将他们的课程目录发布在网上，包括详细说明学习计划、学习单位、大学规则和学生服务等。课程描述包含"学习成果"（即学生应该知道、了解和能做到的事）和"工作量"（即学生取得这些成果通常所需的时间）。学习成果通过学分来体现，一学分一般对应 25 ~ 30 小时的工作时间，每学年学生工作量为 1500 ~ 1800 小时。虽然 ECTS 有助于认可学生在不同机构和国家教育系统的学习，但高等教育提供者是自治性教育机构，最终决定权掌握在相关当权者手中，包括参与学生交流的教授、高校招生人员、认可咨询中心（ENIC - NARIC）、部委官员及雇主等。ECTS 与欧洲高等教育现代化密切相关，已成为"博洛尼亚进程"中的核心学分转换方面的工具。

（2）欧洲职业教育与培训学分系统。这是一个新的用于欧洲内部职业教育与训练方面的互相信任与流动的工具。它由成员国和欧盟委员会共同提出，于 2009 年被欧洲议会和欧洲理事会通过。欧洲职业教育与培训学分系统（ECVET）旨在使学习者更好地掌控本人的学习经历，并使其在欧洲国家流动时具备竞争性；在另一个国家或环境下方便认证和积累与工作相关的技能与知识，并确保这些学习成果有助于职业资格；ECVET 支持学习成果的认证而不需延长学习者教育与培训的年限。由欧盟终身学习计划提供资金的 ECVET 正在不同行业（包括汽车服务业、化学、旅游业和国际贸易）开发和推广。

2. 终身学习计划

终身学习计划是指教育与培训机会面向所有人的欧盟委员会的终身学习计划（LLP），目的是使人们在不同的生活阶段能够获得更丰富的学习体验，帮助提高整个欧洲的教育与培训水平。欧盟每年都会为终身学习计划发布通用建议书。2007～2013 年有近 70 亿欧元的预算为该计划的一系列行动提供资金，包括：交流、考察访问和网络活动。这一学习计划不仅面向学生、学习者，也面向教师和其他所有参与教育与培训的人员。该计划为教育与训练的四个子计划提供资金，即面向各类学校的夸美纽斯计划、面向高等教育的伊拉斯谟计划、面向职业教育与培训的达·芬奇计划以及面向成人教育的格兰特威格计划。该计划与所有层次的教育有关，如语言教育、信息与通信技术、政策合作等。四个子计划的目标为：在此计划期间，夸美纽斯计划应达到至少有三百万学生参与合作办学；伊拉斯谟计划在学生流动性方面应达到三百万参与者；达·芬奇计划应实现在企业实习的学生增加到每年 80000 人；涉及成人教育的格兰特威格计划到 2013 年应每年支持 7000 人的流动性。

3. 质量保证

为使参与"博洛尼亚进程"的各大学能够有具体可行的措施来保证提高教学、质量提高学生质量和学者的科研能力，使教育质量的评估具有可行性与透明性，缩小"博洛尼亚进程"各国与美国在人才、科技等领域的差距，历届会议建议建设欧洲高等教育质量保证体系和欧洲质量保证参考框架，从而使欧洲高等教育质量的提高更具实际操作性。

（1）欧洲高等教育质量保证体系。1998 年 9 月 24 日，欧洲理事会建议在高等教育领域建立透明的质量评估和质量保证体系。其目的是保障和提高高等教育质量，同时适当地考虑国情、欧洲维度和国际要求。此体系的原则有：负责质量评估和质量保证的机构应自治且独立；内部评估（自我反思）和外部评估（专家评价）相结合；涉及所有人员（包括教学人员、管理人员、学生、社会合作伙伴、专业协会和外国专家）；公布评估报告。欧洲理事会建议成员国促进高等教育质量评估机构之间的合作，鼓励建立联系网。合作应关注以下内容：信息和经验的交流；接纳专家和成员国的意见、推动与国际专家的联系；支持不同国家有合作意愿的高等教育机构；在达成目标过程中，也应考虑与其他社区活动的联系。2005 年《卑尔根公报》指出，鼓励高等教育机构通过引入内部机制和外部质量保证以提高行动质量，采纳欧洲高等教育质量保障协会（ENQA）提出的质量保障标准和准则。2006 年 2 月 15 日，欧洲议会和欧洲理事会强调质量保障机构在评估过程中应是独立的，与 1998 年所提倡的质量保障体系、《卑尔根公报》采取的原则一脉相承；鼓励国家主管部门、高等教育部门和质量保证部门与社会伙伴合作建立欧洲质量保证机构登记局（EQAR），于 2008 年夏正式实施。

（2）欧洲职业教育与培训质量保证。欧洲职业教育与培训质量保证（European quality assurance in vocational education and training，EQAVET）旨在更好地认可在不同国家或者学习环境下的学习者的能力，促进并监督国家职业教育与训练系统不断改进，被欧盟成员国在 2009 年 6 月采用。该体系包括四级周期的决策参考工具，包括目标设定与规划、实施、评估和审查。它是供公共机构和其他质量保证机构使用的自愿性系统，在尊重国家政府的自主权的同时鼓励成员国使用和发展此框架。欧盟委员会主要是通过提倡合作和相互学习、提供指导材料和其他信息来支持成员国，还通过向欧洲议会和理事会提交四年一次的报告以确保后续工作。

4. 学位互认

为使学生、教师在欧洲不同国家取得学位及学习经历得到各国的认可，并了解学习者学习的水平、内容等各个方面，欧洲教科文组织和欧洲议会提出了添加文凭补充说明和欧洲资格框架。

（1）文凭补充说明（the diploma supplement）是由联合国教科文组织和欧洲理事会联合制定的附于高等教育文凭之后的文件，提供了学习者学习的性质、程度、背景、内容，以个人名义完成的研究情况，旨在提高学术透明度、促进学术和专业资格（文凭、学历学位、证书等）的认可。该补充说明是一种灵活的、非指令性的工具——目的是节省时间、财力和工作量。签发机构必须做到：使用符合标准的文凭补充说明模型；所有学生毕业后自动、免费获得文凭补充说明；文凭补充说明以欧洲通用语签发，如果有特别要求可以以另一种语言签发。

（2）欧洲资格框架。为了协调"博洛尼亚进程"和"哥本哈根进程"，加强职业教育与各成员国之间的合作，欧盟委员会和欧洲议会于 2008 年 4 月 23 日提出建立欧洲资格框架（European qualification framework，EQF）并在欧洲普遍实行。欧洲资格框架使国家资格在欧洲范围内更具可读性，促进国家间工作者和学习者的流动性。EQF 是一个基于学习结果的而非学习阶段的工具，主要参考水平可以描述为：技能——认知技能和操作技能；能力——责任感与自治能力；知识——理论或事实。EQF 的核心涉及八个层面，从基本的一级到高级的八级，描述了学习者知道、理解并能做什么（即学习成果）。

"博洛尼亚进程"中各个措施均是为实现欧洲高等教育区这一目标而出台并实施的，都是"博洛尼亚进程"中不可或缺的部分。在逐步推进的过程中，形成了系统而庞大的教育理论与实践经验，每个措施也同时为另一个或几个措施的推进奠定了基础。

（四）"博洛尼亚进程"的实施效果

1. 直接推动校企合作

作为培养高层次、专业化、高技能劳动力的高校，因和企业知识的转化与共享而创立起长期的合作伙伴关系，同时学生通过企业提供更广阔的就业前景而受益。欧洲若想在创新和企业方面以身作则，必须增强教育部门和市场之间的对话。自 2008 年以来，每年的大学—企业论坛将高等教育机构、企业、商业协会、中介机构和公共机构紧密地联系在一起，提供给彼此一个互动、交流信息、探讨共同问题以及建立更紧密工作关系的空间，共同为高等教育现代化而努力，满足现实世界中欧洲就业市场的需求。2013 年 6 月 4 日和 5 日，第五届大学商业论坛在布鲁塞尔举行。该论坛围绕四个主题展开，而此次的关注点在于"创新和发展的合作关系"——大学、商业机构及其他利益相关者的合作关系是如何作为一体而影响一系列的教育机构、学生、企业和社会的。在这一天半的时间里，来自世界各地的学术和企业领头人提出并探讨了欧洲高等教育的热点问题：技能和创新能力。这次的会议的成果将有助于委员会提高、支持未来的政策，实施欧洲大学与商业的联合（合作）。当然，整个欧洲的学术界和工业界之间的成功合作的例子还有很多。然而，不同的国家、大学和学科之间的合作有很大的差别。因此，不断加强校企合作，密切欧洲高校与市场间的联系，推动毕业生就业是任何时期、任何国家与地区都应当给予高度重视的问题。

2. 增加学生的流动性

《博洛尼亚宣言》有两大目标：一是增强欧洲高等教育对其他地方学生的吸引力；二是促进欧洲内部的学生流动。实际上"博洛尼亚进程"通过两种方式实现学生流动：一是学位流动，即学生在国外完成整个学位项目；二是学分流动，即学生在国外学习一段时间（三个月到一年）并将此作为学位项目的一部分。根据在 10 个欧洲国家开展的一项毕业生调查，在荷兰和奥地利，超过 20% 的学生在读期间至少在国外学习过一个学期。英国作为吸收留学生的四大国家之一，留学生人数从 1999 年的 232540 名发展到 2004 年的 300056 名，2006 年上升至 330078 名。德国、法国也紧随其后，1999 年德国、法国的留学生人数分别为 178195 名、130952 名，而到了 2003 年，两国的留学生人数已升至 24061 名和 221567 名。其中，德国 1999 年的非欧洲籍留学生数为 90710 名，占总留学生人数的比例为 50.9%，同年法国非欧洲籍留学生人数占总留学生人数的比例为 70.23%，这一比例在 2001年、2002年、2003年分别上升至 71.91%、74.36%、76.93%。奥地利的留学生人数 1999 年为 29819 名，2003 年为 31101 名，至 2006 年，留学生总人数已上升至 39329 名。留学生总人数的增加仅仅是流动性增强的表现之一，留学生数占在校生人数比例的增加则是另一表现形式。其中，法国的留学生相对数增速很快，1999 年留学生占在校生人数的比例为 6.51%，2003 年上升至 10.46%，2006 年更是达到了 11.24%。此外，挪威、芬兰等国也是呈现出了微弱的上升趋势。譬如，1999 年挪威、芬兰留学生人数的相对比例分别为 4.8% 和 2.9%，2002 年上升至 4.82% 和 2.38%。以上数字说明，由于"博洛尼亚进程"的开展，欧洲在提高高等教育水平，吸引留学生，加强学生流动方面有了很大的改变，在国际高等教育领域的影响力不断加强。

3. 密切了与发达工业化国家合作

欧盟与发达工业化国家已发起联合学习项目，尤其是在北美和亚太地区，为学生的流动提供了支持。欧盟提出此政策的目标，即改革高等教育系统，使它们更灵活、连贯和回应社会的需要，继续提高教育和培训的国际标准。与世界上最发达的国家合作、测评教育方式与评价标准、进行国际对话均有助于提高欧洲高等教育体系的质量。1995 年，欧盟委员会第一次提出与美国和加拿大高等教育方面的合作，2006 年在推出新的举措同时加入了一些发达工业国家，包括澳大利亚、日本、新西兰和韩国。欧盟通过三种联合行动方案来推动其与发达国家的合作，包括：①双学位项目，来自上述发达国家的学生在合作国学习一段时间即可获得双学位；②联合流动项目，重点是联合课程的发展，学生的短期流动，认可国外的学习经历，以及学员、教学人员、行政人员等的交流；③以政策为导向的对话，主要包括教育、培训体系、欧盟的政策及合作国家的策略问题。这一计划包括研究、研讨会、工作组和基准测试练习，解决比较高等教育和职业培训问题，包括资格认可和问题认证。欧盟的高等教育与培训机构、任一个合作国以及属于这个组织的学生和工作人员都可以参与此项目。现行的欧盟—美国高等/职业教育与训练的合作协议从 2006 年开始至 2013 年，资助了 200 余个项目，吸引 6000

余名学生和教师的参与。该协议包括亚特兰蒂斯计划、舒曼—富布莱特奖学金、海洋网络等。欧盟与加拿大的第一个正式合作协议缔结于 1995 年 11 月，2000 年 12 月新增了额外的五年计划。1995 年至今，共有 107 个跨大西洋组织获得资助，涉及 765 个欧盟与加拿大的高等教育和培训机构，有 5600 余名学生参与。2006 年，欧盟与加拿大计划用八年时间（2006～2013 年）扩大他们在高等教育、培训和青年培养方面的合作。2006～2013 年计划已资助了 37 个联合组织的项目，涉及 192 个欧盟和加拿大的高等教育和培训机构，这期间将有 2800 余人有机会在大西洋的另一边学习、研究和教学。这些项目包括众多学科，如工程学、化学、计算机科学、农业、林业、健康科学、合作社与职业教育、多学科研究等，涉及学生、研究人员和工作人员的流动，还包括为参与机构间的学分互认和转换做准备。

欧盟委员会与澳大利亚在课程发展与流动项目的合作始于 2002 年。2007 年，欧盟与澳大利亚签署了关于教育与培训的联合宣言，引入欧盟—澳大利亚合作框架。2009 年 3 月墨尔本召开首届欧盟委员会与澳大利亚政策对话会议，着重商议改革高等教育的流动性和质量，同时提出了欧盟—澳大利亚调整试点项目，鼓励两者加强高等教育方面的合作。2010 年在布鲁塞尔，二者又签署了一个联合声明，包括来自 35 个国家的资格框架方面的专家达成了欧盟与澳大利亚资格框架联合研究。2012 年在布鲁塞尔举行会议，重点讨论了教育的国际化。2013 年在墨尔本举行会议，重点探讨了全球化和科技快速发展对普及教育的挑战。到目前为止，该项目资助了来自 35 个澳大利亚和 66 个欧盟（20 个成员国）教育机构的 1100 名学生在国外学习一段时间。这些交换项目为学生提高个人能力提供了机会，开阔了就业前景，以便他们为适应日益变换的国际环境做好准备。同时为增强欧洲与各合作国的联系做出了一定的贡献。这种方式的合作增强了高等教育和专业训练的质量，促进了欧盟与合作国家的跨文化理解，同时满足了全球知识经济对技能的要求。

（五）"博洛尼亚进程"对中国的启示

"博洛尼亚进程"说明了欧洲在国际化领域的竞争与合作是从两个方面

展开的：不仅要与欧洲的外部合作与竞争，更要在欧洲的内部合作与竞争。可以说内部竞争合作是途径，外部竞争合作是目的。处于不同发展水平、拥有各自特点的欧洲各国在面对全球化的冲击时，相互的交流与合作反而越来越紧密了，这是欧洲各国在面对全球化激烈竞争背景下的相互联合的需要，在市场化的条件下对整个欧洲的高等教育资源进行重新整合和优化，充分发挥欧洲一体化优势，使之成为能够与美国合作与抗衡的全球性力量。自1999年以来，"博洛尼亚进程"经历了十几年的考验，逐渐吸引了世界国家和地区专家学者的关注，并引发了对"博洛尼亚进程"或欧洲高等教育改革研究的热潮。"博洛尼亚进程"已在世界上取得了世界瞩目的成绩，显露出众多规律性的、值得深入研究探讨并广泛借鉴的内容。对此进行深入研究并付诸实践，可以使我国高等教育少走弯路，完善高等教育迈向国际化的有关理论，对提高我国高等教育水准起到一定的借鉴作用。近年来，我国高等教育在全球化的冲击下，国际化建设取得了一些成效，但也遇到很多困难。"博洛尼亚进程"的成功经验值得我们学习和借鉴。

1. 珠海区域内大学之间的合作与交流

在我国社会与经济飞速发展、高等教育资源过多、教育需求膨胀的现实情况下，整合高等教育资源尤其是区域内高等教育资源是发展高等教育、提高区域竞争力的重要手段，也是推进我国高等教育全面、可持续发展的重要动力。珠海本地有10所高校和其他一些研究机构，相互之间的联系并不紧密，仍然是各自为政。各个大学开设的专业、课程重复程度高，没有考虑到资源整合和协同发展。各高校的教育层次和教学水平、科研能力也相差较大，应该探讨如何共同提高。借鉴博洛尼亚进程的理念，珠海本地的大学和其他教育科研机构应该携手研究如何共同提高珠海的高等教育的吸引力，提高整体的教育质量和研究水平，从而在全国的高等教育体系中提高影响力，在竞争中立于不败之地。

2. 推进高等教育一体化

《国家中长期教育改革和发展纲要（2010～2020年）》明确提出："加强内地与港澳台地区的教育交流与合作"。虽然历史上曾经短暂分隔，但是澳门和珠海同宗、同文、同语，教育制度一脉相承，澳门和平回归，为两地的教育交流与合作奠定了基础、提供了机遇。两地高等教育具有极强的同质性，同时具有极强的互补性，在全球化和大中华经济圈逐步形成的背景下必将走向一体化。因此，借鉴博洛尼亚进程的经验与教训，两地利用各自的特色优势进行合作、资源共享，既能增强两地同胞的民族意识，又提升两地大学国际竞争优势。

五　两地高等教育一体化合作的制度设计

珠海澳门高等教育一体化合作首先是一种"合作"现象，是珠海澳门两地的学生及其家长、高校及高校教职员工和政府等相关利益主体促进两地所拥有的高等教育资源在区域内进行有效配置的行动过程及行动结果，这一行动以实现两地高等教育资源有效配置，促进两地高等教育共同发展为目的。从动态的过程来看，这一行动过程正是对利益主体的行为产生直接规范和约束作用的一系列规则不断变迁和创新的过程。从静态的角度来讲，有关行动形成了对利益主体的行为产生直接规范和约束作用的一系列规则。所以，推进区域高等教育一体化合作与发展，必须坚持以科学发展观为指导，遵循区域高等教育与区域内部系统协调发展规律，服务区域经济社会发展，因地制宜，统筹兼顾，优势互补，互利互惠的原则。要注重政策性，体现灵活性，凸显区域性等特征。

（一）制度安排

1. 组建多元化的决策机构

首先要决策机制创新。在CEPA的框架下设立工作机构包括联合指导委员会，并可根据需要建立工作小组。由于珠海澳门两地社会制度、教育体制甚至思想观念都有所不同，合作过程中不可避免存在这样那样的冲突。珠海与澳门都不缺乏人才，可以充分利用这一优势，集思广益，组建多元化的决策机构。因此，应组建包括双方政府主管官员、高校代表、人大代表、政协委员以及专家学者在内的决策机构，负责掌握合作事宜的大政方针。需要建立一套常设性工作机构，具体负责与合作事务有关的决策、执行等。其次，联合指导委员会应成为常设机构，负责咨询工作，人员由珠海与澳门共同选派①，应有全国人大、全国政协、国务院内设的与澳门事务有关的部门以及教育行政主管部门的代表，以及澳门司长级以上官员和教育行政主管部门代表。联合指导委员也是珠海与澳门高等教育一体化合作的决策机构，主要负责制定珠海与澳门合作的政策和指导方针。另外，设立专门办公室或者秘书处，配备专职行政人员，负责执行工作。最后，设立教育合作工作组，负责具体事务性工作，由双方从教育行政主管部门选派人员组成，具体负责推进两地高等教育合作专题计划、交流高等教育合作信息等工作。双方政府，特别是珠海市政府要解放思想，破除行政干扰的阻力，完全按照决策小组的意见办事，合作开发才能达到预期目标。

2. 加大师生流动

由于两地具有地缘优势，双方人员相互往来非常便利。因此，在 CEPA 框架内，应允许受到邀请或被教育机构聘请的外籍（包括澳门）的教师进入内地。因此，对内地而言，应放宽对澳门教师的限制，并可参照欧洲的做法，设立专项基金，积极鼓励支持澳门教师到内地教学、科研，有利于提高教学和科研水平。同样，澳门也要为内地高校教师去澳门授课提供便利。为促使学生能在两地高校间进行学业的流动，首先，在国家层面应有政策、法规方面的措施对高校间学生的流动予以保证；国家也应该对积极响应政策的高校予以一定的资金支持。其次，高校也应积极的推动彼此之间学生的流动，例如规定交换生只需向其交换的大学付费而不是向其学籍所在的大学付费。

3. 建立学分转换和积累体系

欧洲学分转换和积累体系（ECTS）是欧洲各国学分体系的共同基础，

---

① 珠海行政级别低，因此珠海与澳门高等教育合作的联合工作机构应由国家级层面的机构来领导和出面组织。但是，具体事务应该有熟悉珠海本地的部门参与。

它不仅在各签约国之间成为一个转换体系，而且也是一个积累体系。ECTS通过采取灵活的学分制度来确保学分的可转换性，在本科和研究生教育的基础上，建立了一种简化的、可转换的和可比较的学位体系，学生在一所大学获得的学分可以在另一所大学获得承认或者进行转换，以保证学生不受约束地继续学业或就业，从而促进最广泛的学习流动。实行通用的 ECTS 意味着，高校的各级学位将更多地与学分而不是与学习年限进行挂钩，而且ECTS 具有累计和转换功能，从而打破了学校之间的藩篱，消除了国家之间的障碍，为欧洲各国高等学历之间的相互比较提供了参考和标准，为欧洲学生在整个欧洲学习和就业提供了保障。参照欧洲的经验，珠海与澳门具有地缘优势，学生往来珠海与澳门非常方便，应建立共同的可以比较的学分转换和积累体系，促进学生在内地和澳门之间自由流动，消除跨境学习和就业的限制。

4. 建立高等教育资历框架

参考欧洲高等教育合作的经验，统一的高等教育资历框架有利于促进学生的流动，也有利于构建终身学习体系。在资历框架下，对各级各类教育和培训体系，不管学习与培训的时间和形式如何，都以实际知识、技术和能力水平为标准对学习成果进行考评。该架构是一个跨部门的学术和职业资历等级体系，涵盖各产业部门对学术和职业资格的要求，对各级资格的标准及其之间的衔接做出明确界定。在欧洲，由于有学分制作为基础，学生可以按照每个周期的学分要求，在需要的时候自主选择就读学校或决定修读时间长短，实现充分流动。因此，首先应建立内地的高等教育资历框架，促进不同高校学生之间的流动。两地也要建立高等教育资历框架，促进两地学生的流动。要建立珠海和澳门高等教育一体化合作机制，必须考虑我国国情，建立科学的学分转换制度和与国际接轨的学位标准，规范学位证书的发放，稳妥推进学位制度改革。

5. 质量保障体系

质量保障体系是高等教育合作的基础性工程，构建完善的质量保证体系，从而确保学生经过交换后知识和能力得到真正的提高。没有质量保障，合作就失去意义。根据欧洲及澳大利亚的经验，质量保障体系在高等教育的合作中至关重要。高水平的高等教育应包括内外两层质量保障体系：基于对自己信誉负责的内部质量保障体系以及基于法规之上的外部质量保障体系。内地高等教育质量保障体系还不完善，通常把评估重点放在达标情况和水平高低上，而对于院校是否具有自我质量保障的能力，或者院校在保障质量的过程中对各项措施的评价却较少关注。根据博洛尼亚进程的经验，既要客观评估院校质量保障的过程，也要衡量院校实际达到的标准或水平。内部质量保障体系指高校内部对各方面所进行的监管；外部质量保障体系应包括政府部门、社会机构组织共同参与管理。质量保证体系应包括以下内容：①把目标设定与规划、实施、评估作为质量保证的三个重要环节，每一步均要有翔实的内容，从而保证上述三方面能够真正落实到具体行动中。②突出学生在学习过程中参与度，让学生发挥真正的主体作用，课程的设置与安排应顾及学生精神方面的需求，包括学习内容、学习态度、学习资源的利用，与教师之间的关系等。③强调评估过程中内部评估与外部评估相结合，让所有利益相关者——教学人员、管理人员、学生、社会合作者、专家等全权参与，从而保证评估结果的真实性。④公布评估报告。评估报告是对各项措施实施结果的总结，应指出所取得的成绩与存在的不足，对好的方面继续保持，不足的地方积极改正，力求在以后实施中做到更好。在珠海与澳门高等教育合作中，可以组建一个共同的，包括两地政府部门、社会机构和组织参加的外部质量体系，确保高等教育质量的提高。我国通过各种质量评估工作，使得高等教育质量得到了一定的保证和提高，但缺陷也是明显的。我国无论是专业设置还是教学评估仍以政府主导、政府实施、政府审批为主，面对我国庞大的高等教育机构，这种单一的中央集权式、自上而下的体系不能有效提高高等教育质量，已经不能适应我国高等教育的改革与发展。欧洲网络式质量保障体系值得我们学习和借鉴。包括国家评估机构以及民间评估机构的，由专家、学者、企业、学生等主体积极参与的，国家、高校、社会共同参与的自上而下的外部保障体系和自下而上的内部保障体系的建设需要同步建立。

6. 建立法规体系

为了保障珠海与澳门高等教育合作顺利开展，要制定和完善有关高等教育合作的法律，对合作方式、教育投资，知识产权保护、师生权益等进行专门立法，构建整套高等教育合作法规体系。高等教育合作涉及教育机构、学生和教育过程本身三个要素，而教育过程是重点。在教育活动过程中，教育质量始终是政府、社会和学生关注的焦点。因此，应立法对包括教育目标、教育活动、教育过程实施监督和控制。第一，对教育机构和投资者的保护。澳门具有较完备的营商环境，政府对企业或学校通过法律实行宏观管理。但内地，尽管进行了多次机构改革，但现阶段教育行政部门的权力还是没有很好地规范，还会发生直接干预学校运作的情况。政府的教育职责应当体现在制定和实施法律，调控教育资金以及教育质量评估和监督方面。因此，应该立法对政府教育主管部门的职能进行规范。同时，内地法律虽然允许私人投资教育，并获得合理回报，但又把各类教育机构划归为公益范畴，漠视教育机构获得盈利的权利，未明确规定投资者如何获得收益，对投资者的信心保障不够。因此，还应该从保护投资者利益及获取适当收益的角度进行立法。第二，对学生权益的保护。学生是教育的主体和中心，法律应当保障他们的合法权益。学生有其特殊的利益需要，如信息权、监督权、投诉权、获得公正评价权、获得学业证书和获得救济权等需要保护。目前，内地缺乏系统的保护学生权益的立法，现有的教育法规主要规定保护学生的安全、道德教育和获得学业证书的权利，对高等教育合作中的学生不太适用。因此，在珠海与澳门高等教育合作中，需要进一步立法保护学生的权益。第三，对知识产权的保护。高等教育合作中的知识产权主要包括教育机构标识、商标、专利和著作权等。珠海与澳门要遵守世界贸易组织《与贸易有关的知识产权协议》（即 TRIPS），但 TRIPS 仍然不能完全解决著作权保护的差异问题。因此，在高等教育合作机制中，加入知识产权保护的条款，并进行相应立法是比较可行的解决方案。第四，专利或专有技术保护。高等教育兼有教学、科研和社会服务的功能。从科研角度讲，技术革新和发明创造可能产生于高等教育合作过程中，专利或专有技术是教育合作的重要成果。对于两地高等教育合作而言，很多情况下都可能涉及专利技术或专有技术的传输和运用，对二者的保护自然成为权利人关注的焦点。在合作办学、人员流动（如教师流动）中发生的专利申请和使用、专有技术的适用与保密等问题在两地现有的专利和专有技术法律规范体系中难以全面解决，也是下一步立法的重点。高校的名称及其简称或缩写、校徽或其他特别标识都可能是商标侵权的目标。内地《中华人民共和国商标法》及其实施条例等法律规范虽然都规定了服务商标，但此类立法偏重于商业性活动中的商标权保护，没有明确高等教育机构名称或标志是否可以注册为商标，现有法律对明确界定为公益性事业的教育服务基本上排除了特殊保护的必要性和可能性。著作权主要体现在实体的或者无形的教育资源的跨境流动、使用和转移。内地条例规定中外双方的教育机构均可以用知识产权作为对中外合作办学机构的投资。《中华人民共和国著作权法》规定了著作权的合理使用情形，其中用于教学或者科学研究，翻译或者少量复制已经发表的作品，供教学或者科研人员使用的可以不经著作权人许可，也不支付报酬。在两地高等教育合作中应该对同样的权利给予同等的保护。

7. 构建通用性与灵活性并存的高等教育学制框架

由于历史原因，欧洲各国的传统课程设计与学位情况多种多样，比如在学制、学时、入学途径与标准、学位颁发等方面都存在差异。博洛尼亚进程强调统一的学制来适应欧洲的一体化进程。而欧洲很多国家，如德国、丹麦和奥地利等国，学生需要五年甚至更长的时间完成本科的学习。为了积极参与"博洛尼亚进程"，德国《联邦高等教育法》修正案允许大学设立新的学士与硕士学位。学士课程需要 6 ~ 8 个学期，硕士课程须要 2 ~ 4 个学期，两者连读时，总共不能超过 10 个学期。"博洛尼亚进程"提出以学分来衡量而不是以学期来衡量学习期限。"博洛尼亚进程"框架还建议学制可分为四个等级：准学位级（sub-degree level）、第一学位级（first degree level）、硕士级（master level）、博士级（doctoral level），这个参考框架把准学位阶段纳入整体的学位制度（颁发类似美国副学士学位的文凭），允许学分转移，向全球化终身学习的方向发展，学生既可以在三年内也可以在四年内完成第一级学位，允许法律和科学技术领域课程多样化；在部分学科或教育机构，可用较长学习时间直接获得硕士学位。各国的教育当局可以依照框架方案确定适当的体制改革措施，保证政府的权威和高等学校的独立人格都充分得到了尊重。珠海和澳门的高等教育合作，应该借鉴这一做法，构建通用性与灵活性并存的高等教育学制框架。

（二）政府作用

1. 强化政府在区域高等教育合作中的责任

从制度变迁理论来看，制度创新最终是要得到政府认可才可以推行，因此，不管制度供给者是政府还是学校或者其他机构，最终的影响因素是政府。所以，在建立珠海澳门高等教育一体化合作机制的过程中，政府的作用是至关重要的。制度变迁过程中必须把政府垄断与市场调节有机结合起来。政府要切实完善高等教育改革的配套机制，规划高等教育发展战略，加强高等教育发展的法制建设，积极建立高效财政支持体制，完善高等教育的救助体系，强化高校办学绩效评估，努力发挥宏观调控、服务管理作用。

2. 政策引导

推进区域高等教育合作与发展，是一项实践性、政策性极强的系统工程，离不开国家相关政策的扶持与推动，离不开合作各方的政策配合与协作。首先，要加强国家对区域高等教育的宏观统筹调控。继续深化高等教育管理体制改革，遏制高等教育管理行政化趋向，逐步扩大高校办学自主权，加大地方对区域高等教育的统筹权、决策权，理顺主管部门、地方政府与高校三者关系，逐步完善中央与地方两级管理、以省级为主的管理体制和政府宏观调控、社会广泛参与、学校自主办学的宏观管理运行模式。进一步加强高等教育结构调整，将区域高等教育发展列入区域经济社会发展总体规划，加强发达地区高等学校对不发达地区尤其是西部地区高校的对口支援，形成布局合理、比例适调、发展均衡，与区域环境、人口、经济、政治、文化、生态协调的高等教育结构与体系。其次，教育理念创新与建设高等教育强国。强化地方政府对区域高等教育的协调管理，立足面向社会的依法自主办学的现代大学制度创新，加强地方政府对所辖区域高等教育的统筹协调，运用立法、规划、信息服务、政策指导等手段进行宏观管理，确保区域高等教育发展与地方政府营造的区域高等教育合作的政策与法制环境实现互动与协调发展，需要体制改革和政策完善的支持性环境保障。为此，必须打破行政壁垒，消除体制性障碍，建立政府协调、对话沟通、环境补偿、利益共享、市场监管等机制，为高校之间的深度合作扫清障碍。培育完善市场体系，加快人才市场、信息市场、技术市场建设，为区域高等教育发展营造人力资源合理流动的绿色通道。完善金融资金的支持政策、税务部门的优惠政策等体系，实现土地、交通、能源、通信、金融、社保、税收等一体化。优化高校法人治理结构，坚持公办与民办并立的办学体制，推动高校办学理念创新、办学体制创新与管理体制创新，促进办学体制和教育服务的多样化，实现区域高等教育资源利用效率与教育质量的有效提升。

（三）存在的难题及解决思路

（1）珠海缺乏与澳门高校对接的教育平台。珠海和澳门的高等教育整体规模都不算大，层次结构偏低，汇聚人才、培养人才的能力及自主创新能力都比较薄弱，亟待加强。

（2）合作方式未进行创新。深化两地教育合作，共同推进专业资格互认、区域人力资源和专业人才流动。探索多种形式的合作办学模式和运作方式，积极探索澳门高等学校在珠海办学的新形式、新途径；支持双方高等学校合作办学，共建实验室和研究中心，扩大互招学生规模，联合培养本科或以上高层次人才。目前，境外高校在内地主要以合作办学项目和合作办学机构两种方式合作办学，由于条例的限制，内地还未允许港澳高校在内地独立办学。

（3）珠海只是一个地级市，行政级别低；而澳门是特别行政区，级别高于广东省更高于珠海市，所以，珠海与澳门的区域合作存在行政上的障碍。

（4）内地还未出台学分互认具体措施，珠海的高校之间都不能实现学分互认。学分互认涉及很多问题，比如学费按学分收，还是按学年收？注册的学校收还是授课的学校收？如果按学分收，那么是不是学分修完就可以毕业？现存的大学学年制是不是要改？如果注册的学校收，那么授课的学校以什么来支付老师的劳动报酬？何来的积极性招收外校的学生呢？当探讨珠海和澳门高等教育合作时，还会涉及更复杂的情况，比如澳门的学费比珠海贵很多，修读学分按哪个学校的学费标准收？因此，学分互认需要配套的改革，才能最终落实。

（5）解决思路：内地高等教育体制改革需要配套，以允许境外高校到内地办学，实行弹性学分制或者学年制，落实高校之间学分互认需要解决的一系列问题和利益分配原则，才能促进珠海澳门形成一个有特色、有实力的一体化的高教园区。

参考文献

白玫，2013，《博洛尼亚进程中高等教育质量保证一体化探究》，《现代教育管理》第 8 期。

陈昌贵，2007，《从珠海大学到大学珠海》，《高等教育研究》第 6 期。

陈昌贵，2012，《粤港澳高等教育合作机制研究》，《大学》（学术版）第 4 期。

陈静，2013，《博洛尼亚进程及对我国高等教育国际化的启示》，《白城师范学院学报》第 6 期。

褚思真，2013，《珠三角区域经济合作的历史传统与发展趋势分析》，《现代商业》第 36 期。

何小松，2012，《中国内地与香港高等教育合作机制研究》，硕士学位论文，华南理工大学。

〔美〕康芒斯，1967，《制度经济学》，于树生译，商务印书馆。

李化树、黄媛媛，2010，《区域高等教育合作与发展的战略架构》，《大学》（学术版）第 6 期。

李萍，1999，《澳门社会价值观之特点》，《当代港澳》第 2 期。

马早明，2009，《回归后的澳门高等教育发展与变革》，《比较教育研究》第 11 期。

钱伟，2011，《从经济特区到教育特区——对改革开放三十年来珠海高等教育发展的思考》，《教育理论与实践》第 7 期。

隋萌萌，2014，《"博洛尼亚进程"研究及其启示》，硕士学位论文，吉林大学。

王丽婷，2010，《珠港澳高等教育合作的现状与问题分析》，《广州广播电视大学学报》第 6 期。

韦惠惠、陈昌贵，2011，《粤港高等教育合作制度变迁分析》，《广东工业大学学报》（社会科学版）第 2 期。

徐辉，2009，《"博洛尼亚进程"的背景、历程及发展趋势》，《高等教育研究》第 7 期。

杨萌，2011，《高等教育全球化视角下的博洛尼亚进程分析与借鉴》，硕士学位论文，山东经济学院。

杨治平、黄志成，2013，《欧洲高等教育质量保障机构的发展与定位——博洛尼亚进程新趋势》，《比较教育研究》第 1 期。

张蕾蕾，2013，《博洛尼亚进程对长三角区域高等教育一体化发展的启示》，《世界教育信息》第 15 期。

Bob Reinalda, EwaKulesza, 2005, "The Bologna Process—Harmonizing Europe's Higher Education", Barbara Budrich Publishers, Opladen & Bloomfield Hills.

人文历史篇

珠海、澳门地名文化差异比较研究[*]

李 辉

一 珠海市地名总体特征及文化价值

（一）珠海市地名总体特征

珠海市地名系统的形成与发展，受到珠海市独特历史、地理、民俗、方言、时代精神等因素影响。了解珠海市地名系统总体文化特征，是研究珠海地名资源文化价值的前提。

1. 珠海市地名系统的历史特征

珠海拥有较长历史，早在四五千年以前，就有原始先民在珠海这块土地上开发、繁衍、生息。伴随珠海历史发展，珠海市地名系统本身也受到历史

＊ 课题负责人：李辉；课题组主要成员：阚兴龙、张旭、陈龙芳；所在单位：吉林大学珠海学院。

因素影响，伴随历史变化。我们从今天的珠海市地名系统上，清晰可见历史因素对珠海今日之地名系统的影响。

珠海市地名系统有两个最为显著的历史特征。一个是"海防要塞"，另一个是能够反映新中国成立后，特别是改革开放后，珠海人民建设家园的喜悦心情和幸福生活，体现时代特征的一系列地名。从"海防要塞"的历史特征看，今天珠海市很多地名显现出这一特征，例如"炮台山""拱北""关闸""前山寨"等。从体现时代特征的地名来看，如"人民东路""迎宾大道""教育路""幸福路"等地名均体现了这一特征。

2. 珠海市地名系统的地理特征

珠海市是一个美丽的海滨城市，其所独有的地理特征，成为地名"意缘"的重要来源之一。从今天珠海市地名系统来看，主要体现出珠海三方面的地理特征。

第一，"百岛之市"，珠海市拥有众多岛屿，岛名成为珠海地名的重要来源，例如，东澳岛、淇澳岛等。今天珠海市的横琴新区、三灶镇等行政名称也是从岛名演变而来。

第二，水网结构。水网结构是珠海最主要的地貌特征。这一特征在珠海地名系统上有较明显体现。在珠海地名系统中，山名、湖名、湾名、礁名较多，而且在地图上呈现出交错分布的特点，体现了珠海市"水网结构"的地貌特征。

第三，海滨城市。珠海市作为一座美丽的海滨城市，不仅体现在其自然风景上，也体现于珠海的地名风景上。珠海很多地名直接以沙滩和岩石命名，就是直接用海滨景色为地名命名。例如"风云湾""浮石""南沙湾""飞沙滩"等。

3. 珠海市地名系统的民俗特征

从珠海市地名系统上，可见非常明显的岭南民俗特点：许多地名以水产命名，如鳌鱼沙、螺洲、鱼排岛、蚝田岛、黄鱼洲、龟仔头岛等，反映了岭南人民的劳作生活。许多地名以"堂""围"等命名，反映了岭南人民的居住情况。例如三灶岛上的"草堂""圣堂""安堂"，又如白焦镇上很多地名都带有"围"字，形成十分有特色的，以"围"为核心的地名风景。

4. 珠海市地名系统的语言特征

珠海市今天的地名系统，以国家统一规定的标准汉字为主体，部分地名仍带有明显的古粤语痕迹。珠海市现地名中保留了"咀"这一文字，例如爷角咀、旺角咀、凤尾咀等。事实上"咀"这一文字用现代汉语的标准表述，应写作"嘴"。此外现今的珠海地名中还保留了较多粤语专属文字和普通汉字中的生僻字。例如孖湾的"孖"（ma）字，意思是两座相连的山湾。又如，大姑"嫲"（na），这个"嫲"是个极其生僻的汉字，它的意思是扩充，在珠海地名中，诸如上述文字现象的情况还有很多，例如"罟"（gu）仔湾、东桤（dou）、陂（bei）口等，在这里不一一列举，仅指明，这些文字在地名中的保留，成为珠海地名系统的显著语言特征。

（二）珠海市地名资源的文化价值

珠海市地名资源具有较高的文化价值，它是珠海人的情感记忆、地理记忆、寻根线索和文化遗产。

1. 珠海人的情感记忆

人的生活离不开地理环境。地理环境不仅是人们的活动空间，也是人们的情感归属。人们赋予地理环境以地名，用地名区分不同的区域，以方便人们行动。地名不仅能够代表一个区域的地理方位，也能够代表人们对一个区域的情感和印象。

现代城市发展迅速。城市面貌日新月异，使一个城市老居民的生活环境发生了很大改变。原本熟悉的生活环境陌生化了，原本熟悉的地名也随之消失。城市发展虽然带来了生活的繁荣，同时带来老居民丧失熟悉生活环境的心态失落。这种失落感应该得到重视和关怀。

珠海不仅要成为一个经济特区，也要成为一个幸福之城。珠海这座城市应该把珠海人的情感保留下来。保护好旧地名的文化价值是保留这一情感的重要方式。珠海要为一些重要的历史地名建立纪念碑和纪念物，让珠海人能够从物化的形象上，从碑文上寻识到自己过去的生活影迹，在此过程中，深化对家乡的爱。总之，一座幸福之城能够让老居民的地名情感有依托，能够让新居民的生活记忆不失去。珠海应该成为这样一座城市，它重视，并善于开发利用地名资源的文化价值，它的美丽不仅停于眼前，更在对历史的尊重中，温暖人心。

2. 珠海人的地理记忆

地名不仅是珠海人的情感记忆，也是珠海人的地理记忆。很多地名都和人们生活居住的地容地貌高度相关。例如，在珠海市的三灶镇，有一个叫作"王六背"的地方格外有意思。事实上，这个地方本来叫作"黄绿背"。因为字的笔画较多，不方便书写，就被人们写作"王六背"。"黄绿背"本来是一个村落。这里原本有一座山，村民生活在背山的区域，十分偏僻，村民又以黄姓居多，故而得名"黄绿背"。今天，"黄绿背"作为一个公交站台尚还保留着，然而，村落和绿色的山背已经不见了。附近在建的一个楼盘是万科城市花园。如果未来的公交站台改名为"万科城市花园"，意味着，珠海人的这一地理记忆丧失了。

地名上承载着的地理信息本身是一个很重要的研究素材，它是地理学和历史学研究的佐证和根据。我们不仅要为今天的珠海人留下地理记忆，更要为以后的地理学和历史学研究，保留好"地名"研究资源。

3. 海外华侨的寻根线索

珠海历史上很多名人都是海外华人华侨。著名的留学生事业之父容闳也是珠海人。珠海不仅在历史上与华人华侨有着密切的联系，今天的珠海市也是海外华人华侨回国投资的重点区域。华人华侨是我们的骨肉同胞，是中国特色社会主义事业的重要推动力量。作为改革开放前沿阵地的珠海市，应该做好华人华侨工作，引导华人华侨到珠海投资，为珠海经济社会的发展做出贡献。

旧地名是海外华人华侨的寻根线索。很多海外华人华侨的后裔出生在异国他乡，他们对故土家园的认知是从父辈对从前生活的描述中获得的。他们在此过程中对一些旧地名产生感情，留有印象。当他们回到故土家园以后，十分想亲眼见一见祖辈口中的故土风貌。今天中华大地一派改革气象，华人华侨的后裔已经很难再在这里见到他们的祖辈、父辈曾生活于其中的自然环境和社会环境。但我们可以把他们曾经熟悉的地名以某种形式保留下来，留给他们以寻根的线索。令他们不仅能够回到故土家园，更可以在这里找到灵魂之根，续接民族之脉。

为海外华人华侨留下寻根的线索，能够拉近珠海与华人华侨的感情，能够激发华人华侨的爱国情感，促使他们在推进珠海经济腾飞的过程中做出更大贡献。

4. 珍贵的非物质文化遗产

根据联合国教科文组织《保护非物质文化遗产公约》定义：非物质文化遗产是指被各群体、团体、有时为个人所视为其文化遗产的各种实践、表演、表现形式、知识体系和技能及其有关的工具、实物、工艺品和文化场所。由此定义来看，地名资源是一种重要的非物质文化遗产。珠海市应该妥善对地名资源进行保护，深入发掘地名资源的文化价值，这是珠海市构建文明城市的题中应有之义。

一个城市的繁荣，要依靠经济的发展，一个城市的持久繁荣，要依靠文化的勃兴。珠海市不仅要实现经济的腾飞，更要实现文化的崛起。今天，珠海走文明城市创建之路，不断提升城市的文化软实力。在文化建设领域发挥特区先行先试的作用，为其他城市提供示范。这表明，珠海在地名文化领域，不仅要保护好地名资源的文化价值，还要探索出有益于这一保护目标实现的理论和实践方法。

二　澳门地名的文化现象

澳门的街道名称反映着澳门的历史、地理、政治、经济、宗教和民俗等诸多方面的内容和信息。据统计，澳门共有 1000 多个街巷名称，随着澳门面积不断扩大，街巷名称数量也不断增加。澳门最初只有 3 条街：营地大街、草堆街和关前街。草堆街曾经为堆草的地方，故名。后来这里成了生意兴隆、市井繁荣的"卖布街"。在这条葡式风情的商业街上，建筑物大多保留着当年的风格。

1. 澳门的街道名称与历史事件有关

例如，"关前正街"和"大关前巷"中的"关"是指康熙二十四年（1685 年）在澳门设置的海关，1848 年之前为中国四大海关之一。鸦片战争后葡萄牙人毁掉了此海关，致使中国近代的海关遗迹不复存在，但关前关后街保留至今。"佐堂栏尾"的"佐堂"指的是乾隆八年清政府在澳门设立的佐堂卫署。在葡萄牙语中意为"胜利之路"的得胜马路和得胜斜巷是为纪念 1622 年葡萄牙人在此以寡敌众击败入侵的荷兰军队而命名的。

2. 澳门街名反映了它的地理概况

如在东望洋山、西望洋山、妈阁山、青洲山附近有以这些山命名的街道：东望洋路、东望新街、东望洋斜巷、西望洋马路、妈阁上街、青洲上街等。还有与海有关的街道名称，如"海边马路""南湾街""西湾街"等，由于人工填海的缘故，现在这些街道已远离海滨，借助这些街道名称，我们可以勾绘出昔日澳门的海岸线。

路环岛黑沙海滩是澳门最大的天然海浴坊。黑沙是因为海洋特定环境形成的带黑的次生矿海绿石所致。海绿石由于海流风浪的作用，被卷带到海滩上，使得洁白的沙滩成为充满黝黑色彩的黑沙海滩，故名。而氹仔岛西北角有一长 450 米伸入海中的岬角，因其形状酷似鸡颈，故名"鸡颈"。

3. 澳门街道名称最早源于经济活动和居民职业特点

但如今除了工业街和工厂街等少数街道尚为名副其实外，大多数街巷如"小贩巷""卖菜巷""工匠街""打铁斜巷""苦力围"等随着经济活动的飞跃变化已面目全非，以上街巷名称只是一个地名符号而已，昔日居民职业特点已消失无存。

澳门重要旅游景点大三巴牌坊是圣保禄教堂正面前壁的遗址。圣保禄教堂始建于 1602 年，1637 年竣工，耗资 3 万两白银，曾被誉称当年东方基督教"最伟大的建设"。圣保禄教堂毁于一场大火，仅剩下教堂正面前壁。所谓"三巴"系 St. Paul（圣保禄）的广东话音译，为区别于当地另一座三巴仔教堂，故将此称其为"大三巴"。本地人因教堂前壁形似中国传统牌坊，故将此称为大三巴牌坊。

4. 以人名命名的街道名称

澳门有不少以葡籍总督、葡萄牙重要人物、宗教人士命名的地名，给澳门地名打上了殖民主义色彩的烙印。在回归以前，几乎没有以中国历史人物命名的地名。回归后，在新建的新口岸区出现不少以当地名人贤士姓名命名的街道、公园。

从 1557 年首任总督马尔廷至 1991 年最后一任总督韦奇立将军，澳门共计有 127 位葡籍总督，其中有 10 余名葡萄牙籍总督以他们的姓氏命名了澳门街道。如以 1966～1974 年任期的嘉乐庇总督命名的嘉乐庇总督大桥和嘉乐庇总督马路。

　　在澳门地名命名上，必须谈一谈孙中山先生与澳门之间的密切关系。孙中山先生的出生地翠亨村与澳门同属香山县，距澳门仅有 35 千米。1878 年 5 月，孙中山第一次伴母出境就是经澳门去香港的。1892 年 7 月，他从香港西医学院毕业，到澳门镜湖医院担任义务医师，之后又开办中西药局赠医施药，深得澳门人民的尊敬和爱戴。他还在澳门与澳门土生葡人费尔南斯合作，创办了《镜海丛报》，任该报匿名编辑和主笔，发表革命言论。为纪念中国民主革命先行者孙中山先生光辉的一生，在澳门半岛新口岸区和氹仔岛各有一条以先生命名的孙逸仙大马路。在半岛北端还建有澳门最大的公园——孙中山纪念公园。

　　1915 年出生于澳门的人民音乐家冼星海先生是澳门人民的骄傲，为了纪念他对人民音乐做出的卓越贡献，澳门市政府将文化中心旁的街道命名为冼星海大马路。澳门回归祖国后，开始出现了一些以澳门当地著名人士命名的街道、广场和公园。如以澳门商界著名人士、澳门大丰银行董事长兼总经理、原澳门中华总商会会长何贤命名的何贤公园和何贤绅士大马路。

　　5. 以城市名命名的街道名称

　　葡萄牙人喜欢选用西欧大城市和葡萄牙城市名命名澳门街道。以葡萄牙首都里斯本命名的街道，中文称其为葡京路。在新口岸区宋玉尘公园东侧的 6 条东西向街道是以西欧 6 个国家首都命名的，从北至南依次为柏林街、巴黎街、布鲁塞尔街、罗马街、伦敦街、马德里街。在宋玉尘公园西侧的 6 条东西向街道是以葡萄牙本土的 6 座城市命名的，从北至南分别是仙德丽街、圣德伦街、科英布拉街、波尔图街、柏嘉街、戴维拉街。

　　在氹仔岛，多数街道是以中国城市和葡萄牙城市的名称命名的。以中国城市命名的有南京街、大连街、成都街、佛山街等，以葡萄牙城市命名的有埃武拉街、基马拉斯大马路、科英布拉街、布拉干萨街、米尼奥街等。

　　由于澳门历经葡萄牙四百多年的管制，回归后地名仍采纳中文、葡萄牙文双语表示。澳门的一些词语运用充满地域特色，将"大街"一律称为"大马路"，将"广场"称为"前地"，将赌场美其名曰"娱乐场"。澳门的北京街、广州街、上海街等以内地城市命名的地名不是采用汉语拼音拼写，而是根据粤语读音用葡文书写，因此拼写上存在差异。

四百多年来，中西方文化在这块土地上互相碰撞和融合，形成了今天澳门独特的地名文化氛围。澳门历史城区是澳门文化和市民生活的重要部分，它是中国文化乃至世界文化留存的一份珍贵遗产。

三　珠海市地名资源文化价值的保护

地名资源的文化价值需要妥善的保护，以利其得以更好地发掘、传播和弘扬。珠海市要创新出一套地名文化价值保护工作的好的做法，发挥特区作用，为其他城市提供有益的经验参照和示范。

（一）制定珠海地名资源文化价值保护方略

1. 以理论创新推进工作创新

地名文化价值保护工作是一个全新的工作，需要在理论上回答一系列新问题，需通过理论创新为实践创新开辟道路。本研究是珠海市地名文化保护工作理论创新的重要成果，回答了什么是地名文化，珠海市地名文化有何价值等基本理论问题，并在实践上为珠海市地名文化价值保护工作探寻了可行路径，提供了对策建议。

2. 以文明城市创建为契机，推进地名文化价值保护创新

珠海市文明城市的创建是一个涉及面很广泛的社会系统工程，涉及社会方方面面的文明程度提升。地名文化价值保护本质上属于一个城市文化建设和文明建设的内容。珠海应以文明城市创建为契机，加快地名工作创新。将地名文化保护纳入文明城市创建整体，将其创新成果作为文明城市创建整体成果，以文明城市创建整体力量带动地名工作创新力量，以地名工作创新成果，贡献于文明城市创建工作。

3. 形成独具珠海特色的地名文化价值保护机制

地名文化价值保护对于我国各个城市的地名管理工作而言，属于较新的工作内容。在全国范围内尚未形成统一的规范性工作方法。这为珠海市可以

率先探索工作机制，积累创新经验，为其他城市提供有益借鉴和示范提供了可能。形成独具珠海特色的地名文化价值保护机制，不仅能够提升珠海地名管理工作的整体水平，更能够承担起珠海作为改革开放前沿阵地应该率先尝试、率先创新的责任。

（二）拟制珠海地名文化价值保护清单

为珠海市地名文化保护工作提供依据，本研究重点形成了珠海地名文化价值保护清单，现对此清单内容进行如下几点说明。

（1）本清单为《珠海市地名文化价值与保护》研究的成果之一，为珠海市地名文化保护工作提供指引。

（2）本清单主体内容分为三个部分："文化价值保护清单""八大地名景观""镇区地名传统特色"，如表1～表3所示。

表1　珠海市地名资源文化价值保护清单

类　别	保护地名	资料来源	保护方式
历史文化价值	唐家；平沙华侨农场；红旗华侨农场；珠海烈士陵园；解放万山群岛烈士纪念碑；中山纪念亭；苏兆征故居；桂山舰烈士纪念碑；桂山舰登陆点；牛头岛烈士纪念碑；湾仔革命烈士纪念碑；斗门县革命烈士纪念碑；杨氏大宗祠；陈芳花园；苏曼殊故居；莲花亭；张世杰墓；马南宝墓；珠海渔女；前山寨城墙；淇澳白石街；凤凰洞；三灶废机场；三灶万人坟；三灶千人坟；栖霞仙馆；淇澳岛炮台；有髻山炮台；中山公园；东澳岛铳城；三灶岛铳城；白沙坑；贼佬树；沙堡地；金山书院；凤池书院；凤山书院；三山书院；金台寺；新金台寺遗址；香泉寺；人民东路；先烈路；迎宾大道；拱北；关闸；联安；围基；杨寮；下栅；新建；东堡；东桥；连胜；官殿；东风；高新；东方；新东八队；红星；余家湾；陈家湾；梁家庄；洪卫；红旗；客家村；忠信围；平岗；刘家环；昭信围；昭义围；乾务；平塘；东风；沙美；南新分场；南佛；观音岩；大海环；连湾；卫东；立新；前锋；前东；前西；前进；红旗；军建；红灯；三板；八一；凤凰山；黑面将军山；白面将军山；东炮台山；炮台山；外伶仃岛；横岗岛；推船湾；沉船湾；铺头湾；南径湾；关帝湾；留诗山角；落钱角；企人石；车流角；打银咀；马友石礁；七姐妹礁；红旗河；黄杨山；黄杨河	1. 珠海市地图册； 2.《香山县志》； 3.《珠海地名志》； 4.《珠海市志》。	1. 信息整理、储存； 2. 编入地名志； 3. 设置纪念设施； 4. 用于新地名规划； 5. 申请非物质文化遗产。

续表

类　别	保护地名	资料来源	保护方式
地理文化价值	三灶;横琴;担杆镇;五山镇;凤凰北;狮山直街;白石;狮山横街;湖湾街;水雍坑;柠溪;华子石;水湾头;百叶林;牌坊;凉水井;佛径;梅溪;黎屋;坑尾;双石;青翠湾;屋场;沙白石;茅田;王六背;井岸;大黄杨;小黄杨;尖峰;斗门墟;斗门村;白沙洲;茶壶盖岛;阳光咀;西咀暗排	1. 珠海市地图册; 2.《香山县志》; 3.《珠海地名志》; 4.《珠海市志》	1. 信息整理、储存; 2. 编入地名志; 3. 设置纪念设施; 4. 用于新地名规划; 5. 申请非物质文化遗产
民俗文化价值	菠萝街;鸡山;宁堂;新围;罗村;幸村;官村;莲塘;造贝;福石;寿丰;下成丰;上成丰;鸡抱围;鱼塘;隆生;裕联;南围;合胜;广兴;同昌、均昌、其昌、荷包围;铜牛丁;月堂;鱼堂;列圣;圣堂;草堂;广发;恒丰;同裕;永昌;同利;永福;兴发;广丰;广生;恒昌;永业围;耕管;广丰;狭山新村;四九顷;七洲尾;福安;围头;粉洲;五福里;泗益围;虾山;鳌鱼沙;螺洲;茂生围;太丰围;广吉围;桅夹仔;荔山;蓁山;海参岛;头鲈洲;鸡士藤排岛;大牙排岛;鱼排岛;荷包岛;草鞋排岛;蚝田岛;石林洲;鸡笼岛;黄鱼洲;油柑洲;鳖旁湾;海鳅湾;菱角咀;铜鼓角;蟹尾角;龙虾井角;槟榔石礁;福岩礁;荷麻溪;磨刀门;鸡啼门	1. 珠海市地图册; 2.《香山县志》; 3.《珠海地名志》; 4.《珠海市志》	1. 信息整理、储存; 2. 编入地名志; 3. 设置纪念设施; 4. 用于新地名规划; 5. 申请非物质文化遗产
语言文化价值	湾仔;湾仔沙;莲花山邨;海滨新邨;洲仔;大姑嫲;埔仔;新村仔;罟仔湾;石角围;新武咀;东桠;石桠;陂口;榕树仔;村仔;草荫村;草荫涌;鸡咀涌;深氹;牛涎塘;石咀;西滘口;东滘口;沙仔围;沙厂新村;孖湾;鹤咀;马墩;东澳仔;细碌岛;大杧岛;杧仔岛;忙软围;大马骝岛;小马骝岛;泥氹湾;仙人氹湾;旻湾;鹤咀;大角咀;挡扒咀	1. 珠海市地图册; 2.《香山县志》; 3.《珠海地名志》; 4.《珠海市志》	1. 信息整理、储存; 2. 编入地名志; 3. 设置纪念设施; 4. 用于新地名规划; 5. 申请非物质文化遗产

表2　珠海市八大地名景观

景观类别	地名示例	关键字
百岛之市	万山群岛;万山列岛;九州列岛;高栏列岛;东澳岛;白沥岛;贵洲;横洲;竹洲;竹洲仔;海参岛;细岗岛;白排岛;圆岗岛;马岗岛;中心洲;大牙排岛;鱼排岛;蚊洲仔;洲仔岛;野狸岛;大三洲;小三洲;南排石礁;铁针礁;蟹石礁;伶仃礁;南沙礁;北岩礁;白腊排;大浪排;赤鱼排……	岛;洲;排;礁;仔;岗;沥;滩;湾;浪……

续表

景观类别	地名示例	关键字
幸福之城	人民东路;教育路;东华路;人民西路;安平路;乐园路;幸福路;朝阳路;东风路;康宁路;光明一街;光明二街;福寿街;如意街;青春一街;青春二街;吉祥路;乐园新村……	福;乐;康;春;安;平;幸;寿;如意;光明;美;顺;和……
开放之都	前进一街;前进二街;卫星街;九洲大道;迎宾大道;吉大路;友谊路;粤华路;侨光路;海峡新村;凤海新村;新兴;红旗;东风;前锋;天地人;高新;四新……	侨;宾;新;兴;旺;腾;进;胜;利;赢;富;贵……
海防古迹	拱北;关闸;东澳岛铳城;三灶岛铳城;淇澳岛炮台;有髻山炮台;前山寨城墙;炮台山;东炮台山;细岗岛;九州码头;十字门……	铳;寨;岗;炮;防;台;拱;闸;卫……
净畅宁美	紫荆路;翠香路;狮山路;夏美路;桃园路;翠华路;香埠路;海霞路;海碧路;康宁路;海燕路;桂花南路;景山路;景园路;园林路;海景路;莲花路;柠溪;丽景花园……	净;畅;宁;美;花;园;霞;碧;桃;丽;靓……
岩海云天	海滨北路;海洲路;华子石;婆石;石头岗;锦石;白石;福石;双石;岩下村;石狗涌;大海环;风云湾;浮石湾;推船湾;大沙塘湾;横栏礁;七星礁;双石礁……	岩;海;云;天;滩;湾;石;涌;栏;礁;白;蓝;蔚;光;暖;沙……
山水相依	前山河;小林沥;红旗河;黄杨河;中心沟;大西水道;夹马口水道;九州洋;珠江口;宽河口;鸡山桥;大门桥;新广桥;板障山;石景山;狮山;白藤湖;海泉湾;平沙滨海温泉;大岭礐;大林山;连湾山;梅溪……	山;湖;沟;湾;口;河;桥;沥;泉;溪;流……
岭南风情	屋场;荷包;榕树仔;茅田;老塘围;龙塘;横石基;浪仔围;油麻;田心;莲塘;飞鹅;粉洲基;米围;螺洲;龙舟街;菠萝街;凉粉桥;鸡抱围;蚝田……	围;仔;鸡;堂;蚝;榕;场;屋……

表3 珠海市镇区地名传统特色

镇名	传统特色地名示例	关键字
唐家镇	唐家湾;大同路;山房路;后门涌;银坑	唐;家;门;楼;同;坑
金鼎镇	下栅村;山头坊;官塘;埔仔;朗尾;宁堂;会同;新村;那洲;田管;新围	栅;坊;塘;埔;朗;宁;堂;同;会;坑;岗;围
前山镇	前山;莲塘;夏村;白石;造贝;福石;南溪;福溪;沥溪;外界涌;里界涌;黎屋	前;莲;夏;石;溪;沥;涌;黎;屋
南屏镇	南屏;北山;东堡;头间;三间;寿丰;下成丰;隆生;裕联;成益;官殿;合胜;同昌;均昌;其昌	屏;山;堡;间;丰;隆;裕;益;殿;胜;昌

续表

镇名	传统特色地名示例	关键字
湾仔镇	湾仔;南山;难堡;银坑;连屏;陂口	湾;堡;屏;银;坑;竹
南水镇	南水;南郊;南安;荷包;白沙;铜牛;高栏;铁炉;飞沙	南;河;铜;沙;白;牛
三灶镇	三灶街;榕树仔;月堂;鱼堂;列圣;企沙;茅田;木头涌;圣堂;草堂;龙塘;正表;银竹园;油麻;莲塘	灶;榕;堂;弄;列;鱼;企;茅;涌;表;金;银;沙;飞;阳;莲
小林镇	小林街;正街;横街;立新;广益;新广;广发;恒丰;宏发;同裕;永昌;同利;永福;兴发;广丰;发生;广生;成裕;永裕	林;正;新;广;发;永;裕;益;恒;丰
井岸镇	井岸;井湾;港霞;南朝;珠江;朝阳;西埔;沙仔;霞村;龙坛;北澳	井;湾;港;霞;朝;朗;明
斗门镇	斗门;群山;壁堂;安峨;赤水坑;田心;田边;汉坑;小濠涌;竹园;四圣宫;官涌;元岭;大环	斗;壁;堂;赤;田;濠;涌;元
上横镇	耕管;广丰;四九顷;七洲尾;天生;谦益;福安;二隆;粉洲;西滘口;三隆;三冲;大胜	耕;广;顷;谦;福;隆;粉;冲;胜
六乡镇	月坑;盖山;铁山;虾山;鳘鱼沙;沙栏;银潭;鹤咀;忠信围;龙环里;马墩;禾丰;螺洲	月;阳;虾;鱼;潭;鹤;龙;马;禾;螺(多以动植物命名)
白焦镇	小沙栏;成裕围;罗棚村;茂生围;广吉围;太丰围;昭信围;昭义围;合生围;吉利围;瑞昌围;致公围	沙;成;裕;茂;广;吉;利;丰;昭;义;吉;瑞

（3）文化价值保护清单分为四个部分：历史文化价值、地理文化价值、民俗文化价值、语言文化价值。广泛收录珠海市较有文化价值、值得保护的一系列地名。

（4）八大地名景观为珠海市地名系统现能够体现，并且应该强化突出的八个地名景观特征。

（5）镇区地名传统特色是指保留每个镇的传统地名特色，依据传统地名特色设置地名关键字，以利于新地名的起名工作。

（6）八大地名景观及镇区地名传统特色中的关键字部分可用作基层地名起名工作的指引。可在这些关键字中两两组合，或在其上添加其他文字，以形成新地名的专名部分。

参考文献

鲍军：《传承保护宣传地名文化之我见》，《中国地名》2014 年第 2 期。

陈晨、修春亮、陈伟：《基于 GIS 的北京地名文化景观空间分布特征及其成因》，《地理科学》2014 年第 4 期。

刘亚楠：《地名文化保护立法探究》，《长沙民政职业技术学院学报》2013 年第 2 期。

牛汝辰：《澳门地名谈》，《中国地名》2000 年第 1 期。

孙平：《以高度的文化自觉和文化自信推进地名文化建设》，《中国地名》2012 年第 11 期。

汤开建：《〈粤大记·广东沿海图〉中的澳门地名》，《岭南文史》2000 年第 1 期。

王琨：《地名文化建设中的审美情致》，《湖北第二师范学院学报》2014 年第 3 期。

许立红：《论多元文化对地名的影响及翻译原则》，《中华文化论坛》2013 年第 7 期。

杨继波：《从档案记载看澳门地名的演变》，《档案学通讯》1999 年第 2 期。

郑欣：《澳门地名的由来与建置沿革》，《历史教学》1999 年第 11 期。

周定国：《澳门地名谈》，《中国测绘》2007 年第 4 期。

论生态文明城市的城市文化构建*

——以广东珠海为例

金 涛

城市文化作为城市发展的灵魂，在城市发展过程有其重要的地位。著名城市学者刘易斯·芒福德从历史发展的角度指出"城市是文化的容器，专门用来储存并流传人类文明的成果"①。随着我国城市化的不断发展，我国学者对城市文化的研究日益增多。无论是从历史角度研究还是从社会发展角度，无论是理论建构还是城市实例研究，都取得了丰硕的成果。目前，我国城市发展逐渐由突出生产性功能的利益追逐渐向满足生态宜居的本原需求转变，生态文明成为未来城市发展的方向。虽然从生态文明的视角来研究城市文化的构建开始受到国内学者的关注，但相关成果还较少②。本文以广东珠海为例，从城市规划、历史传承、人才培养和产业发展的四维度来解读生态文明城市文化的构建。

珠海是伴随改革开放发展起来的新兴城市，独立建市较晚。近代珠海隶属于香山县（1925 年改为中山县）管辖。新中国成立后，1953 年成立珠海

---

* 课题负责人：金涛；课题组成员：周子善、王庆华、张海、李雪丽、刘智辉；所在单位：北京理工大学珠海学院。

① 〔美〕刘易斯·芒福德：《城市文化》，中国建筑工业出版社，2009。

② 从生态文明视角研究城市文化的成果有：傅守祥：《生态文明时代的城市文化生态保护与文脉接续》；屈彩霞：《生态文明视域下的城市文化定位研究》；张伟：《生态文明时期的城市文化建设——以中新天津生态城为例》；张兵：《生态文明视野下的城市文化建设初探》；王宁：《全球化进程中城市文化与生态文明建设》；任重：《生态文化是城市文化的终极目标》；贺善侃：《城市文化与生态城市》；等等。总体来讲无论是理论建构，还是实例研究都相对比较缺乏。

县，直到 1979 年，才开始独立建市并于 1980 年成为经济特区，珠海作为现代城市的发展才真正开始。由于珠海有得天独厚的自然环境，加之发展中重视环境保护，环境优美、生态宜居已成为珠海的城市名片。在新时期，珠海提出建设"生态文明新特区、科学发展示范市"的发展定位，坚持"生态优先原则"的绿色发展战略，把珠海打造为"国内环境最优美、最宜居宜业宜游的生态城市之一"。因此，以珠海为案例来探讨生态文明城市城市文化的构建有很强的代表性。就珠海来讲，生态文明城市城市文化构建包含以下几个方面的要素。

一　以"生态宜居"为导向的城市规划

生态文明城市的城市文化，在物质方面，首先应该表现在城市规划的生态要求。从社会生活的角度来看，城市文化的起始点是人们的基本生活需求和日常生活。因此要求在城市规划上，必须以"生态宜居"为向导，注重自然环境的保护和人们生活的需求。

珠海位于珠江口西岸，市域范围内山体众多、河道纵横、海域辽阔，海岛资源丰富。珠海市域范围山体在古代多为近海岛屿，珠江的四大入海口都经本地入海，积年累月的泥沙沉积和人为填海造地造就了现在珠海山、海、岛相互映趣的自然景观。珠海自建市之初到现在经过四次规划。城市规划充分发挥了天然的山海分割的地形地貌和自然景观的特点，城市布局基本围绕着自然山体而布置，尊重自然山水肌理，避免"遮山挡海"，构建自然与城市和谐共生的发展模式。规划中始终以"生态宜居"为向导的高标准建设和管理，逐渐形成了现在山、海、城相互交融的生态景观。连续十年获评广东省环保考核优秀，连续五年实现污染减排目标，成为首批"全国生态文明建设试点城市"。

未来三十年，珠海提出了"建设生态文明新特区、争当科学发展示范市"总体发展目标。坚持生态优先原则的绿色发展战略，建设成宜业宜居宜游的城市。总体规划是"以情侣路—珠海大道为主轴，打造东部滨海花园城市、西部滨江田园城市、南部海岛生态城市的风貌特色"①。东部城区突出山、海、城有机统一的城市特色，打造山海相拥、陆岛相望的滨海花园城市风貌；西部城区充分利用水网纵横、沙田连片的水乡特色，形成滨江田园城市风貌。

"生态宜居"为导向的城市规划对城市文化的意义在于以下几方面。

（一）塑造"生态宜居"的城市形象

珠海生态发展模式使得珠海成为中国最早的"国家环境保护模范城市""国家级生态示范区域""国家园林城市"。获得过联合国"国际改善人居环境最佳范例奖"。"生态宜居"逐渐成为珠海的一张重要的城市名片，也是其城市文化重要的形象特征。

目前来讲，珠海市比较成熟的是以情侣路为主轴的东部城区规划。特别是珠海东部滨海景观带——情侣路的打造，成为能代表其城市形象的具代表性的城市走廊。珠海作为滨海城市，其最具标示性的滨海风貌已经成为城市对外展示的品牌形象。由于情侣路优越的地域条件和良好的自然风光，已被打造成为兼具生态和文化内涵，集旅游观光和娱乐休闲功能于一体的城市景观带，展现其海陆相望、"山—海""城—岛"相互映趣的特色宜居风貌。因此，以情侣路为核心的东部滨海景观带已经成为珠海著名的景象名片，塑造着珠海"生态宜居"的城市形象。

（二）建构城市文化的公共空间

城市文化在社会功能构成上，呈现出公共性特征。公共性是城市文化最核心的属性之一②。城市规划对城市文化的公共性特征的贡献主要体现在城

---

① 珠海市人民政府：《珠海市国民经济和社会发展第十二个五年规划纲要》，珠海政府网，http：//www. zhuhai. gov. cn/xxgk/zcfgjgfxwj/gfxwj/201107/t20110714_ 212384. html，2011 年 7 月 14 日。

② 陈宇飞：《文化城市图景——当代中国城市化进程中的文化问题研究》，文化艺术出版社，2012。

市公共空间和场所的规划和设计。良好的公共交往空间和场所设计，是城市文化形态实现的保障。保障人们在公共空间中的相互交流，完成公共生活的建构是公共空间的文化使命。在城市公共空间里，人们可以利用公共设施，感受城市文化的多样性和自由性。

珠海城市发展定位是旅游休闲城市，在城市规划里设计了布局合理、层次分明的休闲公共空间：从森林公园、综合性市政园林、区级公园到小憩园、游乐园、社区公园和健身广场，逐步形成了生态健康的公园体系和游憩体系。

以森林公园为例，由于市域范围内山体众多，形成了东部城区的凤凰山、板障山、将军山、脑背山、石花山和赤花山六大森林公园以及西部城区的黄杨山、尖峰山、孖髻山和拦浪山四大森林公园。周末爬山已经成为很多年轻人休闲锻炼、娱乐交流的生活方式。很多社区公园与健身广场，满足了市民休闲锻炼和文化娱乐的要求。

在整个城市公共空间的构建当中，最具特色的莫过于名亭公园。名亭公园是一座与城区相望的小岛——野狸岛。全岛面积 42 万平方米，岛有四峰，最高海拔不过 70 米，登山步道连接各峰，且与环岛路相连，成为市民休闲的最佳场所。漫步于岛上，"山—海—城"的自然景观可尽收眼底，傍晚吟唱歌手、休闲人群集聚于此，营造了极具生态意识和文化品位的城市公共空间。

（三）满足各层次的城市文化需求

多样性是城市文化的基本属性。城市文化的繁荣离不开文化的丰富性，城市的活力来自文化的多元性。城市多元化的人口构成，决定了不同阶层、群体的不同的文化习俗和审美趣味。城市文化的丰富性要求在城市的功能构成上，尽量满足各层次的文化需求，适应各社会阶层人群的多样性的生活、工作、休憩、娱乐的需要。

珠海的城市规划，适应了城市文化发展的丰富性。从休闲生活来讲，各层次的公园体系、休闲广场以及绿色步道系统和休闲游憩系统，满足不同层次的休闲旅游文化的需求。从精神生活来讲，城市图书馆、珠海大会堂、规划建设中的歌剧院、城市博物馆、文化馆等特色标志性文化设施，可以满足各种精神文化的需求。以"十一五"期间为例，珠海市区有各类公共图书馆4个，文化馆4个，博物馆（纪念馆）3个，美术馆1个，电影城3座，23个镇街综合文化站，大小城市文化广场50多个，"农家（社区）书屋"241个，每万人公共文化设施面积860平方米，比全省每万人800平方米略高。总达标入级率达到100%①。全面启动的珠海歌剧院、博物馆、规划馆、文化馆等重大文化工程的建设将使公共文化设施更加完善。

二 以地域文化为依托的精神传承

任何城市的城市文化在发展过程中，都会不断地进行着历史文化元素的积淀和文化传承，以呈现历史文脉与现代城市文化的完整性和传承性特征。"完整性特性体现出的是城市文化的历史发展脉络，而传承性原则是对城市文化源泉的尊重和沿革。"② 生态城市的城市文化建设需要保持文化的完整性和传承性，以维持城市文化的精神传承。

作为新兴城市的珠海，核心主城区（香洲区）有一定的历史渊源。其北靠凤凰山，凤凰山脚的山场村历史上盛产海盐，唐朝之前就有人聚居围海煮盐，唐时在此设置过行政机构——文顺乡管辖香山地区，香山场的盐场繁盛，至清朝时期在山场设立盐场大使专营盐业；其中部城区曾有明天启年间，为了加强海防，统辖关闸和澳门周围诸岛的防范而设置的军事营寨——前山寨；南端有清朝1887年在澳门外围设立的拱北海关；东边则有20世纪初，清末新政时期，为鼓励华侨和港澳实业界人士回国投资而在邻近澳门的沙滩环（今珠海市香埠路）一带兴建的"六十年无税商埠"。虽然城区有历史渊源，但在改革开放之前，珠海没有形成真正意义上的城市。珠海的城市

---

① 《珠海市文化事业和文化产业发展的调研报告》，2010。

② 陈宇飞：《文化城市图景——当代中国城市化进程中的文化问题研究》，文化艺术出版社，2012。

文化的历史传承要依托地域文化——香山文化。珠海与毗邻的中山和澳门曾经同属香山县，三地"血缘同宗、历史同源、文脉同根"[①]。地域文化给珠海城市文化提供了丰富的精神养料。

（一）开拓精神

古时香山临近大海，其地势"三面环绕，有波涛汹涌之观"[②]，居民靠海而生，渐渐养成了勇于冒险、敢于开拓的精神禀赋。加之近代受中外通商和中西文化交流的影响，香山人自明清以来不断向海外拓展。尤其是清朝乾嘉时期，香山人到东南亚开荒创业，也有很多人漂洋过海，到美国发展。就珠海市域而言，"唐家湾鸡山村 600 多人，而美国三藩市的鸡山村籍华人却有 1000 多人，香洲山场村的旅外乡亲是在乡人数的两倍；20 世纪初，夏威夷檀香山几乎全是香山人，被称为第二香山县"[③]。这种勇于冒险、敢于开拓的精神禀赋是现代城市文明重要的精神力量。在珠海城市文化发展过程中表现为改革开放"敢为人先"的精神风范。

（二）包容精神

从历史上看，香山文化是一个典型的移民文化。自宋以来的不断移民，使其形成一个多元文化组成的开放融通的社会。在这样一种开放融通和文化多元的社会里，香山人更易于接受外来事物，敢于吸收、模仿和学习外来物质文明和精神文明成果，具有强烈的开放务实精神。明清以来，由于地处东西方文化的交汇之地，香山文化很早就接触并吸收西方文化，促进了香山文化"海纳百川、兼容并包"的文化心态。包容精神在现代城市文化中极为重要，它是保证文化多样性的重要精神品质，也是文化丰富性和文化繁荣的重要保证。

---

① 珠海市档案馆、珠海市地方志办公室：《珠海历史回眸》，珠海出版社，2006。
② 珠海市档案馆、珠海市地方志办公室：《珠海历史回眸》，珠海出版社，2006。
③ 珠海市档案馆、珠海市地方志办公室：《珠海历史回眸》，珠海出版社，2006。

（三）重商精神

明朝葡萄牙人租住澳门后，香山的珠海区域很快成为中外贸易的重要口岸。在明代，珠海海域是外国商船进入广州的必经之道和停泊之地。珠海浪白澳、十字门成为外国商船到广州贸易的外港。清嘉庆、道光年间，停泊在伶仃岛海域及唐家金星门的外国商船，最多时达 100 多艘，金星门一带中外海商荟萃，商通万国，货达九州。浓郁的商业环境，西方商业文化的传入加之香山文化开放务实的精神，在中外贸易的环境下孕育了一批近代著名的资本家。近代中国买办 80% 来自香山，就珠海地区而言，著名的近代资本家就有华侨资本家陈芳、买办资本家莫仕扬、民族资本家徐润、洋务资本家唐廷枢等。重商精神是现代城市发展之基、兴盛之源，在城市发展中起着重要的作用。

（四）重教精神

香山兴文办教之风兴盛于明清时期，珠海地区翠微的凤池书院，前山的凤山书院，下栅的金山书院等书院远近闻名。

近现代，在欧风美雨的浸润下，珠海地区出现了近代中国第一个赴美留学生，第一个赴英留学生，第一个赴日留学生。特别是第一个留美学生被称为中国"留学教育之父"容闳，在学成之后从 1872 年开始，先后组织 4 批共 120 名幼童赴美，在 120 名赴美留学的幼童中，广东籍 83 人、约占总数的 69%，香山籍 39 人，约占全省的近一半，其中，23 人是珠海籍。近代以"留学文化"为主导的重教精神不仅是珠海近世文化的特点，也是珠海现代教育发展的精神支柱。

三　以高等教育为核心的文化蓄力

城市文化不仅需要传承地域文化精神，而且要实现现代文化的集聚和创新，发挥城市文化的集聚效应和创新效应。城市文化集聚效应，会促进一座城市成为特定区域内的文化中心和关注重点。有效地集聚高端人才、新型产业、优良资本，尽量发挥相关的集聚效应，激活文化动力要素，形成新的发展推动力。

文化集聚的关键是人才的吸纳。传统大城市的人才吸纳优势非常明显，可以依靠其城市的政治或者经济地位或者是其深厚的历史文化积淀吸引着人才、文化、资金，完成城市文化的集聚。新兴城市则不具有其政治和经济优势，其吸纳人才主要是靠政策性人才引进战略和自身的人才培养战略。只有这样，才能促进城市经济的发展，且利用经济发展优势吸纳人才，完成文化集聚的"原始积累"。

珠海作为改革开放以来的经济特区，建立早期主要是靠政策引进。1999年以前的珠海仅两所成人高校，高等教育落后。随着珠江三角洲经济快速发展，区域性竞争的激烈，缺乏高等教育的人才、智力支撑，对珠海的综合发展，城市品位的提高形成了制约。珠海通过自身探索，走出一条颇具特色的现代高等教育发展模式，完成文化集聚效应。

（一）创新办学模式

珠海在1991年开始计划筹建珠海大学，并开始校区选址和校园主建筑物的设计。后来由于审批等原因导致珠海大学始终未能成行。虽然珠海大学筹建搁浅，但是在1999年高校扩大招生，创新办学理念，探索异地办学的浪潮中，珠海抓住了历史机遇。主动摒弃自办大学的传统思路，提出"注重引进，追求所在，走地方政府与高校联合办学"之路。珠海首先与中山大学合作建设中山大学珠海校区，创出一条全国知名大学与地方政府合作办学的"中大—珠海"模式。在传统思路行不通的情况下，珠海主动转变思路，抓住机遇，"舍弃了一个珠海大学，赢来了一个大学珠海"[1]。走出一条特色的人才培养道路。

---

[1] 陈昌贵：《从珠海大学到大学珠海——从研究的视角看珠海高等教育的发展》，《高等教育研究》2007年第6期。

经过多年耕耘，珠海的高等教育发展已经颇具规模。现已入驻珠海高校有：中山大学珠海校区、暨南大学珠海学院、北京师范大学珠海分校、北京理工大学珠海学院、吉林大学珠海学院、遵义医学院珠海校区、广东省科学技术职业学院珠海校区。澳门大学横琴校区投入使用，使得珠海不断创新办学模式。目前珠海在校大学生达 10 多万人，成为广东省重要的高等教育基地①。除了高等教育的引进，还积极创建产学研基地。目前产学研基地有：中山大学附属第五医院、清华科技园、哈尔滨工业大学新经济资源开发港、北京大学教育科学园、遵义医学院第五附属医院。

珠海引进的高等教育，在科类结构上，有综合性大学，理工、医学类大学，还有艺术类大学；在类型结构上，普通高等教育与职业高等教育并存；在层次结构上，重点院校与一般院校同在，以全日制本科教育为主，同时发展研究生教育。在布局结构上，与产业带相连，集中于金湾区和香洲区。实现了产学结合，结构合理的高等教育发展局面。珠海"十二五"规划进一步提出不仅把大学园区建设成为广东省重要的高等教育、产学研基地，而且要成为我国高等教育对外合作与交流的窗口。

（二）高等教育对城市文化的意义

高等教育发展催生的大学文化对城市文化的构建意义重大。大学文化以其特有的集聚性、超越性、多元性特点，在城市文化的建构和城市精神的塑造中，发挥着重要的作用。

1. 利用人才优势，发挥文化集聚效应

高校作为教育、科研和培训之地，是一个城市吸纳、储备、培养、输出人才的基地，是汇集文化精英和高科技人才的大本营，是构建城市人才高地的基础，是城市技术创新体系和文化创新体系的重要支撑者。

一方面，大学引进高等人才。高校教师在城市文化生活中扮演重要角

---

① 珠海市人民政府：《珠海市国民经济和社会发展第十二个五年规划纲要》，珠海政府网，http：//www.zhuhai.gov.cn/xxgk/zcfgjgfxwj/gfxwj/201107/t20110714_212384.html，2011 年7 月14 日。

色，很多成为城市文化智库，对城市长远发展起到积极作用。另一方面，大学培养人才，大量的大学生涌入城市，成为城市文化构建中极具活力的生力军。大学校园的各种活动，大学生组织的各种文化团体，都是城市文化不可或缺的组成部分，大学成为更广泛地增进人们的知识、丰富人们的精神生活和提高人们的文化素质的综合化、多样化的文化活动中心。同时大学满足城市各种人才需求，成为城市文化的人才储备之地。高等教育在城市文化中利用其人才优势，发挥文化集聚效应。

2. 改变城市文化结构，提升城市文化素质

高等教育可以改变城市文化结构，提升城市整体文化素质。城市的文化水平与教育发展具有极强的相关性。高校师生的人口比例增加，改变城市文化结构。大学不仅为社会输送各种高级专门人才，还包括各级各类学校的教师，这些人才与城市各行各业发生广泛的联系，从而全方位地向城市渗透，促进城市文化整体素质的提高。大学拥有大量科研、学术团体，可与城市的各层次部门、团体开展协作，形成立体式社会教育网络，促进城市文化的建设与发展。

与此同时，大学还有多层次、多学科、多对象的成人继续教育，不仅能满足各类在职人员的学习需要，使他们更新知识、提高业务能力和技术水平，同时能满足不同层次城市市民学习的需要，以提高文化水平和文化修养。大学以丰富的文献资料为社会提供各方需要的信息咨询服务，是高等教育参与城市文化建设的重要方面。因此，高等教育从不同层面改变城市文化结构，提升城市整体的文化素养。

3. 丰富城市文化内涵，提升城市文化品位

当高校规模发展到一定程度时，大学校园文化就成为城市文化非常重要的组成部分。大学校园所引导的开放性、多元性、创造性的文化氛围，不断地丰富着城市文化的内涵。大学校园文化不断提升城市文化的开放性和创造性，使得城市文化的发展中不断地吸收新鲜的、创造性的文化因素，保持城市文化的活力。

同时，高等教育提升城市的文化品位。大学引领社会风气，改善市民结

构，提高市民素质，赋予城市文化以鲜明的时代特色，为城市的进步与发展提供最重要的人文条件和永不枯竭的动力，不断地提升城市文化品位，塑造城市文化形象。

四 适应产业化需求的文化产业发展

城市文化除了发挥文化传承和文化集聚功用之外，还必须完成创新性建构。文化创新是城市文化的生命力源泉，是推进城市文化发展的根本动力。高等教育的发展发挥文化集聚效应，而文化的产业化发展则是文化创新重要途径。

21 世纪文化产业在各国经济中的地位越来越重要，已成为世界经济中的支柱产业之一。世界上许多发达国家的文化产业比重达到了 GDP 的 10% 以上，文化产业已经成为解构传统产业，推动产业结构调整的全新力量，是现代经济中活力强、增长快、最具发展前景的朝阳产业之一。人们对城市文化产业与城市竞争力关系日益关注，文化产业对城市文化的贡献不断提升，为城市文化发展注入新的活力。

（一）珠海文化产业的历史资源

从历史传承来看，珠海有丰富的物质文化遗产和非物质文化遗产。经文物普查，珠海现有历史遗存 314 处，可分考古遗址、墓葬、建筑、摩崖、园林、古道 6 类，其中考古遗址 142 处、墓葬 53 处、建筑 89 处、摩崖 22 处、园林 4 处、古道 4 处。并于 1979 年开始至 2006 年先后公布了区级、市级、省级、国家级文物保护单位 35 处。其中，国家级 2 处、省级 4 处、市级 20 处、区级 9 处①。

除了物质文化遗产，珠海还形成了风格独特的非物质文化遗产：沙田民歌、锣鼓柜（又称八音）、鸡山牛歌、三灶八堡歌、鹤歌鹤舞、飘色、地色、舞狮、舞龙、耍旱龙等民间艺术；赛龙舟、摆花街、游神、烧花炮、水

---

① 黄晓东：《开发历史人文资源增强珠海城市特色》，《广东社会科学》2009 年第 3 期。

上婚嫁等民情风俗；官塘茶果、叠石蚝油等民间美食。其中，沙田民歌、斗门水上婚嫁、三灶鹤舞鹤歌、斗门乾务飘色被列入广东省级非物质文化遗产名录，斗门水上婚嫁登上国家级非物质文化遗产名录。

（二）珠海文化产业的发展现状

通过近几年的规划和发展，珠海现代文化产业逐渐形成。珠海市已初步形成了现代传媒出版业、数字内容业、影视娱乐业、文化产品制造业、原创艺术品生产销售业、创意设计业六大优势文化产业。其中，影视、动漫网游、创意设计、现代传媒、休闲娱乐等产业越来越显示出较强的发展态势。据不完全统计，从 2006 年到 2011 年，全市文化产业产值由 207.48 亿元上升至 450 亿元，年均增长接近 20%；增加值由 37.48 亿元上升至 78.5 亿元，年均增长超过 19%，占全市生产总值的比例由 4.7% 上升到 5.6%。

以 2010 年为例，2010 年珠海市文化产业总产值 408.7 亿元，比 2009 年增长 15.13%。文化产业增加值 63 亿元，同比增长 14.54%，占全市生产总值的 5.39%。2010 年珠海市文化产业总产值中，文化产品制造业所占比重最大，为 45.8%，占了珠海市文化产业半壁江山。软件业、印刷复制、传媒业以及文化休闲业分列第 2 至第 5 位，所占比重分别为 13.5%、13.2%、13% 和 10.3%。广告会展业和文化艺术服务业产值相对较少，占珠海市文化产业总产值比重也较低，分别为 2.6% 和 1.7%。进一步细分来看，2010 年珠海市传媒业 53.2 亿元产值中，出版发行为 44 亿元，所占比重超过 80%；复制印刷业产值 42 亿元，占所在大类印刷复制比重也近 80%。2010 年文化娱乐业产值 5 亿元，占文化艺术服务（6.9 亿）比重也超过 70%[①]。

目前，珠海文化产业已经形成了以外围层为主体、核心层和相关层为新兴增长点的产业结构体系，"一园两城四基地"（即"南方文化产业园""影视城"和"博物馆城""动漫网游原创制作基地""油画艺术品原创基地""印刷复制业生产基地""文化类产品制造基地"）的发展格局。文娱

---

① 何欣：《珠海市文化产业现状及发展途径研究》，吉林大学，2011。

演出、休闲旅游、影视制作、出版发行和版权贸易及工艺美术品交易等传统行业优势进一步凸显；依托高新技术优势，创意设计、动漫及网络游戏等与数字网络技术相融合的新兴行业发展迅速，成为珠海文化产业中极具增长潜力的新亮点。在政府引导和市场主导下，珠海市文化产业投资主体也日趋多元化，呈现出国家、集体、民营和外资等所有制形式共存的发展格局。据不完全统计，除报刊、出版、广播电视等因国家政策规定限制外，其他文化产业领域，民营等社会资本投资比例近90%，其中超过50%涉及海外资本。

珠海的"十二五"规划继续大力发展文化产业。扩大文化产业发展专项资金规模，形成市区联动的财政扶持机制。引导风险投资和社会资本参与文化产业建设，探索文化产权交易。加强文化产业招商引资，打造具有自主知识产权与核心竞争力的国内领先的动漫、网游企业集群，构建"两园两城五基地"的文化产业发展格局，在横琴新区规划建设横琴粤港澳文化创意产业园，打造"香洲文化服务"品牌和金湾区"航空文化"品牌，加快推进斗门区珠海南方影视文化产业基地项目规划建设，发挥高新区高新科技优势，打造"创意唐家"品牌。积极推进金山软件和巨人集团网游研发总部规划建设，支持香港特思数码、永泰数字、杨氏设计等动漫企业做强做大，加强对"悟空"和"巴布熊猫"品牌的包装宣传推广。打造珠海历史名人雕塑园、梅溪牌坊等文化旅游项目，开发富有文化内涵的历史人文旅游专线，形成以珠海历史文化为内涵，滨海城市风光为特色，集观光、休闲、度假和娱乐于一体的文化旅游产业体系①。

（三）文化产业对城市文化的意义

文化产业作为文化和产业的综合体，是将文化产品化、商品化、规模化乃至产业化的过程。它遵循工业生产经营活动的规律，进行文化产品生产、储存、分配，向消费者提供文化娱乐产品，来满足人们物质和精神生活需

---

① 珠海市人民政府：《珠海市国民经济和社会发展第十二个五年规划纲要》，珠海政府网，http：//www.zhuhai.gov.cn/xxgk/zcfgjgfxwj/gfxwj/201107/t20110714_ 212384.html，2011 年 7 月 14 日。

要。作为第三产业的生力军，文化产业的发展对城市经济结构的优化和城市文化的繁荣都具有重要的贡献。

1. 顺应生态城市发展的方向

文化产业发展与城市生态文明的发展方向具有内在同一性。建立在文化资源保护与传承基础上的文化产业是以生态文明为价值取向，以生态、知识、智力资本为基本要素，以人与自然、人与社会、人与人和谐共生为根本目标。文化产业所生产的文化产品则以创意为核心，其生产过程以低消耗、低污染、资源循环重复利用为特征。区别于一般物质产品大运输、高耗能的流通模式，文化产品的流通运量小、网络化、易传播。此外，文化产品的消费属于精神消费、绿色消费。因此，文化产业是绿色产业、低碳产业，发展文化产业符合生态文明建设对经济可持续发展的本质要求。文化产品的生产是以低能耗、低污染、低排放为基础的低碳经济和减量化、再利用、资源化为特征的循环经济，顺应城市生态文明的发展方向。

2. 提升城市文化竞争力

城市不仅是人口高度聚集之地，也是产业高度聚集之地，城市的竞争和发展主要通过产业来实现的。文化产业作为满足人类精神和文化生活需要的产业，是以知识经济的内容产业，属于知识经济的高级阶段。随着文化产业的方兴未艾，文化产业在城市经济发展中占据越来越重要的地位，成为城市经济、文化发展的新的动力。文化产业的发展推动了城市产业的结构调整，使得城市知识经济在产业竞争中越来越重要；拓展了城市文化的内涵，使文化积淀与经济发展联系愈加紧密；也推动了城市公共事业的发展，推动文化资本的融合。总之，文化产业在增强城市文化竞争力方面起到越来越重要的作用。

3. 满足文化创新需求

文化产业化发展，可为实现文化创新效应提供强有力的保证。文化产业本身工业生产经营活动的规律，将文化产品化、规模化发展，生产消费者需求的文化产品。随着经济不断发展和物质生活水平的不断提高，人们对精神文化的要求也越来越高，文化产业的发展必须不断的进行创新，才能满足人们的精神需求。

同时，随着科学技术的不断进步，文化产品的实现呈现出多元化和科学化。文化产业必须顺应科学技术的发展潮流，利用科技技术进步进行文化创新，才能在市场化的竞争中脱颖而出。因此，文化产业以经济利益的动力，以科学技术为手段，以满足人们精神文化需求为目的，不断满足城市文化创新的需求。

近代香山社会与留日学生

焦 鹏*

一 香山留学生赴日状况

中日甲午战争以清朝的失败而告终，泱泱大国竟然被东洋"蕞尔小国"打败；《马关条约》竟然割地赔款，举国震惊，这不能不引起国人的反思。这种反思是建立在对日本重新审视基础上的，极大地改变了国人的思想观念。国人逐渐认识到日本之所以在短短几十年发展起来是由于向国外派遣留学生，学习西方的结果。因此，国内舆论呼吁朝廷向日本派遣留学生。封疆大吏如张之洞等在鼓励向外派遣留学生，他在 1898 年 4 月刊行的《劝学篇》中极力鼓励向国外派遣留学生：

> 出洋一年，胜于读西书五年，此赵营平百闻不如一见之说也。入外国学堂一年，胜于中国学堂三年，此孟子置之庄岳之说也。……日本小国耳，何兴之暴也。伊藤（博文）、山县（有朋）、榎本（武扬）、陆奥（宗光）诸人，皆二十年前出洋之学生也，愤其国为西洋所胁，率其徒百余人，分诣德、法、英诸国，或学政治工商，或学水陆兵法，学成而归，用为将相，政事一变，雄视东方①。

张之洞特别强调出洋游学，西洋不如东洋：

---

* 焦鹏，任职于暨南大学香山文化研究所。

① 陈学恂、田正平：《中国近代教育史资料汇编留学教育》，上海教育出版社，2007，第 46 页。

至游学之国，西洋不如东洋：一、路近省费，可多遣；一、去华近，易考察；一、东文近于中文，易通晓；一、西书甚繁，凡西学不切要者，东人已删节而酌改之。中东情势，风俗相近，易仿行，事半功倍，无过于此①。

张之洞的看法不只是他个人的，也是相当多的上层官僚的共识。

对于张之洞的议论，光绪皇帝发布上谕：

张之洞所著劝学篇持论平正通达，于学术人心，大有裨益，着将所备副本四十部，由军机处颁发各省督抚学政各一部，俾得广为刊布，实力劝导，以重名教而杜卮言。

发给国内督抚等封疆大吏，让他们在各地刊行。

康有为在《请广译日本书派游学折》中也在向光绪皇帝建言向日本派遣留学生：

唯日本道近而费省，广历东游，速成犹易，听人士负笈，自往游学，但优其奖导，东游自众，不必多烦官费。但师范及速成之学，今急于须才，则不得已，妙选成学之士，就学于东，则收新学之益，则无异说之害②。

国内一些省份开始派遣官费留学生赴日，广东没有派遣官费学生赴日，只有自费生赴日。在一些史料中能够看到广东籍，乃至香山籍学生赴日留学的影子。房兆楹辑录的《清末民初洋学生题名录》就有不少。提到已经毕业的还有如表1所示③。

① 陈学恂、田正平：《中国近代教育史资料汇编留学教育》，第47页。
② 汤志钧：《康有为政论集》上册，中华书局，1981，第301~303页。
③ 房兆楹：《清末民初洋学生题名录》，中央研究院近代史所，1962，第49~52页。

表1　毕业洋学生题名录

姓名	年龄	籍贯	进入年份	毕业年份	进入单位
韦汝璁树屏	35	广东香山	二十四年十一月	廿八年三月	近卫步兵第一联队见习士官
郑华星长光	22	广东香山	二十四年二月	廿八年六月	蚕业讲习所
郑瑞蔼云	21	广东香山	二十四年二月	廿八年六月	蚕业讲习所
杨玉衔季良	36	广东香山	二十四年五月	二十四年十一月	宏文学院速成师范

上述四人都是1898年赴日的，韦汝璁应是军队派出的；郑华星、郑瑞毕业于蚕业讲习所，应是地方或者机构派出的；杨玉衔是速成班毕业的。

在《皇朝蓄艾文编》卷十六，学校三中收录了日本《日华学堂章程》，其中提到了当时的学生数目以及籍贯：

明治三十二年（1899年）三月入学

郑康耆　广东省广州府香山县人①

不清楚郑康耆的身份。

在房兆楹的书中还有香山学生自费赴日留学学习军事的，如表2所示。

表2　自费赴日留学学习军事名录

唐寿祺墅云	20	广东香山	二十七年五月	自费	成城学校陆军
苏子谷禄田	18	广东香山	二十八年八月	自费	成城学校陆军*

* 房兆楹：《清末民初洋学生题名录初辑》，第6~16页。

1902年，清朝实施新政，要求各地速派留学生出洋。陶模任两广总督，开始派遣官费学生赴日，各地出现赴日留学高潮。香山在此时有不少人赴日留学，如郑岸父、刘思复、刘觉群等人。一些机构也在准备派人赴日留学，

① （清）于宝轩：《皇朝蓄艾文编》，台湾学生书局影印，1965，第1465页。

如1906年，香山创办实业学堂，苦于没有教员，要派遣人员赴日，回国做教员：

> 香山县创设实业学堂有成议。嗣因此项教员均须专门名家，物色甚难。特将学堂暂缓开办，先派学生二十人赴东肄习实业，俟毕业归国后，即行选充教员云①。

在其他研究中也存在香山籍学生的身影，如海军留学的学生中就有广东省派出的学生名单如表3～表5所示②。

表3　第一期（航海科）

姓名	入学时间	毕业时间	籍贯	备注
萧宝珩	1909年11月1日	1910.11.14	香山	曾任广东海军学校校长

表4　第二期（航海科）

姓名	入学时间	毕业时间	籍贯	备注
卓金吾	1910.4.28	1910.4.15	香山	1924年任芝罘海军练营教官

表5　第三期（航海科）

姓名	入学时间	毕业时间	籍贯	备注
曾广伦	1910.11.1	1911.11.5	香山	

毕业于商船学校返国没有再进入海军炮术学校者郑仲濂，广东香山。赴日学习海军的学生两湖地区最多，广东排在第三位，有16人。民国时期，香山籍的留学生还是有不少自费赴日的，如杨匏安。由于资料统计的限制具体人数、留学的学校不是很清楚。

---

① 《东方杂志》第三年第五期，1906，第102页。
② 黄福庆：《清末留日学生》，中央研究院近代史所，1975，第45～51页。

二 留日学生创办《香山旬报》，宣传新学与革命

香山留日学生数量众多，他们学成归国之后，回到家乡宣传新学，在地方社会中产生了不小的影响。1905年，留日学生林君复①在他的家乡安堂，创办"觉群"学堂。觉群学堂成立典礼，废除皇帝牌位，把三跪九叩礼也改行鞠躬礼。留日学生郑岸父②自办一间女学堂，名叫"同仇"。他亲书一联云："同袍同泽，仇满仇洋"挂在女学门首。"③

1908年，郑岸父、林君复等在石岐创办《香山旬报》，八月二十一日开始出版。它以唤醒国魂，发扬民德，剪除蟊贼，涤荡旧污为宗旨。发挥监督地方行政，改良社会风俗，提介实业，网罗文献作用。报纸的内容有论著、时评、中外要闻、本邑新闻、小说、文苑、读丛、谐薮、杂录、调查录、香山文献录、图画、漫画等。《香山旬报》的读者，不尽限于香山本邑，国内各大城市，如上海、天津、汉口以及香港、澳门以至南洋、旧金山、檀香山、温哥华、纽约各处都拥有广大读者。

《香山旬报》刊载文章提倡改革，倡导民主政治，反对土豪劣绅，认为绅权阻碍民主政治的实现，只有打倒绅权，才有真正的民主政治，同时认为民主政治是反对绅权的重要法宝。它还主张男女平等，反对歧视妇女。实现男女平等的途径就是兴办女学堂，接受学校教育。它还为民请命，反对苛捐杂税。报纸刊载文章提倡剪除发辫，号召人们排除疑虑，执剪除辫，在该报的推动下，全县成立了许多剪辫会形成剪发新风。

对于革命志士的一些活动也予以报道，如刘思复于1907年暗杀广东水

---

① 林君复（1879~1942年），广东香山人。1904年赴日留学，先后入宏文书院与早稻田大学读书。1908年，与郑岸父等人创办《香山旬报》，是1911年香山起义的重要领导人。多次以家财为革命购置武器。

② 郑岸父（1879~1975年），广东香山人。1904年赴日留学。一年后回国。1908年，与林君复等创办《香山旬报》。1911年，郑岸父就同林君复、莫纪彭、何震等策动前山新军起义，光复石岐。1936年，主持编纂《中山县志》。

③ 郑佩刚：《香山旬报及其创办人郑岸父》，《广州文史》第50辑。

师提督李准，失败被捕，押解在香山县监狱，主编郑岸父会同香山知识界多次入禀保释，最终在 1909 年获释。报纸刊载文章评论刘思复的行为。广州三二九起义失败之后，它们还多次发表了新闻专稿，宣扬他们视死如归的精神。武昌起义之后，登载消息，向香山百姓介绍事件的进展情况。还报道了留学生直接上台演出，宣传革命的故事：

> 安堂乡广善医局，演戏筹款，原定于初八晚开唱，时因省乱，欠轮拖带，赶期不及，是晚剧场各等均已预备，无以消遣，适逢留省学界回乡，有提议在剧场演说者，多数赞成，即开灯，群相登台，由林锡纯君，宣布演戏逾期之理由，暂息群哗，续将省乱之大概，各道一二，以定民志，演，则有林桂衍、林伯康、林寿椿、林锡棋、林锡扬、林展鹏诸君，次第续演，各抒议论，宗旨皆同，鱼更三跃，兴尽乃散，是晚男女界皆有座位，鼓掌不绝云①。

三 策动、领导1911年香山起义

武昌起义之前，林君复、郑岸父等就在澳门设立机关，秘密进行革命工作。并开始策动在前山的新军以及驻石岐的巡防营，并联络石岐的士绅。

在当时的前山恭都小学堂有革命党人苏默斋、刘希明、陈自觉等自日本回来，利用教员身份暗中做革命工作。新军受到他们革命工作的影响。十月十五日，前山新军起义，兵不血刃，起义成功。随即准备进军石岐。同时，林君复等人认为时机紧迫，即日兼程返回石岐召开紧急会议，决定即日起义。各地团勇纷纷集合向石岐进发。石岐守军前因镇压小榄起义失败，主将逃走，军中无主，没有抵抗，县令见大势已去，也表示降服，起义成功。十

---

① 《留学生竟登大舞台》，《香山循报》第 98 期。转引自黄健敏《香山循报所见广州三二九起义前后的香山县》，《近代中国》第十八辑。

七日，组织政府，郑岸父等人负责民政。石岐光复后改变为香军，由郑岸父、林君复等领队出发支援广州。之后又参加了北伐。

四　在香山宣传无政府主义

无政府主义思想 18 世纪到 19 世纪欧洲已经出现，在西方成为政治理论开始于蒲鲁东，主要代表人物为巴枯宁和克鲁泡特金。这个思潮传入中国是在 20 世纪初期，曾经盛极一时。香山留日学生刘思复是其中一个重要的代表人物。刘思复（1884～1915 年），原名绍彬，留学日本时名思复，民国成立后，废姓，易名师复，广东香山人。15 岁考中秀才。1904 年赴日本留学，次年在东京加入中国同盟会，曾经参与同盟会的组织工作。在日本受到无政府主义者和俄国"虚无党"的影响。1906 年回国，在香山创办"隽德女子学堂"，改良社会，振兴女学；不久，至香港编辑《东方报》。1907 年春，为配合潮州、惠州两地发动的起义，在广州为了准备暗杀清两广总督岑春煊和水师提督李准，制造炸弹时不慎失事，炸伤左臂而被捕，后被解回香山原籍监禁。1909 年夏，经陈景华、郑彼岸等营救出狱，赴香港。在香港致力研究《新世纪》，宣扬无政府主义。1910 年春，与谢英伯、高剑义、陈炯明等在香港组织"支那暗杀团"，继续进行无政府暗杀活动。1911 年，响应武昌起义，在东江一带组织民军。1911 年冬，与丁湘田等北上，计划暗杀摄政王载沣。到上海时因南北议和告成，遂隐居西湖白云庵。1912 年 5 月，回到广州，与郑彼岸等在广州西关发起组织晦鸣学舍，这是中国第一个无政府主义团体。他们印行在巴黎出版的无政府主义小册子，先后辑印了《新世纪丛书》和《无政府主义粹言》，又将二书内容辑印为《无政府主义名著丛刊》，宣传无政府主义[①]。1912 年 7 月，与郑彼岸、莫纪彭等在广州东园创立"心社"，作为联结无政府主义者的核心团体。1913 年创办《晦鸣录》

---

① 徐善广：《评辛亥革命时期刘思复的无政府主义》，《湖北大学学报》（哲学社会科学版）1981 年第 3 期。

杂志（第三期更名《民声》），1913年七八月间广东都督龙济光查禁《民声》周刊和查封了"晦鸣学舍""心社"被勒令解散。9月，刘思复到澳门继续出版《民声》周刊。受到压力，周刊在澳门仅出版两期，被迫停刊。1914年，刘思复与"心社"一起迁至上海。7月，刘思复等在上海成立"无政府共产主义同志社"，主张经济上、政治上绝对自由。1915年3月病逝于上海。著作有《师复文存》《狱中札记》《伏虎集》等。

刘思复宣扬的无政府主义在他的家乡获得了回声，香山也出现了宣传无政府主义的报纸。香山地方现存的一份残缺的报纸《香山铁声报》反映了这种情况。该报纸现存1921年3月9日至7月2日的内容。创刊于1920年5月，是一家宣传无政府共产主义的报纸。在副刊《铮铮录》中有人主编浪鸥作序，称他：

> 吉友浪鸥君……生平醉心无政府主义，对于无政府学说，尤能发扬无遗。是年春，君来香主持《铁声》笔政，以所著《环理萃精集》见示，余觉其词不达意理明显，深得此中真义。现物逐日刊于《铁声》①。

该报纸还连续十八天刊载《克鲁泡特金传略》。还在邑闻中刊载了香山无政府主义者"冷灰"等，于当年（1921年）三四月间组织成立了陶然工团（理发工会）和革履工团，六月底又组成了杉杂木行工人的同乐会②。这份报纸的行销和联络远及吉隆坡、新加坡、泰国；以及香港、澳门、北京、上海、广州等地，交流联系海内外区域相当广。在此也说明，无政府主义在香山地区还是影响较大，从一个侧面看到留日学生在地方社会的影响。

五 在香山推广世界语

世界语是一种人造语言，在中国的传播是与无政府主义连接在一起的，

---

① 《一份残存的〈香山铁声报〉》，《中山文史》第50辑。
② 《一份残存的〈香山铁声报〉》，《中山文史》第50辑。

由留学生带回到国内。刘思复是一个热心者。1912年秋，刘思复在广州发起研究世界语，任广州世界语学会副会长。香山的郑岸父、郑佩刚是积极的学习者，他们1912年就在广州学习。郑岸父、刘思复是世界语运动在香山的早期倡导者，郑道实（1926年曾任中山县县长）也提倡世界语，1913年他邀请黄尊生到香山县县城开班教授世界语。开始在石岐南门共和巷号郑道实家里，之后迁东门之水楼师复的书房，学员约二三十人，皆为香山县教育界之名流①。

20世纪20年代，一些革命者利用世界语从事革命活动，抗战期间，一些人也利用世界从事抗战活动。

六　兴办教育

留日学生也在家乡积极兴办学校，造福乡梓。如魏邦平对家乡教育甚为关怀。1911年，魏邦平出资在家乡红庙纺创办一间小学，1912年因洪水泛滥而停办。1921年，他再将原校恢复，并赞助不少物资。在第一批学生开学时，他还向每个学生送了一套制服②。

留日学生刘觉群在从事革命工作的丈夫牺牲后，在中山县石岐任疍民小学校长。小学设在石岐郊区的一间祠堂，附近无屋，周围是田野。疍民学校的学生全是劳动人民的儿女，经费短缺，困难很多，她除了管理学校，还要为筹集经费而辛苦奔走。1923年，孙中山先生由沪返粤，孙中山先生亲笔下令中山县长委刘觉群为中山县县立女子师范学校校长③。

七　小结

香山（中山）留日学生为数不少，在国内各个行业发挥了不小的作用，

---

① 《中山早期的世界语活动》，《中山文史》第17辑。
② 《魏邦平的一生》，《中山文史》第10～13辑。
③ 《忆母亲刘觉群》，《中山文史》第22辑。

回到家乡，对家乡地方社会产生影响的人物相对较少，但是他们还是家乡社会的变化发展做出了不小的贡献，在家乡创办报纸，宣传新学与革命，实际也为家乡留下了非常珍贵的历史资料，晚清民国初期，由于战乱，各地的档案资料保存非常差，损毁非常严重，这些报纸刊物报道了当时的社会状况，他们保存乡邦文献做出了非常大的贡献。在家乡宣传革命，策动新军，比广州还要早，是留日学生在地方活动的结果。在家乡设立新式小学，宣传新学，改造地方的教育，为家乡的近代化做出了贡献。总之，留日学生对于近代香山社会产生了非常大的影响。

珠海市南门村历史文化资源的
保护与开发利用研究[*]

王华锋

  一个地区的历史文化资源是当地文化产业、旅游业乃至社会经济发展的基础。随着中国经济的发展,人们对于文化的需求也日益多元化,而文化产业和旅游业是目前最受关注的两个方面。一个地区文化产业以及旅游业能否得到蓬勃发展,与该地区文化资源特别是历史文化资源的丰富与否有着密切关系。珠海的历史文化底蕴深厚,而珠海市斗门镇南门村的历史尤为突出。斗门镇南门村位于珠海市西北部黄杨山西麓、虎跳门水道东岸,总面积约 8 平方千米,目前共有南边里、中心里、北边里、塘祖、竹园、四圣宫、新围、冲口、新圩、毓秀、背底水 11 个自然村。南门村历史悠久,自明永乐元年(1403 年)立村,至今已有 600 多年,该村居民近 90% 为北宋皇室魏王赵匡美之后。南门村无论是民风还是古建都颇具皇室遗风,并具有鲜明的岭南文化特征,特点鲜明。全面调查与评价珠海市南门村的历史文化资源,继承和发扬其精髓并加以科学合理的利用,将有助于提升南门村的古村形象,更好地服务于今天南门村的经济、社会和文化发展。

一 珠海市南门村历史文化资源的存量分布

(一)珠海市南门村悠久的历史奠定了历史文化资源的基础

  珠海市南门村历史资源丰富,著名的古村落有始建于道光年间的接

---

  * 课题负责人:王华锋,北京师范大学珠海分校政治与公民教育学院;课题组成员:赵承华,珠海市斗门镇南门村民委员会。

霞庄和建于清光绪年间的毓秀古村；名人故居有飞虎队队员赵福登故居、归国华侨赵星光故居毓秀洋楼、赵崇光故居崇厚堂、赵嗣荣故居福安堂、赵文登故居文德堂、赵露古故居日新堂、赵嗣鳌故居、赵重珖故居赵顺之故居碣石堂、赵念祖故居、赵光桐故居蔼吉堂、赵彦光故居酉麟堂、赵嗣绅故居、赵时光故居、赵梦唐故居藏碧堂、赵德古故居承志堂等一批建于各时期的名人故居；古井有禾叉巷古井、南边里古井以及接霞庄古井；古桥有接霞庄通济桥遗址；洋楼有四圣宫镇边楼和毓秀村洋楼；宅屋有文德堂、四圣宫黄坭屋、北边里大屋和新圩爱仁堂；书馆有翰香馆；祠堂有菉猗堂、逸峰赵公祠、崑山赵公、意塘赵公祠和意乡赵公祠；崇基堂则是祭祀和家塾之所；石板街有南门村石板街和接霞庄石板街；碉楼有对面山碉楼、镇边楼、竹园碉楼和定海楼；具有革命色彩的黎明报编辑部旧址。南门村悠久的历史文化轨迹使得南门村拥有深厚的历史文化资源。

（二）珠海市南门村历史文化资源的存量分布

根据调查，珠海市南门村拥有广东省首批古村一个（接霞庄）、省级文物保护单位四个（菉猗堂、逸峰赵公祠、崑山赵公祠、意塘赵公祠）、区级不可移动文物五个（意乡赵公祠、对面山碉楼、镇边楼、竹园碉楼和定海楼）。

按照现有历史文化遗存所具有的文化色彩，结合实际情况，珠海市南门村的历史文化资源可分为五类：一是皇室文化，二是宗法礼制文化，三是侨乡文化，四是近现代革命文化，五是民风民俗。

1. 皇室文化

接霞庄位于在南门村新围的秀水绿树间，约 53500 平方米，是个既有中国传统特色又融入西洋风格，幽静得近乎封闭的村落。接霞庄是南宋皇室后裔打造的村庄，村外设有护庄河，村内建筑气派，为广东省首批古村落，是全省唯一具有皇室印记的古村落，属于"斗门八景"之一。接霞庄始建于道光年间（1821～1850 年），时南门村赵维茂随兄于粤西经营中药材致富后，买下南门村新围垦的 80 亩土地，在此建了三间土墙房屋定居。其后子孙繁衍，营商者多，而致仕者亦众，居所大增，至同治年间（1862～1874 年），已建起带有厢房、书房、画廊、花厅、附间等的青砖石础大屋 14 栋；至光绪中期，增至 26 户，环境建设亦日臻完善。外围挖有护庄河，庄内有长 132 米、宽 4.30 米的石板街，有一幢设有 72 个门口、占地 1000 平方米的崇基堂，有文馆、武馆和马房、暖阁，又有亭台楼榭、荷池幽径、曲桥廉船。村庄周围植绿竹、建围墙，按方向分设五道进出闸门，派专人看守，正门设在东南方，面对霞山及霞山祖庙，故取名"接霞庄"，又称"接霞里"。《再见艳阳天》《容闳》等剧组曾在此地取景拍摄。

2. 宗法礼制文化

赵氏祖祠建于明景泰年间（1454 年），清代乾隆时曾修葺过，是宋太祖赵匡胤之弟魏王匡美十五传、南门赵氏七祖赵隆为祀其曾祖父梅南而建。经省、市有关专家学者考证，该建筑是珠海市目前保存较好，颇具地方特色的明代建筑，属省二类文物。其建筑布局、结构、形制手法都具有较高的历史、科学和艺术价值。1987 年公布为斗门县文物保护单位；1997 年 8 月 23日公布为珠海市重要文物保护单位（含逸峰赵公祠、崑山赵公祠共 3692 平方米）；2007 年 12 月入选斗门八景；2008 年 11 月 8 日菉猗堂及建筑群（含逸峰赵公祠、崑山赵公祠）公布为广东省第五批文物保护单位，是市、区旅游景点。"菉猗"是大赤坎、南门赵氏四世祖梅南的别号。赵梅南名嗣焕，字仲华，自号意翁，又号菉猗，元朝诗人，生前爱竹。他生于元而不仕，隐居香山潮居里，在黄杨山以竹径构筑意翁亭，寄傲其间。有潮居八景诗传世，著有《菉猗诗集》（已佚）《梅南祖诗》等。"菉猗"源于《诗经·淇奥》，有菉竹茂盛之意。"瞻彼淇奥、菉竹猗猗，有匪君子。如切如蹉……"后人在建祠时以"菉猗"作堂名，并以"菉瞻淇奥，猗颂商那"为楹联，有菉竹茂盛美丽、赞颂商汤王朝盛世福德泽之意。赵氏祖祠为三进院落，面宽三间，有青云巷和北厢房共 11.06 米，进深三座为 38.58 米，主体建筑面积 426.69 平方米。两坡顶屋面、龙舟脊、硬山搁、檩色梁架。山墙结构均用排列齐整、硕大的蚝壳与黄泥浆砌成 65 厘米厚的墙体。院落台基全用红谷石（红砂岩）砌成，凸显典型的珠江三角洲古建筑风格。祠堂建成后，一直为族人祭祀议事之所。20 世纪 40 年代至 80 年代末为南门小学校舍。之后由于日久失修成危房，1993 年斗门县人民政府"关于修复蒶猗堂"成为人民代表大会决议案，1994 年成立了由县、镇、村有关人员组成"修复蒶猗堂筹建委员会"，经三年努力，共筹得一百多万元人民币。在省、市、县文化部门和古建筑专家的帮助下，按"修旧如旧"原则，1996 年 7 月动工，1997 年 1 月竣工，并于 1997 年 12 月 14 日举行竣工庆典。赵氏祖祠以其悠久的历史见证、典型的岭南建筑特色，维系着海内外族人赤诚之心，传播着中华民族的优秀文化。

逸峰赵公祠，始建于明朝晚年。原为蚝壳墙，民国 17 年（1928 年）戊辰用 20 万两白银重建，占地面积 506.5 平方米。整体布局为前殿、中殿、后殿均为面阔三间。北侧隔一青云巷为蒶猗堂，南侧隔一青云巷为崑山祖祠。花岗石墙基、青砖墙、硬山顶、人字形风火墙、穿斗与抬梁混合式木构架，绿色琉璃瓦当、滴水；祠内外饰石雕、砖雕、木雕、灰雕、灰塑、壁画等。花岗岩行书阳刻楣额"逸峰赵公祠"由族人赵锡銮书。是 20 世纪 20 年代我国优秀传统文化遗产。该祠为纪念九世祖逸峰名承瑄字朝瓒（1485~1563 年）而建。重建后至 1988 年是当时族人商议村事、祭祀、私塾和南门小学之所。由于日久失修以及历史的各种原因，屋顶渗漏，部分装饰损坏，1997 年交由村委会集资十多万元人民币进行修缮，使南门村优秀的建筑文化得到保护。桑梓乡情得予维系，"思祖、敬宗"惠泽村民。2008 年 11 月 18 日公布为广东省第五批文物保护单位。

崑山赵公祠建于光绪十九年（1893 年），为纪念九世祖崑山名承珍字朝辅（1489~1558 年）而建。该祠整体建筑为门厅、中殿、后殿三座夹两天井及附南厢，北边隔一青云巷是逸峰赵公祠。门厅面宽三间、进三两间。中、后殿均为面宽三间，中殿进三间，南厢房三进；花岗石础，青砖墙，硬山顶，抬梁砖木构架，绿色琉璃瓦档、滴水。祠内外饰石雕、木雕、壁画等占地面积 710 平方米。1940 年夏，日本侵华，中山县（含今珠海、斗门）

相继沦陷，县政府从石岐迁至赵公祠中殿办公而被日军飞机炸毁。1947 年重建为混合结构，并把前厅与中殿天井南北走廊建水泥平台。1988 年前的后殿和南厢一直为南门小学校舍，前厅和中殿为乡（村）行政办公之所至今。1998 年后，三进和南厢归村委会管理。因年久失修，风雨侵蚀，部分屋面出现渗漏，木构件枯朽。1997 年夏由村委会筹集十多万元人民币进行维修。

意塘赵公祠始建于清朝中叶，民国 17 年（1928 年）戊辰做过修缮。二进二座，抬梁与混合式结构，夯土墙与砖墙相结合。一、二进间为天井，两边为走廊，一进有南北厢房为木阁板二层，占地面积 166.4 平方米。为纪念十世祖意塘（名克文字宏学）承瑄公长子（1511～1589 年）而建。是族人祭祀、议事之所。抗日战争爆发后的 1939 年 5 月，中共南门乡支部在此成立。罗建才、赵荣、赵岳雄、罗仲能、赵东、赵明等同志曾先后在祠内领导过中山八区的抗日救亡工作，宣传发动群众，组织"抗先队"。1940 年开办前进小学，培养了大批革命骨干，开展武装斗争，为斗门地区的解放事业做出过贡献。后办过私塾和南门小学校舍，因年久失修，出现瓦漏墙裂，1997 年春，在斗门县人民政府的支持下，筹资近十万元人民币进行维修。1999 年在祠内办起了"南门乡革命斗争史"展览，成为南门村爱国主义教育阵地。2009 年 2 月被斗门区委、区政府立为"爱国主义教育基地"。

意乡赵公祠，始建于清道光十年庚寅（1830 年），原为夯土墙，一场大火烧毁，民国 4 年乙卯（1915 年）重建，1986 年修葺过，占地面积409.46 平方米。为祀十世祖意乡名克礼字宏让，承瑄公次子（1516～1596 年）而建。该祠二进二座，南厢，青砖墙。二进抬梁穿斗式结构。绿色琉璃瓦檐滴水、灰雕屋脊等装饰。从梁架木雕、石雕、砖雕、壁画等。反映20 世纪初，我国优秀的传统建筑文化。该祠"敦厚堂"匾额是在清道光十年（1830 年）春，由刑都山西司主事前翰林院庶吉士加一级、珠海香洲岭南著名诗人与书画家鲍俊所书。牌匾原在 20 世纪 50 年代用作当地公共食堂砧板之用，之后一直存放在中心里生产队的保管仓内，1996 年由村委会有偿取回重新悬挂在祠内。重建后近百年，一直为该族人思祖敬宗之所。20 世纪六七十年代为当地生产队队址。由于日久失修以及历史等的各种原因，屋顶渗漏，部分装饰损坏，1988 年由华侨、港澳同胞及内地村民捐款维修，把天井两边原为琉璃瓦檐的走廊改为水泥平台，后作敬老娱乐场所。1997 年秋，由村委会集资小作修缮，使传统的建筑文化得到保护，维系桑梓情。

3. 侨乡文化

南门村所在的斗门镇是珠海著名的侨乡，港澳同胞有两万多人，华侨七千余人。其中又以南门村最多。作为侨乡文化，除了著名的斗门古街之外，南门众多华侨的故居也是一大特色。主要由飞虎队队员赵福登故居、毓秀洋楼、四圣宫镇边楼、碣石堂，其建筑既有岭南建筑特色，又融入了西洋建筑风格，体现了中西合璧式的文化特色。

4. 近现代革命文化

在近现代历史中，南门村发生过许多重要的事情，也涌现出了一批著名的革命人士，如加入飞虎队的归国华侨赵福登等人，而一些建筑也成为近现代史历史事件的发生地，如毓秀洋楼曾先后成为当地农会会址、钟山县第九区、南门区的领导居住地，新中国成立后曾作为四清工作团斗门县总部，斗门县成立之初还曾作为县领导干部工作和居住地，斗门县的首任县委书记谭星越、县长甘子源曾在此工作和生活过；四圣宫 3 巷 52 号曾经是中共党员赵荣芳的家，后因革命需要，他家二楼成为《黎明报》的编辑出版地；四圣宫的镇边楼曾作为抗日战争和解放战争期间乃至农会会址及地下党组织活动场所；而中心里大基堂则在日本侵华期间被日军飞机炸毁。这些建筑都见证了中国近现代的革命史和抗日历史。

5. 民风民俗

斗门镇民俗淳朴，比较著名的是水上婚嫁。斗门水乡，有一种流行了几百年的民俗——水上婚嫁。经过几百年的沧桑变化和数代人的融合、沉淀，形成了斗门水乡特有的民俗，其主要特征是：一是婚嫁过程形式繁复多样，讲究礼仪，有着比较固定的程序和约定俗成的礼仪物品。礼仪主要有"坐

509

高堂""上头""叹家姐""花船迎亲""回门"等。二是与居住的水环境不可分离，有明显"水"的特征。如"花船迎亲"，向"船太公""海龙王"敬拜等。三是与沙田民歌有不可分离的联系。"斗门水上婚嫁"这一民俗"土"而有风情，它既是一种民俗，也是一种文化，并且是一种多元素的文化。斗门水上婚嫁是斗门特有的水乡习俗风情，具有文化身份认同的意义，也是维系海外侨胞、港澳同胞乡情的精神纽带。不少侨胞在海外婚嫁，都模仿这种仪式，既得民俗文化的熏陶，也有亲情的乐趣，具有较高的社会价值和艺术价值。

二　珠海市南门村历史文化资源的价值与评估

（一）历史文化资源评估原则

1. 客观性

人的思维形成和所生活的文化环境存在紧密关系，也就是说，作为文化资源评价主体的人的思维，决定了对文化资源评价的客观性具有一定难度。

2. 个体性

根据非法定保护类资源特征各异、类型丰富的现实状况，其评估应兼顾资源类型的全面覆盖与个性把握的问题，需分别针对各类历史文化资源制定不同的评估指标体系，而不可能存在一套普适性的评估指标体系。

3. 整体性

对于"点、线、面、山水"四类历史文化资源的评估，除了要全面反映核心本体的价值特色、注重其历史真实载体、历史环境的评价之外，指标的设定还需重视本体同城市格局的关系，体现其在城市平台上的价值与作用，真正体现出资源认知的深度和广度。

4. 科学性

我国有不少历史悠久的城市都拥有丰富的历史文化资源。考虑到非法定保护类资源所占据的相对主体地位和数以百计的绝对规模，评估往往面临着耗时多、工作量大的现实障碍。故评估指标体系的构建要在尊重科学性与真实性的同时，尽量兼顾可操作性和参与性，既要便于高效操作，又要鼓励多方人士的积极参与。

5. 衔接性

根据评估结果和归类标准而确定的保护对象体系应同保护规划相衔接；同时鉴于评估指标体系的全面覆盖原则，其所构建的保护对象体系可能会超越和突破现行的保护规划体系甚至相关的法规条文，从而为现行保护规划体系带来创新性补充（如关于"线"和"山水"资源的评估）。

6. 无宗教性

评价者的宗教信仰同样会对文化资源的评价产生较大影响。因此，在评价一个带有宗教色彩的文化资源时，必须使得这种资源的本质属性得以被客观反映，而不是主观性地得到一个有失偏颇的评价。

7. 数量化

数量化是统计学的基本特征，利用统计学方法对文化资源进行评价，重要的一点就是活的数量化评价的指标体系和相应的分析方法。这样，我们就可以获得相对客观和准确的评价结论。

8. 可比性

针对不同的文化资源，借鉴生物学上对于生物种群的分类，可做出了一个简单的类比分类，以从中获得简化的评价思路。

（二）珠海市南门村历史文化资源的价值评估体系的建立

结合实际，建立珠海市南门村历史文化资源评价的一般性指标体系，该指标体系兼顾了南门村的价值特色与保护措施两大方面，13 项指标 24 项因子覆盖了多方因素，评估全面而系统；"价值特色"方面的指标遴选兼顾了物质文化遗产和非物质文化遗产评估，评估标准制定得相对周详细微。从综合评价的角度出发，给定了一个模拟分值，并把它相对客观地分配在各个指标中，总分值设计为 100 分，如表 1 所示。

表1　珠海市南门村文化资源评价指标体系设计

指标	指标分解及释义	分值升降方法	最高限分
一　价值特色			70
1. 历史久远度	（1）现存传统建筑、文物古迹最早修缮年代	民初3分;明、清代4分;元代及以前5分	5
2. 文物价值	（2）拥有文保单位的最高等级	县市级1分;省级3分;国家级5分	5
3. 历史事件名人影响度	（3）重大历史事件发生地或名人生活居住地原有建筑保存完好情况	一级:原有历史传统建筑群、建筑物及其建筑细部乃至周边环境基本上原貌保存完好(6分) 二级:原建筑群及其周边环境虽然部分倒塌破坏,但"骨架"尚存,部分建筑细部亦保存完好,依据保存实物的结构、构造和样式可以整体修复原貌(3分) 三级:因年代久远,原建筑物(群)及周边环境虽曾倒塌破坏,但已按原貌整修恢复(1分)	6
	（4）名人或历史事件等级	一级:在一定历史时期内推动全国社会经济、文化发展起重要作用(3分) 二级:在一定历史时期内推动全国社会经济、文化发展起重要作用(2分) 三级:在一定历史时期内对推动本地(市、县)社会经济、文化发展起重要作用(1分)	3
4. 历史建筑规模	（5）现存历史传统建筑面积	名镇:5000～7500m² 为1分;7501～15000m² 为3分;15001m² 及以上为5分 名村:2500～3500m² 为1分;3501～5000m² 为3分;5001m² 及以上为5分	5
5. 历史传统建筑（群落）典型性	（6）拥有集中反映地方建筑特色的宅院府第、祠堂、驿站、书院等的数目	1～2处1分;3～4处3分;5处及以上5分(注:每处宅院府第建筑面积不小于500m²)	5
	（7）传统建筑建造工艺水平	建造工艺独特、细处装饰精美2分;建造工艺、细部装饰水平一般1分	2
	（8）拥有体现村镇特色、典型特征古迹(指城墙、牌坊、古塔、园林、古桥、古井、300年以上的古树等)	2处1分;3～5处为3分;6处及以上为5分(拥有75%保存完好的城墙为5分;50%～74%为3分;49%及以下为1分)	5

指标	指标分解及释义	分值升降方法	最高限分
6. 历史街巷规模	(9)拥有保存较为完整的历史街区数量	1~2条1分；3条及以上4分(注：长度不能低于80m，3条及以上需相交，否则分值减半)	4
	(10)拥有传统建筑景观连续的最长历史街区长度	300m及以下1分；301~500m 2分；501m及以上4分	4
7. 核心区风貌完整性、空间格局特色及功能	(11)聚落与自然环境和谐度	聚落自然环境优美3分；聚落自然环境较完好2分；聚落自然环境一般1分	3
	(12)核心区面积规模	10hm² 及以下1分；11~20hm² 2分；21hm² 及以上3分	3
	(13)空间格局及功能特色	街巷格局保持较为完整，传统功能尚在为1分；规划布局保持十分完整，具有明显特殊功能(消防、给排水、防盗、防御等)或具有反映规划布局特色理论的为3分	3
8. 核心区历史真实性	(14)核心区现存历史建筑及环境用地面积占核心区全部用地面积的比例	59%及以下为1分；60%~69%为2分；70%~79%为4分；80%~89%为6分；90%及以上为8分	8
9. 核心区生活延续性	(15)保护核心区中常住人口原住居民比例	59%及以下为1分；60%~75%为3分；76%及以上为5分	5
10. 非物质文化遗产	(16)拥有传统节日、传统手工艺和特色传统风俗类型数量	1~3个1分；4个及以上2分	2
	(17)源于本地，并广为流传的诗词、传说、戏曲、歌赋等	在全国范围内流传2分；在一定区域内流传1分	2
二 保护措施			30
11. 规划编制	(18)保护规划编制与实施	已编制规划3分；已经批准、并按其实施的8分。没有按保护规划实施，造成新的破坏的此项不得分	8
12. 保护修复措施	(19)已对历史文化村镇内的历史建筑、文物古迹进行登记建档并实行挂牌保护的比例	50%及以下为1分；51%~80%为5分；81%及以上为10分。其中，未在挂牌上标注需要信息的分值要减半	10
	(20)对保护修复建设已建立规划公示栏	已建规划公示栏的为2分	2
	(21)对居民和游客具有警醒意义的保护标志	有则计为2分	2

续表

指标	指标分解及释义	分值升降方法	最高限分
13. 保障机制	(22)保护管理办法的制定	办法已制定为1分；正式颁布为2分	2
	(23)保护专门机构及人员	有机构2分；已成立政府牵头多部门组成的保护协调机构3分	3
	(24)每年用于保护维修资金占全年村镇建设资金	10%及以下为1分；11%~30%为2分；31%及以上为3分	3
总计	其中：一，价值特色为70分；二，保护措施为30分		100

（三）珠海市南门村历史文化资源价值

1. 珠海市南门村的历史价值

南门村从明朝永乐（1403年）建村至今有600多年，是宋皇室赵氏的聚居地，近九成人口是宋魏王匡美之后。宋皇室后裔在珠海定居的史实，南门村赵承华先生有《赵氏族谱》（六册）为证。据族谱记载，1234年，魏王赵匡美的第8代孙赵怿夫入广东任香山县县令（辖今日的中山、珠海、斗门）。任职3年，死于任上。其长子赵时在崖门之战后，避门隐居斗门大赤坎，他的子孙也随之在那里居住生活，到明朝永乐元年陆续迁居到斗门南门。斗门南门村与大赤坎两地赵氏居民，都是宋朝魏王赵匡美的子孙后人，约2万人。

2. 珠海市南门村历史文化资源的文化价值

珠海市南门村的历史文化资源的文化价值集中体现在岭南建筑以及宋代皇室赵氏后裔方面。从文物古迹来看，其中很多是以岭南特征为主的各式民居，这些民居贯穿了明、清、民国时期，历史厚重。而南门村作为宋代皇室赵氏后裔聚居之地，又让该地披上了浓厚的皇家色彩。

3. 珠海市南门村历史文化资源的文物价值

自改革开放以来，珠海走了一条可持续发展之路，因而珠海众多的历史古迹得以保存，南门村更是如此，南门村的历史文化资源具有较大的文物考古价值。南门古村立村长达600多年历史，接霞庄也有近200年的历史，毓秀村也有百年历史,至今仍保存完好。南门村现有广东省首批古村落一个、四个省级文物保护单位,五个区级不可移动文物,这些都使得南门村的历史显得尤为厚重,颇具文物价值。

4. 珠海市南门村历史文化资源的旅游价值

珠海市南门村历史文化资源富有旅游价值,无论是幽静犹如隔世的接霞庄,还是钟灵毓秀的毓秀古村,都具有与其他地区迥异的独特的旅游价值。如接霞庄有一栋设有 72 个门的崇基堂,有文馆、武馆以及亭台楼榭,并设有一条护庄河,在古村落中都是极为罕见的;而毓秀古村则是清一色的清末民初的青砖瓦房,建筑风格统一,布局整齐,也是珠海乃至广东地区不多见的古村落。还有具有异域风情的碉楼、洋楼,名人故居,都具有相当大的旅游价值。

5. 珠海市南门村历史文化资源的教育价值

珠海市南门村历史文化资源的教育价值体现在南门村有部分古迹是革命旧址以及日本侵华罪行的遗址。中心里大基堂于 1940 年 9 月为日军轰炸所毁,并炸死三人,中心里大基堂遗址是日本侵华期间在南门村所犯罪行的见证;飞虎队队员赵福登故居则是中国民族抗日的组成部分;而黎明报编辑部旧址、四圣宫镇边楼等建筑则是中国共产党地下斗争的活动场所;而在新中国成立后,一些民居如毓秀洋楼则是斗门县领导干部居住和工作场所,见证了新中国艰苦奋斗的历史。这些富有教育价值的革命旧址和爱国主义遗址,成为今天最好的爱国主义教育基地。

三 珠海市南门村历史文化资源的
保护及问题分析

(一)保护现状

通过调查发现,珠海市民对珠海历史文化资源的认知度不算不高,多数人仍认为珠海是"文化沙漠"地带,而珠海市的南门村由于偏于珠海一隅,离珠海市区大约 50 公里的路程,而珠海又是一个典型的移民城市,来自外地的民众对南门村了解甚少。因而南门村的历史文化资源仍是"养在深闺人未识"，虽然南门村也曾大力推介，但是效果欠佳。

珠海市南门村主要历史文化资源的保护现状如下。

祠堂五间：建于明代1454年的菉猗祠为赵氏祖祠，逸峰赵公祠建于明末，崑山赵公祠建于1893年，三者均列入省级文物保护单位，并已修缮完毕，对公众开放；意塘赵公祠建于清中叶，1928年重建，现虽列入省级文物保护单位，但未开发利用，意乡赵公祠始建于1830年，1915年重建，被列入区级不可移动文物名单，也未开发利用。

碉楼四间：对面山碉楼、镇边楼以及竹园碉楼都始建于清光绪年间，定海楼建于民国初年，四座碉楼都被列入区级不可移动文物名单，但未开发利用。

毓秀古宅始建于清光绪二十九年，共有房屋三十一间，至今未被评级和开发利用。毓秀洋楼二间，建于20世纪30年代，也未被评级和开发利用。

得到最好保护的是接霞庄，这座始建于清道光年间的古村落，被列入广东省首批古村落名录，并得到保护，现在基础配套工程已经完工。

（二）问题分析

1. 认识不足

长期以来，人们对南门村的稀缺性和可再生性认识不足，许多村落的格局风貌、生态环境不断遭受破坏，一些历史悠久的民间民俗文化濒临消亡，不少传统技能和民间艺术后继乏人，面临失传危险。

2. 保护不善

南门村很多具有典型意义的历史文物古迹，由于岁月沧桑，建筑物年代久远，经年失修，总体破旧，结构有些变形，不少房屋开始出现坍塌，昔日的繁华已风光不再，变得"散落乡间无人识、无钱修"，处于自生自灭的状态，得不到有效的保护。再加上近年来大量农村人口进城务工，南门村部分村落逐渐变得"老龄化""空巢化"。

3. 丰富的历史文化资源没有得到有效利用

对于珠海，更多人关注的是作为经济特区其经济发展状况，或者作为联系港澳的平台其未来的发展潜力，很少会有人关注位于斗门区的南门村这一有着悠久历史的古村落的历史文化价值，也同样难以将视线集中到旅游开发这一经济发展方向上去。一个城市经济繁荣固然重要，但是历史文化更能体现一个城市的厚重感，作为一个面向世界的港口开放型城市，珠海有着天然的地理优势，而南门村作为一个有着悠久历史文化的古村落自然成为展示珠海魅力的窗口，担负起向世界宣扬中国传统文化的重任。

4. 保护范围广，制定标准难

传统村落保护范围既包括物质与非物质文化遗产，又包含自然景观与生态环境，再加上各地情况差别很大，保护对象较为复杂且有交叉，有关的研究工作基础相对薄弱，较难制定统一的保护标准和规范。

5. 保护资金、研究保护人才匮乏

长期以来，各级财政用于文化遗产保护的资金主要投资在城区文化遗产，"欠债"于南门村传统村落，造成众多乡土建筑缺乏保护经费而得不到修缮和保护。近年来，虽然对文化遗产的保护越来越重视，专项经费也逐年增多，但对面广量大的传统村落来说仍是杯水车薪。

四　南门村历史文化资源的开发对策

（一）正确认识处理历史文化资源保护与开发、利用的关系

应该说，南门古村作为一种历史文化资源，是珠海的宝贵财富，是文化产业（文化经济）发展取之不尽的资源宝库，是实现文化强市的有力保障。同时，没有历史文化资源的有效保护，就根本谈不上对其进行开发和利用。应考虑文化资源的生态恢复与生态现状，要按生态要求而不是按经济需要来开发利用文化资源。这就要求在开发利用中一定要有保护意识，要以保护的方式来促进开发利用。表面看来，保护和开发是矛盾的，强调保护就必然会

影响开发，实际上并非如此。保护与开发也可以相互促进和有机结合，达到矛盾的统一。开发是在充分保护的基础上进行的，脱离保护的开发是没有文化价值的，也不是真正需要的。

市政府及有关职能部门必须树立"保护第一"的观念，加大对南门古村历史文化资源的保护力度，依法把保护落到实处，真正成为宝贵历史文化遗产的守护人。同时加强全方位的宣传，使广大民众都成为保护历史文化资源的主人。保护文化资源除了采用特殊方式和途径外，还应该辅之以必要的法律手段作为外部措施，使文化资源保护做到有法可依、违法必究，还能将该项工作纳入制度化和规范化的轨道。

（二）加强对开发、利用历史文化资源的有效管理

在做好对历史文化资源的保护工作基础上，对其进行开发、利用是十分重要的问题。南门村的文化资源相对完整，但是利用率并不高，如菉猗堂仅作为祭祀或村民聚餐场所，能否考虑将其作为文化学堂利用。招收学生进行传统文化教育学习，每周邀请珠海市相关人员进行义务讲解传统文化知识，或进行传统手工艺的制作场所，对所有人免费开放。如接霞庄已完成维修，后续如何利用值得进一步研究，虽然已有多部影视剧在此拍摄，可以考虑在此建设一个放映室免费放映电影，接霞庄有条护庄河，可以考虑开通船上游览项目等。历史文化资源在保护的同时要提高其利用效率。

（三）加强对南门古村历史文化的研究

为打造文化强市及文化产业的发展做好基础工作。在全球化时代的今天，"民族的就是世界的，地方的就是全球的"。党中央已提出要进一步加强哲学社会科学的研究，加强珠海历史文化资源的研究，把城市的丰富历史文化资源挖掘出来，为三个文明的建设服务，是一件重要工作。南门村作为珠海历史文化资源的标志之一，其文化传播发展的重要性不言自明。为此，加强与北京师范大学珠海分校等高等学府的合作，利用其学术研究的能力优势，实现强强联合，优势互补，共同研究开发南门古村。

（四）政府要将南门村保护列入财政预算，加强政策支持力度，多种方式筹集保护管理资金

一是广东省政府、珠海市政府应在城市维护费中确立一定的村落保护费，逐年加大保护维修资金的投入。二是斗门镇应将南门村保护经费纳入本级财政预算，并随地方财政收入的增长而同步增加，以确保南门村乡土建筑等重点文化遗产保护经费的投入。三是地方财政应将南门村出让土地所得部分返还用作保护，市级财政也可以考虑在土地出让收益中提取适当比例，建立南门村保护利用发展基金，用于支持重点扶持项目。四是采取市场化的运作方式。由政府牵头，理顺关系，通过土地、房屋产权的置换或租赁等方式，鼓励、吸纳多种资本参与南门村乡土建筑的保护与开发。五是建立政府奖励制度，对南门村乡土建筑保护的优秀项目和有突出贡献的个人给予奖励，发挥财政资金的引导促进作用。六是建立"南门村保护基金会"，向社会、企业募集资金用于南门村的保护利用，加大南门村的开发保护开发力度。

（五）加强对南门村保护的宣传教育工作

一是开展社会宣教。充分利用各种媒体进行宣传，增强全社会对南门村文化与自然遗产的保护意识和责任感。二是加强领导干部宣教。珠海市各级党校、行政学院应设置"文化遗产保护专题课"，以增强各级官员的文保意识和文化自觉。三是各级新闻媒体应充分发挥舆论宣传及监督曝光的作用，营造全社会重视传统村落文化遗产保护利用的良好氛围。

（六）加强珠海市南门村历史文化资源的旅游开发

1. 突出地域特色

历史文化资源的旅游开发必须体现地域特色。不同的地域有不同的自然、社会政治、经济、文化、历史条件，因而形成了不同的地域文化。从文化学的角度来看，旅游者的旅游动机主要是为了追求文化的差异。因此，珠

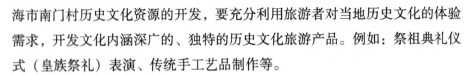

海市南门村历史文化资源的开发，要充分利用旅游者对当地历史文化的体验需求，开发文化内涵深广的、独特的历史文化旅游产品。例如：祭祖典礼仪式（皇族祭礼）表演、传统手工艺品制作等。

2. 开发精品

南门村的历史文化资源具有深远的历史价值、文化价值和鉴赏价值。要把这些潜在的旅游价值开发转换成为旅游产品的显性市场价值，需要深入挖掘历史文化资源的文化内涵，使产品具有更多的文化信息。基于已有的旅游产品的潜力和现状分析，对历史文化旅游产品的开发应该重点进行产品包装和文化内容深化。

3. 开发系列产品

历史文化资源主要存在于特定的地理环境中，既包括作为文化载体的宗教寺庙、民居建筑、民族服饰、饮食习惯、节日庆典等有形物，也包括区域精神、区域气氛、区域风格等无形物。因此，作为历史文化资源的旅游开发应注意系统性、完整性。南门古村立村长达 600 多年历史，接霞庄也有近 200 年的历史，毓秀村也有百年历史，至今仍保存完好。南门村现有广东省首批古村落一个，省级文物保护单位四个，区级不可移动文物五个，这些都使得南门村的历史显得尤为厚重，颇具文物价值。因此对南门村的历史文化资源要进行系列开发。历史文化旅游产品要丰富多彩，特色鲜明。历史文化旅游的形式要多种多样，要有观光旅游、科考旅游等。

4. 实施区域联合

旅游是一种开放型产业，需要区域之间的协作。区域之间既存在着相互竞争，也存在互惠互利的协同效应。斗门区应与珠海市各区县联合，进行旅游合作，设计富有特色的旅游线路，将不同类型、不同等级、不同位置的产品组合成为可以提供的多种旅游体验的旅游产品，拓宽旅游发展的空间，树立珠海市旅游的整体形象。从总体上说，珠海市各旅游景点在旅游资源、旅游产品和文化特色等方面虽然有着一定的差异性，但更主要的是互补性。利用区域组合优势，构建珠海市合作文化旅游品牌，对促进珠海历史文化旅游资源开发具有积极作用。

5. 坚持可持续发展

历史文化资源的旅游开发，既要有利于特殊文化区域的保护和历史文化景观的保护，又要有利于历史文化旅游资源的合理利用，同时还要注重代与代之间、区际之间的利益，坚持可持续发展。珠海虽然拥有大量的历史文化旅游资源，但历史的和当代的自然毁损和人为破坏较为严重，文化旅游氛围也受到不同程度的破坏。抢救无形的文化旅游的资源，任务更为紧迫和艰巨。在目前人力、物力和财力有限的情况下，对一些开发难度较大的、具有高品位的旅游资源，宜妥善保护，严禁破坏，以便远期开发，实现旅游资源的可持续开发利用。

五　南门村现有文化资源的开发设想

南门村文化资源丰富，但是由于习惯和规划设置不太合理，导致其利用率不高，没有充分发挥这些资源的经济效益和社会效益。下面将对目前南门村的主要文化的未来开发做一简单设想，如表 2 所示。

表 2　南门村现有文化资源的开发设想

南门村文化资源	现状	开发设想	说明
蒹葭堂	祭祀场所	祭祀、传统文化大讲堂	蒹葭堂目前的主要功能是作为祭祀场所，其利用率太低，每年利用时间有限，长期处于闲置状态。如果能在蒹葭堂内定期开展文化大讲堂等活动，既可提高其利用率，又可提高其社会知名度
接霞庄	已维修	精品旅游，侧重于影视基地、文化产业基地、常年开设美术培训项目和比赛	接霞庄保存完整，且已进行维修，未来发展前景可观，但是由于其地处相对偏远，交通不便，可考虑作为影视拍摄基地使用。同时，利用已修缮的房舍作为文化产业发展基地，文化产业作为目前的朝阳产业，颇受关注，一般的文化产业相对集中于城市中心，而接霞庄可剑走偏锋，利用其优美的自然环境和创业环境吸引企业入驻。另外，也可吸引民间艺术家在此进行创作，吸引珠海市的艺术学生前来绘画创作，举办各类比赛，可大幅度提高其知名度

续表

南门村文化资源	现状	开发设想	说明
意塘赵公祠	爱国主义教育基地	爱国主义教育基地	意塘赵公祠曾是中共南门乡支部的成立之处，培养过大批革命骨干，在此举办爱国主义教育基地颇为合适，但是其展出的革命历史应进一步扩大，不应局限于南门乡的革命斗争史，可考虑增加珠海市相关革命历史
意乡赵公祠	敬老娱乐场所	村民文化学习基地	意乡赵公祠目前是作为敬老娱乐场所，可考虑在此基础上，开办村民文化、技术学习培训基地，定期举办各种学习培训班，一方面可提高村民的文化素质，另一方面通过技术培训，提高村民的就业创业能力
南门村碉楼（四座）	老年活动中心	战争遗址、爱国主义教育基地	目前南门村的四座碉楼，只有竹园碉楼作为老年活动中心得到利用，其他三座碉楼还未开发，碉楼的建造本身是作为防御工程而建，个别碉楼在抗战时期和解放战争时期扮演了十分重要的角色，因此可增加其功能，或作为爱国主义教育基地，在其内部陈设相关展览，或作为当地村民的文化活动场所，提高其利用率
南门毓秀社	无开发	考虑该处建筑较多，可综合开发，其重点是华侨文化，也可考虑作为度假旅馆使用	毓秀社目前有建筑31座，均未得到开发利用。毓秀社涉及名人较多，其主要是华侨，尤其是其中曾有抗战期间的"飞虎队"成员，因此可考虑在此进行南门村华侨文化的展览。同时，此地也有革命活动，还曾有中小学在此举办，因此可考虑利用其中一座或二座房舍作为本地村民或孩子周末、假期补习场所

珠海近代历史人物的当代启示研究[*]

珠海近代历史人物的当代启示研究[*]

孙　莹

自 1840 年鸦片战争以来，中国开始了向现代化迈进的行程。在西方资本主义经济扩张、军事侵略和宗教文化渗透等综合因素影响下，中国近代社会发展面临深刻的变革和转型，逐步沦为半殖民地半封建的社会形态。在中国面临深刻社会危机的境遇中，迫切需要有识之士对社会政治、经济和文化教育等进行深刻的思考和探索。在对待中国社会危机问题上，中国近代社会各阶层都提出一系列的解决对策和措施。

中国现代化的过程是与向西方学习分不开的，也可以理解为西方化的过程。中国的现代化过程主要表现为器物、制度和文化三个层面。珠海在这三个方面都有相应的代表人物，具有相当的全面性。因此，深入研究和探讨珠海近代历史名人在中国现代化进程方面的贡献，对未来中国现代化民主进程的探索无疑是有所助益的。

一　珠海特有的地缘优势和历史人文资源

珠海是一个拥有 6000 多年悠久而灿烂历史的地方，自古以来就是岭南文化重镇之一，具有深厚的人文历史底蕴和渊源。其与澳门陆地相连，与香港隔海相望，区位优势突出。在近代的欧风美雨浸润下，珠海在与外来文化的长期交流、碰撞、融合过程中形成了海纳百川、兼容并蓄的精神品格，对外来事物敢于、善于和敏于接受，因而在近现代历史的大变局中，珠海人比

---

* 课题负责人：孙莹；课题组成员：黄永康、李文辉；所在单位：珠海市行政学院。

其他地区的人更早、更全面、更深刻地接触和了解了西方的政治、经济和文化，敢于突破传统，富于冒险和创新精神，涌现了许多开风气之先的仁人志士。中国共产党早期的思想家、革命家和工人运动领导人苏兆征、林伟民和杨殷安，担任中华民国开国总理的唐绍仪，中国近代向西方学习的先驱、著名的爱国教育家和外交家，中国近代史上首位留学美国的学生容闳，清华学堂的首任校长唐国安，举办实业而致富、进而参与夏威夷的政治并为大清国办理相互之间外交联系的陈芳；有当过香港英方官厅翻译、做过洋行买办、中晚年却将毕生精力与财力倾注于兴办民族航运业、采矿业，最后创造了多个"中国第一"终而病故于开平矿务局总办任上的唐廷枢；有长期充当洋行买办、投身于经商与房地产业发财致富，与唐廷枢合作兴办民族航运业与采矿业并积极发展中华文化教育事业徐润；等等。这些优秀的珠海儿女创造了珠海近代史上的辉煌，他们的开拓进取、敢闯敢干的精神，以及开放、务实、合作、兼容的文化心态，正是岭南精神的核心所在。由于研究的题目所限，本课题选取了几位在政治、经济和教育三个领域最具有代表性的珠海近代历史名人，并对其思想进行更进一步的挖掘和阐述，也算是一次对珠海城市人文精神的重塑和弘扬，希望对珠海建设文化强市，实现"蓝色珠海、科学崛起"，做出一点理论上的贡献。

二 珠海近代历史名人的成长背景及其经济上对资本主义经济制度的探索

珠海位于广东香山县的南部，因其处于中国国土的边远偏僻地区，因此也是封建传统文化统治、保守势力相对薄弱地区，又毗邻当时已被葡萄牙侵略者所实际占据多年的澳门，而且本身地处陆地的尽头（是逐渐冲积起来的岛屿联片），面对着浩瀚的南海、大洋，与东洋、南洋以至西洋隔洋相望。珠海人由于地理条件的因素，具有内地所无法比拟的某种优势：他们对"洋"人、"洋"文、"洋"货并不陌生，也从不视若仇敌、遇"洋"就决然排斥。在官府尚无法彻底控制全部边远地区时，即使在闭关自守的年代，他们之中的一些勇者出于生计的逼迫，自发地与葡人等洋人往来、沟通甚至漂洋过海进行通商、通航。在 19 世纪 60 到 90 年代，珠海一带就曾涌现出一批全国著名的经济领域杰出人物，他们"以洋为师"，学习、仿效洋人，发展本国的经济与科技，千方百计追求中华民族之富强，努力抵制洋人的欺凌与掠夺。这些人出身不同，有的出身商人、官宦之家；有的则出身贫苦农户家庭，父辈靠种几亩薄地、兼而为人佣耕维持生计。他们数人的经历也各有不同，但却有当时珠海人氏（准确地说是南香山或香山人氏）一些共同的特点。

第一，重视经商，并善于在商海中寻找、把握商机，发财致富。中国社会历来歧视商贾，"万般皆下品，唯有读书高"，读书之后则走科举考功名之路。但在珠海一带，即使家有薄财，也未必只走考功名这一条"阳关道"。其父辈历来对自己子弟前途的定位非常实际，所谓"诎者力不足于贾，去而为儒；赢者才不足于儒，则反而归贾"，把读书求官与经商求富作为子弟的两种同样可取的前程。鸦片战争爆发之后，更多了一条去洋行做买办的捷径。"买办"在 18 世纪是泛指广州十三行中负责招待外商的商馆办事人员，实际是指专为外国来广州的商人（当时全国仅允许外商可以在广州进行贸易）采买、供应的人员。香山，尤其是香山南部地区，得益于毗邻澳门，较早地介入中外贸易之中，而且在与西洋人做买卖、打交道过程中，积累了大量与洋人交往、经商的经验。因此在香港、上海等地开埠之后，这里人氏就迅速地在大量剧增的洋行中占据了买办职位，并在洋行中成为兼具总管、账房、银库保管与机要秘书多种功能的不可或缺的角色，一方面推动了洋行业务的急剧发展，另一方面也为自己及家族积累了大量资财、商务经验，进而自己经商，开展自己的商业、实业活动。徐润的经历就很典型，他在充当买办时，积累了经验与财富，又看准了时机，投身商业与房地产业，很快成为当时上海及一些新兴地区的"茶叶大王""房产大王"。陈芳虽未当过买办，但自小跟随其经商的伯伯打理生意，后来留在夏威夷经商，他看清情势，投巨资从事甘蔗种植、榨糖业及碾米业，为自己财富的积累及政治经济地位的提升发挥了巨大的作用。

第二，积极主动学习和掌握英语，能够较好地与洋人沟通、交流。洋行买办不仅要熟悉洋行与中外贸易业务、拥有良好的职业道德与一定的人际脉络，而且必须精通外国语言文字。据现有资料来看，唐廷枢、容闳等人自小就在洋人举办的教会学校学习，因此他们的英文水平极棒，容闳在美国取得了耶鲁大学英国语言文学学士证书，唐廷枢1862年与自己的一兄一弟合作，共同编写出版了一套《英语集全》（有6集之多，堪称中国第一本英语辞典与教科书），以帮助当时充当买办的粤人掌握英文这门工具。

第三，对西方比较了解，对本国经济技术的落后有刻骨铭心的理解，愿意学习西方，有赶上洋人、弥补本民族差距和为本国争回利权、主权的强烈愿望，并能付诸实践。容闳、唐廷枢等人就是洋人先在澳门，后又迁到香港所办的马礼逊学堂（传教士在中国所办的第一所教会学校）所培养的第一批学生。因此，他们对西方的科学技术、经商本领从不排斥。容闳在美国耶鲁大学学习期间就立下志愿："以西方之学术，灌输于中国，使中国日趋于文明富强之境"。唐廷枢更是实干家，在怡和洋行当了十年总买办，不仅认真学习西方贸易、金融业的知识与经验，而且把注意力转向洋人所独霸的近代轮船航运业。当时中国仍停留在沙船业阶段，民间资本投资尚受到官府严密控制，他就开始了参加创办并附股于英商的公正轮船公司、北清轮船公司和华海轮船公司，他个人还在另一些洋行的轮船上附股投资。1873年6月，由于新办的轮船招商局初创时期困难重重、无法为继，李鸿章招其入局，接替朱其昂出任总办。他立即辞去待遇丰厚的洋行总买办职位，欣然应命，力求办好中国自己的轮运企业（即使是"官督商办"企业），其目的是"使洋人不得专利于中国"，是"以鲜明的排外思想为基础"的。在蒸汽机使用的工业社会，煤炭成为最主要的燃料，而当时中国的煤炭主要依赖进口，需要用大量的银两换回（每年用于煤铁开支需几百万两白银）。1876年，当他听说唐山开平镇附近居民纷纷用土法开采煤炭的消息，他立即赶到开平，亲自考察，并专门请了英国工程师对煤炭储量、煤质等情况进行化验、分析，说动李鸿章同意设立开平矿务局，由唐廷枢本人担任总办，开创了当时中国第一家大型机器采矿业。在其基础上发展起来的开滦煤矿，至今仍是中国有数的几家特大型煤炭工业基地之一。他还学习西方，坚持开矿同时，修筑铁路解决煤炭运输问题；而且几经周折，实现了用蒸汽机车拉动火车的创举，从此改变了清廷用驴马拉矿煤的荒唐规定。他在兴办民用企业中，曾创下多项"中国第一"。这正是他在兴办民用企业的实践中，认真向西方学习，敢于用西方新理念、新技术来改变中国当时实际上的愚昧、无知与空白。

第四，注重在制度建设上学习西方，模仿、借鉴、移植西方行之有效的经济制度。这也是珠海这一带地区精英的很大特色。当时清王朝统治集团中一些当权人物为了摆脱内忧外患的困境，也曾兴起了一场"自强运动"，主要是进口一些机器设备，先是造枪造炮，再陆续举办一些民用工业，以求"强兵富国"，与列强周旋、抗衡。但是尽管这些权贵人物（如李鸿章等）已是当时的佼佼者，对于要向西方学习模仿和借鉴吸收甚至移植创新西方的制度建设，却始终无法接受。唐廷枢在轮船招商局任内一直以"商界总办"自居，他与徐润（时任会办）通过修定局规与章程，力图采用西方企业管理方式改变轮船招商局这类封建官办企业经营管理方式，他要求提高商股地位，增强商董权力，要在"官督商办"企业中，突出"商办"性质，强调经营企业"应照买卖常规办理"。修改后的局规与章程还特别指出"请免添派委员""请免造册报销"，实际上是抵制"官督"（实为"官办"），防范官府的干预与插手。"官办"还是"商办"，这正是唐廷枢、徐润等人与盛宣怀、朱其昂等人（背后是李鸿章）纷争不已的原因，也是唐徐二人最终必然出局的根本原因。另外，唐廷枢、徐润在招商局招徕民间资本时，实际采取了合股投资体制，股份可以转让以及向社会公开发行股票的方式，已初步具有股份制企业的雏形。其实他在经营管理招商局时所强化的"商办"，正是将西方资本主义企业管理方式移植过来的代用词。中国在改革开放以后，成立于深圳的招商局就是得益于唐廷枢当年开办轮船招商局的经验和启示。130余年来，招商局曾组建了中国近代第一支商船队，开办了中国第一家银行、第一家保险公司等，开创了中国近代民族航运业和其他许多近代经济领域，在中国近现代经济史和社会发展史上具有重要地位。1978年，招商局独资开发了在海内外产生广泛影响的中国第一个对外开放的工业区——

蛇口工业区，并相继创办了中国第一家商业股份制银行——招商银行，中国第一家企业股份制保险公司——平安保险公司等，为中国改革开放事业探索提供了有益的经验。唐廷枢后来在开平矿务局所使用的管理制度大体沿用了与轮船招商局相同的制度与办法。

第五，他们关心国家与民族的兴亡，关注相关的公众利益及其发展，继承并发扬了"先天下之忧而忧，后天下之乐而乐"的中华传统士大夫的入世精神。珠海的这些精英在从事买办与经商事业赚取了财富之后，总是热心公益，将大量资财回馈社会。例如徐润，在上海与唐廷枢等人创建并长期主持的广肇公所，在维护广东商民权益方面做了大量工作；后来响应时任天津海关道唐绍仪在天津建立广东会馆的倡议，出资三千两白银（占建馆费用的1/10）；当容闳发起并主持的留美幼童被迫返回上海时，清政府竟然不问不理，听任这九十余名幼童坐卧无席、衣食无着，徐润立即让这些幼童办理贷款，按各人的申请，分别贷以三十至五十元大洋，帮他们渡过难关；他还出资办了同文书局，翻印了大批古书，诸如《二十四史》《资治通鉴》《全唐诗》《康熙字典》《图书集成》等，坚持二十余年，最后因"压本愈重"，亏损严重，致使资金周转困难而停业。徐润还在长期生活的上海、办矿的北方以及家乡等地，从事赈务，修建医院与学校，开办孤儿院甚至修路、建桥等社会公益事业，1894年唐山灾荒，饥民三十余厅，"告赈无所"，徐润得知，出面筹款三十万两，使饥民"得以无事"。

唐廷枢则更为突出：从1862年编写《英语集全》开始，就是为了"适应广东人和外国人打交道的需要"，而不是以自己的英语才能去争别人的饭碗，据说当时自编、自印，连销带送，根本无利可图；他在上海发起或倡办"仁济医院""广肇公所"，参与举办"格致书院""英华书院"；还大力支持容闳（"实助成之"）在上海创办《汇报》，与西人在上海办的《申报》抗衡，展开激烈的辩论，维护了中华民族的权益与尊严。他在唐山开办了九所义学，专供贫苦子弟入学。由于义学师资与教学的质量较高，竟使一些富家子弟纷纷故意装扮贫苦而入义学。他在天津开设煤气公司，以低价煤气为市民服务；他还创办塘沽耕植畜牧公司，率先使用机器开垦荒地，兴办农牧场，协调矿区与周围民众的利益关系。在唐廷枢六十岁生辰时，全体矿工与附近四十八个乡镇绅民，联合给他赠送了"万民牌伞"。

唐廷枢一生集高级翻译、总买办、大商人、洋务派官吏于一身，而且均是各项职业中的成功者，甚至佼佼者。他去世后被安葬在家乡——广东香山唐家湾。他的一生赢得了当时洋务派大官僚、各国领事与各大洋行代表、商人以及老百姓的尊重与哀悼。

三 追求西方民主共和理想与实现无产阶级专政两条道路的探索

（一）唐绍仪——为建立民主共和国而努力的中华民国第一任总理

唐绍仪作为清末民初登上历史舞台上的重要人物，跨越了几个不同的历史时期，曾涉身于若干重大政治风暴与漩涡之中。民国元年，正处于封建帝制走向民主共和国，社会发生剧变的过渡时期，政局异常不稳，兵变频发，边疆危机不断。正是在这样的特殊时期，唐绍仪作为一个具有典型意义的过渡性人物，临危受命于第一任国务总理，成为仅次于袁世凯的第二号人物，到达他政治生涯的顶峰。

唐绍仪生于一个开风气之先的家庭，他的父亲唐巨川是上海颇具实力的茶叶出口商，他的族叔唐廷枢当过买办，又在李鸿章麾下办理洋务。唐绍仪自幼随父到上海读书，较早学习外语并接触洋务知识。1874 年唐绍仪被选派到美国留学，后进入哥伦比亚大学文科学习。唐绍仪留美七年，深受西方文明熏陶，对西方民主共和制度崇仰备至。1885 年，被清政府派往朝鲜办理税务。1901 年，任津海关道，办理接收八国联军分占的天津城区以及收回秦皇岛口岸，成绩颇著。1904 年，奉命为全权大臣赴印度同英国代表谈判交涉西藏问题。唐绍仪以坚定的民族立场和灵活的外交策略迫使英方让步，在双方签订的《续订藏印条约》中，英国被迫放弃其分裂中国西藏的阴谋，承认西藏为中国的领土。1907 年，唐绍仪出任奉天巡抚，为了遏制日本在中国东北的扩张，他试图联合美国来抗衡日本。1908 年，唐绍仪奉命出使美国，与美国密商借款开发中国东北和联美制日等事宜。1911 年 12 月，唐绍仪出任北方议和总代表，为中国走上民主共和之路做出了一定的贡献。1912 年，中华民国建立后，唐绍仪任首任内阁总理，为在中国真正实行民主共和制度，做出了巨大的努力。在随后的护国战争和护法战争中，唐绍仪都是矢志反对专制独裁，维护民主共和的。1931 年，唐绍仪出任中山县县长，为中山县的发展做出了巨大的努力。抗日战争爆发后，唐绍仪被国民党军统特务暗杀。唐绍仪为中国的进步做出了相当大的贡献。

唐绍仪对中国现代化进程的贡献，主要体现在其任职中华民国首任总理期间。他采取了种种措施来维护民主共和，坚决反对专制独裁，甚至不惜牺牲个人利益，以自己的离职来对抗袁世凯为首的专制独裁势力，这种维护民主共和、推动中国现代化进程的功绩和精神值得我们深入研究和挖掘。

第一，唐绍仪成为首任内阁的客观条件。首先，在革命党人看来，唐绍仪早年留学美国，深受共和思想影响。在南北议和期间，他为议和的迅速达成提出了有利于南方的协议。同时，袁世凯对唐绍仪的猜疑也使得袁唐二人的关系出现了裂痕。唐绍仪倾向南方，因此与袁出现裂痕，使得南方革命党人相信，唐绍仪能够赞成共和并维护约法内阁，牵制袁世凯。其次，在袁世凯看来，唐绍仪是自己私交好友。他们曾在朝鲜共事达十余年之久。甲午年间，日本谋划刺杀袁世凯，因唐绍仪冒死相救，袁世凯才得以安然回国，两人遂成莫逆之交。后袁世凯对唐绍仪不断提拔，唐绍仪也尽力辅助袁世凯，二人一直合作愉快。由于南北方都信任唐绍仪，所以唐绍仪顺利的成为中华民国首任内阁总理的最佳人选。1912 年 3 月 13 日，袁世凯正式宣布唐绍仪为内阁总理。

第二，唐绍仪组建内阁施政。唐绍仪内阁施政方案的主要内容包括：①政治上，加强中央集权，实行军民分治，以期行政统一；早开国会，速订国会组织法及选举法。②经济上，振兴实业，发达农业，开垦荒地，注重森林养护等；整顿工商，便利交通，推广邮电，振兴军备，实行军官终身制，广设军事学校，培养人才。③外交上，维护国际和平。财政上，节俭军费，改良税制，实行印花税，划分地方税和国家税。④司法上改良法律，司法独立，采取陪审制度。④教育上，举办高等教育及普通教育等。

唐绍仪内阁施政方案的最终目的，就是建设民主政治，"推行资产阶级民主政治制度和资本主义生产、生活方式，改造和取代封建专制的政治制度和愚昧的社会风俗"，在各个领域实现中国的现代化。唐绍仪内阁的施政方案明确显示了这个政府的进步性质和追求资产阶级民主改革、实现现代化的强烈愿望。这一施政方案的公布，给长久压抑在封建专制下的中国人带来了民主的新空气，从此民主共和观念更加深入人心，成为不可逆转的大潮流。

第三，唐绍仪为维护共和所做的努力。由于历史的惯性，中国向现代化国家的迈进，要经历一个挣脱君主专制、创建新的国家体制的过程。唐绍仪就肩负了这一艰巨的历史任务，既要反对袁世凯的专制独裁，又要维护民主共和，推动国家的现代化进程。

唐绍仪上任伊始面临的难题是：收拾长达半年的革命所带来的政治和社会秩序的混乱局面；遏止革命期间列强操纵下的边疆分裂事件；建立完善的新型政治制度以取得各个国家的承认；安置南方运行了三个月之久的政权以及全国各地大大小小的武装力量和自立政权；等等。然而，建立完善机构、维持政府日常运作、稳定内部秩序、完善南北职属等一切工作都需用资金，而革命之后的新政府无财政可言，因而唐绍仪上任后的头等大事就是商借外债以使政府能运转。但是借款一事遭到参议员质疑并反对，之后反对借款、筹资自救的呼声在南方持续高涨，导致直接谈判人的辞职，最终导致内阁成员的整体不安，参议员对政府行政的掣肘以及各种社会力量参与造成的政治混乱，导致唐绍仪内阁的不稳。

唐绍仪政府是中国在变革几千年专制政体重新统一之后，按西方民主制度设计出的第一个内阁责任制政府，是辛亥革命所促成的全国性变革思潮中产生的政府。这个政府承载着中华民族近代以来一直追求的近代民主制度梦想，显然也带着在封建社会废墟上建立理想民主制度的尝试性质。

唐绍仪内阁执政短暂，是中国宪政道路发展曲折的表征。责任内阁制是

政治现代化的内容之一。政治现代化的实现需要一定的条件：现代化机器大
生产的较先进生产力的确立；拥有成熟的政党；法治意识较强；民众政治参
与程度较高；等等。而唐绍仪所处的时代特点是：第一，小农经济仍占主
导，生产力落后。自鸦片战争以来，商品经济虽然发展，但全国仍处在自然
经济的汪洋大海中。民族工业"先天不足，后天畸形"发展现实孕育出的
资产阶级，也就带着天生的缺陷。落后的生产力，无法承载较为先进的生产
关系和上层建筑。第二，民初政党尚未成熟。作为全国第一大党、力挺责任
内阁的同盟会，自己存在的问题也很多：没有掌握强大的军权政权，内部派
系复杂，意见分歧严重；注重社会精英力量，忽视民众力量；过于强调合法
斗争，忽视武装斗争的必要性。第三，法治意识淡薄。封建社会的法律，是
统治者意愿的表达、权力的延伸，其本质还是人治。1912 年制定的《中华
民国临时约法》是中国第一部资产阶级宪法。而革命党人制定该法的一个
重要目的是限制袁世凯的权力，其因人立法本身就违背了法律的本质精神。
第四，民众政治参与程度不高。作为鼓吹责任内阁制急先锋的资产阶级，他
们人数很少，力量弱小，封建势力在中央和地方政府都很强大。而全国几亿
的农民，他们对选举并没有多大的兴趣。民主共和观念远未深入人心，帝国
臣民尚未做好共和公民的准备。综上所述，民国初年并不具备实行责任内阁
制的条件。

面对西方的国富民强，近代先进的中国人从成熟的欧美资本主义国家中
移植过来了责任内阁制，表达了资产阶级要求掌权、希望走民主宪政道路的
愿望，是中国实行政治现代化的一次大胆尝试。但是政治制度具有地域性、
民族性、时代性特点，从美国和欧洲移植过来的责任内阁制，移植到民国初
年的中国土壤中，没能发挥原有的理想的功效，在时势与传统的合力挤压
下，倒台了。唐绍仪及其内阁命运的短促是被历史境况所规定的，是那一段
历史的必然结果。

（二）珠海"红色三杰"为新民主主义革命取得胜利所进行的探索

苏兆征、林伟民、杨匏安是中国共产党早期的工人运动领袖和思想家，

同为珠海人的这三位中国共产党人，他们冲破旧中国的黑暗牢笼，探索救国救民之路，他们鞠躬尽瘁，死而后已，不仅为党的成长壮大、为工人运动的发展和马克思主义在中国的传播，创造了可歌可泣的光辉业绩，还提出了至今都闪耀着光芒的思想。"红色三杰"都是史上著名的省港大罢工的领导人，为中国工人阶级反对国民党反动派积累了经验和教训，为中国革命取得最后的胜利做出了卓越的贡献。

第一，加强与全国工人阶级的合作，密切关注各国职工运动的进行，领导工人阶级进行革命，提高工人阶级的觉悟，培养其成为一支独立的力量登上了历史舞台。在十月革命的影响下，1919年中国爆发了五四运动，中国工人阶级作为一支独立的政治力量登上了中国政治历史舞台。五四运动对于香港海员的斗争活动和日后工会组织的建立，起到了一定的促进作用。苏兆征在此期间也得到了教育与锻炼。他结合自己长期的苦难生活和前一段参加辛亥革命的实践，以及当时中国的状况，认真思索辛亥革命失败的原因，列宁领导的十月革命成功之所在，解救中国的出路在哪里。由于初步有了革命理论的指导，他对社会和革命的认识就有所长进，渐渐从旧民主主义的束缚中解脱出来，认识到中国劳苦大众要摆脱悲惨命运，就要以俄国工人阶级为榜样。此时，他逐渐认识到，只有社会主义的革命，才能完成人类的解放。

经过实践，苏兆征感受到，要实现社会主义革命的胜利，单凭少数人的努力是不可能成功的，一定要靠大多数人投入革命斗争，方能有所成效。他满腔热忱地向广大海员工人宣传：只有苏俄才是工人阶级的政府，今天俄国工人才真正摆脱了"打铁工人戴枷锁"的悲惨命运。他要求大家要像俄国工人阶级那样团结起来，为保障自己的切身利益而斗争。随后，他和林伟民等人一起，领导了震惊中外的香港海员大罢工和省港大罢工。尤其是省港大罢工，苏兆征对其意义一再论述说："我们此次罢工，并不只是为工人阶级的利益，而是为全民族的，要达到取消不平等条约，使全国同胞得到解放。""此次罢工，系为反帝国主义而罢工，得（到了）全世界的同情。此次罢工是（关系到）中国生存问题；倘若失败，便是中国民族的失败。（所以）大家要尽力拥护省港罢工，务达完全的胜利。"苏兆征是中国工人运动和国际职工运动中有卓越成就的重要领导人之一，是为中华民族的解放事业作毕生奋斗的无产阶级革命家。

第二，健全工会基层组织，加强工农兵的大联合，打倒帝国主义、封建主义，以完成中国革命。1924年10月底，林伟民从苏联回到了香港，他结合苏联之行所了解的关于工会建设的经验，认真总结了几年来海员工会组织建设的经验教训，并征求过邓中夏的意见，写了一篇《我们工人应当负责工会的责任组织与训练》的文章，认为几年来香港海员工会组织没有得到巩固与发展，主要原因在于工会基层组织不够健全。因为数万同人的工会仅仅委托几个职员，如果职员中出现了一些不良分子把持会务，胡作非为，工会工作就无法开展，甚至导致工会的瓦解。文章发表后，得到了苏兆征等人的称赞，认为如果各轮船都能组织起来，成立海员支部，定能形成一个战斗的集体，对开展活动以及维护海员利益，起到重要作用。主张在船上设立支部的组织，这是巩固工会基层组织的重要一环，也是林伟民到苏联与共共产党人接触后所得到的经验，返回香港后就付诸实施了。

第三，"南杨北李"称号中的杨匏安（"北李"，即李大钊），是中国早期宣传马克思主义的重要历史人物，也是中国共产党创立初期的一位重要领导人。中国革命取得胜利跟马克思主义在中国的传播是分不开的，正是因为有了马克思主义这个理论武器，才点燃了中国革命的燎原大火。

杨匏安是最早站在马克思主义立场上，对中国工人运动有比较准确而清醒认识的先驱者之一。杨匏安对马克思主义的全面传播，其意义主要在于让国人对"主义"做出选择，他的贡献更在于他敢于选择马克思主义。杨匏安也是最早研究和宣传革命统一战线理论的革命者。他十分注重向广大工人群众灌输马克思主义理论，把马克思主义逐步同工人运动结合起来，不断提高工人大众的阶级觉悟，团结工友，组织工会，开展经济斗争和政治斗争，促进了工人运动的发展。杨匏安和苏兆征、林伟民一起，组织和领导了震惊世界的省港大罢工，其是发动者与领导者。他在一次工作报告中谈到：广东的民众援助省港大罢工"始终如一，坚持其凌厉无前的精神，继续与帝国主义奋斗，在中国民族革命运动史上，是最光荣的一页"。

他在第一次国共合作时期，帮助孙中山改组国民党，建立以国共两党合作为基础的革命统一战线，为统一和巩固广东革命根据地，推动国民革命的深入发展，做了大量的卓有成效的工作。统一战线是无产阶级政党的基本策略，是马克思主义关于无产阶级革命学说的一个重要组成部分。无产阶级只有解放全人类，才能最后解放自己。无产阶级及其政党为达到此目的，必须制定正确的战略和策略，必须搞好无产阶级自身的团结和统一，必须解决好同盟军问题。

此外，还值得一提的是，杨匏安率先提出中国革命道路的发展模式，探索中国革命分两步走的策略思想，以马克思主义的立场、观点去观察和分析社会、国家和人民的命运，对中国革命的道路、战略、策略的探讨，都是真知灼见，具有深远的影响。

中国革命分两步走是关系到中国革命的一个重大的战略策略问题。为此，中国共产党进行了长期艰辛的探索，其间经历了多次选择、多次曲折，甚至多次失败，最后以毛泽东为代表的中国共产党人终于找到了正确的道路，并形成了科学的革命理论，从而领导中国革命取得胜利。

在一般人印象里，中国革命分两步走的策略思想，是由毛泽东提出的，而事实上，这一合乎中国国情的革命策略，早在五四时期杨匏安就已经开始探索。1922 年 10 月，杨匏安在《珠江评论》发表《无产阶级与民治主义》，对无产阶级在民主革命时的战略应不应该与资产阶级合作和缩短民治主义阶段的问题做了探索。他认为，"中国是一个资本主义发展最落后的国家，国家的政权掌握在军阀官僚手里"，因而中国必须采取与其他资本主义国家"有所不同"的态度和策略。正是从中国具体的国情出发，杨匏安明确提出了中国革命分两步走的策略思想："革命第一步，就是打倒封建特权"，"无产阶级和资产阶级都应联合作战"；"第二步马上要反目"。就是说，在反封建的阶段，为壮大革命力量，无产阶级和中产阶级联合是必需的，但随之而来的革命第二步，无产阶级便要和资产阶级"反目"，以资产阶级为革命对象。杨匏安由此推论，无产阶级在进行革命第一步的同时，"不得不预定第二步的战术"，在这方面要吸取俄、德等国革命的教训，避免再走弯路。尽管杨匏安还没有明确提出半殖民地半封建中国的革命第一步应是民主主义、第二步才能是社会主义，但他从一开始就把马克思主义与中国国情相结合，从中国的实际社会情况来论证中国革命的历史进程必须分两步走的思想，这是完全正确的。

四　教育救国理念及近代留学事业的开创

容闳是中国近代一位著名的爱国者、教育家和外交家。容闳的一生经历了我国近代从鸦片战争到辛亥革命的整个历史时期，在其跌宕起伏的人生画卷中，"爱国"一直是其高扬的主旋律。他的一生是爱国的一生。正是出于对祖国的挚爱，促使他不畏艰辛、矢志不渝以实现其教育计划。容闳虽出生并成长于中国封建社会的末期，但他幼年就在西方人办的学校读书，后来又去美国留学，接受了比较完整的西方文化教育，因而他的思想观念受到了西方文化的影响，较少依附性，较多独立、民主、自由，为人民争取权利的取向，具有明显的现代性，具有公民文化的色彩。

（一）时代性和民族性的统一：容闳的永恒意义

在容闳生活的时代，爱国情感在许多仁人志士身上都有体现。对于容闳而言，他的爱国情感具有某种原发性。在西方文化的影响下，其自发形成的爱国情感得到了极大的升华，上升到充满理性的高度，因而较之同时代的仁人志士表现得更为强烈而理智。容闳的爱国情感与他从西方文化中汲取和领悟的近代精神得到了高度的统一，表现在以下两个方面。

第一，批评清朝腐败，树立起革新中国的意愿。容闳通过中西方政治、文化及社会现状的对比，更为深刻地认识到清朝的腐败和对人民的残酷压迫，从而坚定了革新中国的意愿。容闳曾十分明确地谈到西方教育对认识中国国情的作用："予当修业期内，中国之腐败情形，时出予怀……盖既受教育，则予心中之理想既高，而道德之范围亦广，遂觉此身负荷极重。若在毫无知识时代，转不知觉也。更念中国国民，身受无限痛苦，无限压制。此痛苦与压制，在彼未受教育之人，亦转毫无感觉，初不知其为痛苦与压制也。"这种"负荷"与"感觉"遂使容闳下定了决心，要将西方"文明之教育"推行于中国，使中国文明富强起来。容闳回国的第二年就目睹了清朝政府对太平天国的残酷镇压，几年之后，容闳亲自对太平天国作了实地考察，分析了革命爆发的根源依旧在于满清政府的腐败，所谓的政府不过是"欺诈机关矣"。由此可见，容闳完全没有把清朝视为神圣不可侵犯的正统，把太平天国视为大逆不道的暴民，而是以人道和正义的标准来衡量清朝和太平天国之间的对抗。容闳的这种政治情感基调也可以说明为什么在后来的维新运动及反清革命关头，他选择了维新派的立场，对革命派也深表赞同。

第二，坚决主张维护国家和民族的利益。容闳爱国情感与近代精神相统一的另一突出表现，是他依据了所了解的近代国际关系准则和知识，坚决主张维护国家和民族的权益。作为一个中国人，容闳对近代中国以来的贫弱不振、屡受外国欺凌的现状是十分痛心疾首的。按照他的想法，中国欲免欺侮，最有效的办法就是振作起来，坚决捍卫自己应有的权利。容闳勇于维护国家和民族利益最突出的事例是调查秘鲁华工情况，阻止华人被卖为"猪仔"。

容闳的事例清楚地显示出，在爱国与"西化"之间并不存在必然的对立，恰恰相反，像容闳这样高度"西化"之人，正因为受到了西方文化的重大影响，才得以在爱国情感上进入了一个更高的层次，能够更自觉、更有价值地为维护祖国和民族的利益而尽心尽力。

（二）容闳的社会理想及其实践

正如许多学者所指出的那样，容闳是一个和近代中国的社会进步和早期现代化进程相始终的先进的中国人。由于容闳受西方文化影响较深，又加之其自身具有的高度社会责任感，他一生都在为中国的富强、自主而积极奔走，主张中国在政治上进行根本的变革。在中国近代史上，容闳是第一个提出必须对政治进行根本性改革的人。容闳在 19 世纪 50 年代末就能用近代史观认识中国的历史与社会，他指出中国要从两千年的古代社会进入近代社会，政治和文化上的根本改革都是不可缺少的。容闳认为，"国体上和政治上"的根本变革，必须要推翻清政府的统治。他的这种政治革命思想萌发于归国之初，出于他对清政府残酷镇压广东人民起义的愤怒。在这之后容闳置身洋务活动多年，对清朝统治集团内的一些人物给予了很高的评价，如视曾国藩为"清朝第一流人物"，视光绪帝为"中国自古迄今未有之贤主"。不过，他对清政府的腐朽本质一直有着清醒的认识。因此，他坚定地认为，在中国，推翻清政府的革命必不能免。19世纪末，中国资产阶级民主革命运动方兴未艾，容闳看到了他梦寐以求的"国体上和政治上"革命时机的到来，他义无反顾地站到革命一边，视孙中山为中国的华盛顿和富兰克林，给革命以最真诚和最实际的支持。

容闳的社会理想及其社会政治和教育实践的出现具有比较复杂的社会历史背景，很大程度上可以看成是对中国近代所面临社会危机的一种理性反应。在复杂的社会政治发展形势和现实面前，容闳始终抱定所确立的社会理想，密切关注和积极推动各种有利于中国近代社会进步的政治活动。

（三）容闳的教育理想及其实践

从1854年自美国回国到1902年自香港归美，容闳经历了中国近代社会政治急剧变迁的过程。在这一过程中，容闳以其宏大的社会理想和抱负为宗旨参与其中，其中教育思想是他实现社会理想的重要步骤和条件。容闳的教育思想与其教育实践活动是紧密联系、难以分割的，而且集中体现在幼童赴美留学教育计划中。当然容闳教育思想还有很多丰富的内容，如提出制定各级学校教育制度、设立武备学校、海军学校和各种实业学校的建议等，这些建议可以说是符合近代教育发展的方向和要求的，体现了近代教育发展的趋势。容闳留学教育的理念对中国现代化的影响主要体现在以下三个方面。

首先，容闳促成的留学教育，通过解决国内某些领域急需人才的现实问题，冲击和改变了人们的旧教育观念、社会心理和风俗时尚，在一定程度上为中国教育现代化扫清了心理障碍，加速了封建教育的解体，对近现代教育的影响广泛而深刻。

其次，中国传统的封建教育的目的是培养遵从三纲五常的守旧士大夫，而留学教育的出现，一扫旧教育体制的陈旧腐朽，改变了一些传统的教育内容，废除了部分旧教育体制的封建等级，择优选派人才出国留学。同时，留学教育为国内教育领域注入了新的血液，各学校逐渐实行了分年排课、班级授课制及一套考核、升级制度，这对后来新的教育体制有着重要影响。

最后，当时的中国与世隔绝，风气守旧，一般人视远洋留学为畏途。作为一批先驱者，赴美幼童破除了旧有的迷信恐惧，对中国后来的留学生起到了前驱的作用，致使19世纪末20世纪初，中国留学生激增，形成一股出国热潮。幼童留美为中国大规模派遣留学生积累了经验。幼童留美虽然夭折，但也长达九年。它在留学管理、专业选择、派遣人员标准、经费来源及使用、管理方面都有可资借鉴的经验和教训，为以后留学教育摸索了方法，探索了道路。

（四）容闳的社会理想及教育理想的历史地位对中国现代化的影响

首先，容闳在中国近代社会发展进程中的历史地位是非常独特的，这取决于他的出国留学经历、胸怀的社会理想，以及为之奋斗终生的毅力和勇气。容闳的社会理想及其社会政治和教育实践具有重要的社会价值和历史意义。

容闳是从中国社会底层通过接受西方近代资本主义文化教育成长起来的。他所接受的是西方资本主义文化教育，吸收的是西方资本主义先进文明，特别是平等、民主、自由和共和等观念。这些西方比较先进的思想观念在容闳心目中是中国社会所缺少的，而且也是急需的。这些因素促使容闳确立了从事"西学东渐"事业和促进中华民族文明富强的社会理想追求。

其次，容闳的社会理想在中国近代是相当超前的。从他从事"西学东渐"事业和促进中国文明富强的社会理想出发，可以很清楚地厘清他一生所从事社会政治和教育实践活动的核心基准。从容闳毕生的社会实践活动来看，他的社会政治活动都与他在耶鲁大学时期就已经确立的社会理想有紧密联系，他的社会政治活动的每一次转折都是以他所已经确立的社会理想标准衡量的。但他的具体社会政治思想及其实践却从没有停留在某一种层面，而是随着社会历史的发展而不断进步和发展，这种思想品质在中国近代历史发展进程中也是少见的。

中国近代是中学与西学不断产生争论的时代，容闳所提出的幼童赴美留学教育计划明显冲破了单纯论争的范畴，已经从实践层面上开始探索学习西方资本主义文化教育的具体途径和方法。容闳是中国近代留学教育思想与实践的先驱。

最后，从历史的宏观角度看，容闳个人的身体力行及他所推进的留学教育事业对中国现代化还有着更深层次的影响。

通过容闳的努力，使得西方资产阶级的社会政治学说和哲学思想开始源源不断流传到中国来，促进了中国近代的思想解放运动；促进了科学、民主风气在中国的延伸。留学生经西方文化熏陶后，"脑中骤感变迁"，深感"中国根本上之改革"，乃"不容稍缓的事"。他们奔走呼吁，决心力行教育普及、传播西学，直到建立新制度来改造国民、拯救民族。这一结果已远远超出了留学教育或教育本身的意义，为后来的维新运动、辛亥革命埋下了宝贵的火种。而后者本身又为中国近代教育事业的发展创造了氛围和条件。历史的发展证明，由容闳所率先倡导的近代中国留美教育，是符合历史发展的潮流的，在中国近代史上书写了值得纪念的一页。幼童们虽然学业未竟中途回国，然而他们在后来从事政府部门、铁路、煤矿、医务、教育、海关等工作中，均列显要，名重一时。

五　结语

现代化是一个国家发展的内部进程。追求政治民主化、经济工业化与教育科学化，是百余年来中国人为之奋斗的目标，这一目标的实现往往与中国人走向世界紧密相连。在这一过程中要完成古典的农业文明向现代的工业文明的转换，必须解决两个问题：一是顺应时代潮流，引进西方文化，即时代性；二是实现民族独立，正确对待传统，科学地发挥传统文化在现代社会创建中的作用，也就是习惯上说的传统文化的创新，即民族性。时代性和民族性的问题，实质上是如何处理中西古今的关系问题。近代中国人，无论自觉或不自觉都会参与到这个问题当中。要科学地回答和解决古今中西的问题是非常困难的。往往是注重了向西方学习、紧跟现代化的时代潮流，却偏离了发扬传统、维护民族尊严的传统爱国精神；注重了维护民族精神和民族文化，又忽略了引进西方文化的时代追求。只有极少数的先进的中国人可以科学地处理时代性和民族性的辩证关系，将追求现代化和振兴民族文化统一起来。珠海何其有幸拥有几位具有历史前瞻眼光的革命家、思想家和教育家，他们的出现给珠海的历史画上了光辉的一笔，对他们思想的研究应该继续深入下去，以期对今天我们走建设中国特色社会主义道路起到更多的借鉴和启示作用。

参考文献

曹文娟：《徐润——中国近代民族工商业的杰出代表》，原载张耀中主编《珠海历史名人》，珠海出版社，2001。

陈绛：《唐廷枢与轮船招商局》，原载《香山文化》，岭南与中山文化研究所编，广东人民出版社，2006。

胡波：《近代中西文化碰撞中的香山买办》，原载《香山文化》，岭南与中山文化研究所编，广东人民出版社，2006。

黄晓东：《珠海简史》，社会科学文献出版社，2011。

《旧中国的资本主义生产关系》编写组：《旧中国的资本主义生产关系》，人民出版社，1977。

卢权、禤倩红：《珠海历史名人·林伟民传》，珠海出版社，2008。

卢权、禤倩红：《珠海历史名人·苏兆征传》，珠海出版社，2006。

沈锦锋：《徐润》，原载《珠海人物传》（上册），珠海市政协编，广东人民出版社，1992。

舒新城：《近代中国留学史》，上海文化出版社，1989。

唐佑钧：《唐廷枢》，原载《珠海人物传》（上册），珠海市政协编，广东人民出版社，1992。

汪敬虞：《唐廷枢——中国近代著名的买办、实业家》，原载张耀中主编《珠海历史名人》，珠海出版社，2001。

叶庆科：《珠海历史名人·杨匏安传》，珠海出版社，2006。

于素云、张俊华、周品威：《中国近代经济史》，辽宁人民出版社，1983。

张明远、李丛：《珠海历史名人与香山文化》，珠海出版社，2010。

中共广东省委党史研究室：《中国共产党广东简史》，广东人民出版社，2011。

中共中央党史研究室：《中国共产党历史》第一卷（1921～1949）上册，中共党史出版社，2011。

中共珠海市委党史研究室：《杨匏安文集》，珠海出版社，2006。

《中共珠海市委党校　珠海市行政学院学报》2011 年第 5 期。

珠海市社会科学界联合会：《杨匏安研究文选》，珠海出版社，2008。

卓海玉：《陈芳——清朝驻夏威夷王国第一任商董、领事》，原载《珠海历史名人》，张耀中主编，珠海出版社，2001。

图书在版编目（CIP）数据

珠海经济社会发展研究报告 . 2015 / 蔡新华，曹诗友
主编 . -- 北京：社会科学文献出版社，2016.12
　　ISBN 978 - 7 - 5097 - 8728 - 1

　　Ⅰ . ①珠…　Ⅱ . ①蔡… ②曹…　Ⅲ . ①区域经济发展
- 研究报告 - 珠海市 - 2015 ②社会发展 - 研究报告 - 珠海
市 - 2015　Ⅳ . ①F127.653

　　中国版本图书馆 CIP 数据核字（2016）第 022337 号

珠海经济社会发展研究报告（2015）

珠海市社会科学界联合会
主　　编 / 蔡新华　曹诗友

出 版 人 / 谢寿光
项目统筹 / 王玉敏　张志伟
责任编辑 / 王玉敏　张文静

出　　版 / 社会科学文献出版社·国际出版分社（010）59367243
　　　　　地址：北京市北三环中路甲 29 号院华龙大厦　邮编：100029
　　　　　网址：www.ssap.com.cn
发　　行 / 市场营销中心（010）59367081　59367018
印　　装 / 北京京华虎彩印刷有限公司

规　　格 / 开　本：787mm × 1092mm　1/16
　　　　　印　张：34.5　字　数：525 千字
版　　次 / 2016 年 12 月第 1 版　2016 年 12 月第 1 次印刷
书　　号 / ISBN 978 - 7 - 5097 - 8728 - 1
定　　价 / 149.00 元